普 通 高 等 学 校 国 防 教 育 教 程

国防教育教程

主编 陈云金 吴忠国

WUHAN UNIVERSITY PRESS

武汉大学出版社

图书在版编目(CIP)数据

国防教育教程/陈云金,吴忠国主编.—武汉:武汉大学出版社,
2007.8(2015.8 重印)
普通高等学校国防教育教程
ISBN 978-7-307-05719-7

Ⅰ.国…　Ⅱ.①陈…　②吴…　Ⅲ.国防教育—高等学校—教材
Ⅳ.E251

中国版本图书馆 CIP 数据核字(2007)第 098449 号

责任编辑:严　红　沈以智　　责任校对:刘　欣　　版式设计:詹锦玲

出版发行:**武汉大学出版社**　　(430072　武昌　珞珈山)
　　　　(电子邮件:cbs22@whu.edu.cn　网址:www.wdp.com.cn)
印刷:荆州市鸿盛印务有限公司
开本:720×1000　　1/16　　印张:18.5　　字数:369 千字
版次:2007 年 8 月第 1 版　　2015 年 8 月第 8 次印刷
ISBN 978-7-307-05719-7/E·11　　定价:25.00 元

内 容 提 要

  本教程是由武汉大学根据教育部、总参谋部、总政治部 2006 年修订，2007 年 1 月 24 日联合颁发的《普通高等学校军事课教学大纲》和 2007 年 3 月 22 日联合颁发的《学生军事训练工作规定》，按照学校"十一五"教材建设规划组织长期从事军事课教学的专家、教授编写的。包括中国国防、军事思想、国际战略环境、军事高技术、信息化战争、条令条例教育与训练、轻武器射击、战术、军事地形学和综合训练等内容。可作为普通高等学校军事课教学使用。

前　言

　　学校的国防教育是全民国防教育的基础，是实施素质教育的重要内容。为贯彻落实《中华人民共和国国防法》、《中华人民共和国兵役法》、《中华人民共和国国防教育法》有关高等学校实施国防教育的规定和国务院办公厅、中央军委办公厅转发教育部、总参谋部、总政治部《关于在普通高等学校和高级中学开展学生军事训练工作的意见》（国办发〔2001〕48号）的重要精神，教育部、总参谋部、总政治部，2006年修订，2007年1月24日联合颁发了《普通高等学校军事课教学大纲》；2007年3月22日颁发了《学生军事训练工作规定》。为适应新世纪新阶段普通高等学校国防教育的深入发展，武汉大学人武部、军事教研室在学校领导、教务部和武汉大学出版社大力支持下，按照学校"十一五"教材建设规划，通过深入调查和研究，组织长期从事军事课教学的专家、教授编写了这本教程。

　　本教程以教育部、总参谋部、总政治部2007年1月24日联合颁发的《普通高等学校军事课教学大纲》和2007年3月22日颁发的《学生军事训练工作规定》为依据，认真总结多年普通高等学校国防教育的实践经验，充分吸收了当今国内外国防教育研究的最新成果，注重理论与实践、系统与重点、教师讲授与学生自学相结合的特点，从而使教程的适应性更强、信息量更大、重点更突出、时代气息更浓。

　　本教程内容共分十章。由陈云金、陆保生、周学益、吴忠国、戴新武、金明野、胡允达、唐蓉、何华、陈帆、韩国辉、黄建军、宋立军、张保国、张健、张新民、帅永成、宋文义、余祥庭、姜昕、饶子正等同志参加收集、查阅资料和撰写工作。全书由陈云金、吴忠国统稿，校党委副书记王传中教授最后审定。

　　在本教程的编写过程中，参考、吸收和引用了有关专家、学者的研究成果，在此一并表示感谢。

　　编写本教程是一项新的尝试，尽管我们做出了最大的努力，但错误和不妥之处在所难免，敬请广大读者提出宝贵意见，以便我们进一步修改和完善。

《国防教育教程》编辑委员会

2007年5月1日

目　录

第一章 中国国防

自古以来，有国就有防，国无防而不立。作为一个主权国家，最重要的是生存与发展。国防是国家生存与发展的安全保障，国防是否巩固，事关国家和民族的兴亡。在构建和谐社会的进程中，运用辩证唯物主义和历史唯物主义的观点，探讨国防在社会发展历史进程中的特殊地位和作用，研究当代中国国防的重大理论与实践问题，是为了更好地把握和平与发展的时代主题，适应国际形势发展的基本趋势，揭示并遵循现代国防发展的特殊规律，建设强大的现代化中国国防，以维护国家生存安全与发展安全的根本利益，促进世界和谐稳定。

第一节 国防概述

一、现代国防的含义和基本类型

（一）国防的含义

国防，即国家的防务，是指国家为防备和抵抗侵略，制止武装颠覆，保卫国家的主权、统一、领土完整和安全所进行的军事及与军事有关的政治、经济、外交、科技、教育等方面的活动。

国防是个历史概念。它随着国家的产生而产生，是为国家利益服务的。我国的国防具有悠久的历史，早在公元前21世纪，就建立了国家，开始了国防建设。古往今来，国防虽依国家的性质、制度、国力及其推行的政策不同而具有不同的特征，但所有国家国防的实质，都是以捍卫和维护国家利益为核心来组织的。国家的兴衰和国防密切相关，国防强弱直接关系到国家的安全、民族的尊严、社会的发展。

现代国防，在形式上，是一种立体的、全球性的活动；在内容实质上，则体现了不同阶级之间的利益冲突。帝国主义、霸权主义国家的本性是以侵略、掠夺为特征的，而社会主义国家则是从根本上维护人民群众的利益，并以和平共处五项原则作为国与国交往的基本原则。当今，衡量一个国家国防力量的强弱，军事力量不是唯一标准，还涉及这个国家的政治、经济、文化、科技、外交等方面。尤其是21世纪，人类社会的一切都建立在社会化大生产基础之上，社会诸方面已经成为一个

1

紧密联系的有机整体，国防只有成为这个有机整体的不可分割的一部分，才可能具有更大的威力。因此，我们要树立大国防观，把国防建设纳入整个国家大系统中进行思考、规划。

现代国防的基本内容包括国防建设与国防斗争。国防建设，是指为国家安全利益需要，提高国防实力而进行的各方面的建设。现代国防建设是一个庞大的系统，包括武装力量建设、国防体制建设、国防科学技术研究、国防工业建设、国防工程建设和战场建设、军事交通、国防动员、对人民群众进行国防教育、建立国防法规等，这些都属于国防建设的范畴。国防斗争，是指为了国家的安全和经济利益，反抗外来侵略，支持正义事业斗争，而采取的以军事为主，包括政治、经济、外交等方面的行动。一个国家以高技术为基础的综合国力的强弱，将直接关系到国防斗争的效果。当今世界，和平与发展是时代的主题，要和平、求合作、促发展已经成为不可抗拒的历史潮流。但是，在世界和地区范围内仍存在一些不安定因素。霸权主义和强权政治仍然是威胁世界和谐稳定的主要根源；冷战思维及其影响还有一定市场，扩大军事集团、强化军事同盟给国际安全增加了不稳定因素；有的国家依仗军事优势对他国进行军事威胁，甚至武装干涉；不公正、不合理的国际经济旧秩序仍在损害着发展中国家的利益；因民族、宗教、领土、资源等因素而引发的局部冲突时起时伏，国与国之间的一些历史遗留问题仍待解决。因此，在新形势下，我们必须居安思危，既要加速发展，也要确保国家安全。发展需要搞好经济建设，安全需要加强国防建设。强盛的经济，强大的国防，是我们国家自立于世界民族之林的两大支柱，二者反映了国家的根本利益。我国的国防是全民的国防，需要全国人民共同关心、参与和支持。

（二）国防的基本类型

国家建立的国防，是与本国的利益和战略需要相适应的。国防性质是由国家的社会制度和国家的政策所决定的。按照不同的国防观念和目标，目前世界各国的国防归纳起来大致有以下四种类型。

1. 扩张型

扩张型是指某些经济发达大国，为了维护本国在其他一些国家和地区的利益，奉行霸权主义侵略扩张政策，打着防卫的幌子，对别国进行侵略、颠覆和渗透，其特点是把本国的"安全"建立在别国屈服的基础上，把"国防"作为侵犯别国主权和领土、干涉他国内政的代名词。

2. 自卫型

自卫型是指在国防建设上以防止外敌入侵为目的。主要依靠本国的力量，广泛争取国际上的同情和支持，以达到维护本国的安全及周边地区和世界的和谐稳定。

3. 联盟型

联盟型是指以结盟形式，联合一部分国家来弥补自身力量的不足。联盟型国防又可分为扩张型和自卫型两种。从联盟国之间的关系来看，还可分为一元体系联盟和多元体系联盟。前者有一个大国处于盟主地位，其余国家则处于从属地位；后者基本处于伙伴关系，共同协商防卫大计。

4. 中立型

中立型主要是指一些中小发达国家，为了保障本国的繁荣和安全，严守和平中立的国防政策，实施总体防御战略和寓兵于民的防御体系。

我国是社会主义国家，国家利益是阶级利益、民族利益和全世界人民的根本利益的高度统一。我国政府坚定不移地奉行防御性的国防政策。国家独立自主、自力更生地建设和巩固国防，实行积极防御战略，坚持全民自卫原则。国家在集中力量进行经济建设的同时，加强国防建设，促进国防建设与经济建设协调发展。在外交上，我国一贯奉行"和平共处"五项原则，在处理国际事务中，与各国友好合作，不称霸，不依附任何大国，不同别国结盟。我国的国防安全是为了保卫国家主权和领土完整，因而是属于自卫型国防。

二、国防的基本要素

（一）国防的主体

国防的主体，是国防活动的实行者，通常为国家。国防是国家的事业，是国家的固有职能。任何国家，从诞生之日起，都要防备和抵御各种外来侵略，以保障国家安全。国防随着国家的产生而产生，随着国家的发展而发展，最终，随着国家的消亡而消亡。国家的本质是阶级专政的工具，是统治阶级利益与意志的体现，实现这种利益与意志，必须通过国家权力。国防是维护国家的这种权力，同时，也只有依靠国家的这种权力才能使国防得以运转，只有国家，才能领导和组织国防事业。国防又是国家的防务，与国家的各个部门、各种组织以及全体公民都息息相关。加强国防建设，进行国防斗争，必须依靠国家各个方面的综合力量。

（二）国防的目的

国防的目的主要是捍卫国家的主权、统一、领土完整和安全。国家和主权不可分割，主权是国家存在的根本标志。如果一个国家的主权被剥夺，其他的一切，包括国家的独立、领土完整、传统的生活方式、基本的政治制度、社会准则和国家荣誉、尊严等，都无从谈起。因此，捍卫国家主权，始终是国防第一位的、根本的目的和任务。国家的统一是指国家由一个中央政府对领土内一切居民和事务行使完整的管辖权，不允许另立政府或分割国家的管辖权。从国际法的角度来说，保卫国家统一、反对分裂，历来是一个国家的内部事务，绝不允许外国干涉，这是一个原则性问题，不能有丝毫的含糊。因此，保卫国家的统一历来是国防的重要任务。当外国敌对势力插手国家的民族事务，破坏国家的民族团结，危及国家的统一和完整时，国防力量必须予以坚决打击，发挥其维护国家统一和完整的职能作用。

第一章　中国国防

领土是指位于国家主权支配下的地球表面的特定部分以及其底土和上空。领土是国家存在和发展的自然物质前提，是构成国家的基本要素之一。国家主权与国家领土具有密切联系，领土既是国家行使其主权的空间，也是国家主权行使的对象，没有领土，主权就失去了存在空间和行使对象。领土完整的含义是：凡属本国的领土，决不能丢失，决不允许被分裂、肢解和侵占。任何国家不得破坏别国的领土完整。任何集团或个人不得进行旨在分裂本国（或别国）领土完整的活动。国家的领土被侵占，主权必然要遭到侵犯。国防捍卫国家主权的独立，必然要保卫国家领土的完整。

国家要生存和发展，必须有一个安全的内外环境。一个国家如果没有和谐稳定的状态，不仅难以建设和发展，而且生存也会受到威胁。因此，维护国家的安全，也是国防的主要目的之一。一旦国家遭到外来侵略和颠覆，安全受到威胁，国防就必须履行自己的职能，抵御和挫败外来的侵略和颠覆，确保国家的和谐稳定状态；当国内敌对分子勾结外国敌对势力进行武装暴乱，危及国家安全时，国防力量就要采取措施，防止和平息这种内外勾结的暴乱，保卫国家安全。

（三）国防的手段

国防的手段是指为达到国防目的而采取的方法和措施。根据《中华人民共和国国防法》的规定，我国国防的手段包括军事活动以及与军事有关的政治、经济、外交、科技、教育等方面的活动。

1. 军事

国防的主要手段是军事手段，现代国防的根本职能是捍卫国家利益，防备和抵御外来的各种形式和不同程度的侵犯；防备和平息内部和外部的敌对势力相互勾结所发动的武装暴乱。在对国家利益的各种形式的侵犯中，其威胁和危害最大的是武装侵犯，包括军事威胁、恫吓、军事干预、占据部分领土、武装掠夺经济资源、发动侵略战争等。上述活动和内外敌对势力相互勾结发动的武装暴乱，不仅使国家主权和人民生命财产遭受损失，而且直接危及国家民族的生存和发展。对付武装入侵和武装暴乱最根本和最有效的手段莫过于采取军事手段。这是因为：一是军事手段是最具有威慑作用的手段，可以对各种可能的外来侵犯进行有效的阻止或遏制；二是军事手段是唯一能够有效对付武装侵略的手段，它可以用军事力量所拥有的巨大的即时打击能力给侵略者造成物质和精神的严重损害，从而迫使其中止侵略行动，以至放弃侵略企图；三是军事手段是解决国家之间矛盾冲突的最后手段，当国家之间主权、利益的矛盾积累达到极限时，就只有通过最高的斗争形式——武装冲突或战争予以彻底解决。同时，军事手段还能够作为各种非军事手段的强有力后盾，可以强化各种非军事手段的国防功能。因此，军事手段理所当然地成为国防的主要手段。

2. 政治

政治手段作为国防手段之一，指的是"与军事有关的"政治活动，而不是政治本身的全部含义。政治与国防关系密切。一方面，国防直接保卫的国家主权，是政治的第一需要；国防直接保卫的国家领土，是政治的物质前提；国防直接保卫的国家安全利益与发展利益，是政治的根本追求。国家政权、政治制度也要靠国防力量来捍卫。另一方面，政治对国防起着决定性的支配作用；国家的政治需要，决定国防的根本性质和基本类型；国家的政治指导思想和路线，决定国防的方向、方针和原则；国家的政治制度，决定国防的根本体制；国家的政治素质，制约国防的客观效应。其中，构成国防手段的政治活动主要是政治制度、政治思想工作和政治宣传等。

3. 经济

经济是国防的基础，社会经济制度决定国防活动的性质，社会经济状况决定国防建设的水平。现代条件下，无论是国防建设还是国防斗争，都要广泛采用经济手段，这些手段主要有国防经济活动、经济动员、经济战、经济制裁等。国防经济活动是为国防而进行的生产、分配、交换、消费及其管理的实践活动。其目的是保持一定的军事实力与潜力，从而有效地保障国家安全。国民经济动员是指国家将经济部门及其相应的体制有组织、有计划地从平时状态转入战时状态所采取的措施，目的是充分调动国家经济能力、提高生产水平、扩大军品生产、保障战争需要。经济战是敌对双方为夺取战略优势和战争胜利而进行的经济斗争，主要指战争期间各种形式的经济斗争，也包括和平时期的经济封锁和经济扰乱。其根本目的是给敌人造成经济恐慌，动摇其进行战争的物质基础，使敌方经济陷于崩溃，以便战而胜之。经济制裁是指国家为一定的政治、军事目的，对另一方强行实施的惩罚行为。在国防斗争中使用这一手段，可削弱被制裁国的政治、经济、军事实力，促使其国内不满情绪的发生和增长。

4. 外交

国防外交活动主要是指国家与国家之间为了国防目的而开展的外交活动。由于这种外交主要涉及军事领域，所以又称军事外交。它既有通常意义上外交的一般特征，又具有区别于其他外交工作的特殊规律，是集外交与军事于一体的活动。它的范围很广，领域很多，活动的内容也十分丰富。从总体上讲，国防外交主要涉及国家与国家之间、军事集团与军事集团之间的军事政治关系、军队关系、军事战略关系、军事科技关系和军事经济关系等。具体可以划分为：军事双边往来；多边军事交往；非官方军事交往；军事科技交流和军工合作；军事结盟；军事援助；军事经济合作；边防管理等。国防外交涉及的各个方面的活动都不是孤立的，而是有机联系的。从事国防外交活动的主体也不单纯是武装力量，还包括国家机关与民间的一些部门。

5

除上述因素外，与军事有关的科技、教育等，也是国防的重要手段。

（四）国防的对象

国防的对象是指国防所要防备、抵抗和制止的行为。这是一个涉及国家在什么情况下可以使用国防力量的重大问题。根据《中华人民共和国国防法》的界定，国防的对象，一是"侵略"；二是"武装颠覆"。

1. 国防要防备和抵抗的是"侵略"

《中华人民共和国国防法》对国防对象的这一法律界定，既有国际法理依据，又符合国防的实际需要，与国家安全所面临的威胁相一致，不仅表述方法合理恰当，而且意义深远重大。其理由：一是与国际约章相衔接。联合国1974年专门通过了《关于侵略定义的决议》，该决议对"侵略"作了非常详尽的定义。凡属于决议所指的侵略，均属于运用国防力量防备和抵抗的对象。二是与国家宪法的提法相一致。我国宪法第29条和第55条都采用了"抵抗侵略"的提法，而不是"抵抗武装侵略"。三是与国防活动的客观实际相适应。立法应为现实服务，制定国防法律也应为国防建设和国防斗争服务。如果以法律的形式规定国防只是防备和抵抗"武装侵略"，在今后的国防建设和斗争中，则很可能束缚自己的手脚。现实当中，确实存在着武装侵略和非武装侵略。但是，当今世界的现实是，一个主权国家对另一个主权国家的非武装侵略及其反侵略大多要以武力为后盾，而且有些所谓的非武装侵略，是非国防手段不能抵御的。因此，国防所要防备和抵抗的，是"侵略"，而不仅仅是"武装侵略"。

2. 国防应把"武装颠覆"作为制止的对象

所谓颠覆是指推翻现政府。反颠覆是国家的大事，它不完全属于国防的范畴，但与国防又密切相关，需要进行具体的分析。根据宪法，我国是一个实行社会主义制度和人民民主专政的多民族国家。那些以推翻社会主义制度、推翻人民民主专政、分裂国家为目的的颠覆活动，不是一般的反政府活动，而是危及我国的国体和政体，对国家的主权、统一、领土完整和安全构成严重威胁的活动。但是，如果这类活动不采取武装暴力的形式，则仍然属于由国家安全部门去对付的事情，不需要动用国防力量。只有属于武装性质的颠覆活动，如武装叛乱、武装暴乱，才必须动用国防力量。把"武装颠覆"作为国防的对象，把"制止武装颠覆"作为国防的一项重要职能写入国防法，具有特殊的重要意义：一是各种武装颠覆活动，包括分裂国家的"独立"、武装叛乱以及企图推翻社会主义制度的武装暴乱，已构成对我国安全的主要威胁之一。二是从我国当前面临的国际国内环境看，武装颠覆并非纯粹来自内部，甚至主要不是来自内部，各种形式的"独立"、武装叛乱和暴乱，一般都有外国势力插手，具有内外勾结危害祖国的特点。对付这一类"武装颠覆"，应该是国防的职能，也就是说，国防实际上是有对内职能的。三是从苏联分裂成独联体各国及南斯拉夫分裂后民族间战争不断、国民经济严重倒退的情况看，它的灾难甚至大于国家间的战争，理应将防止和制止这种现象作为我国国防的职能。

三、国防历史

国防是随着国家的产生而产生的。中国国防的历史源远流长。在人类社会的历史长河中，神州大地先后经历了奴隶社会、封建社会、半殖民地半封建社会和社会主义社会。与之相应，国防也经历了无数个强盛与衰落的交替，从而给我们留下了宝贵的国防遗产和深刻的历史教训。

（一）古代国防

我国古代的国防是指从公元前 21 世纪夏王朝的建立到 1840 年鸦片战争，共经历了近四千年的漫长历史。其间，中华民族经历了无数次战争的锤炼，形成了强大的民族凝聚力，培育出了自强不息、前仆后继、不畏强暴、卫国御敌的尚武精神，最终成为一个多民族的大疆域国家。

1. 古代的国防政策和国防理论

大约公元前 21 世纪，中国古代社会开始由原始氏族公社制社会进入奴隶制社会，出现了国家。从此，作为抵御外来侵犯和征伐别国的武备——国防的雏形便产生了。随后的几千年征战中，为保家卫国，逐渐形成了我国古代的国防政策和国防理论。

春秋战国时期，由于各诸侯国之间连年征战，使国防观念迅速得到强化，虽然当时的诸子百家在政治和哲学主张方面各放异彩，但在国防方面却大体一致。以《孙子》、《吴子》、《六韬》为代表的大批兵书问世，形成了诸如："义战却不非战"，"非攻兼爱却不非诛"，"足食足兵"，"以正治国、以奇用兵"，"富国强兵"，"文武相济"，"尚战、善战、慎战"，"不战而屈人之兵"等思想，表明春秋战国时期对武备和国防的重视，而且国防思想已经上升到理论的高度，全面奠定古代军事思想的基础，标志我国古代军事思想在这个时期已经基本形成。在此基础上也形成了较为完整的战争观，并提出了普遍的战争指导原则。如孙子的"知彼知己，百战不殆"、"示战先算"、"伐谋伐交，不战而胜"、"以智使力"等指导原则。这些指导原则概括精辟，至今仍具有极为重要的指导意义。总结出了一整套治军方法，形成了比较合理的军队编制结构；重视改善武器装备，研制出种类繁多的兵器装备；明确提出把军队的教育训练当作治军的首要任务，以此来提高部队的战斗力。

公元前 230 年至公元前 221 年，秦国经过 10 年的统一战争，先后兼并六国，结束了历史上的长期分裂局面，第一次建立起中央集权的封建国家，标志着中国封建社会进入一个新的历史阶段。随后的汉、唐更是中国封建社会的盛世，军事上也处于开疆拓土的鼎盛时期。至公元 10 世纪中叶的近 1300 年间，中国古代国防政策和国防理论得到了进一步的丰富和发展。开始全面整理兵书，逐步形成了一个较为完整的军事学术体系。另外，古代战略思想趋于成熟，战略防御思想得到进一步完善。

宋朝至清朝前期，是中国封建地主阶级没落的时期，但军事上却已进入冷、热兵器并用时代，在国防政策和国防理论上也有相当的发展。武学开始纳入国防教育体系。北宋初期重文轻武，国防衰落。后开办"武学"，设武举，为军队培养、选拔了大批军事人才，同时也繁荣了军事学术。明清两朝将武举推向更深层次，甚至出现文人谈兵、武人弄文的局面，大量军事著作面世，军事思想研究不断发展。

从总体上看，我国古代国防理论主要有："以民为体"，"居安思危"的国防指导思想；"富国强兵"，"寓兵于农"的国防建设思想；"爱国教战"，"崇尚武德"的国防教育思想；"不战而胜"，"安国全军"的国防斗争策略等。在这些思想和策略的指导下，华夏大地消除了无数次外敌入侵带来的战祸，为中华民族的繁衍生息和社会的发展提供了基本的生存条件，甚至出现过"中国既安，四夷自服"的辉煌。

2. 古代的兵制建设

兵制即我们常说的军事制度，也称军制。是国家或政治集团组织、管理、维持、储备和发展军事力量的制度。我国古代的兵制建设主要包括军事领导体制、武装力量体制和兵役制度等内容。

在军事领导体制上，夏、商、西周时期，一般由国王亲自掌握和指挥军队，没有形成专门的军事领导机构。春秋末期，实现将相分权治国，以将（将军）为主组成军事指挥机构。战国时期，将军开始独立统兵作战。秦国一统天下之后，设立了专门管理军事的机构，太尉为最高的军事行政长官。隋朝设立了三省六部制，设兵部主管军事。宋朝则设置枢密院作为军事领导的最高机构，主官由文官担任，主要目的是防止"权将"拥兵自重。枢密院有权调兵却无权指挥，将军有权指挥却无权调兵，形成枢密院和将军相互牵制的局面。各朝代在军事领导体制方面的做法虽各有异，但皇权至上这一点是不变的，军队的最终调拨使用大权始终掌握在皇帝手中。

在武装力量体制上，秦朝之前武装力量结构单一，一个国家通常只有一支国家的军队。从秦朝开始，国家的政治制度逐渐完善，生产力不断发展，因而，各个朝代根据国家的状况和国防的需要以及驻防地区和担负任务的具体情况，将军队区分为中央军、地方军和边防军三种，并对军队的编制体制、屯田戍边、兵役军赋、军队调动、军需补给、驿站通道、军械制造和配发等都做了具体的规定，并以法律的形式颁布执行，如唐代的《卫禁律》、《军防令》等。

在兵役制度上，随着各个历史时期的政治、经济、人口状况和军事需要而发展变化。奴隶社会时期，生产力低下，人口稀少，战争规模小，主要实行兵民合一的民军制度。封建社会时期，民军制度逐渐演变为与当时历史条件相适应的兵役制度，如秦汉时期的征兵制、三国两晋南北朝时期的世兵制、隋唐时期的府兵制、宋朝的募兵制、明朝的卫所兵役制等。

3. 古代的国防工程建设

我国古代为抵御外敌的侵犯，巩固边海防，修筑了数量众多、规模庞大的国防工程。如城池、长城、京杭运河以及海防要塞等。

我国古代国防工程建设中，城池的建设最早、数量最多。城池建筑最早始于商代，随后，城池建设规模不断扩大，结构日益完善，一直延续到近代。因此，在我国古代战争中，城池的攻守作战成为主要的样式之一。

长城是城池建设的延伸和发展。春秋战国时期长城的建筑已经开始，秦始皇统一六国之后，为了巩固国防，防御北方匈奴的南侵，于公元前 214 年开始将秦、赵、燕三国北部的长城连为一个整体，形成西起临洮（今甘肃岷县）、北傍阴山、东至辽东的宏伟工程。后经各朝代多次修建连接，至明代形成了西起嘉峪关，东至山海关，总长约 6700 千米的万里长城。

京杭大运河是我国古代兴建的伟大水利工程。隋炀帝时期，征调大量人力物力，将原有的旧河道拓宽和连贯，形成北起通州（今北京通州区）、南至杭州，全长 1794 千米的大运河，把南北许多州县连成一线，成为军事交通和"南粮北运"的大动脉，具有重大的战略意义。

古代海防建设是从明朝开始的。14 世纪，倭寇频繁袭扰我国沿海地区，明朝在沿海重要地段陆续修建了以卫城、新城为骨干，水陆寨、营堡、墩、台、烽堠等相结合的海防工程体系，为抗击倭寇的入侵起到了重要作用。

（二）近代国防

从鸦片战争到五四运动，是中国的近代历史时期。1840 年，西方殖民主义者凭借船坚炮利的优势，攻破了清王朝紧锁的国门，对中华民族实行残酷的殖民统治。在西方殖民主义者的侵略面前，腐朽的统治者奉行的国防指导思想却是"居安思奢"、"卖国求荣"；执行的国防建设思想乃是"以军压民"、"贫国臃兵"；倡导的国防教育思想却是"愚兵牧民"、"莫谈国事"；制定的国防斗争策略甚至是"不战而败"、"攘外必先安内"。其结果是有国无防，人民惨遭蹂躏和屠杀。

1. 清朝后期的国防

1644 年，清军大举入关，问鼎中原，最终建立大清王朝。从顺治开始，经康熙、雍正、乾隆和嘉庆五代，前后 177 年是清朝的兴盛时期。但是经过"康乾盛世"之后，政治日趋腐败，国防日益疲弱。1840 年鸦片战争爆发，西方殖民主义者大举入侵，从此清王朝一蹶不振，江河日下，有国无防，内乱丛生，外患不息，逐步沦为半殖民地半封建社会。

（1）清朝的武备。清朝的武备包括军事领导体制、武装力量体制和兵役制度等方面。

9

在军事领导体制方面。1840 年以前，大清王朝先后设立了议政王大臣会议、兵部和军机处，作为高层军事决策和领导机构。鸦片战争后，开始实施"洋务新政"，成立了总理衙门。八国联军入侵中国后，清朝统治者深感军备落后，企图通过改革军制来强军安国，遂改总理衙门为外务部，撤消原有的兵部，成立陆军部。

在武装力量体制方面，清军入关之前，军队是八旗兵；入关后为弥补兵力的不足，将投降的明军和新招募的汉人单独编组，成立了绿营；1851 年以后，为镇压太平天国运动，咸丰号召各地乡绅编练乡勇，湘军和淮军逐渐成为清军的主力；中日甲午战争之后，开始编练新军。

在兵役制度方面，八旗兵实行的是兵民合一的民军制。清朝规定：所有 16 岁以上的满族男子都是兵丁，不满 16 岁的则编为养育兵，作为后备兵源。绿营兵虽是招募而来，但入伍后即编入兵籍，其家属随营居住，实际上绿营兵是职业兵，直到年满 50 岁才解除兵籍。湘军和淮军是由地方乡勇逐渐发展起来的部队。太平天国运动被镇压后，湘、淮军取代八旗兵和绿营兵，成为清军的主力。甲午战争中，湘、淮军大部分溃散，清朝开始"仿用西法，编练新兵"。新军采用招募制，在入伍的年龄、体格及识字程度方面均有比较严格的要求。

（2）清朝的疆域和边海防建设。清朝初期重视边海防建设。在同国内割据势力的斗争中，制止了分裂，促进了国内各民族的团结，维护了国家的统一；在与外部侵略势力的斗争中，捍卫了国家的领土主权。这一时期疆域西到今巴尔喀什湖、楚河、塔拉斯河流域、帕米尔高原；北到戈尔诺阿尔泰、萨彦岭；东北到外兴安岭、鄂霍茨克海；东到海边，包括台湾及其附属岛屿；南到南海诸岛；西南到广西、云南、西藏，包括拉达克，建立了一个空前统一、疆域辽阔的多民族的封建专制国家。从道光年间开始，政治日益腐败，边海防逐渐废弛。西方殖民主义者乘虚而入，以坚船利炮打开了中国封闭的国门。19 世纪中叶以后，香港、澳门、台湾、澎湖分别被英、葡、日占领，东北乌苏里江以东、黑龙江以北及西北今国界以外的广大地域被沙俄侵占，帕米尔地区被俄、英瓜分，拉达克则被英国属克什米尔所吞并。

（3）"五次"对外战争。1840 年，英帝国主义以清王朝禁烟为由，对中国发动了战争，史称鸦片战争。1842 年，战败的清王朝被迫在英国的军舰上签订了我国近代史上第一个丧权辱国的不平等条约——中英《南京条约》。中国的领土和主权遭到破坏，开始沦为半殖民地半封建社会。

1856 年至 1860 年，英国不满足它已获得的利益，联合法国，分别以"亚罗艇事件"和"马神甫事件"为借口，对中国发动了第二次鸦片战争。战败的清王朝被迫与英国签订了中英《天津条约》，与法国签订了中法《北京条约》，此时的沙俄趁火打劫，强迫清政府签订了中俄《瑷珲条约》。中国的领土主权进一步遭到破坏，半殖民地程度加深。

19 世纪 80 年代初，法国殖民主义者在完全占领越南后，开始觊觎我国西南地区。1884 年至 1885 年中法交战。爱国将领冯子材率领的清军奋勇杀敌，在刘永福黑旗军的配合下痛击法军，取得了镇南关大捷，由此导致法国茹费里内阁的倒台。但是腐败的清政府却一味苟且偷安，李鸿章认为法国船坚炮利，强大无敌，中国即使一时取胜，难保终久不败，不如趁胜而和。因此，清政府和法国签订了《中法新约》，将广西和云南两省的部分权益出卖给了法国，使中国不败而败，法国不胜而胜。清政府的腐败无能暴露无遗。

1894 年日本以清朝出兵朝鲜为由发动了甲午战争。北洋水师全军覆没。清政府被迫与日本签订了《马关条约》，中国的领土被进一步肢解，半殖民地程度加深，民族危机加剧。

1900 年，英、美、德、法、俄、日、意、奥八国，以保护在华侨民"利益"为借口，组成联军，发动侵华战争。战败的清政府被迫与八国签订了《辛丑条约》。这个条约从政治、经济、军事各方面都扩大和加深了帝国主义对中国的殖民统治，并表明清政府已完全成为帝国主义统治中国的工具。中国完全沦为半殖民地半封建社会。

从 1840 年鸦片战争到 1911 年辛亥革命这 70 多年间，清政府与外国列强签订了大大小小数百个不平等条约，割让领土 160 余万平方千米，据记载，列强对华的不平等条约，几乎都要求中方支付赔款。1900 年，"八国联军"侵占北京，作为这次战争结果的"庚子赔款"本息就达 9.8 亿多两白银。同时还规定，中国必须将海关税、常关税、盐税等作为赔款来源抵押给列强。当时，在 1.8 万多千米的海岸线上，大清帝国竟找不到自己享有主权的港口。国家有海无防，有边不固，绝大部分中国领土成了帝国主义的势力范围：俄国在长城以北；英国在长江流域；日本在台湾、福建；德国在山东；法国在云南。中华民族美丽富饶的国土被分割得支离破碎。

2. 民国时期的国防

1911 年爆发的辛亥革命，虽然推翻了清朝的统治，彻底废除了封建专制制度，建立了中华民国，但并没有改变中国任人宰割的历史。帝国主义通过扶植各派军阀作为自己的代理人，加紧对中国的控制掠夺；各派军阀争权夺利，混战不已，中国依然是有边不固，有海无防，人民有家难安。

（1）军阀混战与中华民族的觉醒。1911 年的辛亥革命，终于推翻了几千年的封建统治，但由于革命的不彻底，仍没有使中国摆脱半殖民地半封建的状况，帝国主义依然在华夏大地上横行无忌，他们为维护其在华利益，纷纷扶植自己的代理人：先有袁世凯称帝，后是张勋复辟，各派军阀以帝国主义为靠山，割据称雄，混战不休。直、皖、奉三大派系军阀先后窃取中央政权，贿选国会议员和总统，出卖国家和民族利益。"二十一条"的签订和"巴黎和会"中国外交的失败，充分暴露

11

出北洋政府的腐败无能，使中国面临被帝国主义进一步瓜分的命运，激起了中华民族同仇敌忾、共御外侮的决心和勇气。以五四运动为标志，中国反帝反封建的资产阶级民主革命发展到新阶段。1921年7月，中国共产党的成立，把中国人民的救亡图存斗争推向新的阶段，中国工人阶级开始以自觉的姿态登上了历史舞台。

（2）日本的入侵和中国人民的抗战。1931年9月18日，日本发动了"九一八事变"。面对日本帝国主义的野蛮侵略，蒋介石却奉行"攘外必先安内"的方针，一味奉行不抵抗政策，出卖民族利益，使东北大片国土迅速沦陷。1937年7月7日，日本发动"卢沟桥事变"，进一步扩大了对中国的侵略，中华民族到了生死存亡的紧要关头。中国共产党高举团结抗日的旗帜，肩负起救民族于危难的神圣使命，领导全国各族人民进行了艰苦卓绝的八年抗战，终于取得了我国近代史上第一次抗击外敌侵略的完全胜利。

（3）解放战争及新中国的成立。抗日战争胜利后，中国人民迫切需要一个和平安全的休养生息的环境，中国共产党顺民心，从民愿，不计前嫌，准备与国民党第三次携手，合作建国。但蒋介石背信弃义，妄图消灭中国共产党及其所领导的军队。在中国共产党的领导下，经过三年解放战争，中国人民终于推翻了蒋家王朝，建立了新中国。

（三）新中国成立后我国的国防

中华人民共和国成立以来，新中国国防大体经历了四个发展阶段。

第一阶段，初创时期（1949年底至1953年）。这一时期新中国处在外御帝国主义侵略，内治战争创伤和恢复经济时期。国防建设主要完成了三个方面的任务：一是解放了全国大陆和大部分沿海岛屿，肃清了大陆上国民党的残余武装，平息了匪患，建立了边防和守备部队，加强了海边防的守卫；二是取得了抗美援朝战争的胜利；三是建立健全了统一的军事领导机构和军事制度，加强了对全国武装力量的领导，逐步完成从单一陆军向诸军兵种全面建设的过渡。

第二阶段，全面建设时期（1953年至1966年）。这一阶段是我国国防现代化建设突飞猛进的重大时期。1953年12月召开的全国军事系统党的高级干部会议，是军队建设和国防建设的一个里程碑。这次会议确定了我国国防建设的主要任务是：防御帝国主义侵略，保卫社会主义建设，保卫亚洲与世界和平。制定了"积极防御"的战略方针，提出了实现国防现代化的重大战略措施，包括：精简军队，压缩国防开支，加速发展工业，为国防现代化打基础；加强国防工程建设，在沿海、边防和纵深要地建设防御工程体系；实行义务兵、军官薪金、军衔三大制度；大办军事院校，重新划分战区，完善战略、战役指挥体系；加强动员准备，建立各级动员机构和动员制度。这些重大措施有力地促进了我国国防现代化建设的全面发展，初步形成了具有中国特色的国防体系。经过10年艰苦努力，国防科技工业体系初步建立，常规武器基本实现国产化，某些领域已接近当时的世界先进水平，并成功地爆炸了第一颗原子弹。

第三阶段，曲折中发展时期（1966年5月至1978年）。"文化大革命"中，国防和军队建设，尽管遭到了严重干扰和破坏，但毛泽东、周恩来等国家主要领导人仍然警觉地注意维护我国的安全，保持了军队的稳定，顶住了国际霸权主义的压力。同时对发展国防尖端技术始终没有放松，从而成功地进行了地地导弹核武器试验和地下核试验，第一颗氢弹爆炸成功，第一颗人造卫星发射成功。极大地增强了国防实力。

第四阶段，现代化建设新时期（1978年12月至今）。在具有伟大历史意义的十一届三中全会上，邓小平同志根据国际形势的不断缓和，特别是世界和平力量的增长，提出了"和平与发展"是当今世界两大主题的观点，从而确定全党工作的重点和国防建设指导思想实行战略性转变。在这一正确指导思想的指引下，我军现代条件下的作战能力有了新的提高，军队建设和国防建设逐步走上了健康发展的轨道。江泽民主持中央军委工作后，继承毛泽东军事思想和邓小平新时期军队建设思想，着眼时代特点、社会历史条件和我国安全环境的发展变化，紧紧围绕"打得赢"、"不变质"这两个历史性任务，提出了把军事斗争准备的基点由应付一般条件下的局部战争转到打赢现代技术特别是高技术条件下的局部战争上来；实施科技强军战略，把加强质量建设作为实现我军现代化的基本指导方针，转变我军建设的发展模式，实现由数量规模型向质量效能型、人力密集型向科技密集型的根本转变；按照"五句话"的总要求，全面建设一支强大的现代化、正规化革命军队；国防建设与经济建设相互促进、协调发展；建设一个符合我国国情并反映时代特征的有中国特色的现代化国防。胡锦涛主持中央军委工作以来，对新时期军队建设历史任务作了进一步明确，指出军人要为巩固执政党的地位提供力量保证；为维护国家重要战略机遇期提供安全保证；为国家利益拓展提供强有力支撑；为维护世界和平促进共同发展发挥重要作用。在全国人大十届五次会议上，胡锦涛进一步强调，按照科学发展观要求推动部队建设又好又快发展，积极为构建社会主义和谐社会贡献力量。

新形势下国防和军队建设不断呈现出健康向上发展的良好局面：我军在精兵、合成、高效方面取得了重大进展；信息化条件下的防卫作战能力逐步增强；干部队伍的整体素质显著提高；综合保障能力不断增强；部队正规化水平有了很大提高；军事科学理论繁荣发展；后备力量建设迈上新的台阶；巩固和发展了军政军民团结的大好局面。

（四）国防历史的启示

我国四千多年的国防历史，有过声威远播、天下归附的武功；有过引而不发、强虏驻足的宁静；有过遍体创伤、不堪回首的屈辱；也有过抗敌卫国的巨大胜利。在建设具有中国特色的社会主义征途中，重温这一漫长的国防历史可以从中得到有益的启示。

1. 经济发展是国防强大的基础

经济是国防的物质基础，国防强大依赖经济发展，这是我国国防历史给予我们的深刻启示。

早在春秋战国时期，统治者就认识到国富才能兵强，自强方可自立，无不把发展经济作为巩固国防、争夺霸权的重要措施。春秋时期，晋国还是一个国贫兵弱的小国。晋文公执政后，通过整顿内政、发展经济、扩充军队等一系列的综合治理，使晋国实力急剧膨胀，有"晋国天下莫强"的声威，先后兼并20余国，一跃而成为中原霸主。秦国重用商鞅进行变法，推行了"开阡陌"、"废井田"等一系列土地改革措施，极大地解放了生产力，促进了经济的发展，对秦军南征百越，北逐匈奴，最终吞并六国、完成统一大业起到了重要作用。唐朝由"贞观之治"达到封建社会的鼎盛时期，更是当时统治者注重发展经济的结果。

与此相反，各朝各代的衰落、灭亡，遭受外敌的入侵而不能自保，几乎毫无例外是这个王朝后期政治腐败，经济落后，结果动摇了国防的根基。由此可见，只有经济的强盛，才能有强大的国防，才能有政权的稳固、国家的安全。

2. 政治昌明是国防巩固的根本

国家政策的正确与否，直接关系到国防的兴衰。只有政治的昌明，才能有巩固的国防。这是国防历史给我们提供的又一深刻启示。

春秋战国时期，各诸侯国就十分注意修明政治，变法图强，把尊贤厚士，举贤任能，选拔优秀人才治理国家作为强国的根本大计。汉高祖得天下后，实行"文武"政策，建立法制，修明政治。此后，文帝、景帝至武帝，都实行比较开明的治国之策。国家的昌盛才为西汉长达200多年的基本安定奠定了基础。

相反，秦朝实行暴政，激起农民起义，终至推翻秦始皇梦想千秋万代、子孙相继的基业；宋朝由于机构臃肿，官员奢侈腐化，国力衰竭不堪，无力抵抗外侵，终为元兵所灭亡；明朝由于皇帝昏庸、宦官专政、结党营私，始被起义军所败，后又为清兵所亡。特别是近代中国，由于清政府政治日趋腐朽，国防日益虚弱，面对列强入侵屡战屡败，乞降求和，割地赔款，使国家遭受了前所未有的奇耻大辱，将中国人民带进了苦难的深渊。

总之，国防的兴衰、王朝的更替、近代中国的百年国耻，都深刻地告诉我们，政治的昌明是国防巩固的基础，是国家得以长治久安的根本保证。

3. 国家的统一和民族的团结是国防强大的关键

我国国防史给予我们的另一重要启示，就是在面临外敌入侵、国家危亡的关头，只有国家统一、民族团结、共同抵抗，才能筑起一道坚强的国防长城，取得反侵略战争的胜利。

近代西方列强发动了对我国的一系列侵略战争，使中国逐渐沦为半封建半殖民地社会。山河破碎，有国无防。一个重要的原因是，清朝统治者在侵略者面前，不仅不发动和依靠广大人民进行反侵略的正义战争，反而认为"患不在外而在内"，甚至在义和团奋起抗击八国联军的时候，清朝统治者竟企图借外国侵略者之手消灭义和团。由于统治者害怕人民，采取与人民对立的立场，尽管广大人民奋起反抗侵略者，但都处于自发、分散的状态，缺乏统一指挥，没有形成一致对外的合力，无法改变战争的局面。

抗日战争时期，中国共产党主张全国军民团结起来，建立广泛的抗日民族统一战线，共同抵抗日寇侵略。同时，坚持人民战争的战略指导方针，放手发动群众，团结一切可以团结的力量共同抗击敌人。我党领导的八路军、新四军挺进敌后，开辟了广大的敌后抗日根据地，运用人民战争的战略战术，同全国军民一道有效地打击了日本侵略者，最后取得了抗日战争的全面胜利。

历史证明，国家的统一、民族的团结、全国军民一致共同抵抗侵略的精神和意志，才是国防的真正的钢铁长城。这是造成淹没一切侵略者的人民战争汪洋大海的基础；这是让一切侵略者都望而生畏的真正铜墙铁壁；这是民族自强的根本、国防力量的源泉。

第二节　国防法规

国防法规是为调整国防领域中各种社会关系而由国家制定或认可的法律规范的总称。国防法规对于人们的行为，具有指引、评价、教育、预测、强制的功能。对于国防活动，具有保证执政党和国家对国防的统一领导，保障国防现代化建设，巩固和提高武装力量战斗力，维护军队和军人合法权益等作用。在我国构建社会主义和谐社会的新形势下，在依法治国的大环境中，国防法规对于加强国防和武装力量建设，做好新时期军事斗争准备，发挥着越来越重要的作用。

一、国防法规的演进

国防法规是随着国防的产生而产生的。国防活动的主要形式是军事建设和军事斗争，因此，国防法规也可以称作军事法规。古代典籍中有"刑始于兵"、"师出于律"的记载，表明军事法规产生于战争实践。

我国奴隶社会的军事法规，主要表现形式是临战前统治者发布的誓命文诰，如《尚书》中的甘誓、汤誓、牧誓、大诰、费誓等。这些既是战争动员令、讨敌檄文，也是最初的军事法规。

进入封建社会，军事法规的主要形式发生了明显改变，临时性的军事誓言已被稳定的成文法所取代。同时，军事立法、司法以及监督制度开始建立，军事法规的调整范围不断拓展，军事法制逐步完善。

近代中国跟随世界军事发展的历史潮流，借鉴西法治军。1933 年 6 月，国民政府颁布了我国历史上第一部兵役法。但是，由于统治集团腐败，国家内忧外患，形势混乱，为数不多的军事法规并没有真正实行。

新中国成立之初，我国就着手制定国防法规，很快颁布了兵役法、民兵组织条例以及军队的一些条令条例。特别是最近 20 年，国家加大了国防立法工作的力度，制定了一系列国防法律、规章，使国防和武装力量建设走上了法制化轨道。但是，我国的国防法规体系还不够健全，国防法规的内容还不够完备，国防法制建设的任务仍然很繁重。

二、国防法规体系

国防法规的体系是指由不同层次、不同门类的国防法律规范构成的相互联系、相互制约、和谐一致的有机整体。

（一）国防法规体系的层次

根据我国国防立法的权限和法律规范的效力等级，我国国防法规体系按纵向划分有五个层次。

1. 宪法中的国防条款

《中华人民共和国宪法》中的国防条款在国防法规体系中居于最高的地位。主要包括：武装力量的领导体制、性质、任务、建设方针和活动的根本准则；军队在国家政治制度中的地位；公民在国防方面的基本权利和义务；国防建设的领导和管理体制；全国总动员、局部动员和宣布战争状态的制度；国家和社会对伤残军人及军人家属的优抚政策；军事审判机关和军事检察机关的设置等。

2. 基本国防法律

由全国人民代表大会制定。如《中华人民共和国国防法》、《中华人民共和国兵役法》，以及《中华人民共和国刑法》分则中的第 7 章和第 10 章等。

3. 国防法律

由全国人民代表大会常务委员会制定。如《中华人民共和国国防教育法》、《中华人民共和国人民防空法》、《中华人民共和国军事设施保护法》等。

4. 国防法规

中央军委制定的军事法规，如《中国人民解放军内务条令》、《中国人民解放军纪律条令》、《中国人民解放军队列条令》等；国务院单独制定或与中央军委联合制定的国防行政法规，如《中国人民解放军现役士兵服役条例》等。

5. 国防规章

中央军委各总部、各军兵种、各军区制定的军事规章；国务院各部委单独制定或与军委有关总部联合制定的国防行政规章；有立法权的地方权力机关和行政机关制定的地方性国防法规和规章。

（二）国防法规体系的内容

依据国防活动的领域，在横向关系上可以将国防法规划分为国防领导、武装力量建设、国防建设事业、军事刑事等方面的国防法律制度。

1. 国防领导方面的法律制度

国防领导方面的法律制度，是关于我国国防领导体制、国家机构在国防活动中的领导职权等方面的法律规范的总和，是国防法律制度中最重要的组织制度。主要包括：国家最高军事统帅、国防决策机构、国防行政领导机构、国防指挥机构、国防协调机构、国防咨询机构的设置、职权划分和相互关系等制度。根据我国宪法和国防法的规定，在现行的国防领导体制中，由全国人民代表大会及其常委会、中华人民共和国主席、国务院和中央军事委员会共同行使领导职责。中央军事委员会是我国武装力量的领导机关。不同的国家机构在国防方面的职权主要有：立法权、任免权、决定权、监督权和行政权。

2. 武装力量建设方面的法律制度

武装力量建设的法律制度，是关于武装力量的性质、任务、建设目标、建设原则、体制规模以及兵役制度的法律规范的总和。主要包括：

武装力量体制，是国家关于武装力量整体结构方面的法律制度。主要有规定武装力量的构成及规模、编组、任务区分和相互关系等制度。

兵役制度，是国家关于公民参加武装组织，或在武装组织之外承担军事任务，接受军事训练的法律制度。主要规定公民的兵役义务、兵役工作机构的职责，兵员征集和动员的方式等内容。

军队体制编制，是关于军队组织结构、各级组织的职权划分及其相互关系，军队各级建制单位的机构设置和人员、武器装备编配等方面的制度。主要规定军队总体结构，军队领导指挥体制，陆军、海军、空军、第二炮兵和院校体制编制等内容。

军事训练制度，是军事训练活动中必须普遍遵循的法律规范总称。按训练体制分：有部队训练制度、院校教育制度，预备役训练制度；按军兵种分：有陆军训练制度、海军训练制度、空军训练制度、第二炮兵训练制度等。

军队行政管理制度，是对军队内部日常事物（包括战备、训练、执勤及日常活动等各个方面各个环节的秩序）进行管理工作的规定。具体内容主要有：岗位责任制度、日常生活管理制度、行政教育制度、奖罚制度、检查整顿制度等。

军队武器装备管理制度，是指武器装备从部队接受到退役报废的一系列管理工作规范。主要包括武器装备的计划申请制度、分配调整制度、交接制度、保管制度、检查制度、封存制度、动用使用制度、维修制度、退役报废制度、统计制度等。

军队政治工作制度，是中国共产党的各级组织在军队中进行组织工作和思想工作的规范。主要包括组织工作制度、干部工作制度、宣传教育工作制度、文化工作制度、政法工作制度、群众工作制度、联络工作制度等。

军队后勤制度，是军队为实现一定的军事后勤目标而对后勤各要素进行决策、计划、组织、协调和控制活动的规范。主要包括：物资管理制度、财务管理制度、军需管理制度、军事交通管理制度、油料管理制度、营产管理制度、卫生勤务管理制度等。

人民武装警察部队方面的制度，是关于人民武装警察部队建设、执勤和完成各种任务的法律制度。包括武警部队适用的法律制度和武警部队专业勤务制度。

优抚与安置制度，是关于优待、抚恤武装力量成员以及安置离退休、转业、复员军人的规范。

3. 国防建设事业方面的法律制度

国防建设事业方面的法律制度，是关于国家在调整国防建设活动中的各种社会关系的法律规范的总和。主要有以下内容：

国防科研生产法律制度，是国家调整国防科研生产领域中的各种社会关系的法律制度，主要包括国防科研生产基本制度、国防科研生产管理制度、国防科研成果管理制度、国防科技人员管理制度等。

国防动员法律制度，是国家实施战时管制以及由平时状态转入战时状态，统一调动人力、物力、财力为战争服务的法律制度。包括国防动员基本制度、武装力量动员制度、国民经济动员制度、国防交通动员制度、战略物资储备制度等。

国防教育法律制度，是国家对全民进行国防教育，增强国防观念，提高国防素质的法律依据。包括国防教育的领导制度、组织制度、保障制度、教育训练制度和奖惩制度等。

军事设施保护法律制度，是国家保护军事设施的安全和使用效能、维护国防利益的法律制度。其内容主要包括军事设施的内容及其保护的方针原则、主管机关及其职责，军事禁区、军事管理区的划定及各类军事设施的保护措施、管理责任以及法律责任等。

人民防空法律制度，是国家组织民众防敌空袭，消除空袭后果的法律制度。其内容主要包括人民防空的领导体制、经费保障、防护重点、人民防空工程、通信和警报、疏散、群众防空组织、人民防空教育、法律责任等。

安全防卫法律制度，是保证国家进行领土防卫、确保边界安全的法律制度。其内容主要包括边界、领海及毗邻区的划定，边界管理等内容。

对外军事关系方面的法律制度，是国家调整对外军事关系，处理对外军事事务的法律制度。主要由我国与外国签订的双边或多边军事条约以及我国参加的各种国际军事约章组成，其内容涉及交战行为，也涉及军控、军贸、军训、军工合作等其他行为。

4. 军事刑事方面的法律制度

军事刑事法律制度，是规定军职人员违反职责犯罪和其他公民危害国防利益犯罪及其刑罚处罚的法律规范的总和。它以刑法、军事刑事法规、规章、司法解释等形式，规定了军职人员违反职责犯罪和其他公民危害国防利益犯罪的种类、适用法律，以及处罚原则、刑事处罚种类、诉讼程序和执行方式等。

三、公民的国防义务和权利

公民的国防义务，是指宪法和法律规定的公民在国防活动中对国家必须履行的某种责任。这种责任是根据国家和人民的根本利益确定的，并由国家运用法律的强制力保证它的实现。公民的国防权利，是指由国家宪法、法律赋予公民在国防活动中所享受的权益或资格。国家从法律和物资上保障公民享有这种权利。

（一）公民的国防义务

根据《中华人民共和国国防法》的规定，我国公民的国防义务主要包括兵役义务；接受国防教育的义务；保护国防设施的义务；保守国防秘密的义务；支持国防建设、协助军事活动的义务等。

1. 兵役义务

我国国防法第50条第1款规定："依照法律服兵役和参加民兵组织是中华人民共和国公民的光荣义务。"我国兵役法第3条规定："中华人民共和国公民不分民族、种族、职业、家庭出生、宗教信仰和教育程度，都有义务依照本法的规定服兵役。"根据我国兵役法，公民履行兵役义务主要有三种形式：一是服现役。现役指公民自入伍之日起到退伍之日止，在军队中所服的兵役。这是公民履行兵役义务的一种主要形式。凡在中国人民解放军和人民武装警察部队服兵役的公民称为现役军人。现役又包括军官的现役和士兵的现役。二是服预备役。预备役是公民在军队现役之外所服的兵役。我国预备役包括预备役部队、民兵组织和其他预备役人员。所以，服预备役，是指普通公民参加预备役部队，或参加民兵组织，或进行预备役登记。服预备役分为服士兵预备役和服军官预备役。三是参加军事训练。包括参加预备役人员的军事训练，普通高等学校和高级中学学生的军事训练。

2. 接受国防教育的义务

接受国防教育作为公民的一项义务，是指每一个公民都要按照国家的规定，通过一定的形式，接受国防教育，增强国防观念，并把它当作自己的光荣职责。具体地说，就是我国公民有义务接受国防理论、军事知识、国防法制、国防历史、国防精神、国防体育等内容的教育。对拒绝接受国防教育的义务主体，要视情追究法律责任。我国许多省、市的国防教育条例都明确规定：对不接受国防教育的重点对象，要进行批评教育；批评教育不改的，要强制其接受教育，或给予行政处分。

3. 保护国防设施的义务

国防设施，是指国家直接用于国防目的的建筑、场地和设备。包括：军事指挥机关，地面和地下的军事指挥工程，作战工程；军用机场、港口、码头；部队营区、训练场、试验场；军用洞库、仓库；军用通信、侦察、导航、观测台站和测量、导航、助航标志；军用公路、铁路专用线，军用通信、输电线路，军用输油、输水管道，以及国务院和中央军委规定的其他国防设施。国防设施是国防的物质屏障，在战时，它是打击敌人、抵抗侵略的重要依托；在平时，它具有制约敌对力量的威慑作用。根据国防设施的性质、作用、安全保密的需要和使用效能的特殊要求，可将国防设施分为三类：一是需要划定军事禁区予以保护的国防设施；二是需要划定军事管理区予以保护的国防设施；三是不便于划定保护区域，但同样需要采取有效措施加以保护的国防设施。对此，我国公民对这三类国防设施要履行不同的保护义务。

4. 保守国防秘密的义务

国防秘密，是指关系到国家防卫安全与利益，依照法定程序确定，在一定时间内或只限一定范围的人员知悉的军事或与军事有关的政治、经济、外交、科技、文化等方面的事项。根据我国国防法的规定，公民应当遵守保密规定，不得泄露国防方面的国家机密，不得非法持有国防方面的文件、资料和其他秘密物品。

5. 支持国防建设、协助军事活动的义务

根据我国国防法的规定，公民在支持国防建设、协助军事活动方面的义务：一是支持国防建设，包括参与国防宣传、履行兵役义务、协助做好军人及其家属的优抚工作、促进军民团结等。二是为武装力量的军事训练、战备勤务、防卫作战等活动提供便利条件或者其他协助。主要包括：根据需要，主动为武装力量使用档案、资料、设备、交通、通信、场地、建筑等提供方便；为武装力量执行任务的人员，提供必须的饮食、住宿、医疗、卫生保障等。三是支前参战的义务。主要包括：战时踊跃参军、配合部队作战、担负战时勤务、保卫重要目标等。

（二）公民的国防权利

根据《中华人民共和国国防法》的规定，我国公民有以下三种相对独立的国防权利：

1. 对国防建设提出建议的权利

我国国防法第54条规定："公民和组织有对国防建设提出建议的权利。"这一规定，是公民依宪法享有对国家事务的建议权在国防建设方面的体现。我国现行宪法规定："中华人民共和国公民对于任何国家机关和国家工作人员，有提出批评和建议的权利；""一切国家机关和国家工作人员必须依靠人民的支持，经常保持同人民的密切联系，倾听人民的意见和建议，接受人民的监督，努力为人民服务。"公民的批评建议权，是国家和社会监督权的形式之一，充分体现了我国人民当家作

主的社会主义性质。在我们国家，人民是国家的主人，公民有权关心国防建设，有权对国防建设提出建议。

2. 制止、检举危害国防行为的权利

我国国防法第 54 条规定：公民和组织有对危害国防的行为进行制止或者检举的权利。这一规定，是对宪法关于公民有维护国家安全、荣誉和利益的义务和关于公民检举权规定在国防方面的体现。这一权利表现为两个方面：一方面，公民为维护国防利益，有权依法对危害国防的行为，即对行为人违反国家的有关法律，不履行国防义务，超越国防权利的界限，对国防利益造成破坏或侵害的行为，予以制止、检举。另一方面，要求国家对公民为维护国防利益而行使的制止、检举权，予以支持和保护；并对检举的危害国防利益的违法犯罪行为，必须查清事实，负责处理，绝不允许对检举人压制和打击报复。否则，将承担法律责任。

3. 在国防活动中因经济损失得到补偿的权利

我国国防法第 55 条规定："公民和组织因国防建设和军事活动在经济上受到直接损失的，可以依照国家有关规定取得补偿。"这一规定，体现了我国一切为了人民利益的社会主义的本质，既保护了公民的经济权利，又有利于调动公民依法积极参加国防建设和军事活动。但是，这种补偿，与公民在民事活动中享有的损害赔偿是不同的。它仅限于公民在国防活动中直接的经济损失，而不包括间接的经济损失和非经济的损失。同时，对直接经济损失的偿付，视情可以是全部的，也可以是部分的。

第三节 国防建设

中华人民共和国成立后，经过近 60 年的艰苦努力，我国国防建设取得了举世瞩目的成就。今天的中国之所以能巍然屹立在世界的东方，并享有很高的声誉，主要是我国在政治上独立，经济上发展和国防的不断强大

一、国防领导体制

国防领导体制是指国防领导的组织体系及相应制度。它包括国防领导机构的设置、职权划分、相互关系等。它是国家政权组织形式和机构的重要组成部分。一般设有最高统帅、最高国防决策机构、国家行政机关中管理国防事务的部门、武装力量领导指挥系统。中国根据宪法、国防法和有关法律，建立和完善国防领导体制。中国共产党、中华人民共和国对国防活动实行高度集中统一的领导。

（一）国防领导体制的历史发展

中华人民共和国成立以来，为使国防领导体制适应国家政治、经济、科技的发展，特别是军事发展和保障国家安全的需要，国防领导体制进行了多次调整改革，

在实践中不断发展和完善。

1949 年 10 月，中华人民共和国成立后，根据《中国人民政治协商会议共同纲领》和《中华人民共和国中央人民政府组织法》的规定，设立中央人民政府人民革命军事委员会，作为国家最高军事领导机关，统一管辖并指挥中国人民解放军及其他武装力量。人民革命军事委员会下设总参谋部、总政治部、总后勤部。

1954 年 9 月 20 日，第一届全国人民代表大会通过并颁布的《中华人民共和国宪法》规定，中华人民共和国主席统率全国武装力量，担任国防委员会主席，不再设立中央人民政府人民革命军事委员会。9 月 28 日，中共中央政治局在《关于成立党的军事委员会的决议》中指出，必须同过去一样，在中央政治局和书记处之下成立党的军事委员会，担负整个军事工作的领导。中央政治局、书记处和军事委员会有关军事工作的决定，可用军事委员会（简称军委）的名义由内部系统下达，其须公开发布的命令和指示，则用国务院或国防部的名义下达。同年 10 月 11 日，经中央书记处批准，原冠以"中央人民政府人民革命军事委员会"者，一律改称"中国人民解放军"字样，如"中央人民政府人民革命军事委员会总参谋部"改称"中国人民解放军总参谋部"等。至 1958 年 7 月以前，中共中央军事委员会领导下的人民解放军总部曾实行总参谋部、训练总监部、武装力量监察部、总政治部、总干部部、总后勤部、总财务部、总军械部等八大总部的体制。

1958 年 7 月，中共中央军委扩大会议通过的《关于改变组织体制的决议》规定，中央军委是中共中央的军事工作部门，是统一领导全军的统率机关，军委主席是全军统帅。国防部是军委对外的名称。军委决定的事项，凡需经国务院批准，或需用行政名义下达的，由国防部长签署。中央军委领导下的总部体制仍恢复总参谋部、总政治部、总后勤部三总部体制。

1975 年和 1978 年通过的《中华人民共和国宪法》规定，中华人民共和国武装力量由中国共产党中央委员会主席统帅，国家未再设国防委员会。

1982 年 9 月，第五届全国人民代表大会第五次会议通过的第四部《中华人民共和国宪法》规定，设立中华人民共和国中央军事委员会，领导全国的武装力量。中央军事委员会实行主席负责制，主席由全国人民代表大会选举或罢免，对全国人民代表大会和全国人民代表大会常务委员会负责。与此同时，中共中央军事委员会继续存在，其职能和国家中央军委完全相同。这表明中央军委同时有两个名称：一个是中共中央军委，一个是国家中央军委，从而确立了党和国家高度集中统一的行使领导职权的国防领导体制。

（二）国防领导职权

根据宪法和国防法，中华人民共和国的国防领导职权由中共中央、全国人大及其常务委员会、国家主席、国务院、中央军委行使。

1. 中共中央的国防领导职权

中国共产党作为执政党，是领导中国社会主义事业的核心力量。中共中央在国家生活包括国防事务中发挥决定性的领导作用。有关国防、战争和军队建设的重大问题，都是由中共中央、中央军委、中央政治局及其常务委员会作出决策并通过必要的法定程序，作为党和国家的统一决策贯彻执行。

2. 全国人民代表大会及常务委员会的国防职权

中华人民共和国全国人民代表大会是最高国家权力机关，它在国防方面的职权主要有：决定战争与和平的问题；制定有关国防方面的基本法律；选举中央军事委员会主席，根据中央军事委员会主席的提名，决定中央军事委员会其他组成人员，并有权罢免以上人员；审查和批准包括国防建设计划在内的国民经济、社会发展计划和计划执行情况的报告；审查和批准包括国防经费预算在内的国家预算和预算执行情况的报告；改变或者撤销全国人民代表大会常务委员会在国防方面的不适当的决定；应当由全国人民代表大会行使的国防方面的其他职权。

全国人民代表大会常务委员会在国防方面的职权主要有：在全国人民代表大会闭幕期间，如果遇到国家遭受武装侵犯或者必须履行国际间共同防止侵略条约的情况，决定战争状态的宣布；决定全国总动员或者局部动员；制定国防方面的法律；在全国人民代表大会闭会期间，审查和批准包括国防建设计划在内的国民经济和社会发展计划，包括国防经费预算在内的国家预算在执行过程中所必须做的部分调整方案；监督中央军事委员会的工作；在全国人民代表大会闭会期间，根据中央军事委员会主席的提名，决定中央军事委员会其他组成人员的人选；根据最高人民法院院长和最高人民检察院检察长的提请，任免军事法院院长和军事检察院检察长；决定同外国缔结的有关国防方面的条约和重要协定的批准和废除；规定军人的衔级制度；规定和决定授予在国防方面国家的勋章和荣誉称号；全国人民代表大会授予的国防方面的其他职权。

3. 国家主席在国防方面的职权

中华人民共和国主席在国防方面的职权主要有：根据全国人民代表大会的决定和全国人民代表大会常务委员会的决定，宣布战争状态；根据全国人民代表大会的决定和全国人民代表大会常务委员会的决定，发布动员令；公布全国人民代表大会及其常务委员会制定的有关国防方面的法律；根据全国人民代表大会常务委员会的决定，授予在国防方面国家的勋章和荣誉称号；根据全国人民代表大会常务委员会的决定，批准和废除同外国缔结的有关国防方面的条约和重要协定。

4. 国务院在国防方面的职能

中华人民共和国国务院是最高国家权力机关的执行机关，是最高国家行政机关。它在国防方面的职权是领导和管理国防建设事业，包括：编制国防建设发展规划和计划；制定国防建设方面的方针、政策和行政法规；领导和管理国防科研生

第一章 中国国防

产；管理国防经费和国防资产；领导和管理国民经济动员工作和人民武装动员、人民防空、国防交通等方面的有关工作；领导和管理拥军优属工作和退出现役的军人安置工作；领导国防教育工作；与中央军事委员会共同领导中国人民武装警察部队、民兵的建设和征兵、预备役工作以及边防、海防、空防的管理工作；法律规定的与国防建设事业有关的其他职权。

5. 中央军事委员会在国防方面的职权

中华人民共和国中央军事委员会是最高国家军事机关，负责领导全国武装力量。其职权主要包括：统一指挥全国武装力量；决定军事战略和武装力量的作战方针；领导和管理中国人民解放军的建设，制定规划、计划并组织实施；向全国人民代表大会或者全国人民代表大会常务委员会提出议案；根据宪法和法律，制定军事法规，发布决定和命令；决定中国人民解放军的体制和编制，规定总部以及军区、军兵种和其他军区级单位的任务和职责；依照法律、军事法规的规定，任免、培训、考核和奖惩武装力量成员；批准武装力量的武器装备体制和武器装备发展规划、计划，协同国务院领导和管理国防科研生产；会同国务院管理国防经费和国防资产；法律规定的其他职权。

中央军委实行主席负责制，中央军委主席即为全国武装力量的统帅。中央军委组成人员为：中央军委主席，副主席若干人，委员若干人。中央军委之下，设有人民解放军总部机关，即中国人民解放军总参谋部、总政治部、总后勤部、总装备部。总部既是中央军委的工作机关，又是全军军事、政治、后勤、装备工作的领导机关。总参谋部负责组织领导全国武装力量的军事建设，组织指挥全国武装力量的军事行动；总政治部负责管理全军党的工作、组织进行政治工作；总后勤部负责组织领导全军后勤工作；总装备部负责组织领导全军装备工作。

二、国防建设成就

国防建设是国家为提高国防实力而进行的各方面的建设。主要包括：武装力量建设，边防、海防、空防、人防及战场建设，国防科技与国防工业建设，国防法规与动员体制建设，国防教育，以及与国防相关的交通运输、邮电、能源、水利、气象、航天等方面的建设等。我们党和国家历来重视国防建设，在党中央、中央军委领导下，我国在以上所有方面，都取得了显著成就：

（一）建立了有中国特色的武装力量领导体制

我国的武装力量领导体制，是在长期的革命战争中形成和发展起来的。新中国成立后，根据中央人民政府1949年10月19日的命令，成立了中央人民政府人民革命军事委员会，作为全国武装力量的最高统帅机关。1954年9月，第一届全国人民代表大会第一次会议通过的宪法规定，中华人民共和国主席统帅全国武装力量，并决定设立国防委员会和国防部，由国家主席担任国防委员会主席。与此同时，取消了中央人民政府人民革命军事委员会，在同月召开的中央政治局会议上，决定在中央政治局和书记处之下成立中共中央军事委员会，领导中国人民解放军和其他武装力量。军委下设总参谋部、总政治部、总后勤部，作为军委的工作机关。为加强我军武器装备建设，1998 年，中央军委增设了总装备部。在中央军委的领导下，还设有负责各军种组织建设、军事训练和战备作战的海军、空军、第二炮兵指挥机关，此外，直接隶属中央军委的还有军事科学院和国防大学等单位，以及负责指挥驻在各大战略区范围内的陆、海、空军部队和民兵的大军区领导机关。

从 1982 年起，党和国家共同设立中央军事委员会。这种体制，既贯彻了党对军队绝对领导的根本原则，又适应我军已成为国家主要成分的实际，进一步完善了国家武装力量的领导体制，体现了党领导军队与国家领导军队的一致性。这种领导体制，便于运用国家机器来加强武装力量的建设，可以使党中央对军事工作的决策、指示具有法律效力，成为国家意志；以保证军队的最高领导权、指挥权高度集中统一。这种领导体制，也符合我国的国情和军情，坚持了党领导军队的传统，体现了四项基本原则这个立国之本的要求，体现了中国共产党作为唯一的执政党在国家政治生活中的领导地位和作用。

（二）中国人民解放军的革命化、现代化和正规化建设有了突破性的进展

新中国成立后，人民解放军在继续加强革命化建设的同时，尤其注重现代化、正规化的建设。特别是改革开放以来，我国国防实力得到进一步加强，国防现代化建设，尤其是军队的现代化建设，有了突破性的进展，取得了一系列重大成就。

中华人民共和国成立时，人民解放军基本上是一支单一的以步兵为主的陆军，炮兵、装甲兵等技术兵种所占比例非常小，且海军、空军仅具雏形。经过近 60 年的艰苦努力，人民解放军实现了由单一陆军向诸军兵种合成军队的发展，不仅研制和装备了种类比较齐全的常规武器装备，而且拥有了具有一定威慑力的原子弹、氢弹等尖端武器装备。

20 世纪 90 年代以来，人民解放军继续向着更高级的阶段迈进。根据高技术战争的特点和影响，开始把军事斗争准备的立足点放在打赢现代技术特别是高技术条件下的局部战争上面，军队建设正逐步实现由数量规模型向质量效能型，由人力密集型向科技密集型的转变；在发展武器装备方面，根据现代技术特别是高技术条件下局部战争的需要，努力发展高技术"撒手锏"；在改革调整体制编制方面，进一步压缩军队规模，在减少数量的同时，根据优先发展海、空军、二炮及加强技术兵种建设的原则，优化了诸军兵种的比例结构，完善合成体制，使军队体制编制更能适应联合作战的需要；在改革教育训练方面，为培养掌握现代科技知识和战争知识，精通现代军事科学理论的高层次指挥人才，指挥院校增设了硕士生、博士生教育，部队训练加大了实战力度。

面向 21 世纪的人民解放军将按照江泽民同志提出的"政治合格、军事过硬、

第一章 中国国防

作风优良、纪律严明、保障有力"的总要求，继续优化编制体制，更新教育训练内容和手段，改善武器装备，加强质量建设，提高诸军兵种的合成化水平，向精兵、合成、高效的方向发展。可以预见，21世纪的人民解放军将能够昂扬面对任何挑战而不辱使命。

（三）形成了门类齐全、综合配套的国防科技工业体系

国防科技是衡量一个国家综合国力的重要标志之一，也是国防现代化建设的一个重要方面。经过近60年的建设和发展，我国的国防科技工业从无到有、从小到大、从落后到先进，建立起了包括电子、船舶、兵器、航空、航天和核能等门类齐全、综合配套的科研实验生产体系，取得了一大批具有国内或国际先进水平的科研成果，为我军现代化建设和切实增强我国的综合国力做出了重要贡献。

在军事电子方面，逐步发展成为具有相当规模、门类齐全的新兴工业部门，特别是在指挥自动化、情报侦察、预警探测、电子对抗和通信等方面，为我军提供了各种新式装备和产品，进一步增强了部队侦察、通信、指挥和作战能力；在船舶工业方面，先后自行研制建造了核动力潜艇、常规潜艇、导弹驱逐舰、导弹护卫舰、导弹快艇等作战舰艇，以及各种辅助船舶和新型鱼雷、水雷、反水雷等新装备；在兵器工业方面，研制生产了一大批性能先进的坦克、装甲车辆、火炮、弹药、轻武器、军用光电器材和综合火控、指挥系统等新型武器装备，为我军现代化做出了重要贡献；在航空工业方面，已累计生产歼击机、轰炸机、直升机、运输机、教练机等60多个型号1万余架军用飞机，基本满足了海空军作战和飞行训练的需要；在航天科技工业方面，已拥有地地、地空、海空和空空导弹武器系统，运载火箭、各种应用卫星的研制发射和实验能力，在世界航天技术领域占有一席之地；在核工业方面，我国不仅可以生产制造原子弹、氢弹，还掌握了核潜艇技术，形成了我国的核威慑力量，在和平利用核能方面，我国也取得了突破性进展。

（四）国防后备力量建设取得了长足的发展

我们党和国家历来十分重视国防后备力量建设。我国国防后备力量建设，经过几代人的努力，形成了一整套制度和优良作风，打下了坚实的基础。党的十一届三中全会以来，尤其是从1985年，党中央、国务院、中央军委明确提出"精干的常备军和强大的后备力量相结合，是建设现代化国防的必由之路"这一基本指导方针之后，作为一支伟大战略力量的国防后备力量，越来越受到党和国家的高度重视，并在全国范围内形成了一个各级地方党政领导关心后备力量建设、各级军事机关狠抓后备力量建设、社会各界和广大人民群众积极支持后备力量建设的可喜局面。我国国防后备力量建设，经过一系列的调整改革，各项工作均取得了明显的成绩。

一是实现了指导思想的战略性转变，走上了和平时期稳步发展的轨道。当前，更加明确地提出了民兵工作要以更好地适应新时期军事战略方针和适应发展社会主

义市场经济的新形势为指针。二是确立并实行了民兵与预备役相结合的制度，初步形成了具有中国特色的国防后备力量体系，并下大力重点抓了基干民兵队伍建设和预备役部队建设，加强了训练，更新了武器装备，使我国后备兵员的整体素质有了较为明显的提高。三是注重了宏观指导，合理布局，边海防、大中城市和重点地区的民兵工作得到加强。四是民兵、预备役部队在参战支前、保卫边疆、发展生产、扶贫帮困、抢险救灾、维护社会治安等方面发挥了重要作用，为国家的改革、发展和稳定做出了巨大的贡献。五是健全了国防动员机构，为了保证国家在一旦发生战争的情况下，能很快由平时状态转入战时状态，调动足够的人力、财力、物力应付战争的需要，我国于 1995 年成立了战争动员委员会，下设兵员动员、经济动员等四个办公室，负责指导、协调全国的后备力量建设和动员工作。军队从总部机关到各军区、集团军、师团均设有动员机构或动员军官。省军区、军分区、人武部既是同级党委的军事部门，又是政府的兵役机关，是集后备力量建设与动员工作于一体的机构。六是加强了国防教育，恢复并加强了对大学、高中（含相当于高中）在校学生的军训工作，使国防教育正逐步纳入到整个国民教育体系之中，走上了法制化、规范化的轨道。

三、国防政策

国防政策，是国家在一定时期所制定的关于国防建设和国防斗争的基本行动准则，是国家政策的组成部分。由国家依据其军事和政治、经济、科技、文化、地理以及国际环境等条件制定。国家的一切国防活动，以及与国防有关的其他活动都必须以国防政策为依据。

（一）国防的基本目标和任务

国防的基本目标和任务，取决于不同时期国家的发展战略和安全形势。2004年《中国的国防》白皮书明确指出，中国国防的基本目标和任务是：制止分裂，促进统一，防备和抵抗侵略，捍卫国家主权、领土完整和海洋权益；维护国家发展利益，促进经济社会全面、协调、可持续发展，不断增强综合国力；坚持国防建设与经济建设协调发展的方针，建立符合中国国情和适应世界军事发展趋势的现代化国防，提高信息化条件下的防卫作战能力；保障人民群众的政治、经济、文化权益，严厉打击各种犯罪活动，保持正常社会秩序和社会稳定；奉行独立自主的和平外交政策，坚持互信、互利、平等、协作的新安全观，争取较长时期的良好国际环境和周边环境。

（二）国防建设与经济建设保持协调发展

正确处理国防建设与经济建设的关系，服从和服务于国家经济建设大局，保持国防建设与经济建设的协调发展，是国防建设适应新时期国家总体发展战略的必然要求，是中国国防建设一个长期的基本方针。

国防现代化需要国家雄厚的经济力量和技术力量的支持，国防现代化水平只能随着国家经济实力的增强而逐步提高。国家坚持以经济建设为中心，坚持全面、协调、可持续发展，这是关系到国家发展与强盛的大局。国防建设必须服从和服务于这个大局，军队要积极支持和参加国家经济建设。国防科技工业坚持军民结合、寓军于民、大力协同、自主创新的战略方针，坚持走新型工业化发展道路，建立健全竞争、评价、监督和激励机制，推进资源优化重组和产业结构升级，加强国防科技工业基础能力建设，全面提高国防科技工业整体素质和可持续发展能力。国家在集中力量进行经济建设的同时，适应国防需求的变化，在国家经济发展和财政收入增长的基础上，连续适度增加国防费，提高军人待遇，改善武器装备，加强国防建设，促进国防建设与经济建设协调发展。

（三）贯彻积极防御的军事战略方针

中国在战略上实行积极防御、全民自卫和后发制人的原则，坚持"人不犯我，我不犯人，人若犯我，我必犯人"。立足于用现有武器装备作战，继承和发扬以劣胜优、以弱胜强的优良传统。适应国际战略形势和国家安全环境的变化，迎接世界新军事变革的挑战，加速推进中国特色军事变革，充分做好信息化条件下的防卫作战准备。

加强军队建设，提高军队建设质量，是实行积极防御军事战略方针的保证。推进中国特色军事变革，主要是做到"八个坚持"：坚持走复合式、跨越式发展道路。适应世界军事发展的趋势，把信息化作为军队现代化建设的发展方向，逐步实现由机械化半机械化向信息化的转型。坚持以机械化为基础，以信息化为主导推动火力、机动力和信息能力的协调发展，全面提高军队的威慑和实战能力。坚持实施科技强军。依靠科技进步提高战斗力，实现由数量规模型向质量效能型；由人力密集型向科技密集型的转变。坚持深化军队改革。根据现代战争形态的变化和社会主义市场经济发展的要求，在改革创新中谋发展、求突破。坚持创新发展军事理论，探索信息化条件下建军和作战的规律；坚持加紧军事斗争准备。立足打赢信息化条件下的局部战争，突出加强武器装备建设、联合作战能力建设和战场建设。坚持人民战争思想，发展人民战争的战略战术。坚持开展军事交流与合作。贯彻国家对外政策，发展不结盟、不对抗、不针对第三方的军事合作关系。坚持学习和借鉴外军有益经验，有选择地引进先进的技术装备和管理方法，促进军队现代化建设。

（四）独立自主地建设现代化国防

中国的社会制度、对外政策、历史传统和自然地理环境等国情，决定了中国必须独立自主地建设和巩固国防。独立自主，就是依靠自己的力量来保障国家的安全。事实证明，依赖别国，就有可能受制于人，招致国家利益受损、安全不保。中国国防政策的独立自主性表现在：坚持不与任何国家或国家集团结盟，不参加任何军事集团；坚持从国情出发，独立自主地进行决策和制定战略；坚持主要依靠自己的力量建设国防，完善工业和国防科技体系，发展先进武器装备；坚持国家利益高于一切的原则，独立地处理一切对外军事事务。

中国的国防现代化建设，必须从中国的实际情况出发，走有中国特色的国防现代化发展道路。国防现代化有着丰富的内容，其中国防科学技术的现代化是关键，武装力量特别是军队的现代化是重点。实现国防现代化，要求国防科学技术要走在前列，不断提高武器装备的现代化水平，为武装力量的现代化提供先进的物资技术基础。同时，要抓好国防人才、国防体制、国防动员、国防理论、国防法制等现代化建设，全面提高国家的综合国防力量。

（五）实行军民结合、全民自卫

在国防建设和国防斗争中，继承和发扬人民战争的优良传统，坚决地依靠广大人民群众的力量，坚持军民结合、全民自卫的原则。在武装力量建设方面，重视民兵和预备役的建设，搞好学生军训，实行精干的常备军与强大的后备力量相结合。在国防斗争中，发挥民兵和广大群众的威力，在边防、海防前线建立起军、警、民结合的联防体系，并重视发挥民兵在平时打击犯罪分子、维护社会治安和社会稳定的作用。加强公民的国防教育，强化人民群众的国防意识。加强国防动员建设，完善国防动员法规，健全国防动员机制，加强国防动员演练，保证一旦发生战争，能够充分动员广大人民群众实行全民自卫。国防工业和科技的发展，实行军民结合、平战结合、军民兼容的原则。在经济发展规划、工业生产布局、大型工程施工、科技教育事业、交通邮电建设和新兴产业发展等方面都要积极贯彻国防要求，实现寓国防人才于民，寓国防科技于民，寓国防物资于民，把国防事业植根于人民群众社会实践的沃土之中。

（六）走有中国特色的精兵之路

新世纪新阶段，中国人民解放军按照建设信息化军队、打赢信息化战争的目标，深化改革，锐意创新，加强质量建设，走有中国特色的精兵之路，努力建设一支革命化、现代化、正规化的人民军队。中国军队坚持把控制数量、优化结构、理顺关系、提高质量作为现代化建设的一条基本方针。20世纪80年代中期以来，中国已经完成三次大规模裁军，共裁减军队员额170万，军队总规模将保持在200万人左右。通过裁军，改善了官兵编配比例，完善了领导指挥体制，优化了军兵种结构，深化了联勤保障体制改革，调整了院校体制编制，加强了海军、空军和第二炮兵建设。坚持把信息化作为现代化建设的发展方向和战略重点。按照应用主导、创新求实、人才为本、跨越发展的总体思路，积极开展了信息化建设的研究和实践。坚持把武器装备作为加速推进中国特色军事变革的重要物质技术基础，依托国家经济发展和科技进步，适应国家安全需要，不断加快武器装备现代化进程。坚持加快实施人才战略工程。力争经过一二十年的努力，拥有一支懂得信息化战争指挥和信息化军队建设的指挥军官队伍，一支善于对军队建设和作战问题出谋划策的参谋队伍，一支能够组织谋划武器装备创新发展和关键技术攻关的科学家队伍，一支精通高新武器装备性能的技术专家队伍，一支能够熟练掌握手中武器装备的士官队伍。

（七）加强国际安全合作、维护世界和平

中国坚持根据《联合国宪章》的宗旨和原则，在和平共处五项原则的基础上开展军事交流与合作，与世界各国发展友好关系，致力于推动各种形式的国际安全对话与合作。注重加强同有关国家在安全与防务领域的双边及多边战略磋商和对话，促进了相互信任、交流与协作。注重加强地区安全合作。坚持与邻为善、以邻为伴，奉行睦邻、安邻、富邻的周边外交政策，积极推动亚太地区安全对话合作机制的建设。注重加强非传统安全领域的合作。主张采取综合措施，标本兼治，共同应对非传统安全威胁。注重参与联合国维和行动。一贯支持并积极参与符合《联合国宪章》精神的维和行动，主张联合国维和行动应切实遵守《联合国宪章》的宗旨和原则及公认的维和行动原则。中国支持联合国维和行动改革，希望进一步加强联合国的维和能力。注重加强军事交流，努力形成全方位、宽领域、多层次的军事外交格局。

（八）积极参与军控、裁军和防扩散

中国反对军备竞赛，主张根据公正、合理、全面、均衡的原则，实行有效的军备控制和裁军。中国支持国际社会采取的有利于维护世界和地区和平、安全、稳定的活动，支持国际社会为公正合理地解决国际争端、军备控制和裁军及防扩散所做的努力。

中国重视防扩散问题，奉行不支持、不鼓励、不帮助别国发展大规模杀伤性武器的政策，坚决反对大规模杀伤性武器的扩散，积极参与国际社会解决有关防扩散问题的外交努力。2003年12月，中国政府发表了《中国的防扩散政策和措施》白皮书。已建立起一整套涵盖核、生、化和导弹等各类敏感物项和技术的出口控制法规体系，采用了出口经营登记管理制度、最终用户和最终用途保证制度、许可证管理制度、清单控制方法、全面控制原则等国际通行的出口管制措施，明确了有关违法、违规行为的处罚措施。中国的防扩散控制与国际通行做法基本一致。中国积极发展与有关多边出口控制机制的关系，正式加入"核供应国集团"，并申请加入"导弹及其技术控制制度"。中国注意加强与有关国家的防扩散出口控制情报交流和执法合作。

中国致力于推动国际军控与裁军进程。中国支持国际社会就核裁军问题展开实质性讨论，主张国际社会尽快采取行动，谈判缔结一项防止外太空武器化和军备竞赛的国际法律文书，确保外太空的和平利用。中国主张在多边军控机制内讨论和处理"恐怖主义与大规模杀伤性武器"、"放射性武器"以及"遵守国际裁军、军控与防扩散条约"等问题。

中国认真履行《不扩散核武器条约》，一贯主张维护条约的权威性，努力促进条约的普遍性。中国支持和参与国际原子能机构的保障监督活动。中国是五个核武器国家中第一个完成保障监督协定附加议定书生效所需国内法律程序的国家。中国政府坚定支持《全面禁止核试验条约》，支持条约尽快生效。中国认真履行《禁止化学武器公约》各项义务。

中国积极参与军控领域的人道主义活动。支持联合国在打击小武器非法贸易方面的决定并发挥主导作用，重视并认真落实联合国小武器大会通过的《行动纲领》，支持谈判缔结"识别和追查非法小武器"的国际文书，并以建设性态度参与谈判工作。

四、武装力量

武装力量是国家或政治集团所拥有的各种武装组织的统称。中国武装力量由中国人民解放军现役部队和预备役部队、中国人民武装警察部队、民兵组成。这种"三结合"的武装力量体制符合我国的国情、军情，是历史发展的必然结果，是新形势下完成国防使命的必然要求。

（一）中国人民解放军

1. 中国人民解放军的性质

中国人民解放军是中国共产党缔造、领导的，用马克思列宁主义、毛泽东思想武装起来的无产阶级的新型人民军队，是执行革命政治任务的武装集团，是为中国无产阶级和各族人民群众利益服务的工具，是中华人民共和国武装力量的主要组成部分，是人民民主专政的坚强柱石，是保卫社会主义祖国和人民和平劳动的钢铁长城。1989年11月，邓小平会见中央军委扩大会议全体同志时在讲话中高度简明地概括了人民解放军的性质："我确信，我们的军队能够始终不渝地坚持自己的性质。这个性质是，党的军队，人民的军队，社会主义国家的军队。"

我军的性质是由中国共产党的性质决定的，我军的领导者是中国共产党。党为了实现自己的纲领、路线和奋斗目标，领导和创立了自己的军队，并始终按照无产阶级的世界观来改造和教育军队，使其成为一支新型的人民军队。其主要标志是：坚持党对军队的绝对领导；坚持全心全意为人民服务的宗旨；建立了政治工作制度，把革命的政治工作作为军队的生命线；发扬勇敢战斗、不怕牺牲和艰苦奋斗的光荣传统，具有一往无前、压倒一切敌人、战胜一切困难的革命英雄主义气概；坚持和运用人民战争的战略战术。这些都是我军性质的具体反映。

党的军队，人民的军队，社会主义国家的军队，三者是完全一致的。三者的一致性，归根到底，统一在无产阶级的阶级性质上，统一在无产阶级的阶级利益同广大人民群众根本利益相一致的基础上。中国共产党是无产阶级的政党，是全心全意为人民服务的政党。中华人民共和国是共产党领导的人民民主专政的国家，是人民当家作主的国家。无产阶级和广大人民群众的根本利益，就是党、国家、军队为之奋斗的目标所在。人民解放军将始终不渝地保持人民军队的性质,忠于党,忠于人民,忠于社会主义。

2. 中国人民解放军的宗旨

军队的宗旨指的是军队建设的根本目的和主张,它是由军队的性质决定的。以为人民服务作为建军的根本思想,这在我军创立初期就有明确的规定。南昌起义的政治纲领中提出,"实行土地革命,废除苛捐杂税,维护工农利益"。秋收起义部队命名为工农革命军,标志着这支军队是为工农求解放的队伍。1929 年红四军的布告宣布,"红军宗旨,民权革命"。古田会议决议强调指出,红军必须彻底纠正雇佣思想、小团体主义、享乐主义等非无产阶级思想,树立为人民打仗,为人民建立革命政权的无产阶级思想。1945 年,毛泽东在中国共产党第七次全国代表大会上的报告中对我军的宗旨作了明确的科学概括,"紧紧地和中国人民站在一起,全心全意地为中国人民服务,就是这个军队的唯一宗旨"。这一宗旨深刻地表明我军来自人民,服务于人民,是人民的子弟兵。

全心全意为人民服务的宗旨,是我国战无不胜的力量源泉。全心全意为人民服务,又是我军得到人民群众拥护和支持,立于不败之地的重要因素。无论是在战火纷飞的年代还是在和平建设时期,我军都把人民的利益作为最高利益,始终保持着和群众的血肉联系。所以,广大人民群众总是千方百计地从精神上、物质上鼓励和支援自己的军队,并且涌现出许许多多舍生忘死、含辛茹苦、全心全意支持人民解放军的英雄模范人物。几十年来,我军正是由于得到群众的拥护和支援,才能不断发展壮大,从胜利走向胜利。

中国共产党领导的革命事业,是为人民求解放、求发展的事业。把人民利益放在高于一切,以是否符合人民利益作为一切言论和行动的最高标准,是共产党人及其所领导的军队的出发点和归宿点。人民解放军一系列重要的建军方针原则,例如:坚持党对军队的绝对领导,坚持用马克思主义和党的路线教育部队,实行官兵一致、军民一致、瓦解敌军的原则,执行三大纪律八项注意,建立强有力的革命的政治工作等,都是由这个宗旨决定的,又都是贯彻实行这个宗旨的重要内容。全心全意为人民服务的宗旨,是人民军队生存发展的基础和力量。牢记这一宗旨,始终不渝地贯彻实现这一宗旨,人民解放军就能够永远得到广大人民群众的拥护和支持,永远立于不败之地。

在中国特色社会主义建设的新时期,中国人民解放军全体官兵服从、服务于国家经济建设大局,认真履行党和国家赋予军队的历史使命,不仅成为保卫社会主义祖国的钢铁长城,而且是构建社会主义和谐社会的重要力量。

3. 中国人民解放军的任务

《中华人民共和国宪法》规定,国家武装力量属于人民。它的任务是巩固国防,抵抗侵略,保卫祖国,保卫人民的和平劳动,参加国家建设事业,努力为人民服务。这是我军的神圣职责。

保卫祖国，捍卫国家主权和领土完整。新中国的诞生，标志着人民当家做主新时代的到来，我军成为人民民主专权的柱石，其根本职能由夺取政权、解放祖国，转变为巩固国防、保卫祖国。这一根本职能和新时期军事战略方针，要求全军官兵必须把国家的主权和安全始终放在第一位，时刻保持高度警惕，防止任何敌人的挑衅和侵略，担负起保卫国家主权、领土完整和民族尊严的神圣使命，当帝国主义、霸权主义把战争强加于我们头上时，我们不畏任何强敌，一声令下，部队能够立即出动，坚决消灭一切敢于来犯之敌。另一方面，在尚无外敌入侵的情况下，加强部队建设，提高战备水平，保持一定的威慑力量，进而遏制或推迟战争。当前和今后相当长的时期内，我国社会主义现代化建设仍将在复杂多变的国际环境中进行，我军保卫祖国的根本职能不能变，战斗队思想不能变，教育训练的战略地位不能变。每一个同志都应牢固树立保卫祖国的根本职能意识，百倍警惕地为祖国站好岗、放好哨。军队的职能意识越牢、战备水平越强，对帝国主义、霸权主义的制约和威慑作用就越大，国家的安全、稳定就越靠得住，改革开放和经济建设所需要的安全环境就越有保障。这是党、国家和人民对我军的期望和根本要求。

保卫人民和平劳动，维护国家安定团结。我们的国家是人民的国家，祖国的利益与人民的利益密不可分。作为人民的军队，保卫祖国是与保卫人民和平劳动融为一体的。目前，阶级斗争已不是我国社会的主要矛盾，但它仍在一定范围内长期存在，有时还表现得相当激烈。极少数反社会主义的敌对分子，同国际敌对势力遥相呼应，相互勾结，对社会主义中国进行"西化"、"分化"，企图推翻中国共产党的领导，改变我国的社会主义制度。一小撮民族分裂主义分子蠢蠢欲动，煽动民族纠纷，干着分裂祖国的种种勾当。我国改革开放，需要良好的国内国际环境。中国人民解放军必须做到，当敌对势力阴谋制造动乱和暴乱，妄图推翻共产党的领导和社会主义制度时，要旗帜鲜明，坚决斗争，保卫无数革命先烈用鲜血和生命换来的社会主义共和国，保卫改革开放以来取得的伟大成果；当极少数分裂主义分子煽动民族分裂、制造骚乱或叛乱时，要紧紧依靠各族人民，勇敢地站在斗争第一线，维护中华民族的团结和统一；当一小撮坏人采取暴力手段威胁国家财产和人民生命安全时，要不畏强暴，挺身而出，捍卫国家和人民的利益。

参加国家建设事业，为实现社会主义现代化做贡献。人民解放军不仅是社会主义的保卫者，也是社会主义的建设者。战争年代，在天天有敌情的情况下，部队采取"武装掩护"、"化装伴耕"、"抢种抢收"等形式，尽心尽力地帮助人民劳动。和平建设时期，积极参加国家的建设事业，是宪法赋予我军的又一重要职责，也是我军宗旨的具体要求。特别是在经济建设成为党和国家的中心工作以后，服从、服务于这个中心，自觉支持、参与改革开放和现代化建设，更是人民军队应尽的职责。改革开放以来，人民军队积极参加国家和地方的重点工程建设，共投入4亿多个劳动日，出动机械车辆 2500 万台次，参加和支援国家的铁路、公路、地铁、码头、机场以及通信光缆等大型重点工程 1 万多项。据统计，近 20 年来，人民解放军共参加抢险救灾 10 万多次，出动官兵 2300 多万人次，机械车辆 100 多万台次，飞机、舰艇 1.5 万余架（艘）次，抢救遇险群众 1000 多万人，抢运各类物资 2 亿多吨。总部规定，全军每人每年义务参加国家经济建设劳动时间，平均不得少于 10 天。每一个同志都应参加抢险救灾、支援农业生产、国家重点工程建设、植树造林等，广泛开展军民共建社会主义精神文明活动，为祖国繁荣昌盛、实现社会主义现代化立新功。

中国人民解放军始终致力于保障国家安全，维护世界和平，促进人类进步的正义事业，是一支维护世界和平的坚强力量。新中国成立后，人民解放军遵照中共中央、中央军委的指示，根据朝鲜民主主义人民共和国、越南民主共和国、老挝王国等政府的请求，先后派出部队进行抗美援朝、援越抗法、援越抗美和援老抗美的斗争，帮助这些国家的人民赢得了救国战争的胜利。中国人民解放军的这些光辉业绩，在世界人民保卫和平斗争的史册上万古流芳。

改革开放以来，中国人民解放军以崭新的面貌，更加积极地参与了多边军事外交活动。20 世纪 90 年代以来，中国人民解放军首次派出成建制的工程兵部队，赴柬埔寨参加了联合国组织的维和行动，充分发挥了中国军队在处理国际军事事务中的积极作用。同时，人民解放军海军舰艇编队还多次跨洋出访，增进了中国与亚洲、美洲和大洋洲国家军队和人民的友谊，同世界上 100 多个国家的军队建立了联系。积极活跃的对外军事交往，促进了中国人民解放军同世界各国军队的相互了解和信任。走向国际社会的中国人民解放军向世界展示了中国军队文明之师、和平之师的形象，在维护世界和地区和平中作出了应有的贡献。

4. 中国人民解放军预备役部队

中国人民解放军预备役部队，是以现役军人为骨干，以预备役军官、士兵为基础，按统一编制为战时能迅速转化为现役部队而组建起来的部队。它是实施成建制快速动员的有效组织形式，是提高储备兵员质量的好办法，是加强国防建设的重要措施。

中国人民解放军预备役部队组建于 1983 年，分为陆军、海军、空军基地和兵种预备役部队。其师、团已列入军队建制序列，授有番号、军旗，实行统一编制，按地区编组。预备役部队平时隶属省军区，战时动员后归指定的现役部队指挥。中国人民解放军预备役部队的任务是：努力提高部队的军政素质，不断增强现代条件下快速动员和作战能力；切实做好战时动员的各项准备工作，随时准备转为现役部队，执行作战任务；积极参加社会主义建设，在物质文明和精神文明建设中，发挥骨干带头作用。中国人民解放军预备役部队的军事训练，由军区、省军区、军兵种按照总参谋部制定的训练大纲组织实施。训练目的是使预备役军官和士兵掌握必备的技术、战术技能，提高部队快速动员和整体执行任务的能力，做到一声令下，能收得拢，拉得出，会打仗。

（二）中国人民武装警察部队

中国人民武装警察部队是中华人民共和国武装力量的重要组成部分，是保卫社会主义现代化建设的一支重要力量。这支部队是伴随着新中国的成立而逐步发展起来的。

1950年9月，为保证武装力量更好地履行对内职能，在中国人民解放军部分陆军的基础上，组建了中国人民公安部队。此后，公安部队的领导体制、隶属关系和名称几经变更。1982年6月，将看押劳改犯、守护地方重要目标和警卫省、自治区、直辖市党政机关以及驻华使领馆的人民解放军部队，同公安部门原来实行义务兵役制的武装、边防、消防警察，统一组建人民武装警察部队。1983年4月，中国人民武装警察部队正式成立。1985年1月，原属中国人民解放军基建工程兵的水电、交通、黄金部队列入武警部队系列。1987年8月，武装森林警察也列入武警部队序列。

中国人民武装警察部队的主要职能是：通过执行边境武装警卫任务、边境检查勤务、安全勤务、海上巡逻勤务来维护国家政权和尊严；通过预防和镇压敌对势力的破坏，应付各种紧急意外情况，维护社会治安任务；通过执行警卫任务、守卫勤务、消防工作、反恐怖活动，保卫党政领导机关、重要目标和人民生命财产的安全。

中国人民武装警察部队属于国务院编制序列，由国务院、中央军委双重领导，实行统一领导管理与分级指挥相结合的体制。中国人民武装警察部队设总部、总队（师）、支队（团）三级领导机关。各级机关设司令部、政治部、后勤部。武警总部是武警部队领导指挥机关，领导管理武警部队的军事、政治、后勤工作，下辖若干师和大专院校。各省、自治区、直辖市设武警总队，各总队分设初级指挥学校；总队以下根据行政区划和任务需要，设若干个支队；支队按大队、中队、排、班的序列编成。

中国人民武装警察部队依其任务不同可分为：内卫部队；列入武警序列由公安部门管理的部队；列入武警序列受国务院有关业务部门和武警双重领导的部队。

（三）中国民兵

中国民兵是由不脱产的人民群众组成的武装组织，是中华人民共和国武装力量的组成部分，是中国人民解放军的有力助手和强大后备力量。

全国的民兵工作由国务院、中央军委领导，由总参谋部主管；各大军区按照上级赋予的任务，负责本区域的民兵工作；省军区、军分区和县（市）人民武装部是本地区民兵领导指挥机关；乡、镇、部分街道和企事业单位设有人民武装部，负责民兵和兵役工作。地方各级人民政府，对民兵工作实施原则领导，对民兵工作实

第一章　中国国防

施组织和监督。

民兵的主要任务是：在军事机关的领导下，战时担负配合常备军作战、独立作战、为常备军作战提供战斗勤务保障以及补充兵员等任务，平时担负战备执勤、抢险救灾和维护社会秩序。

民兵分为基干民兵和普通民兵。《中华人民共和国兵役法》规定：凡年满 18~25 岁符合服兵役条件的男性公民，除征集服现役者外，均编入民兵组织服预备役。28 岁以下退出现役的士兵和经过军事训练的人员，以及选定参加军事训练的人员编入基干民兵组织。其余 18~25 岁符合服预备役条件的男性公民，编入普通民兵。

中国民兵的编组，一般以乡（镇）、行政村和厂矿企业为单位，按照民兵人数多少，分别编为班、排、连、营、团。基干民兵和普通民兵分别编组。农村的乡镇、行政村、城市街道和具有一定规模的企业事业单位，是民兵的基本组建单位。民兵的训练，原则上由县级行政区内的人武部组织民兵在军事训练基地集中进行。根据训练大纲的要求，干部训练时间为 30 天，一般在一年内完成；民兵训练时间为 15 天，一次完成。训练目的是：干部具备相应的军事技能和组织指挥能力；民兵学会使用手中武器装备，掌握基本军事技能。我国民兵现编有应急分队和高炮、高机、便携式防空导弹、地炮、通信、防化、工兵、侦察等专业技术分队。

第四节　国防动员

国防动员，亦称战争动员，简称动员，是国家或政治集团由平时状态转入战时状态，统一调动人力、物力、财力为战争服务所采取的措施。通常包括人民武装动员、国民经济动员、人民防空动员和交通战备动员等。动员是国防活动的重要组成部分。动员准备的完善程度，是国防强弱的标志之一。中国坚持全民办国防，着眼于发挥现代人民战争整体优势，加强以综合国力为基础的国防动员建设。

一、国防动员的意义

（一）动员是增强国防实力的重要措施

国防实力，是国家防御外来侵略的力量，是国家军事、政治、经济、科学技术等力量的总和。在和平时期，国家把动员准备纳入经济建设和社会发展的总体规划，贯彻军民结合、平战结合的方针，可以增强战争潜力。同时通过动员准备，激发人民的爱国主义和国防观念，使国家政局稳定、经济发达、科技进步，迅速增强综合国力。由于平时奠定良好的基础，一旦战争爆发，通过战时动员，就能迅速地把战争潜力转变为战争实力。就武装力量建设而言，为了对付敌人的突然袭击和入侵，保持一定数量的常备军是必要的，但在平时要保持一支满足战争需要的庞大军队，任何国家，即使是经济发达国家都无法做到，巨额的军费开支必然加重国家的经济负担，影响国民经济的发展，同时也影响部队武器装备的研制和更新。这就要解决平时养兵少、战时用兵多的矛盾。采用常备军和后备力量相结合的原则，平时保持精干的常备军作为战时动员扩建部队的骨干力量，同时积极训练、储备后备力量，以便战时根据需要组编参战。这样既可以加速国民经济的发展，又可以从根本上增强国防实力。

（二）动员是增强国防威慑力的有效手段

一个国家的国防威慑力，不仅取决于常备军的数量和质量，而且还取决于军队后备力量和其他动员潜力，取决于常备军与后备力量动员准备的有机结合，以及动员机制健全完善程度和运行效率。平时充分做好战时动员的准备工作，建立强大的后备力量和健全的动员体制，可以使敌人望而生畏，不敢轻举妄动，贸然发动进攻。现在一些国家主张采取"不战而屈人之兵"的军事战略，就是这个道理。特别是处于防御地位、反对侵略的国家，应该采取积极的对策，以充分有效的动员，显示应付战争的能力和拼死抵抗的决心，迫使敌人延缓或放弃侵略战争。我国的后备力量既是潜力又是实力。例如，我国的民兵是现实力量和后备力量的统一体。平时，加强国防后备力量建设，做好战争动员准备，无疑可以增大威慑力量，从而达到制约战争爆发、维护和平的目的。

（三）动员是夺取战争主动权的可靠保障

决定战争胜负的因素是多方面的，其中后备力量的强弱，兵员质量的优劣，以及战时动员的准备和实施的好坏，是一个重要的因素。随着现代科学技术的飞速发展及其在军事领域的广泛应用，使现代战争的突发性和速决性显著增大，发动战争的一方往往先发制人，迫使对方在无戒备或准备不充分的情况下仓促应战，力求取得速战速决的效果。第二次世界大战以来，突然袭击、不宣而战，已成为首先发动战争一方的惯用手法。处于防御地位的国家，如果战时动员工作的准备和实施不好，在战争初期往往处于被动地位，甚至来不及实施动员和完成战略展开，其武装力量和经济命脉就可能陷于瘫痪。历史表明，在现代战争中，谁能保持强大的后备力量，并以最快的速度动员起来投入战争，谁就能取得战争的主动权。

二、国防动员的分类

世界上许多国家，一般按规模把动员分为总动员和局部动员两个类型（有的国家称等级），按方式把动员分为公开动员和秘密动员，按时间把动员分为初期动员和持续动员。秘密动员是在各种伪装手段掩护下隐蔽进行的动员；公开动员是宣布进入战争状态，公开发布动员令后所实施的动员。初期动员是在战争爆发前和战争初期进行的应急动员，包括整个战争初期的各项动员活动；持续动员是战争进入中后期之后，在初期动员的基础上，为继续满足战争需求所进行的动员。

根据我国国防法的规定，当中华人民共和国的主权、领土完整和安全遭受威胁时，国家将依照宪法和法律规定，进行全国总动员或者局部动员。我国法律主要是从动员的规模这一角度，将动员分为总动员和局部动员。

（一）总动员

总动员亦称全面动员，是国家采取紧急措施，在全国范围内实施的战争动员。即将全国军事、政治、经济、科技、文化以及社会生活的各个方面转入战时轨道。总动员通常在爆发大规模战争需要举国迎敌时进行，时机一般选择在战争初期。决定实施总动员的权限属于国家最高权力机关，总动员令通常由国家元首或政府首脑发布。

总动员由于涉及面广、组织实施复杂，因而最能体现动员的一般规律和原则，与局部动员相比，总动员有如下特征：一是全面性。总动员涉及国家各个地方、各个领域，包括军事、政治、经济、文化等各个部门，"一切为了战争"。就人员而言，总动员可能涉及每一个有能力承担国防义务的公民。为了应付大规模战争，总动员将使国家转入战时体制，全国进入战争状态，一切部门和全体公民，都要服从战争需要，以各种不同的方式支持战争的进行。二是彻底性。由于全面战争往往比局部战争更复杂、更激烈、更残酷，因而总动员的程度也就更为彻底，它将使国家所具有的战争潜力更多地转化为战争实力，使政府的各种机制更多地由平时状态转换为战时状态，并由此导致整个国家的活动中心和社会生活发生根本性的改变。三是持续性。总动员多是为全面战争而反复实施的。一般说来，全面战争比局部战争涉及的范围更广，持续的时间也更长。这就要求总动员也随之持续下去，成为长时间的分批次进行的活动。因此，动员可能持久进行，或者反复进行，甚至整个战争的自始至终都贯穿着动员。

（二）局部动员

局部动员，是国家在部分地区或部门进行的动员。通常是动员部分武装力量和人力、物力、财力进行战争。根据战争的发展，局部动员也可能上升为总动员。决定实施局部动员的权限，属于国家最高权力机关。

局部动员是古今中外战争动员中最常见的动员类型。第一次、第二次世界大战及战后的许多次局部战争中，许多国家都进行过这种局部动员。我国进行抗美援朝战争、对印自卫反击作战、对越自卫反击作战，都进行过这种类型的动员。与总动员相比，局部动员具有以下特征：一是有限性。局部动员多是为局部战争而实施的。其作用、目的、时间、范围都有限，因此局部动员的规模必须严格控制。这样不仅可以尽量减少国家的负担和损失，还有利于达成政治上的主动。进行局部动员时，国家体制不做根本改变，社会的各个方面和公民也大多保持正常的生产和生活，维持正常的社会秩序。动员是在局部地区和某些部门进行，不涉及国家的总体发展布局和正常的经济建设。二是不稳定性。局部动员的不稳定性主要是说它有多种发展趋势，有可能发展上升为全面动员，也可能只在局部地区或部门进行，不需再发展扩大。这就要求在局部动员之前和实施过程中，必须对战争的发展趋势不断地进行研究，做出科学的预测，以便有所准备，一旦需要，及时向总动员过渡。

实施总动员还是局部动员，是由战争规模和国家战略意图决定的，两者在一定条件下相互转化。随着战争规模的扩大，局部动员有可能升级为总动员。同样，随着战争规模的缩小，原来在全国各行各业进行的总动员，则逐步变为局部动员，国家的大部分地区和部门恢复正常状态。战场情况是不断发展变化的，随着交战双方政治、经济的需要，以及双方力量的消长，战争规模也处在不断的发展变化过程中，动员的指导者应当把握这种变化，适时调整动员规模。

三、国防动员的内容

（一）人民武装动员

人民武装动员，是国家将军队及其他武装组织由平时体制转为战时体制所采取的措施。通常包括现役部队、武装警察部队、预备役部队、民兵和预备役人员，以及相应的武器装备和物资等动员。它是国防动员的核心。搞好人民武装动员，对于战争的进程和结局，特别是战争初期军队的迅速扩编和展开，掩护国家转入战时体制，争取战略主动，具有特别重要的意义。

中国共产党在历次革命战争中，按照全党动员、全民动员的方针，在充分发动群众、组织群众、武装群众的基础上，进行人民武装动员，广泛动员群众参军参战，使人民军队不断发展壮大。中华人民共和国建国初期，在 1950～1953 年的抗美援朝战争中，先后动员 207 万青年参加中国人民志愿军；在东北地区还动员了 74 万多民兵、民工，参加运输队和担架队，保障了军队作战的需要。

人民武装动员根据国家发布的动员令，按照动员计划组织实施。主要措施有：①扩编现役部队。临战前使军队迅速转入战时状态，现役军人一律停止转业和退伍，外出军人立即归队；迅速组建扩建新的作战部队和保障部队，实施战略展开。②征召预备役人员，按战时编制补充现役部队。③预备役部队调服现役。④改编和扩充其他武装组织。⑤动员和组织民兵参战。⑥征用急需物资。主要是运输工具和工程机械、医疗器械、修理设备等，以满足军队扩编的需要。⑦健全动员机构，加强组织领导。随着战争的发展，进行持续动员，以保证军队不断补充和扩大，直至战争结束。

现代战争对人民武装动员提出了更高的要求。中国采取平战结合、现役和预备役相结合的办法，在平时做好人民武装动员的准备。一般来讲，人民武装动员准备的措施主要包括：①保持一支精干的、具有快速反应能力的常备军，作为战争初期作战和军队扩编的骨干。②建立健全有权威性的动员机构，平时进行动员准备，战时组织实施动员。③建立健全预备役制度，储备大量训练有素的后备兵员。④进行预备役登记。⑤拟制武装力量动员计划和军队扩编计划，并根据形势的发展变化及

第一章 中国国防

时完善。⑥组建预备役部队，加强预备役军官和士兵的训练。⑦划分兵员补充区，以便战时就地出兵员、就地出装备，迅速补充、扩编部队。⑧做好交通运输和通信保障的准备，以保证部队的扩编、集结，新兵的运输，物资的补充。⑨储备相应的武器装备和军需物资，对军民通用的机械、车船和工程机械等进行登记统计，做好征用、征购计划。

（二）国民经济动员

国民经济动员，是为保卫国家安全，有计划、有组织地提高国民经济应变能力的活动。平时，它是加强国防经济潜力建设和应付突发事件的重要措施，是调节国防经济常备力量与国民经济比例关系的手段，是遏制战争的强大威慑力量。战时，它是快速、有序地将国民经济体制由平时状态转入战时状态，将国防经济潜力转化为国防实力，赢得战争胜利的重要保证。国民经济动员包括工业、农业、科技、医疗卫生、城市建设、商业贸易、财政金融等领域的动员。国民经济动员能力是国防现代化水平和综合国力的重要体现。

我国的国民经济动员贯彻"兵民是胜利之本"和人民战争的战略思想，是国防建设和经济建设的重要组成部分。国民经济动员工作在国务院、中央军委的领导下，由国家发展和改革委员会承担。办事机构为国家经济动员办公室，其主要职责是：组织实施全国国民经济动员工作，协调国民经济动员工作中军事与经济、政府部门与军队系统、中央与地方的关系，搞好国民经济的平战结合、军民兼容，完善国民经济动员机制，增强平战转换能力。国务院有关部委，各省（自治区、直辖市），军队各军兵种、各军区设有相应的经济动员机构。

国民经济动员根据国家发布的动员令组织实施。主要做法是：①根据战争需要，调整军工生产在国民经济中所占的比例，重新分配人力、物力、财力，统筹安排军需民用。②动员生产线启封并投入军工生产，充分发挥军工厂的生产能力；改组民用工业结构和产品结构，扩大军工生产。③搬迁、疏散可能遭到战争破坏的重要工厂和战略物资，加强重要经济目标的保护。④调整科学技术研究机构及任务，加速研制新式武器装备。⑤调动医疗卫生以及外贸、文教等各行各业的力量为战争服务。⑥改组农业，提高农业产量，加强粮食生产和储备，保障军民粮食的供给。⑦加强经济资源的开发利用和管理，扩大生产，厉行节约，保障战争需要。

在平时重视做好经济动员准备工作。一般而言，经济动员准备的主要工作有：①建立有权威的国民经济动员机构，制定完善的国民经济动员法规和动员计划，实行统一领导，保证国民经济动员工作的全面实施。②合理布局生产力和安排经济建设，对重要工业部门，特别是军事工业部门，采用集中与分散、前沿与纵深、常备与后备相结合的原则进行配置和建设。③实行军事工业和民用工业相结合的生产方针，军工企业平时在保证军品生产的前提下，也生产民用产品；民用企业中建立军工动员生产线，为战时转产军品做好准备。④储备一定数量的武器装备和战略物资。⑤加强农业、财贸、文教、医疗卫生等建设，以适应战时需要。⑥国家在财政预算上划出一定的比例，保证有关经费的落实。⑦加强科研机构建设，研制新式武器装备，为战时大批量生产做好准备。

在新的历史时期，中国的国民经济动员贯彻平战结合、军民兼容、寓军于民的方针，遵循统一领导、分级负责、统筹规划、重点建设、长期准备、逐步发展的原则，国民经济动员建设取得长足发展，国民经济动员能力稳步提高。国家、省（自治区、直辖市）和地（市）三级经济动员管理体系初步形成，注意与处置重大突发事件和紧急情况接轨，为提高国民经济平战转换速度创造了制度条件。充分运用信息技术，初步形成国民经济动员数字化信息平台，提高了平战转换的速度和效率。

（三）人民防空动员

人民防空动员，是国家战时发动和组织人民群众防备敌人空袭所采取的措施。有的国家称为民防动员，是国防动员的重要组成部分。主要任务是：依据国家有关法律法令，动员社会力量，进行防空设施建设，组建防空专业队伍，普及防空知识教育，组织掩蔽疏散，配合防空作战，消除空袭后果。目的是保护居民、经济设施和其他重要目标安全，减少国家及人民群众生命财产的损失，保存战争潜力。

我国的人民防空动员严格依据《中华人民共和国人民防空法》的规定，坚持依法建设、依法管理。人民防空实行人民政府和军事机关共同领导体制，县级以上地方各级人民政府和军事机关领导本行政区域的人民防空工作。

战时人民防空动员，根据国家发布的动员令，在统一部署、统一指挥下组织实施。按照防空动员计划，组织居民疏散隐蔽和对重要物资、工厂企业、科研单位、机关进行搬迁疏散；对重要经济目标实施防护，减少经济损失；扩大防空专业队伍，进行防空袭斗争，消除空袭后果，配合城市防卫和要地防空作战；动员人民群众，协助各部门恢复生产和生活秩序。

我国的人民防空坚持长期准备、重点建设、平战结合的方针，立足于做好信息化条件下防空袭斗争准备。一般而言，人民防空动员准备的主要做法是：①制定和完善人民防空动员法规，建立和健全各级领导机构。②拟制各项防空动员计划，如人口和物资疏散、工业搬迁计划，重要经济目标防护措施和抢修预案，以及各种保障方案。③组织实施人民防空工程的建设与管理。④按照专业对口、平战结合的原则，组织训练抢险抢修、医疗救护、消防、防化、通信、运输等防空专业队伍，提高专业技能。⑤对人民群众进行防空知识教育和训练，掌握防空的基本知识和技能，提高自救互救能力。⑥人民防空重点城市，根据战时需要，结合平时周转供应，做好粮食、医疗、油料等必要物资的储备。

（四）国防交通动员

国防交通动员是国家根据国防需要，统制各种交通运输线、设施和运输工具，保障人员、物资、装备运输的措施。其任务是：保障军队机动、兵员和武器装备的补充、军工生产、军品供应、军民疏散、工厂搬迁，以及其他人员和物资的前送后运等。国防交通动员对于保障战争需要，夺取战争胜利具有重要意义。

我国政府高度重视国防交通动员建设。在国务院、中央军委领导下，国家国防交通主管机构负责全国国防交通动员，军区国防交通主管机构负责本区域有关的国防交通动员，县级以上人民政府国防交通主管机构负责本行政区域的国防交通动员，国务院交通管理部门分别负责本行业的国防交通动员。

战时，实施国防交通动员的主要做法是：①根据国家动员令，将交通运输迅速转入战时体制，统筹安排运输任务和交通线的修复、防护，实行统一计划、统一指挥、统一组织、统一调度。②加强交通运输管制，确保军事运输畅通。③组织综合运输，采用多种运输手段，充分挖掘各种运输潜力，增强快速运输效能，以适应各种复杂情况。

平时，国防交通动员准备中的主要工作有：①建立交通运输指挥体系，以提高战时运输效能。②加强交通运输线建设，使之立体化、网络化。③发展和储备大型化、高速化的运输工具，改进运输方式，提高综合运输能力。④加强交通运输工程保障力量、防卫力量和技术力量建设，储备各种交通运输保障物资、器材。

近年来，随着国家交通、通信事业的快速发展和交通运输信息化程度的不断提高，我国的国防交通体系更加完善，国防交通动员能力大幅提升。国家和地方交通运输、邮电通信基础设施建设贯彻平战结合原则，充分考虑国防和军事需求。一些具有重要国防意义的铁路、公路和港口码头列入国家重点建设项目。交通、通信保障队伍和保障方案在平时抢险救灾等应急保障中发挥了重要作用。铁路运输实现了在运货物的信息化管理和调度指挥的计算机控制，水路运输实现了远洋货轮的定位跟踪和调度指挥，公路运输实现了部分大型货车的定位跟踪和调度指挥，航空运输实现了订票、离港、航线、货运及安全监控的实时信息处理。全国主要车站、港口、机场、航空公司、运输公司等的基础信息和交通动员信息，初步实现了数据库管理。

继《国防交通条例》颁布之后，2003年9月，国务院、中央军委又颁布了《民用运力国防动员条例》，民用运力国防动员开始走上法制化轨道。民用运力动员，平时按照突出重点、注重实效的原则进行准备，包括拟定新建民用运载工具及相关设备贯彻国防要求的总体规划、掌握民用运力国防动员潜力、编制国防动员预案等；战时依据国家主席发布的动员令实施，平时特殊情况下依据国务院、中央军委发布的民用运力国防动员决定实施。一切拥有或者管理民用运力的单位和个人，都有依法履行民用运力国防动员的义务和责任。

四、国防教育

国防教育，是国家为适应国防需要，对全体公民的观念、品德、智力和体质等方面，有组织、有计划地进行各种教育训练的活动。

国防教育是当今世界的一大战略问题。随着主权国家观念的强化，现代国防意识的确立，国防教育越来越受到各国的普遍重视。无论是大国还是小国，无论是发达国家还是发展中国家，无论是社会主义制度国家还是资本主义制度国家，都把国防教育作为建设和巩固国防的重要基础工程，并作为增强民族凝聚力，提高全民素质，弘扬爱国主义精神的重要途径。因此，认识国防教育的意义，了解国防教育的内容，明确国防教育的目的，接受国防教育的培训，承担国防教育的责任，是国家对每一个公民的基本要求。

（一）《中华人民共和国国防教育法》

《中华人民共和国国防教育法》于 2001 年 4 月 28 日由第九届全国人民代表大会常务委员会第二十一次会议通过，江泽民主席第五十二号主席令公布施行。该法共 6 章，38 条，主要规定了国防教育的方针原则，学校国防教育，社会国防教育，国防教育的保障和法律责任等。《全国人民代表大会常务委员会关于设立全民国防教育日的决定》是对国防教育法的补充，2001 年 8 月 31 日由第九届全国人民代表大会常务委员会第二十三次会议通过，确定每年 9 月第三个星期六为全民国防教育日。

1. 国防教育的地位和目的

（1）国防教育的地位。国防教育法第 2 条规定："国防教育是建设和巩固国防的基础，是增强民族凝聚力、提高全民素质的重要途径。"这一规定，明确了国防教育的重要地位。

国防教育是建设和巩固国防的基础。只有搞好国防教育，才能使全体公民明确国防的目的、任务，自觉地为国防建设贡献力量；只有搞好国防教育，才能造成爱军尚武的风气，为国防建设创造良好的社会氛围；只有搞好国防教育，才能激发公民的爱国奉献精神，为国家利益舍生忘死。以爱国主义精神为支柱的国防力量是不可战胜的，而国防教育的主要作用正是激发公民的爱国热忱，为国防建设奠定坚实的思想基础。

国防教育是增强民族凝聚力的重要途径。在长期的和平环境中，人们容易思想麻痹，精神涣散。特别是在改革开放的新形势下，人们的经济意识有所增强，奉献意识有所削弱；自主意识有所增强，集体意识有所削弱。加强新形势下的国防教育，对于振奋民族精神，增强民族凝聚力，具有特殊的现实意义。

国防教育是提高全民素质的重要途径。进行国防教育，既可以提高公民的政治觉悟，增强法纪观念，提高思想道德水平，又可以扩大知识面，改善知识结构，提高科学文化水平，从而全面提高公民的素质。因此，应把国防教育作为加强国防建设的战略性措施，纳入社会主义精神文明建设总体规划，纳入国民教育体系，常抓不懈，筑起中华民族坚不可摧的精神长城。

（2）国防教育的目的。国防教育法第3条规定："国家通过开展国防教育，使公民增强国防观念，掌握基本的国防知识，学习必要的军事技能，激发爱国热情，自觉履行国防义务。"这一规定，明确了国防教育的目的。

增强国防观念。公民只有具备一定的国防观念，才可能积极学习国防知识和军事技能，主动履行国防义务。增强国防观念，主要是培养公民的忧患意识、尚武意识和责任意识，做到居安思危，常备不懈，人人关注国家安危和兴衰，在不同岗位上为国防建设作贡献。

掌握基本的国防知识。公民掌握基本的国防知识，可以使行动建立在理性认识的基础上，明确自己在国防活动中应当做什么以及怎么做，从而更自觉、更有效地参加和支援国防建设与国防斗争。

学习必要的军事技能。学习军事技能的过程可以使公民进一步加深对国防知识的理解、掌握、提高在战争中保卫国家和进行自卫的技术、能力。

激发爱国热情。爱国热情是千百年来固定下来的对自己祖国的一种最深厚的感情，是国家安全最深厚的根基。要通过教育，激发公民对祖国辽阔土地、壮丽山河的无限热爱，对祖国灿烂文化、悠久历史的无限热爱，对人民的无限忠诚和对国家命运的深切关心，增强维护国家安全的责任感。

自觉履行国防义务。要通过国防教育，使每一个公民都明确应当承担哪些国防义务，履行义务对国防事业具有什么作用，从而更好地在国家的领导下实施国防行为。

2. 国防教育的方针和原则

国防教育法第4条规定："国防教育贯彻全民参与、长期坚持、讲求实效的方针，实行经常教育与集中教育相结合、普及教育与重点教育相结合、理论教育与行为教育相结合的原则，针对不同对象确定相应的教育内容分类组织实施。"这一规定，明确了国防教育的方针和原则。

（1）国防教育的方针。根据《中华人民共和国国防教育法》，我国国防教育的方针是：

全民参与。全民参与国防教育有两方面的含义：一方面，全体公民都是国防教育的对象，都有接受国防教育的权利和义务；另一方面，全体公民都是国防教育的主体，普及和加强国防教育是全社会的共同责任，国家支持、鼓励社会组织和个人开展有益于国防教育的活动。

长期坚持。国防观念的形成，是日积月累的历史积淀，绝非一朝一夕之功；国防观念的保持，是反复教育、不断强化的结果，不可能一劳永逸；国防观念的承续，需要一代又一代地口授身传，不能止息。因此，国防教育必须长期坚持，代代相传，以便使国防意识成为民族的心理定势，对公民的行为产生习惯性影响。

讲求实效。国防教育应注重实际效果，不能片面追求形式，制造表面效应。要保证国防教育收到实效，必须加强教育的针对性，根据不同人员、不同时期的思想反映，采取不同的方法，提出不同的要求，突出不同的内容，使国防教育切合实际，深入人心。

（2）国防教育的原则。根据《中华人民共和国国防教育法》，我国国防教育的原则是：

经常教育与集中教育相结合。经常教育是在日常工作和生活中随机进行的非专门教育。其形式灵活多样，不拘一格，其作用是耳濡目染、潜移默化。集中教育是利用一定的时间、在一定的场所对有关人员进行的专门教育，主要形式是授课和专题参观活动。经常教育的特点是广泛性、群众性。集中教育的特点是系统性、组织性。两者在增强公民国防观念方面有不同的功效，其作用不可互相替代。要把这两种教育形式有机地结合起来，使其相辅相成。

普及教育与重点教育相结合。普及教育是对全体公民的一般教育，重点教育是对部分公民的加强教育。重点教育的对象是：各级领导干部，现役军人，民兵、预备役人员，高等院校和高级中学的学生。重点教育要着重抓，普及教育要普遍抓。普及教育是重点教育的基础，只有搞好普及教育，重点教育才能取得更显著的成效。

理论教育与行为教育相结合。理论教育，是以课堂讲授、阅读书籍等形式进行的，以传播国防思想、国防历史、国防法规等方面的知识为目的的教育活动。行为教育，是结合军事训练、执行任务等进行的，以传授技能、锻炼体格、陶冶情操为目的的教育活动。理论教育和行为教育是密不可分的两个方面，应在重视理论教育的同时，加强行为教育，促进国防知识向国防行为的转化，提高公民的国防行为能力。

3. 国防教育的组织和保障

国防教育法第 6 条规定："国务院领导全国的国防教育工作。中央军事委员会协同国务院开展全民国防教育。地方各级人民政府领导本行政区域内的国防教育工作。驻地军事机关协助和支持地方人民政府开展国防教育。"根据这一规定，国务院和地方各级人民政府是领导国防教育工作的主体，在组织实施国防教育中发挥主导作用。军事机关担负着直接领导国防活动的重任，协助和支持人民政府搞好国防教育是义不容辞的责任。

（1）国防教育的组织。国防教育的组织主要是指学校国防教育和社会国防教育的组织。

学校国防教育。国防教育法第 13 条规定："学校的国防教育是全民国防教育的基础,是实施素质教育的重要内容。"搞好学校的国防教育,不仅可以提高青少年学生的综合素质,而且可以有力地推动全社会的国防教育。学校应当将国防教育列入学校的工作和教学计划,采取有效措施,保证国防教育的质量和效果。小学和初级中学应当将课堂教学与课外活动相结合,对学生进行生动活泼的国防教育。高等学校、高级中学和相当于高级中学的学校应当将课堂教学与军事训练相结合,对学生进行系统的国防教育。负责培训国家工作人员的各类教育机构,如党校、行政学院等,应当将国防教育纳入培训计划,设置适当的国防教育课程。

社会国防教育。国防教育法第5条规定:"一切国家机关和武装力量、各政党和各社会团体、各企业事业组织以及基层群众性自治组织,都应当根据各自的实际情况组织本地区、本部门、本单位开展国防教育。"根据这一规定,国家机关应当根据各自的工作性质和特点,采取多种形式对工作人员进行国防教育。全军部队应带头搞好国防教育,激发官兵的爱国之心、报国之志,保证打得赢、不变质。军区、省军区(卫戍区、警备区)、军分区和县(市、区)人民武装部应结合军事训练、征兵工作以及重大节日、纪念日活动,对民兵、预备役人员进行国防教育。企业事业单位应当将国防教育列入职工教育计划,结合政治教育、业务培训、文化体育等活动,对职工进行国防教育。城市居民委员会、农村村民委员会应当将国防教育纳入社区、农村社会主义精神文明建设的内容,对居民、村民进行国防教育。文化、新闻、出版、广播、电影、电视等部门和单位应当根据形势和任务的要求,采取多种形式开展国防教育。

(2)国防教育的保障。国防教育的保障主要是指师资、经费、教材、设施等方面的保障。

师资保障。国防教育教员应从热爱国防教育事业、具有较高文化素养和军事素养的人员中选拔。人民解放军和武装警察部队应当根据需要和可能,为驻地有组织的国防教育活动选派军事教员。对国防教育教员,应根据其担负的任务,采取适当方式进行培训,不断提高他们的理论水平和教学能力。

经费保障。国防教育经费主要来源于国家财政,同时应广开渠道,多方筹集国防教育经费。国家鼓励社会组织和个人捐赠财产,资助国防教育的开展。国防教育经费应本着节俭的原则,合理使用,杜绝浪费,提高使用效益。

教材保障。全民国防教育使用统一的国防教育大纲。国防教育大纲由国家国防教育工作机构组织制定。各地和有关部门应依据国家的国防教育大纲编写本地区、本部门的国防教育教材。

设施保障。人民解放军和武警部队应当根据需要和可能,为驻地有组织的国防教育活动提供必要的军事训练场地、设施以及其他便利条件。被命名为国防教育基地的烈士陵园、革命遗址和其他具有国防教育功能的博物馆、纪念馆、科技馆、文化馆、青少年宫等场所,应当对有组织的中小学生免费开放,在全民国防教育日向社会免费开放。有条件的地方可创办少年军校、国防教育园或国防教育中心。各种国防教育设施应随着当地经济的发展，不断改善条件，充分发挥其在传播国防知识、培植国防观念、提高公民素质方面的作用。

（二）国防教育的重大意义

1. 国防教育维系国家安全与发展

任何一个民族和国家在其发展的历史长河中，都会遇到各种各样的困难和问题。归纳起来无非是安全问题和发展问题。发展是安全的基础，安全是发展的保障。为了保证安全和发展，国家要有强大的国防实力，更需要有大批优秀的国防人才，因此必须增强全民的国防观念，这些都离不开国防教育。

我国有"畏危者安，畏亡者存"及"居安思危、思则有备、有备无患"的古训。这是历史经验的总结，是经过无数历史事实证明了的哲理，它强调了对全民开展国防教育的重要意义。中华民族的发展史已充分说明了这一点。唐朝开国时期，唐太宗李世民内修文德，外治武备，发展生产，奖励耕战，出现了"贞观之治"的盛景。然而到了唐玄宗天宝年间，唐玄宗在盛世中逐渐丧失了御敌卫国之念，"听惯梨园歌管声，不知旌旗弓与箭"，以至于发展到对规模不很大的安史之乱也难于应付的地步，强盛一时的大唐王朝由此一蹶不振。现代国家安危的经验和教训也为我们提供了有力的证据。在第一次世界大战中，法国面对占明显优势的德国的进攻实行了全国总动员，军民高呼"德国人不得通过"的口号，在凡尔登防线同仇敌忾，奋力抗击，虽然伤亡了50多万人，但终于顶住了德国的进攻，保卫了国家安全。然而，一战胜利后，法国国内和平主义盛行，忽视了对人民进行强有力的国防教育，结果在第二次世界大战时，仅仅40天的时间就演出了一幕军败国亡的悲剧。这个用血的代价换取的教训，永远值得人们汲取。

当前，国际形势的主要趋势是缓和，世界大战的可能性大大减小，保持相对和平的国际环境，为各国发展提供较为稳定的外部条件是能够实现的。然而，无数历史经验证明，在和平时期，人们的和平麻痹思想容易滋长，国防观念容易淡化。因此，对全民开展国防教育，使全体国民增强国防观念，关心和支持国防事业，提高保卫国家和民族安全的自觉性，是巩固和加强国防，保证国家长治久安和实现国家发展战略目标的一项重要战略措施。根据国际形势的新特点，我们党和国家确定了"一心一意搞建设"的方针，适时地把过去立足于早打、大打、打核战争的临战状态转移到和平时期国防和军队建设的轨道上来。实行这一转变绝不意味着国防建设不重要，国防教育不搞了，相反，正是要利用今后较长时间的和平环境，全力促进经济建设的大规模发展，有计划、有步骤地加强国防现代化的建设，增强国防实力，实现军队建设由半机械化、机械化向信息化跨越式发展的战略决策。

马克思主义的辩证法告诉我们，虽然今后争取较长的和平时期是可能的，但战争的危险并没有最终消除，对世界和平及我国安全的威胁因素依然存在。所以，保

47

卫国家安全与国家的经济建设无疑是十分艰巨的战略任务。加强国防教育，使全体公民清醒地认清国际形势、国内形势，认识国防建设对于保卫国家安全和经济建设的重要作用，明确保卫国家应尽的责任和义务，这对于维护国家的安全是非常重要的。

2. 加强国防教育有利于增强综合国力

国家的综合国力，是以经济技术为基础，包括政治、经济、文化、教育、科技、意识形态、对外关系、国防等的综合建设与综合运用。国防是国家综合国力的重要体现。如果在国家的发展目标上，没有或者看轻了国防的位置，那不仅是片面的，而且是危险的。所以，从我国四化建设的长远需要出发，重视国防建设是十分重要的。开展国防教育就是要使人们认识到国防在四化建设中的地位，认识到国防力量是综合国力的有机组成部分，自觉地把国防现代化作为实现四个现代化的一大目标去为之奋斗，这是全面实现社会主义现代化宏伟目标的必然要求。因此说，衡量一个国家国防力量的强弱单纯从军事力量比较是片面的。现代的综合国力理论，把国家的国防力量和经济力量统一起来。通常认为：综合国力包括国土面积、自然资源、人口的数量与质量、国民生产、科学技术、文化教育、交通运输、社会政治制度、国防能力、内外政策、意识形态、领导的能力与魄力等因素。这就是说：综合国力既包括军事力量，也包括非军事力量；既包括现实力量，也包括潜在力量；既包括物质力量，也包括精神力量。

国家的安全需要以一定的经济、军事实力为后盾，这是毫无疑问的。但是，它还要有国民的精神为基础。一定的经济、军事实力只有与国民崇高的爱国主义，以及把国家安危系于一身的精神结合起来，才能发挥出巨大的威力。而国防教育正具有培养公民的爱国主义精神和国家安危意识的重要使命。世界上许多国家都重视国防教育对维系国家安危的作用。美国政府把国防教育作为它最庞大的工程，1958年就通过了国防教育法，同时利用各种场合和条件强化人民的国防观念，甚至诸如球赛一类的场合都要由军乐队奏国歌，赛前赛后要齐唱《星条旗永不落》，以此来振奋国民的国防精神。第二次世界大战后，曾是战败国的日本在战争废墟上建成当代第二经济强国，除了经济政治的种种因素以外，一个十分重要的原因是日本政府和国民深刻反省战败的教训，认识到日本处于一种"岛国"的位置，从而形成一种强烈的国家安危意识和民族自保意识，大大激发了民族自尊自强的精神。瑞士是一个中立国，已经很长时间没有打仗了，然而它的国防教育、军事活动是全世界各国之榜样。正是这个国家的军事学家若米尼得出了盖世哲理："一个政府无论用什么借口，而不重视国家军事建设，则从后世的眼光中看来，他们绝对算是民族的罪人。"

目前，我国的经济实力和军事实力都属于第三世界范畴，与发达国家相比差距比较大。因此，要增强综合国力就更需要加强对全民的国防教育，增强全民的国防观念和军事组织能力，以此来弥补经济和军事上的不足。高校是知识密集的地方，它所担负的任务是培养、造就今后国家和各级政府、企业事业单位的决策者、组织者、领导者和各类高级技术人才，他们将直接关系到国家战略目标的质量和国家意志的强弱，关系到国家的安全与发展。因此，对大学生和各级领导干部加强国防教育是增强综合国力的需要，是民族、国家生存和发展的需要。

3. 接受国防教育是法律赋予每个公民的神圣义务和职责

一个国家和民族要强大要发展，必须使每个公民能够以国家利益为重，系国家安危于一身，关注国家和民族在世界民族之林中的地位。爱国主义不是一个虚构的字眼，它最基本的内涵就是要求每个公民明确自己在国家政治生活中应享有的权利和义务。公民必须忠于自己的国家。因此，为了保卫国家的安全，公民必须依法履行对国家的义务。

当前，世界上许多国家都把国防教育作为公民的基本教育内容。美国政府把广泛动员民族利益视为"社会第一勤务"，采取各种方式向公民灌输"国家至上"的思想。美国政府认为，仅靠经济发达、技术进步和国防实力雄厚来维护国家安全还不够，还必须使每个公民明确意识到对国家安全应尽的义务和责任。因此，美国政府制定了全民性的普遍军训与兵役法，要求公民在规定的年龄段必须参加军事训练，履行兵役义务。对高等学校的学生军训，美国已经形成了一整套完善的制度。他们在全国 350 多所地方高校中，设立了 531 个后备役军官训练团，由后训团负责对这些大学生实施军事训练。美国参加后训团的学生，既要完成规定的学业，还要通过军事训练达到少尉军官的任命要求。以四年制学校为例，训练时间，一般在一、二年级每周安排 2～3 学时的军事基础理论课程，三、四年级为每周 5 学时，并在假期安排 6 周集中军事训练。这些学生毕业后，有相当一部分成为现役部队中非常出色的军官。据统计，目前美军中有 30% 的将军和 40% 的校、尉军官是来自后训团毕业的大学生。

瑞士是一个永久性的中立国，已有 170 多年没有卷入战争，但瑞士公民的国防意识是世界一流的。瑞士政府的法律规定：全体公民从 20 岁到 50 岁期间，要分别参加近卫军、卫国军和国民军三种军事组织的军事训练，持续不断，这已经成了瑞士人的第二职业。

在我国，国防教育早已引起党和政府的高度重视，尤其是青年学生，始终是作为教育的主要对象。早在抗战时期，为了动员亿万民众反抗日本帝国主义的侵略，毛泽东多次使用"国防教育"一词，并把国防教育提到十分重要的位置。在卢沟桥事变发生后的第 16 天，即 1937 年 7 月 23 日，毛泽东在发表的《反对日本进攻的方针、办法和前途》一文中列举了八条办法，"国防教育"便是其中之一。1938 年 5 月 26 日至 6 月 3 日，毛泽东在延安抗日战争研究会发表的论持久战的演讲中，又把"厉行国防教育"作为重大问题加以强调，主张认真去做。1938 年 9 月 29 日至 11 月 6 日,中国共产党六届六中全会通过的《中共中央扩大的六中全会政治决议案》中,明确提出"实行国防教育政策,使教育为民族战争服务。"随后,国防教育如火如荼,蓬勃发展,在全国各解放区构成了儿童教育、民众教育、干部教育"三位一体"的国防教育结构体系。陕北公学不仅设置了国防教育系,而且成立了国防教育研究会。各地普遍开展的国防教育,极大地唤起了亿万民众的杀敌爱国热情。全国解放后,我国又掀起了一个以"抗美援朝,保家卫国"为中心内容的国防教育高潮。特别是各高校积极开展了轰轰烈烈的国防教育活动,很多大学生投笔从戎,奔赴前线,为打击侵略者,保卫新中国作出了积极的贡献。《中华人民共和国宪法》第 55 条规定:"保卫祖国,抵抗侵略是中华人民共和国每一个公民的神圣职责。依照法律服兵役和参加民兵组织是中华人民共和国公民的光荣义务。"1955 年我国通过了第一部兵役法,1984 年第二部兵役法开始实施。兵役法对国防教育、兵员征集等均作了具体规定。兵役法第 47 条规定:"为了对付敌人的突然袭击,抵抗侵略,各级人民政府、各级军事机关,在平时必须做好战时兵员动员的准备工作。"在对全民开展国防教育中,尤其突出了对学生的国防教育,兵役法第 43 条规定:"高等院校的学生在就学期间,必须接受基本的军事训练。根据国防建设的需要,对适合担任军官职务的学生,再进行短期集中训练,考核合格的,经军事机关批准,服军官预备役。"第 45 条规定:"高级中学和相当于高级中学的学校,配备军事教员,对学生实施军事训练。"为了贯彻执行宪法和兵役法的规定,全国各级地方政府又相继制定了结合本地区特点的国防教育法规。2001 年颁布的中华人民共和国国防教育法用一章共五条的条款对学校开展国防教育作了明确的规定。在高校开设军事理论课,接受基本军事训练是让符合法定年龄而又无条件服现役的公民接受国防教育和依法服兵役的一种形式,是法律赋予每个大学生的光荣义务和历史使命。

4. 开展国防教育是加速国防现代化和落实战时兵员动员的重要措施

我国社会主义现代化建设是个有机的总体。农业现代化是基础,工业现代化是主导,科学技术现代化是关键,国防现代化是保证。我们要保卫祖国的安全、领土的完整和主权的尊严,保卫四化的顺利进行,维护世界和平,就不能不加强国防现代化建设。各国的经济制度、政治制度和军事战略不同,国防现代化的内容和要求也不一样。世界上没有统一的国防现代化的标准和模式,我们既不能盲目仿效、全面追赶发达国家的国防,也不能闭关自守,停滞不前。我们应该从我国的实际情况出发,走中国特色的国防现代化的道路。

国防现代化是指国防建设具有现代先进的科学技术水平,其核心是要建设一支强大的现代化、正规化的革命军队,其标志是武器装备现代化。但是,要生产制造出现代化的武器装备,并使现代化的武器装备转化为战斗力,必须与熟练掌握科学技术和武器装备的人相结合,与先进的军事思想相结合。在现代战争中,人的因素仍然是第一位的，但是我们对人的因素要作全面的理解。它不仅包括人的勇敢、觉悟和牺牲精神，还包括人的智慧和才能，包括人对科学文化技术的掌握和应用。在国防现代化建设中，我们既要把军队、民兵、预备役人员的政治素质提高到一个新水平，又要把全体公民的国防意识提高到一个新的水平，同时还要大力组织全体军人、民兵、预备役人员和全体公民努力学习先进的思想和科学文化技术。如果没有具有一定军事素养和科学文化知识的人去驾驭武器装备，即使再先进的武器，也难以发挥其应有的作用，也难以制定出战胜对手的方略。显然，各级领导干部和大学生就是国防教育的重点对象。大学生具有文化程度高、接受能力强、知识更新速度快等特点，对大学生开展国防教育，开设军事理论课和军事训练，挑选一部分专业对口，适合担任军官职务条件的大学生，再集中一定时间进行专业训练，就可服军官预备役，或充实到部队去弥补我军院校培养专业技术人才的不足。我军自1983年以来从地方高校选拔培养的一大批大学生，已经在部队建设中发挥了很好的作用。今后随着国防教育事业的发展和军队建设的需要，我军将不断从大学生中吸收军官。通过这样的改革，必将更好地改变我军军官的知识结构，提高军官的素质，加强军队的现代化建设。

现代国防是全民的国防，提高全民的国防能力是维护国家安全的可靠保证。开展全民国防教育也是为了应付突发事件，抵御外来侵略，储备一定兵员的需要。未来战争的新特点给兵员工作提出了新的、更高的要求。战时兵员动员将成为决定战争胜负的重要因素之一。历史经验证明，只有在平时有计划、有步骤地组织好、储备好各类军官和兵员，才能保证战时的需要。世界上任何一个国家都不可能在和平时期保持一支庞大的现役部队，为了解决平时少养兵、战时多出兵的矛盾，大多数国家通常都是在保持一支精干的常备军的前提下，通过各种形式训练和储备大量后备人员，以保障战时部队的迅速扩充和建立。

目前，我国正在加快进行经济建设，我们需要一个安定的国际和平环境。要获得和保持这样一个和平环境，就需要有一支数量适中、质量可靠的正规军与众多的高质量的后备力量相结合的威慑力量来取得。开展全民国防教育既能增强公民的国防观念，树立国家安全意识，又能通过教育和训练来培养公民严守纪律、不畏艰险的作风，还能使公民强健体魄，掌握国防所需要的军事技术知识和技能，从而增强每个公民的国防素质，使国家安全和国防巩固具有稳固的基础。根据2003年统计，我国已有高等学校1 500多所，在校学生1 100万余人。因此，在高校的学生中有计划地开展国防教育，实施军事训练，就能做好兵员储备和预备役军官的培养工作，做到寓兵于民，寓官于校，这对于加强国防后备力量建设，做好兵员动员的准备工作，都具有十分重要的战略意义。

5. 国防教育是培养合格人才的好形式

提高全民族的思想道德素质和科学文化素质，培养各级各类合格人才，是构建社会主义和谐社会的总体战略，是出于对大学生德、智、体、美全面发展和培养"四有"新人考虑的。

当代大学生生机勃勃、奋发向上，充满青春活力，接受能力强，思维敏捷、勤于思考，有创新精神、积极进取，这是目前大学生最显著的特点。他们中绝大多数爱祖国、爱人民、爱社会主义，有维护国家安定团结大局的政治觉悟。但是，他们从小生活在优越的环境中，缺乏艰苦锻炼和社会实践，知识面较窄，知识结构尚不完善，鉴别是非能力差，容易受非无产阶级思想的影响。国防教育是一门综合性的学科，它集德、智、体、美教育于一身，因此，对大学生开展国防教育可以促进大学生的全面发展和成才。

首先，国防教育是对大学生进行以爱国主义为核心的国防观念的教育。通过国防教育，加深大学生对党、对祖国、对人民军队的感情，培养他们高度的献身精神和不怕困难、不怕牺牲的顽强意志，使每个学生明确个人在国家生活中的地位，具有为国家和民族献身的使命感和光荣感，树立为保卫国家利益和民族尊严而自觉斗争的精神，从而进一步增强民族的凝聚力和向心力。无论是战争年代还是和平时期，公民爱国主义的精神力量，民族自尊、自信、自强、自卫和国家利益至上的意识都能转化为维护国家主权、领土安全和民族利益的物质力量。国防教育正具有这样一种功能，这种教育以马克思主义国防观为指导，结合历史和现实的实际，教育大学生树立国家利益至上的爱国主义精神，随时准备为维护国家安全而献身。这正是德育方面的培养。

其次，通过军事理论和军事技术的学习和实践，使大学生了解最新的军事科学技术的成就，以扩大学生的知识面，改善学生的知识结构。学习军事指挥、军事管理知识，提高学生的实践能力，可以进一步培养学生的创造力和综合思维的能力。科学家钱学森曾经说过："一个科学家，如果没有军事知识，那么他还不是一个完善的科学家，他的大脑思维脉络还缺了一根重要的经络。"这正是智育的培养。

再次，通过严格的军事训练，可以使学生增强体质，磨炼意志和毅力，提高自我防护能力和学习的效率。军训非常有利于大学生良好行为规范的养成，能有效地加强纪律性和培养勇往直前、团结一致，关心他人的良好作风和高尚品德。目前，在我国高校教育中，德育、体育相对薄弱，智育方面对于动手能力的培养又比较忽视。开展国防教育和学生军训可以弥补这一点，并对整个教育事业的发展起到积极的推动作用。

我们党和政府明确指出："高等学校培养出来的大学生、研究生，应当有坚定正确政治方向，爱祖国、爱社会主义，拥护中国共产党的领导，努力学习马克思主义；应当热心于改革开放，有艰苦奋斗的精神，努力为人民服务，为实现具有中国特色的社会主义现代化而献身；应当自觉地遵纪守法，有良好道德品质；应当勤奋学习，掌握现代科学文化知识。还要从他们中间培养出一批具有共产主义觉悟的先进分子。"目前在高校开展的国防教育,正是紧紧围绕这一目标而进行的。

（三）国防教育的内容和形式

国防教育内容十分丰富,凡是与国防有关的理论、知识、技能等,都是国防教育的组成部分。实施国防教育的形式也多种多样,凡是能达到弘扬爱国主义和革命英雄主义精神,使全体公民增强国防观念,增强保卫国家安全的意志、技能和体魄目的的方法和形式均可采用。

1. 国防教育的内容

我国目前开展的国防教育的内容大致可以概括为:

国防理论教育。国防理论是关于国防建设的科学体系。它来源于国防建设实践的总结,又服务于国防建设,对国防建设起指导作用。国防理论的主要内容和体系有:国防的地位和作用,国防的构成及其相互关系;马克思主义关于国家和国防的学说、战争观和国防论;国防建设的指导思想、方法和原则,国防建设与经济建设及其他建设的关系;古今中外军事思想、人民战争、人民军队的理论、后勤力量建设的理论;国防战略,党和国家的防卫方针、原则和政策等。

国防形势教育。国防形势通常指国家当前的安全环境,即影响一个国家安全的政治、经济和军事等外部情况,有时也包括国内条件。主要内容有:当今世界政治、经济、军事大格局情况;世界战争和局部战争的形势;各国的国防政策和国防战略模式;我国周边局势;邻国动向,以及我国对外政策等。

国防知识教育。国防知识教育是指对公民实施有关国防建设和国防斗争各种常识与本领的教育活动及过程。国防知识涉及的领域很广,包括的内容很多,主要有国家武装力量的构成情况;现代科技在军事上的应用;常规武器的战术技术性能、现代军事知识、防护知识;岛屿与争端;世界遗留问题;领土、领海、领水、领空知识;现代战争特点,等等。

国防法制教育。国防法制教育是指以国防及军事法制制度为内容的教育,是以增强国家综合国防实力为目的,依据国家国防和军事法规,通过一定手段,有计划地对公民的国防法律观念和行为施加影响的活动过程。国防法制教育是法制教育的一部分,就其内容和目的而言,属于国防教育范围。所以,国防法制教育具有双重性质。

国防精神教育。国防精神是一个国家的民众关心祖国的前途和命运,支持国防的巩固与强大,维护国家的尊严和安全的民族意识和心理素质。其主要内容有爱国主义精神、爱军尚武精神、革命英雄主义精神、国际主义精神以及民族自主、自尊、自强精神等。

国防经济教育。国防经济也称军事经济,是指为保障军事需要而进行的经济活动。国防经济有军事和经济的双重属性。国防经济的活动过程包括军品的生产、分配、交换和消费;其资源构成包括用于国防需要的人力、物力和财力;其部门构成包括军事生产部门、流通部门、服务于军事需要的非生产部门。其内容有国防经济计划、国防经济发展战略、国防经济体制、国防经济规律、国防经济政策等。

国防体育教育与训练。国防体育也称军事体育，是体育运动的一个组成部分。包括越野、爬山、通过障碍、游泳、军体拳、攀登等。目前我国已经开展的项目有射击、无线电、潜水、摩托艇、摩托车、航海模型、航空模型、航海多项、航空（飞行）、跳伞、滑翔、军事五项、定向运动等。

此外，还有国防历史、国防外交、国防战略等方面的教育内容。实施国防教育时，要针对不同的教育对象，精选不同的教育内容，有所区别，有所侧重。

2. 国防教育的形式

国防教育应根据不同的时间、地点和教育对象，采取不同的教育形式。综合我国各地的做法，主要有以下几种。

组织军训。这是较为普遍的做法，主要适合于青壮年及学生。在军训中，既可学习军事理论，又可学习军事知识和军事技能，并能亲身体验。

组织理论研讨班。结合办党校、党课教育，训练中心培训，刊授、函授教育等进行。

普及国防教育读物。组织专家学者，编写适合广大青少年和大众的科普读物，宣传国防教育知识，增强民众的国防观念。

开展军事体育运动比赛。例如举行登山比赛、测向比赛、障碍比赛、武装囚渡、射击比赛等。

组织英模报告会，建立英雄塑像、纪念碑、纪念馆、烈士陵园，组织公民参观、学习、瞻仰。

在报刊、电台开辟国防教育专栏，利用广播、电视、电影进行宣传。

组织党政领导干部参加军事日活动和军事学术交流活动。

开展国防知识比赛、歌咏比赛、演讲比赛，开展国防月、国防周、国防日教育活动，开展军事夏令营，组办少年军校等。

开展拥军优属活动。在每年的"八一"建军节、"春节"期间，广泛进行国防教育，走访烈军属，走访慰问部队，大力开展"双拥"工作。

开设国防教育课。主要在高校组织学生系统地学习国防理论、国防知识和国防科技，培养一批国防教育的骨干和组织领导者。

国防教育是人类发展到一定阶段，为适应社会的一定需要而产生的。一定社会的国防教育是一定社会经济政治的反映，国防教育的发展程度又受到经济、政治发展程度的制约。社会主义国家的国防教育，是巩固和加强国防，促进政治和经济发展的必不可少的条件和手段，在国家生活中具有重要的地位和作用。当前，由于全世界人民的共同努力，迎来了相对稳定的经济建设环境。然而，这种"和平环境"是有条件的，相对的。霸权主义和敌对分子绝不甘心我们的胜利和发展，"和平演变"、"武装干涉和颠覆"是他们惯用的伎俩。但是，只要我们认清形势，做好准备，寓兵于民，特别是抓好未来祖国接班人和各级领导干部的国防教育，那么我们必将永远立于不败之地。

思 考 题

1. 现代国防的含义是什么？它有哪些基本要素？
2. 从我国国防历史可以得到哪些有益启示？
3. 什么是国防法规？
4. 我国的国防法规体系有哪些层次和内容？
5. 公民有哪些国防义务和权利？
6. 我国的国防政策有哪些？
7. 中国人民解放军的性质是什么？
8. 我国武装力量由哪几部分构成？结合实际，谈谈加强国防后备力量建设的重要意义。
9. 什么是国防动员，它是如何分类的？
10. 国防教育有哪些重大意义？
11. 我国国防教育的目的和方针、原则是什么？

第二章 军事思想

军事思想是从总体上对战争与军事问题的理论概括，是指导现实和未来军事斗争的强大思想武器。不同的历史时期，不同的阶级，国家或政治集团，在军事思想理性认识层面上有不同的内容和表现形式。军事思想又是军事科学的综合性基础理论门类，它既从军事科学其他门类中汲取营养，又对军事科学其他门类具有总体的指导作用①。同时，军事思想对人类其他社会活动具有重要的借鉴意义。

第一节 军事思想概述

一、军事思想的科学含义

军事思想是关于战争与军队问题的理性认识，通常是指国防与军队建设、战争准备与实施的指导理论和基本原则。它同军事学术、军事技术、军事历史、军事地理等学科门类统称军事科学或军事学，是军事科学的重要组成部分，属于社会意识形态，受世界观与方法论的制约②。军事思想是战争活动的理论概括，它来源于具体的军事实践活动，又给军事实践以理论指导，并随着战争和军事实践活动的发展而发展。

军事思想具有政治性、时代性、实践性、发展性、继承性的特征③。要深入理解军事思想的科学含义，必须了解"战争"与"军事"这两个概念及二者之间的内在联系。战争是人类社会的一种特殊现象，是人们为达到一定的政治、经济目的，通过暴力手段来"解决阶级和阶级、民族和民族、国家和国家、政治集团和集团之间，在一定发展阶段上的矛盾的一种最高斗争形式"④。其主要特征就是暴力形式。军事是准备和实施以战争为中心的各种社会活动，诸如作战指导、作战计

① 参见王厚卿著：《中国军事思想论纲》，北京：国防大学出版社 2000，1 页。

② 《辞海》，上海辞书出版社 1999，456 页。

③ 郝翔主编：《国防教育概论》，北京：高等教育出版社 2002，110 ~ 111 页；牛力，郭同岭主编：《军事思想与军事战略》，武汉：通信指挥学院出版社 1998，3 ~ 7 页。

④ 《毛泽东选集》第 1 卷，北京：人民出版社 1991，171 页。

划、战略战术、作战动员、后勤保障等活动的理论和实践活动。战争的对立面是和平，是相对和平而存在的社会形态；军事一般与民事相对应，与其他社会形态如政治、经济、文化、外交等处于同一层次的领域，不但存在于和平时期也存在于战争时期。战争与军事既相互联系又相互区别，规定了军事思想研究的对象与范围①。

马克思辩证唯物主义和历史唯物主义认为，物质决定意识，意识对物质具有能动的反作用。就军事领域而言，战争实践决定军事思想，军事思想又对战争实践具有能动的反作用。总体而言，军事思想是战争活动的行动指南，是其他军事学科的理论基础，对人类其他社会活动具有重要的借鉴意义，是指导我国国防现代化建设，做好未来战争准备的强大思想武器。因此，对军事思想特别是对当代中国军事思想的学习与研究，对我国国防和军队建设，战争准备，遏制战争和打赢战争，制定军事政策，维护和巩固党的执政地位，捍卫社会主义制度，保卫人民和平劳动，确保国家领土完整和主权统一，维护和巩固世界和平，都具有深远的指导作用②。

二、军事思想的形成与发展

作为一种相对独立的意识形态，军事思想的发展经历了一个由低级到高级，由萌芽状态到形成发展的历程。它总是随历史的发展而发展，随战争的发展而发展。

（一）古代军事思想

中国古代军事思想（公元前 21 世纪至公元 1840 年）是中国军事思想发展的早期阶段，它反映了中国奴隶主阶级和封建地主阶级的军事思想。一般认为，中国古代军事思想萌芽于殷商，形成于西周，成熟于春秋战国，经过封建社会漫长岁月的发展，到明清时期完成了它的历史终结。中国从奴隶制社会到封建社会前期，军事思想的发展水平一直居于世界领先地位。据实物和文献记载，早在氏族社会末期，就有兵书出现，如《汉书》就录有《黄帝》16 篇和《神农兵法》1 篇③。到了西周时期，《军志》和《军政》两部军事文献相继出现④，标志着中国古代军事思想已经形成。春秋战国时期，随着社会经济的迅速发展，社会剧烈变革，争霸兼并战争频繁发生以及社会思想领域的"百家争鸣"等历史潮流的不断涌动，出现了一大批适应时代特点和战争要求的军事理论著作，如《孙子兵法》、《吴子兵法》、《尉缭子》、《六韬》等。而且儒、道、法、墨等诸子百家典籍中也有大量深邃的军事思想；自秦汉至明清，中国古代军事思想得到了较大的充实和发展，先后

---

① 朱梅生主编：《军事思想概论》，北京：国防大学出版社 1997，3～5 页。
② 李鹏青主编：《普通高等学校军事教程》，北京：军事科学出版社 2006，32～33 页。
③ 《汉书·艺文志·兵书略》。
④ 《军志》和《军政》虽亡佚，但后来军事著作中有其引言出现，如《孙子兵法·军争》即有"军政曰：言不相闻，故为金鼓；视不相见，故为旌旗"之论。

有数以千计的各类兵书问世。20 世纪 30 年代，陆达节编著的《历代兵书目录》，著录有兵书1 304部，6 831卷①；至明清时期，大兴研武之风，存世兵书多达1 685部，出现了中国古代军事思想发展的第二个高峰。总之，中国古代军事思想内容博大精深，历史源远流长，是人类军事思想宝库中一颗璀璨的明珠②。

外国古代军事思想（公元前 8 世纪至公元 17 世纪）③。公元前 8 世纪至公元 5 世纪，是西方古代奴隶制社会时期。在这个时期，古希腊、古罗马等奴隶制国家，为了扩张领土、建立霸权、掠夺奴隶和财物，进行过频繁的战争，涌现出一大批著名的将帅，产生了丰富的古希腊和古罗马的军事思想。古希腊的军事思想主要散见于希罗多德的《希腊波斯战争史》、修昔底德的《伯罗奔尼撒战争史》、色诺芬的《长征记》中，这些历史著作和著名军事人物的军事活动史料中，主要代表人物有伯里克利、色诺芬、埃帕米农达斯、亚历山大等；古罗马的军事思想，主要见之于当时的历史学家波里比阿、阿庇安、塔西佗、李维、普鲁塔等有关罗马历史的著作，主要代表人物有汉尼拔、费边、西庇阿、恺撒、屋大维等。值得注意的是"从古代遗留下来的文献中，可以发现希腊先贤的著作中含有相当丰富的战略思想……始终包含海权因素在内"④。在这点上，古希腊"海权"战略思想与中国古代军事战略思想的"重陆轻海"倾向有本质区别。

从公元 476 年西罗马帝国灭亡到 1640 年英国资产阶级革命开始，是欧洲的中世纪时期，即欧洲的封建社会时期。这一时期主要军事代表人物有贝利萨留、古斯塔夫二世、杜伦尼等，主要代表作有毛莱斯著《战略学》；李欧著《战术学》；弗里德里希二世著《战争原理》、《军事典范》等。然而"中世纪宗教神学占据欧洲整个文化领域，军事理论作为西方文化的一部分，也处于低潮"⑤。

（二）近代军事思想

中国近代军事思想（1840～1949 年）⑥，是在中国军事思想新旧变革、中西融合中形成和不断发展的，它反映了中国近代封建统治阶级、农民阶级和资产阶级的军事思想，是一种带有过渡性质的军事思想形态⑦。反映地主阶级革新派和洋务派的军事思想的代表人物主要有林则徐、魏源、曾国藩、胡林翼、刘坤一等，代表作有《海国图志》、《曾胡治兵语录》等；反映农民阶级军事思想的代表人物主要有

---

① 王显臣，许保林著：《中国古代兵书杂谈》，北京：解放军出版社 1983，2 页。

② 王厚卿主编：《中国军事思想论纲》，北京：国防大学出版社 2000，2 页。

③ 参见朱梅生主编：《军事思想概论》，北京：国防大学出版社 1997，19～25 页。

④ 纽先钟著：《西方战略思想史》，桂林：广西师范大学出版社 2003，25～30 页。

⑤ 李效东主编：《比较军事思想》，北京：军事科学出版社 1999，45 页。

⑥ 中国近代学习思想良莠并存，内容庞杂，带有过渡性质，故本节将产生于 20 世纪上半叶的毛泽东思想纳入中国现代军事思想体系中论述。

⑦ 王厚卿主编：《中国军事思想论纲》，北京：国防大学出版社 2000，3 页。

洪秀全、杨秀清、洪仁玕等，代表作如《太平军目》、《兵要四则》、《行军总要》等；反映中国资产阶级军事思想的主要代表人物有孙中山、黄兴、蔡锷等，代表作如《中国同盟会革命方略》、《军国民篇》等；反映国民党军事思想的主要代表人物有蒋介石、蒋百里、杨杰、白崇禧等，代表作如《蒋总统军事思想大系》、《国防论》、《国防新论》、《游击战纲要》等。

外国近代军事思想（1640～1945年）。外国近代军事思想一般可分为资产阶级军事思想和马恩列斯军事思想。西方近代资产阶级军事思想内容非常广泛，体系比较庞杂，其产生大体在15世纪末到17世纪中叶，主要代表人物是意大利的马基雅维里，主要代表作有《君主论》、《佛罗伦萨史》、《罗马史》等；形成于17世纪中叶到19世纪上半叶的，主要代表人物有拿破仑、克劳塞维茨、若米尼等，代表作主要有《战争论》、《论大规模军事活动》、《战争艺术概论》等；从19世纪中叶到第二次世界大战结束，是西方近代资产阶级军事思想发展时期，主要代表人物有马汉、杜黑、施利芬、福煦、鲁登道夫、富勒等，代表作如《海军对历史的影响》、《现代战争》、《战争原理》、《总体战》、《装甲作战》等①。

马恩列斯军事思想，是马列主义理论体系和无产阶级军事科学的重要组成部分，它以辩证唯物主义和历史唯物主义为理论基础，汲取了以往军事思想的精华，正确地提示了战争的本质和客观规律，是科学的理论体系。主要内容包括马克思主义关于战争根源的学说，暴力革命的学说，人民战争及战略战术学说，无产阶级军队建设学说，国防建设学说等②。

（三）现代军事思想

第二次世界大战结束以后，世界战略格局发生了重大变化，各种势力重新分化组合，形成了以美苏为首的两极制衡体制。1989年东欧剧变，此后苏联解体，世界进入了后冷战（或多极混乱）时期，各种军事理论相继涌现。第二次世界大战结束以来，比较著名的军事理论著作有利德尔·哈特的《战略论》；柯林斯的《大战略》；拉塞尔·F.韦格利的《美国军事战略与政策史》等。总之，这些军事理论著作集中反映了西方当代军事思想的某些共同特点。例如，"美、俄、英、法、德、日等国在军事战略思想上，都遵循全球性、威慑性、联盟性、均衡性的战略方针"③；"在作战指导思想上认为火力是作战威力的基础，集中兵力是作战胜利的奥妙，强调突然性是夺取战争主动权的原则，把机动作为克敌制胜的法宝"④；

---

① 参见郝翔主编：《国防教育概论》，北京：高等教育出版社2002，112页。
② 参见卿竹松、唐晶荣主编：《军事思想教程》，北京：国防大学出版社2000，68～86页。
③ 李效东主编：《比较军事思想》，北京：军事科学出版社1999，72～94页。
④ 李效东主编：《比较军事思想》，北京：军事科学出版社1999，288～304页。

59

"在国防与军队建设思想上始终遵循与国家安全基本目标相适应的原则、合理够用原则、协调发展原则、坚持精干的常备军与强大的后备力量相结合的原则、效率效能原则、依法治军原则等"①。

从 20 世纪 90 年代起,人类社会迎来了一场空前广泛、深刻的新军事变革,使军事形态的五大支柱即军事技术、武器装备、军事人员、军事思想和军事组织体制得到跨时代的跃升,特别是各国军事思想得到了彻底的、全面的创新。当前世界军事思想总的发展趋势是:以机械化战争理论为核心的工业时代的军事思想,正在全面地向以信息化战争理论为核心的信息时代的军事思想转变。

三、军事思想的体系内容及其代表作

军事思想通常是由战争观和方法论,军队和国防建设思想,战争指导思想等内容构成的一个完整理论体系。军事思想各部分相互联系,相互从属,是一个有机的整体。

战争观和方法论。战争观是人们对战争这一人类社会特殊活动现象的总的看法和基本态度。战争观通过对战争产生、发展、消亡的历史发展过程以及战争与政治、经济、科学技术、文化等因素的考察与揭示,使人们认识战争起源、战争性质、战争作用、战争消亡等战争根本性问题。研究与指导战争的方法论主要回答如何认识战争规律,并在此基础上如何正确指导战争,让战争按人们的意志转移等问题。战争观和方法论是军事思想的基础和核心。

军队和国防建设思想。军队和国防的本质和根源是什么,军队和国防建设与国家经济有什么联系,如何建设军队和国防等,都是军事思想要回答的重要内容。此外,军事思想不但要回答战争是什么,怎样认识战争,怎样建设国防和军队等一系列问题,还要回答怎样指导战争的问题②。人们带着这些疑问,在长期的军事活动中得出了各式各样不同的结论,创造了大量的军事理论著作,其中最具代表性的主要有:《孙子兵法》和《战争论》。

《孙子兵法》,亦称《孙子》,春秋末期孙武著,是中国古代最著名的兵书。《孙子》共 6 000 余字,文字苍古雄劲,内容博大精深,全书共分为"计、作战、谋攻、形、势、虚实、军争、九变、行军、地形、九地、火攻、用间"13 篇,所以又称《孙子十三篇》。"《孙子兵法》包含朴素的军事哲学思想,谨慎的战略思想,灵活机动的战术思想,达到了他那个时代所能达到的高度,军事思想非常丰

---

① 李效东主编:《比较军事思想》,北京:军事科学出版社 1999,140~159 页。

② 李鹏青主编:《普通高等学校军事教程》,北京:军事科学出版社 2006,36 页。

富。①"宋神宗时,《孙子兵法》被确定为《武经七书》之首②。

《战争论》。近代西方资产阶级军事思想的奠基作。作者卡尔·冯·克劳塞维茨,普鲁士人,生于1780年,卒于1831年。《战争论》是法国大革命和拿破仑战争经验的总结,是对德意志军事思想的革新,它深受法国古典哲学的影响。全书共3卷8篇124章,加上附录,约69万字,内容十分丰富,对战争的性质、战争理论、战略、战斗、军队、防御、战争计划等问题作了详尽的阐述和深刻的分析。其主要观点有:战争是政治以其他方式的延续;理论应该是一种考察,而不是死板的规定;要善于运用民众战争;防御不应是单纯的据守,应该有进攻和反攻;集中兵力,速战速决等。《战争论》代表了近代资产阶级军事思想的最高成就,曾得到无产阶级革命导师马克思、恩格斯、列宁、毛泽东等的高度评价和一致肯定,在军事思想发展史上具有重要的地位③。

第二节　毛泽东军事思想

毛泽东军事思想是以毛泽东为代表的中国共产党人关于当代中国革命战争和军队问题的科学理论体系,是马克思列宁主义普遍原理与中国革命战争实践相结合的产物,是中国革命武装斗争历史经验的总结,是中国共产党集体智慧的结晶,是毛泽东思想的重要组成部分。毛泽东军事思想不仅过去是指导我军战胜强大敌人的思想武器,而且也是新世纪新阶段军队建设、国防建设和军事斗争的指导思想和理论依据。

一、毛泽东军事思想的产生、形成和发展

从1921年中国共产党成立至1935年1月党的遵义会议前,是毛泽东军事思想的产生时期。在这一时期,我党先后帮助孙中山创建黄埔军校,参与组织广东战争和北伐战争;接受了马克思关于暴力革命的学说,提出了"上山"可以"造成军事势力的基础"④。此后,毛泽东进一步强调"以后要非常注意军事,须知政权是

---

① 参见王显臣,许保林著:《中国古代兵书杂谈》,北京:解放军出版社1985:123~124页。

② 《武经七书》:宋神宗元丰三年(1081年)四月乙未,下诏校定《孙子》、《吴子》、《六韬》、《司马法》、《三略》、《尉缭子》、《李卫公问对》,并且雕版刊行,号称"七书"。《武经七书》即源于此。它是我国古代军事理论的精华,是古代兵书的代表。

③ 参见卿竹松,唐晶荣主编:《军事思想教程》,北京:国防大学出版社2000,51~67页;克劳塞维茨著,中国人民解放军军事科学院译:《战争论》一、二、三卷,北京:解放军出版社1985年第二版。

④ 《毛泽东军事思想的形成及其发展》,北京:军事科学出版社1984,25页。

由枪杆子中取得的"①；第一次大革命失败以后，我党先后举行了南昌起义，秋收起义和广州起义，标志着我们党独立领导革命战争和创建农民军队的开始。在井冈山斗争期间，毛泽东先后写了《中国的红色政权为什么能够存在?》、《井冈山的斗争》和《星星之火，可以燎原》等著作，创立了农村包围城市道路的理论，在具体的实践中，以农村根据地为依托，把武装斗争和土地革命结合起来，开展广泛的人民战争，制订了一系列适合红军特点的战略战术原则，规定了人民军队的一系列建军原则等，为毛泽东军事思想科学体系的进一步形成奠定了基础。

从1935年党的遵义会议至1945年抗日战争结束，是毛泽东军事思想形成较为完整系统的理论体系时期。这一时期我党先后纠正了"左"、右倾军事路线和政治路线错误；提出了以坚决的民族革命战争反对日本帝国主义进攻中国的总任务，把抗日游击战提高到战略地位；开展整风运动，在全党掀起了马列主义学习的热潮。在理论上，毛泽东及其他无产阶级革命家、军事家们先后发表了《中国革命战争的战略问题》、《抗日游击战争的战略问题》、《论持久战》、《论联合政府》、《游击战与运动战》等文章和著作，进一步论证了武装斗争的重要性，发展了人民军队的建军理论；在理论上对人民战争思想作了深刻的阐述，使人民战争思想更加理论化和系统化；全面发展了人民战争的战略战术，提出了许多新的战略战术原则②，形成了严谨的科学体系。

抗日战争胜利以后，我军又经历了人民解放战争、抗美援朝战争及社会主义革命和建设时期。这一时期，毛泽东军事思想得到了全面的运用、丰富和发展。解放战争期间，毛泽东在理论上提出了著名的十大军事原则，在实践中以大规模的运动战和阵地战相结合，连续取得了辽沈、淮海、平津三大战役的胜利，毛泽东的战争指导艺术达到了炉火纯青的程度，先后发表了《抗日战争胜利后的时局和我们的方针》、《集中优势兵力，各个歼灭敌人》、《将革命进行到底》等大量文章以及指挥作战的指示和电文，对人民战争战略防御及进攻，运动战、游击战及大规模阵地战等理论作了进一步的丰富和发展③。提出了"决定战争胜败的是人民，而不是一两件新式武器"④的著名论断。抗美援朝战争时期，毛泽东根据当时的情况和特点，在《给中国人民志愿军的命令》、《祝贺中国人民志愿军的重大胜利》、《抗美援朝的伟大胜利和今后的任务》等著作和电文中，提出和阐述了在现代条件下进行反侵略战争的一系列建军和作战原则，为毛泽东军事思想增添了适应现代化战争

① 《毛泽东军事文集》第1卷，北京：军事科学出版社1993，2页。

② 参见牛力，郭同岭主编：《军事思想与军事战略》，武汉：通信指挥学院出版社1998，25~27页。

③ 参见王厚卿主编：《中国军事思想论纲》，北京：国防大学出版社2000，625~626页。

④ 《毛泽东选集》第4卷，北京：人民出版社1991，1195页。

需要的新内容。

二、毛泽东军事思想的主要内容

毛泽东军事思想包括无产阶级的战争观和方法论、人民军队建设思想、人民战争思想、人民战争的战略战术思想和国防建设思想五大部分。这五大部分是一个相互联系不可分割，完整的科学理论体系。

（一）无产阶级的战争观和方法论

毛泽东运用马克思主义的立场、观点和方法，通过研究中外军事理论，在总结中国革命战争经验的基础上，形成了具有中国特色的无产阶级战争观和方法论，丰富和发展了马克思主义研究和指导战争的基本理论，是毛泽东人民军队、人民战争、人民战争的战略战术、国防建设思想的理论基础。

无产阶级的战争观。战争观是指人们对战争的根本看法。它主要通过对战争产生、发展、消亡的历史发展过程和战争与政治、经济等相互必然联系的揭示，从而认识战争起源、战争性质、战争目的、战争消亡的途径等根本问题。毛泽东认为："战争——从有私有财产和有阶级以来就开始了的，用以解决阶级和阶级，民族和民族，国家和国家，政治集团和政治集团之间，在一定发展上的矛盾的一种最高斗争形式。①"深刻地揭示了战争的社会根源和阶级本质。在战争与政治关系问题上，毛泽东提出"'战争是政治的继续'，在这点上说，战争就是政治，战争本身就是政治性质的行动，从古以来没有不带政治性的战争"②。在战争与经济问题上，毛泽东强调："战争不但是军事和政治的竞赛，还是经济的竞赛。③"强调经济力量是战争的物质基础。另外，毛泽东在人与武器的相互关系问题上也作出了"武器是战争的重要因素，但不是决定因素，决定因素是人而不是物"④的著名论断。

研究和指导战争的方法论。毛泽东军事思想关于战争问题的认识论和方法论，有着极其丰富的内容，主要包括：战争是一种物质的必然运动，是可以认识的；军事理论来源于战争实践，战争规律是客观实际在人们头脑中的反映；研究和指导战争必须从敌我双方各方面的实际情况出发，探索战争的客观规律，并且按照这种客观规律去指导战争；不同的战争有不同的规律，要着眼其特点和发展，不但要研究战争的一般规律，更重要的是研究战争的特殊规律；在计划与实施作战中，认识的对象必须包括敌我两个方面；要按照侦察、判断、决心、部署的逻辑顺序，不断深

① 《毛泽东选集》第 1 卷，北京：人民出版社 1991，171 页。

② 《毛泽东选集》第 2 卷，北京：人民出版社 1991，479 页。

③ 《毛泽东选集》第 2 卷，北京：人民出版社 1991，119 页。

④ 参见奚纪荣，施芝华主编：《军事思想》，上海：上海社会科学出版社 2004，16～23 页。

第二章　军事思想

化对战争的认识，解决主客观之间的矛盾，实施正确的战争指导等。这些内容归结到一点，即是从敌我双方的客观实际出发，按照战争的客观规律去指导战争①。正如毛泽东指出："战争的规律——这是任何指导战争的人不能不研究和不能不解决的问题。②"

（二）人民军队建设思想

以毛泽东为代表的中国共产党人把建设一支人民军队作为武装斗争的首要问题。人民军队思想，就是毛泽东关于建设人民军队的理论，亦称建军思想，是毛泽东军事思想科学体系的重要组成部分。其内容主要包括以下几个方面。

1．建设一支无产阶级性质的新型人民军队

建设一支无产阶级性质的新型人民军队，是中国共产党领导全国人民进行革命战争的首要问题。毛泽东指出："军队是国家政权的主要成分。谁想夺取国家政权，并想保持它，谁就应有强大的军队。③""没有一支人民的军队，便没有人民的一切。④"因此，无产阶级要想夺取政权，建立新的国家机器，必须首先建立和掌握军队，为此毛泽东提出了"枪杆子里面出政权"的著名论断。在这一思想的指导下，我们党先后发动了南昌起义、秋收起义和广州起义，创建了一支由中国共产党直接掌握的人民军队，并且经长期的革命战争和实践，建立了人民民主专政的国家政权，取得了新民主主义革命的彻底胜利。

这支军队必须是在中国共产党绝对领导之下，具有无产阶级性质的新型人民军队。它表明这支军队是执行无产阶级革命政治任务的武装集团。对于敌对阶级，它是压迫的工具，对于人民大众，它是人民利益的卫士，是属于人民和保护人民的，它们和一切属于少数人，压迫人民的旧式军队、旧式警察等等完全不同，是新型的人民军队⑤。

2．对人民军队的宗旨和任务作了明确的规定

毛泽东指出："紧紧地和中国人民站在一起，全心全意地为中国人民服务，就是这个军队的唯一宗旨。⑥"军队是阶级斗争的工具，它的宗旨必须受其阶级所制约。人民军队是中国共产党缔造和领导的革命军队，无产阶级的属性就决定了我军来源于人民群众，是为中国无产阶级和广大劳动群众服务的利益集团。"他们不是为着少数人的或狭隘集团的私利，而是为着广大人民群众的利益，为着全民族的利

---

① 参见牛力，郭同岭主编：《军事思想与军事战略》，武汉：通信指挥学院出版社 1998，70 页。

② 《毛泽东选集》第 1 卷，北京：人民出版社 1991，170 页。

③ 《毛泽东选集》第 2 卷，北京：人民出版社 1991，547 页。

④ 《毛泽东选集》第 3 卷，北京：人民出版社 1991，1074 页。

⑤ 参见宋尽贤主编：《军事学教程》，北京：高等教育出版社 1996，114 页。

⑥ 《毛泽东选集》第 3 卷，北京：人民出版社 1991，1039 页。

益，而结合，而战斗的。①"正是紧紧地和中国人民站在一起，全心全意为人民服务这一唯一宗旨，决定了我军"象儿子忠于母亲一样地忠于人民，所以人民爱戴和拥护它，帮助它克服困难，在极端艰苦的环境之下，不断地巩固和壮大起来"②。

人民军队的宗旨，指明了军队建设的根本方向，揭示了军队建设的实质，是指导军队建设的重要原则。这个宗旨体现在我军的根本职能上，就是执行打仗、做群众工作和生产三大任务。毛泽东指出："红军打仗，不是单纯的为了打仗而打仗，而是为了宣传群众、组织群众、武装群众，并帮助群众建设革命政权才去打仗的。③"毛泽东强调，这支军队也要当两支用，一方面打仗，一方面生产。勿庸置疑，三大任务是由我军的性质、宗旨和中国革命战争的特点所决定的，三位一体，缺一不可，而战斗队的任务，在三大任务中居主要地位。

3. 形成一整套人民军队的建军原则

在中国革命战争的实践中，逐步形成了一整套人民军队的建军原则。

坚持党对军队的绝对领导。确立中国共产党对人民军队的绝对领导，是人民军队建设的一条根本原则。始终不渝地坚持党对军队的绝对领导，是毛泽东建军思想的核心。早在"三湾改编"时，毛泽东就确立了党领导军队的原则。"古田会议决议"强调要从政治上、思想上和组织上加强党对军队的绝对领导。这一原则表明：军队必须是完成党的政治任务的工具，军队必须坚决贯彻执行党的路线、方针、政策，军队的一切行动必须听从党中央和中央军委的指挥。中国共产党是唯一的、独立地领导和指挥这支军队的政党，我军必须完全自主地、始终如一地置于党的领导之下。毛泽东强调指出："我们的原则是党指挥枪，而绝不容许枪指挥党。④"

建立强有力的革命的政治工作。政治工作是我军的生命线，是毛泽东建军思想的一个重要原则。1929年的"古田会议决议"，奠定了人民军队政治工作的基础，旗帜鲜明地确立了政治工作的地位。1937年10月，毛泽东对我军政治工作的基本原则做了系统的概括："八路军的政治工作的基本原则有三个，即：第一，官兵一致的原则；第二，军民一致的原则；第三，瓦解敌军和宽待俘虏的原则。⑤"官兵一致，军民一致和瓦解敌军这三大原则，是我军政治工作的基础。

实行三大民主，执行三大纪律八项注意。政治、军事、经济三大民主是我军民主制度的基本内容，是毛泽东对我军民主制度建设的高度概括。所谓政治民主即是官兵在政治上是平等的，下级有权对上级提出批评建议等；军事民主即在训练和作

① 《毛泽东选集》第3卷，北京：人民出版社1991，1039页。
② 《共产党人》杂志，第8期，1940年7月20日。
③ 《毛泽东选集》第1卷，北京：人民出版社1991，86页。
④ 《毛泽东选集》第2卷，北京：人民出版社1991，547页。
⑤ 《毛泽东选集》第2卷，北京：人民出版社1991，379页。

战时，实行官兵互教，发动士兵总结战斗经验，讨论执行作战计划的方法等；经济民主即实行经济公开，组织人员监督（连队）经济开支以及同不良行为作斗争。毛泽东制定的三大纪律八项注意是人民军队宗旨的体现，是我军一切纪律的基础，是全军行动的基本原则，是在革命战争实践中，根据斗争需要对军队纪律提出的针对性要求，其内容因时而异，是逐步形成和完善起来的。1947 年 10 月，中国人民解放军总部颁布训令，将三大纪律八项注意的内容作了统一规定。三大纪律八项注意是我军的光荣传统，既是我军的军事纪律，又是我军的政治纪律和群众纪律。

在加强革命化建设的同时，加强正规化和现代化建设。毛泽东指出："革新军制离不开现代化，把技术条件增强起来，①""为着准备战略反攻，非提高新式技术建设新式军队不可，须知没有现代新式技术装备的足够数量的军队，要实行反攻，收复失地是不可能的。②"在正规化建设方面，毛泽东指出，部队建设的正规化，就是要求实行统一的指挥，统一的制度，统一的编制，统一的纪律，统一的训练，就是要求实现诸兵种的密切协同动作。这些论述为我军的革命化、正规化、现代化建设指明了方向③。

（三）人民战争思想

人民战争是指广大人民群众为反抗阶级或民族的压迫而组织武装起来进行的战争。和其他战争形式一样，人民战争很早就登上了历史舞台，毛泽东就曾经把中国奴隶社会时期发生的武王伐纣战争，称为"当时的人民解放战争"④。著名的资产阶级军事家若米尼首次明确地使用了"人民战争"这一概念⑤。人民战争有两个最基本的特征，即战争的正义性和广泛的群众性。

毛泽东人民战争思想，是马列主义普遍原理与中国革命战争实践相结合，在共产党领导下，动员、组织、武装群众进行革命战争所确立的伟大学说，是党和毛泽东指导中国革命战争的基本理论，是毛泽东军事思想的核心⑥。其基本观点是：战争的正义性是实行人民战争的政治基础，因而能够在战争中组织广大人民群众参加和支援战争。"战争之伟力最深厚的根源存在于民众之中。⑦"因而只有依靠和动员广大人民群众才能赢得战争。战争胜负的决定因素是人而不是物。因为"武器是战争的重要因素，但不是决定因素，决定的因素是人不是物。力量对比不但是军

---

① 《毛泽东选集》第 2 卷，北京：人民出版社 1991，511 页。

② 《毛泽东军事文选》，北京：战士出版社 1981，168 页。

③ 参见牛力、郭同岭主编：《军事思想与军事战略》，武汉：通信指挥学院出版社 1998，91～106 页。

④ 《毛泽东选集》第 4 卷，北京：人民出版社 1991，1495 页。

⑤ ［瑞士］若米尼著，刘聪、袁坚译：《兵法概论》，北京：军事科学出版社 1994，51 页。

⑥ 牛力，郭同岭主编：《军事思想与军事战略》，武汉：通信指挥学院出版社 1998，109 页。

⑦ 《毛泽东选集》第 2 卷，北京：人民出版社 1991，511 页。

力和经济力的对比，而且是人力和人心的对比。军力和经济力是要人去掌握的"①。
毛泽东人民战争思想主要包括以下内容：

1. 必须坚持中国共产党的统一领导

毛泽东指出："在无产阶级已经走上政治舞台的时代……任何革命战争如果没有或违背无产阶级和共产党的领导，那个战争是一定要失败的。②"我们的经验是："依靠人民，再加上一个比较正确的领导，就可以用我们的劣势装备战胜优势装备的敌人。③"中国共产党对革命战争的统一领导是进行人民战争的政治、思想、组织保障。政治领导就是用中国共产党的路线、方针、政策统一全党、全军和全体人民的思想和行动，使之在政治上与党中央保持一致；思想领导就是用无产阶级的革命理论，教育人民，引导人民群众批判和克服各种错误思想，用人民战争的战略和策略武装人民的头脑，树立必胜的信念和艰苦奋斗、不怕牺牲的奋斗精神；组织领导就是建立党对军队和地方组织的各级党的工作机构，这些机构实行党委集体领导的制度④。以上是坚持中国共产党对革命战争的统一领导，以有效贯彻人民战争指导思想最根本性的措施和制度。

2. 组织最广泛的人民统一战线

组织最广泛的人民统一战线，动员群众、组织群众、武装群众，是实行人民战争的根本前提和坚实基础。因为革命战争是群众的战争，只有动员群众才能进行战争，只有依靠群众才能进行战争。广泛深入地动员群众，就要充分发挥正义战争的巨大号召力，实行全民总动员；就要实行正确的政策，联合一切可以联合的力量，结成广泛的革命统一战线，把广大人民群众动员起来，直接或间接地同敌人作战；就要充分发挥各种组织的作用，把一切人力、财力和物力都投入到战争和支援战争⑤。为了把人民群众组织到革命战争中去，毛泽东创造性地提出了"三结合"的武装力量体制。"三结合"武装力量体制在不同时期有不同的表现形式。土地革命时期，毛泽东实行主力红军、地方红军和赤卫队三结合体制；抗日战争期间，实行主力兵团、地方兵团和人民自卫军三结合体制；解放战争时期和建国后一段时期，采用野战军、地方军和民兵三结合体制；新的历史时期，实行人民解放军、人民武装警察部队和民兵三结合体制。在三结合武装力量体制中，人民军队始终是实行人民战争的骨干力量。毛泽东指出："在中国，主要的斗争形式是战争，而主要

① 《毛泽东选集》第 2 卷，北京：人民出版社 1991，469 页。
② 《毛泽东选集》第 1 卷，北京：人民出版社 1991，183 页。
③ 《毛泽东选集》第 5 卷，北京：人民出版社 1991，103 页。
④ 参见宋尽贤主编：《军事教程》，北京：高等教育出版社 1996，108 页。
⑤ 参见牛力，郭同岭主编：《军事思想与军事战略》，武汉：通信指挥学院出版社 1998，120 页。

的组织形式是军队。①"

3. 必须建立巩固的革命根据地

战争是敌我双方物质和精神力量的综合较量。实行人民战争必须有巩固的战略基地。中国共产党领导中国人民进行的革命战争是在复杂的历史条件下，在各种反动势力异常强大的特殊情况下进行的人民战争。革命要生存与发展，就要求必须实行工农武装割据，建立稳固的革命根据地。因为有了稳固的革命根据地，军队才能拥有休养生息的良好环境，人力、物力和财力才能得到充分的保障，训练、备战、组织动员等斗争形式才能顺利地开展下去；根据这种客观条件和现实需要，毛泽东提出了实行工农武装割据，在农村建立革命根据地，走农村包围城市的伟大思想。他深刻地指出："如果革命的队伍要准备积蓄和锻炼自己的力量，并避免在力量不够的时候和强大的敌人作决定胜负的战斗，那就必须把落后的农村造成先进的巩固的根据地，造成军事上、政治上、经济上、文化上的伟大革命阵地，借以反对利用城市进攻农村区域的凶恶敌人，借以在长期战斗中逐步地争取革命的全部胜利。②"建立农村根据地，走农村包围城市武装道路，是毛泽东对马克思主义军事思想的一个重大发展。

4. 以武装斗争为主，各条战线各种斗争形式相互配合

战争不仅是敌对双方军事力量的较量，而且是双方政治、经济、科技、文化、外交等方面的总较量。只有以武装斗争为主，各条战线、各种斗争形式相互配合，形成全面的人民战争，才能最大限度地发挥人民战争的威力。毛泽东指出："着重武装斗争，不是说可以放弃其它形式的斗争；相反，没有武装斗争以外的各种形式的斗争相配合，武装斗争就不能取得胜利。"③ 在具体的战争实践中，一方面以武装斗争为主，并同其他斗争形式紧密配合，成为我们党实行人民战争的一条基本经验。在土地革命战争、抗日战争和解放战争各个历史时期，我党通过武装斗争与政治斗争相配合，制订了正确的纲领、路线和政策，建立革命统一战线，对敌展开了强大的政治攻势，达到了瓦解敌军的目的；通过武装斗争和外交斗争的配合，把正义战争"得道多助"的可能性变为现实，获取了更多的援助；通过武装斗争与经济斗争相配合，打击了敌人和不法分子的经济封锁与破坏活动，削弱了敌人的经济力量，在经济上为武装斗争的胜利提供了保障；通过武装斗争与文化斗争相配合，揭露了敌人的反动本质和政治欺骗，教育和团结了广大人民，提高了部队的文化素质、士气和战斗力。另一方面，武装斗争和其他各条战线、各种斗争形式的相互配合，既是实行人民战争的要求，同时人民战争的正义性质，又为实现这种要求提供

---

① 《毛泽东选集》第 2 卷，北京：人民出版社 1991，543 页。

② 《毛泽东选集》第 2 卷，北京：人民出版社 1991，635 页。

③ 《毛泽东选集》第 2 卷，北京：人民出版社 1991，636 页。

了有利的前提条件，加上正确的领导，就能变为现实①。

（四）人民战争的战略战术思想

人民战争的战略战术思想，是人民军队在人民群众支持和配合下进行革命战争的指导艺术的作战方法，是以毛泽东为代表的中国共产党人，根据中国革命战争的特点和规律，在人民战争和人民军队的基础上，总结我军作战经验，逐步形成、发展和完善起来的。灵活机动是毛泽东人民战争的战略战术思想最主要的特色。

战略上藐视敌人，战术上重视敌人。毛泽东在指导中国革命战争的实践中，曾多次强调指出，革命者必须在战略上、全体上藐视敌人，敢于同他们斗争，敢于夺取胜利；同时又要在战术上、策略上，在每一个局部上，在每一个具体问题上，重视敌人，采取谨慎态度，讲究斗争艺术。他说："我们的战略是'以一当十'，我们的战术是'以十当一'，这是我们制胜敌人的根本法则之一。②"同时，战略上藐视敌人与战术上重视敌人又是辩证统一的。正如毛泽东所说："同世界上一切事物无不具有两重性一样，帝国主义和一切反动派也有两重性，他们是真老虎又是纸老虎……从本质上看，在长期上看，从战略上看，必须如实地把帝国主义和一切反动派都看成纸老虎。从这点上，建立我们的战略思想。另一方面，它们又是活的铁的真的老虎，它们会吃人的。从这点上，建立我们的策略思想和战术思想。③"只有在战略上藐视敌人，才能谈得上战术上重视敌人；只有战术上重视敌人，才能实现战略上藐视敌人，二者是辩证统一不可分割的。以毛泽东为代表的中国共产党人在长期的革命战争实践中，为我们提供了将二者完美结合在一起的光辉典范。

坚持积极防御，反对消极防御。毛泽东明确指出："积极防御，又叫攻势防御，又叫决战防御。消极防御，又叫专守防御，又叫单纯防御。消极防御实际上是假防御，只有积极防御才是真防御，才是为了反攻和进攻的防御。④"在长期的实践中，毛泽东根据中国革命战争的特点和规律，将积极防御的一般原理创造性地运用于中国革命的战争实践。毛泽东积极防御战略思想的基本精神是：自卫的、后发制人的，强调攻防辩证统一的，以及持久胜敌等三个方面。实行积极防御的军事战略方针是由中国战争固有的防御性质、积极防御本身特点以及中国革命战争的进程和结局所决定的。实践证明，积极防御是无产阶级战略思想的核心内容，是我军一贯坚持的战略指导思想，是制定我军战略方针和作战原则的理论依据。

集中优势兵力，各个歼灭敌人。集中优势兵力，各个歼灭敌人是我军的基本作战方法，也是我军作战的优良传统，二者不可分割是辩证统一的关系。集中优势兵

① 参见王厚卿主编：《中国军事思想论纲》，北京：国防大学出版社 2000，720～721 页。
② 《毛泽东选集》第 1 卷，北京：人民出版社 1991，225 页。
③ 《毛泽东选集》第 4 卷，北京：人民出版社 1991，1191～1192 页。
④ 《毛泽东选集》第 1 卷，北京：人民出版社 1991，198 页。

第二章 军事思想

力，各个歼灭敌人的基本作战方针是歼灭战。各个战争时期，毛泽东都要求把歼灭战作为战役战斗上必须遵循的基本方针。通过打歼灭战，我军不断争取战争和战场主动权，改变敌我力量对比，直至最后战胜敌人。在具体的战争指导上，我军强调集中优势兵力，即集中主力于主要作战方向，反对军事上的平均主义。各个歼灭敌人，就是在向敌进攻时，为形成和保持真正的优势，要拣弱的打，先弱后强，由小到大，这也是集中优势兵力，各个歼灭敌人的基本战法之一。

采取三种作战形式紧密配合，适时进行战略转变。运动战、阵地战、游击战是我军三种基本作战形式。前两种属于正规战，后一种属于非正规战。运动战，就是正规兵团在长的战线和大的战区层面上，从事于战役和战斗的外线速决进攻战的作战形式。阵地战，就是依托坚固阵地或野战阵地进行防御，或对据守坚固阵地或野战阵地防御之敌实施进攻的作战形式。游击战，是分散流动的作战形式，也是一种群众性的武装斗争形式。在土地革命战争、抗日战争和解放战争时期，我军根据敌我力量消长状况，战争形势和战略任务的变化以及地理环境对作战的影响等，适时进行以改变主要作战形式为基本内容的战略转变，这也成为中国革命战争的一条重要指导原则。总之，三种作战形式密切配合，紧密结合，适时转换，精彩纷呈，最终达到保存自己消灭敌人的战争目的的。

做好作战准备，不打无准备无把握之战。不打无准备无把握之战这一原则不仅适合于人民战争，也适用于任何其他战争，因而具有普遍意义。在中国革命战争中，我军长期处于敌强我弱、敌大我小的不利态势，要以弱胜强以劣胜优，遵循不打无准备无把握之战这一原则尤显重要。毛泽东指出"我们历来不打无准备无把握之战，也不打只有准备，但无把握之战"①。"每战都应力求有准备，力求在敌我条件对比下有胜利的把握"②。因此，不打无准备无把握之战，是实现战争目的的一个重要作战指导思想，是毛泽东军事思想的一个重要战略战术原则。

慎重初战，实行有利决战。初战是指战争或战役的第一仗，也称序战。初战对战争的进程以及战争的全局有重大的影响。因此慎重初战，无论对进攻或防御都具有普遍的指导意义。为此，毛泽东在总结红军反"围剿"作战经验时，提出了"初战"三原则，即"必须打胜"；"必须照顾全战役的计划"；"必须照顾下一战略阶段"。慎重初战是实行有利决战的重要前提。决战有战略决战和战役战斗决战之分，其中战略决战是战争最关键的决定性阶段。"不论在何方来说，决战阶段的斗争，是全战争或全战役中最激烈、最复杂、最变化多端的，也是最困难、最艰苦的，在指挥上来说，是最不容易的时节。③"为此，毛泽东要求"一切有把握的战

---

① 《毛泽东著作选读》下册，北京：人民出版社 1986，703 页。

② 《毛泽东选集》第 4 卷，北京：人民出版社 1991，1247 页。

③ 《毛泽东选集》第 2 卷，北京：人民出版社 1991，215～216 页。

役和战斗应坚决地进行决战，一切无把握的战役和战斗应避免决战，赌国家命运的战略决战应根本避免"①。不论是战斗的或大或小，还是战略决战，都要执行有利决战，避免不利决战的原则。

作战指导的主动性、灵活性和计划性。主动性即是军队行动的自由权。要争取和保持主动，必须具备两个基本条件，即力量的优势和主客观指导工作的正确性。在具体的战争实践中必须力争主动，避免被动。中国共产党领导的历次革命战争的胜利，在战略上都经历了由劣势变优势，由被动变主动的转换过程，都是作战指导上主动性的光辉范例；灵活性即是灵活地使用兵力，是具体地实现主动性于作战实践中，是战争指导的中心任务。灵活地使用兵力就必须从客观实际出发，抓住时机、地点、部队三个关键，灵活地使用和变换战术体系中的矛盾体；计划性是一切行动的事先策划和准备，包括对作战行动所制定的方针和行动部署等。它是实现指挥灵活性，争取主动，避免被动的一个重要环节。作战指导的主动性、灵活性和计划性是相互联系不可分割的②。

综上所述，以毛泽东为代表的中国共产党人，在长期的革命战争实践中，从"十六字诀"到"十大军事原则"的提出，创造性地制订了一整套实行人民战争的战略战术。充分展现了毛泽东及老一辈无产阶级革命家和军事家们高超的指挥艺术和卓越的军事才能。

（五）国防建设思想

从中国革命战争的胜利，到 1978 年党的十一届三中全会，是中国的社会主义革命和建设时期。在这一时期，以毛泽东为核心的党的第一代领导集体，为捍卫国家的独立、主权、领土完整和安全，保卫社会主义革命和建设的顺利进行，及时地提出了建设现代化国防，防御外敌入侵的战略任务。我党军事工作的中心也由过去单纯地发动革命，进行革命战争为主，转变成以发展经济为中心，促进包括国防建设在内的全面建设。为此党中央、毛泽东根据国际国内形势的发展变化提出了一系列国防建设的指导思想和原则。

根据国家安全利益的需要，确定了国防建设的战略地位，规定了国防建设的根本目标，强调我国国防力量建设既是为和平与对外政策服务，又是为了反对战争维护世界和平。在国防现代化建设的任务和基本内容方面提出：必须以现代化为中心，把我军建设成为一支强大的现代化、正规化的革命军队；发展国防科技和国防工业，建立一个独立的、完整的、现代化的国防工业体系；建设强大的国防后备力量，完善民兵和各种类型的预备役制度，实行义务兵役制；建立包括武装力量动员，国民经济动员，科学技术动员，政治动员和群众性防卫动员等内容的国防动员

---

① 《毛泽东选集》第 2 卷，北京：人民出版社 1991，506 页。
② 参见王厚卿主编：《中国军事思想论纲》，北京：国防大学出版社 2000，727～760 页。

体制；搞好战略后方建设，战场建设和战略物资储备；开展全民国防教育，增强全国人民的国防观念和备战意识；发展军事理论科学，实现国防理论的现代化。

在国防现代化建设的指导思想和方针、原则上，毛泽东国防建设思想要求：必须坚持以现代化为中心的指导思想；确定了以经济建设为中心，国防建设要服从经济建设的大局，并与经济建设协调发展的原则；国防建设要坚持独立自主，自力更生的方针，按照中国的实际情况，依靠中国人民自己的力量来建设国防，不排斥不反对向外国学习。国防工业上，贯彻走军民结合，平战结合的基本原则；在武器装备发展问题上，实行尖端武器与常规武器并举，坚持"两条腿走路的方针"。

在捍卫国家主权，领土完整和安全的国防斗争思想上明确了捍卫国家安全是国防斗争的基本任务，国防斗争的根本目的是维护国家利益；坚持积极防御的战略思想和战略方针，始终不移地坚持和发展积极防御的战略思想。依靠全国人民，坚持全民国防，实行人民战争；建立反对战争，维护世界和平的国际统一战线。从最坏的估计出发，做好反侵略战争的准备，指出帝国主义是现代战争的根源等①。

三、毛泽东军事思想的历史地位和指导意义

毛泽东军事思想对中国革命产生了深远的影响，不仅指导中国人民以劣势装备战胜了国内外强大敌人，而且在理论上也独树一帜，在军事思想发展史上占有极为重要的地位。

毛泽东军事思想是中国革命战争取得胜利的重要法宝。1840 年鸦片战争以后，中国沦为半殖民地半封建国家，不少仁人志士为拯救中华民族进行过无数次的反帝反封建斗争，但是由于没有正确的军事思想指导，屡遭失败。自 1927 年我党独立领导革命战争以来，在长达半个多世纪的时间里，我军进行了两次国内革命战争，一次民族解放战争，一次抗美援朝战争，这些战争我们都取得了胜利。我军之所以能从小到大，由弱到强，以劣势装备战胜国内外强大敌人，其根本原因在于有中国共产党的领导和先进的军事理论即毛泽东军事思想作指导②。总之，毛泽东军事思想正确地回答和解决了半殖民地半封建的中国进行革命战争的一系列理论和实践问题，不断与违背中国革命战争客观规律以及照搬外国战争经验等错误的军事路线作斗争。实践证明，只要以毛泽东军事思想为指导，革命战争就能胜利，反之就会遭受挫折甚至失败。

毛泽东军事思想是我国国防、军队现代化建设的指南。毛泽东军事思想的基本原理，不仅在战争年代是指导我们战胜国内外强大敌人的锐利武器，而且在新时期仍是国防与军队建设和夺取未来反侵略战争胜利的指南。当前，我国国防与军队建

①　参见王厚卿主编：《中国军事思想论纲》，北京：国防大学出版社 2000，726～800 页。

②　参见郝翔主编：《国防教育概论》，北京：高等教育出版社 2005，133 页。

设虽然随国际国内形势发生了明显的变化,战争的特点、战争的样式以及战争的手段等也与过去不同,但是,我们仍然离不开毛泽东军事思想的指导。例如,在如何处理革命化与现代化建设关系问题上;在国防现代化目标的确定问题上;在武器装备发展重点以及如何解决人与武器的关系等问题上;我们仍然需要正确的军事思想作指导。这一正确的指导思想只能是符合我国国情的无产阶级先进军事理论——毛泽东军事思想。当然,在具体的实践过程中,一定要坚持发展的原则,在继承中发展毛泽东军事思想,反对"过时论"和照搬照抄的"僵化论"。

毛泽东军事思想是对马列主义军事理论的重大发展。马克思、恩格斯、列宁、斯大林的军事理论从始至终都贯穿着辩证唯物主义和历史唯物主义。毛泽东把马克思主义的认识论创造性地引入军事领域,系统地阐明了认识战争运动的辩证过程,精辟地论述了军事领域中一系列军事辩证法则,形成了独具特色的毛泽东军事辩证法思想;创造了农村包围城市武装夺取政权的理论,丰富了马克思关于暴力革命的学说;制定了一整套人民军队的建军原则,创造性地解决了怎样把以农民为主要成份的军队建设成为无产阶级军队的问题,对马克思无产阶级军队建设思想作出了重大发展;创立了以人民军队为骨干,实行"三结合"武装力量体制以及以武装斗争为主,各条战线、各种斗争形式相互配合的人民战争思想,极大地丰富和发展了马列主义的人民战争学说;系统地制定了灵活机动的战略战术,解决了以劣势装备战胜强大敌人的重大课题,形成了独具特色的当代中国化的马克思主义军事理论。此外,毛泽东军事思想已走出国界,成为世界军事理论的研究对象,成为世界人民的共同财富,在全世界产生着广泛而深刻的影响①。

总之,毛泽东军事思想是绝对真理和相对真理的辩证统一,是一个开放的、发展的科学体系,具有普遍的指导意义。因此,新世纪新阶段我们仍然要坚持和发展毛泽东军事思想。

第三节　邓小平新时期军队建设思想

邓小平新时期军队建设思想是马列主义军事理论与中国军事实践相结合的产物,是毛泽东军事思想的继承和发展,是以邓小平为代表的中国共产党人对中国人民军队的建设及其相关的其他军事问题所作的科学总结和理论概括,是新时期我军建设和改革的根本依据和指导思想。其内容十分丰富,是一个有着严密逻辑结构的理论体系,它系统地回答了新的历史条件下军队建设的一系列重大问题,反映了新时期军队建设和军事斗争的基本规律。

① 参见牛力、郭同岭主编:《军事思想与军事战略》,武汉:通信指挥学院出版社 1998,32～33页。

一、邓小平新时期军队建设思想的主要内容

（一）战争与和平思想

20世纪70年代末至80年代初，邓小平通过对国际形势的深入分析，正确地把握了时代发展的脉博，辩证而科学地洞察了和平与战争的关系问题，形成了具有特色的邓小平战争与和平理论，作出了和平与发展是时代主题的准确判断。在具体的实践中，他领导我军建设进行指导思想的战略性转变，为我们党制订正确的路线、方针、政策提供了理论依据。

1. 和平与发展是当今时代的两大主题

从20世纪50年代前后的资本主义和社会主义两大阵营的对垒到六七十年代的美苏争霸，从80年代末、90年代初的东欧剧变，苏联解体到新旧秩序的交替，世界战略格局在分化组合的同时，时代主题也在发生变化。邓小平透过纷繁冗杂的国际关系，从战略上首先得出了和平与发展是当今世界两大主题的科学结论。20世纪80年代中叶，邓小平指出："国际上有两大问题非常突出，一个是和平问题，一个是南北问题。还有其他许多问题，但都不像这两个问题关系全局，带有全球性、战略性的意义。①"后来他对这一问题作了进一步阐述，"现在世界上真正大的问题，带全球性的战略问题，一个是和平问题，一个是经济问题或者说发展问题。和平是东西问题，发展问题是南北问题"②。邓小平的这一思想客观地反映了当时的政治、经济形势，提示了历史发展过程中，战争与和平的辩证关系问题正在发生改变。

鉴于此，邓小平强调，首先，我们必须正确看待和平的力量，并积极推进其向前发展。邓小平认为，世界和平力量的增长超过了战争力量的增长。这个和平的力量，首先是第三世界，我们中国也是第三世界的一分子，第三世界是不希望战争的，美国人民、苏联人民也是不支持战争的，世界很大，复杂得很，但一分析，真正支持战争的没有多少，人民是要求和平反对战争的③。其次，正确处理发展这个当今世界面临的战略性问题。邓小平指出："中国能不能顶住霸权主义、强权政治的压力，坚持我们的社会主义制度，关键就看能不能争得较快的增长速度，实现我们的发展战略。④""发展才是硬道理。⑤"对于我们国家而言，发展更是关系到社会主义制度的前途和命运。必须深刻认识到军备竞赛、穷兵黩武所带来的恶果，因

---

① 《邓小平文选》第3卷，北京：人民出版社1993，96页。
② 《邓小平文选》第3卷，北京：人民出版社1993，105页。
③ 《邓小平文选》第3卷，北京：人民出版社1993，127页。
④ 《邓小平文选》第3卷，北京：人民出版社1993，356页。
⑤ 《邓小平文选》第3卷，北京：人民出版社1993，377页。

为它不仅不能带来和平，更谈不上促进发展。

2. 世界大战是可避免的，对新时期战争根源与形式要有新认识

邓小平强调指出："可以争取相当一段时间的和平。如果世界和平的力量发展起来，第三世界国家发展起来，可以避免世界大战。①"正是由于邓小平对当今战争发生发展的科学预见，我们国家的战略决策才据此进行了重大调整。可以说，我们党对于世界性战争能否推迟或者避免的预测，经历了一个从毛泽东时代立足"早打、大打、打核战争"的临战状态到相对和平时期的建设轨道上来的曲折过程。

虽然，世界大战可以推迟或者避免，但"战争的危险还是存在的"②，新时期局部战争和武装冲突将成为当代战争的主要形式。要维护世界和平，就要从各个角度反对霸权主义，所以不能简单地认为战争可以避免，战争的危险就不存在，就会天下太平，要赢得和平，必须做好反对战争的诸方面工作，否则战争仍有可能降临。正如邓小平指出的，"小的战争不可避免……世界上希望我们好起来的人很多，想整我们的人也有的是"③。

（二）军事战略思想

新时期，邓小平根据对和平与战争问题新的认识，立足我国的国情与军情，正确地把握国际形势的重大变化，适时实行国防与军队建设指导思想的战略性转变；根据国家发展战略的要求，明确提出我国仍然实行积极防御的军事战略方针；要求积极研究现代条件下人民战争的特点和规律。新时期邓小平军事战略思想，对我国军队和国防建设具有十分重要的指导意义。

1. 实行国防和军队建设指导思想的战略性转变

基于对和平发展是当今世界两大主题的科学判断，1985年中央军委作出了军队建设指导思想实行战略性转变的重大决策。由此，我军从20世纪60年代形成的立足"早打、大打、打核战争"的指导思想，步入了一个新的发展时期。实行战略性转变是时代的要求。党的十一届三中全会以来，我们党确立了以经济建设为中心的基本路线。邓小平指出："现在需要的是全国党政军民一心一意地服从国家建设这个大局，照顾这个大局。这个问题，我们军队有自己的责任，不能妨碍这个大局，要紧密配合这个大局，而且要在这个大局下面行动。④"这里的国家建设主要指经济建设。既然党的基本路线确立了以经济建设为中心，那么，国防和军队建设必须服从服务于党的这一基本路线。同时，转变战略思想也是国防和军队建设自身

① 《邓小平文选》第3卷，北京：人民出版社1993，249页。
② 《邓小平文选》第3卷，北京：人民出版社1993，126页。
③ 《邓小平文选》第3卷，北京：人民出版社1993，319页。
④ 《邓小平文选》第3卷，北京：人民出版社1993，99~100页。

发展的要求，在过去战略思想指导下，我军在体制、编制、结构、武器装备、人员素质等方面都存在与现代化、正规化建设相抵触的矛盾。为了解决这些难题，适应新时期军队建设的要求，提高军队的质量、增强战斗力，必须首先从战略指导思想上作出重大调整。

实现国防和军队建设指导思想战略性转变的基本内容十分丰富。主要包括：实行国防与军队建设立足点的转变，从过去立足大战的临战状态转移到相对和平时期的建设轨道上来；实行国防建设与国家建设关系的转变，国防和军队建设必须服从和服务于国家经济建设大局；实行军队建设目标的转变，军队和国防建设必须以现代化为中心；实行数量与质量关系问题的转变，走有中国特色的精兵之路，注重质量建设，全面提高军队的战斗力；实行国防建设其他领域里的转变，更加注重常备军和后备力量、物质力量和精神力量、国防动员和国防教育等构成的国防总体力量的建设。

2. 实行积极防御的军事战略方针

作为指导我国未来反侵略战争的基本依据，新时期的军事战略方针，必须根据国际形势的变化和国家发展战略的要求来确定，它不但是党和国家总的军事政策，也是军队建设和军事斗争的基本依据。邓小平明确提出，我国仍然实行积极防御军事战略方针。他指出："我们未来反侵略战争，究竟采取什么方针！我赞成的就是'积极防御'四个字。①"

实行积极防御战略方针是我国社会制度所决定的。我国是社会主义国家，这一性质决定了我们要坚决反对霸权主义，维护世界和平的方向。目前我国对内正致力于建设有中国特色的社会主义，加强现代化建设，努力提高人民的生活水平；对外奉行独立自主的和平外交政策，这是我国的一项基本国策。同时，我国一贯坚持不结盟，不参加任何性质的军事集团，不搞扩张，反对任何形式的霸权主义、强权政治，坚持依靠自己的力量来遏制和抵御战争。这些基本方针政策决定我们必须贯彻积极防御的战略方针。另外，中国是一个发展中国家，依据我们的实际发展状况和根本利益，也必须实行积极防御的战略方针。邓小平指出："中国是一个和平力量，制约战争的力量，我们的主要目标就是要让自己尽快发展起来。因此，需要一个和平的国际环境，集中力量发展自己。②"同时，他又强调指出"就是将来现代化了，我们也仍然要坚持积极防御的战略方针。③"但有一点要明确，"积极防御本身不只是一个防御，防御中有进攻"④。

---

① 《邓小平关于新时期军队建设论述选编》，北京：八一出版社 1993，44 页。

② 《邓小平文选》第 3 卷，北京：人民出版社 1993，128～129 页。

③ 《邓小平关于新时期军队建设论述选编》，北京：八一出版社 1993，43 页。

④ 《邓小平关于新时期军队建设论述选编》，北京：八一出版社 1993，44 页。

实行积极防御战略方针对新时期军事斗争具有重要的指导意义。为了使我国国防与军队建设适应未来战争的需要，必须坚持正确的军事战略指导方针。实行积极防御的战略方针，有利于我军革命化、现代化、正规化的建设，有利于落实和统筹规划新时期军事斗争准备，有利于为社会稳定和经济发展提供强有力的安全保障，有利于保持和发展我国与世界各国的睦邻友好关系，确保我国现代化建设具有一个稳定的国际环境。总之，坚持积极防御的战略方针，是符合新时期斗争的特点和规律的。在未来的军事斗争中，有利于我们始终在战略决策中掌握主动。

3. 必须努力研究现代条件下的人民战争

人民战争永远是我们克敌制胜的法宝。历史经验告诉我们，"只要坚持人民战争，敌人就是现在来，我们以现有的武器装备和技术也可以打，最后也可以打胜"①。敌人要是打进来，我们就会让敌人处于人民战争的汪洋大海之中。我们所拥有的优势，绝不是现代化装备所能够代替的。但同时，邓小平也指出，"搞人民战争并不是不要军队现代化，我们也要讲究技术，不讲究技术是要吃亏的，装备的改进会使人民战争更有力量"②。因此，我们必须正确处理人民战争与军队现代化建设的辩证关系问题。

必须深入研究现代条件下人民战争的制胜之道。现代战争其实质就是综合国力的较量。随着科学技术的进步，一大批高精尖武器装备在战争中的广泛应用，必将给人民战争的实施带来新的挑战，同时也会给人民战争在新时期的发展提供新的机遇。邓小平指出，"我们要有充分的信心，要寻求现代条件下人民战争克敌制胜之道"③。必须研究新的战法，通过对武器装备的不断改进，人员素质的不断提高，深入探索，比较研究，找出人民战争与现代高技术战争联结的基点。首先，继续发扬人民战争具有整体效能的特点。在现代条件下，对人民力量的各个要素、各个部分进行科学地、有效地调动组合，充分发挥各部门最大限度的效能。其次，在深入分析现代战争的特点和规律的基础上，寻求人民战争的新战法。新战法的研究必须依靠广大人民群众的智慧，依靠全军指战员、军事研究人员不懈地探索，必须坚持群众路线。再次，必须在实践中发展人民战争理论。邓小平指出，继承毛泽东军事思想，研究现代条件下的人民战争，特别要加强研究高技术条件下的人民战争。随着时代的发展，人民战争的研究与实施也必须向前发展④。

（三）军队建设与改革思想

党的十一届三中全会以来，邓小平坚持解放思想，实事求是，一切从实际出发

① 《邓小平文选》第2卷，北京：人民出版社1994，77页。
② 《邓小平论国防和军队建设》，北京：军事科学出版社1992，60页。
③ 《邓小平文选》第2卷，北京：人民出版社1994，77~78页。
④ 参见牛力，郭同岭主编：《军事思想与军事战略》，武汉：通信指挥学院出版社1998，183页。

第二章 军事思想

的科学态度，通过对我国国情、军情以及国际形势的正确分析，系统地论述了新时期我军建设的指导思想、奋斗目标和具体措施，成为新时期我军建设的纲领和行动指南。

1. 必须"把我军建设成为一支强大的现代化、正规化的革命军队①"

建设强大的现代化、正规化革命军队是新时期军队建设的总目标和总任务。这一科学的战略构想，既发扬了我军的优良传统，汲取了历史经验，又具有新的时代特征。同时，革命化、现代化、正规化的建设又是一个有机的整体。它们互相联系、互相促进，构成了新时期军队建设的鲜明特色。

必须大力加强我军的革命化建设。革命化建设是我军建设的根本，是现代化、正规化建设的政治保证和精神动力。新时期，邓小平深刻分析和论述了我军革命化建设的重要性。首先，革命化充分体现了人民军队的性质和宗旨，是我军的政治优势。邓小平认为，任何时候、任何条件下，军队的无产阶级性质都是通过革命化来保证的。其次，革命化建设是我军未来反侵略战争中制胜的强有力武器。因为，人民军队素质的提高，必须有优良的战斗作风和严格的组织纪律，只有加强作风和纪律建设，才能充分提高军队的战斗力，才能提高干部战士在现代条件下的作战能力。最后，军队革命化建设关系到国家稳定的大局，是我国长治久安，经济发展的重要保证。邓小平曾经指出："我们国家之所以稳定，军队没有脱离党的领导，这很重要。②"

新时期军队建设要以现代化为中心。新时期我军建设的主要矛盾是现代化战争的客观需要同我们现代化水平还比较低的矛盾。因此，我军的指导思想必须确立以现代化建设为中心，这是新时期我军建设和现代战争的客观需要。第一，我军建设的主要矛盾决定我军建设必须以现代化为中心。目前，我军现代化水平虽然取得了较大进步，但与先进国家相比还有相当大的差距，还不能完全适应客观需要。第二，应付严峻的国际战略形势变化的要求。应该指出，国际霸权主义、强权政治对于我国仍具相当的威胁，我们必须要做好充分的军事斗争准备。第三，是国家现代化总体建设的要求。第四，是积极防御军事战略方针的要求。第五，是现代条件下的人民战争的要求。我们面对的敌人将是用高技术武装起来的敌人，因此，要战胜他们不但要发扬人民战争的传统优势，而且还必须掌握一定的现代化武器装备以及高技术条件下的作战理论。

新时期必须提高军队正规化建设的水平。新的历史时期，要加强军队的组织管理，保持人民解放军的高度集中和稳定，提高军队战斗力，必须加强军队正规化建

① 《邓小平文选》第 2 卷，北京：人民出版社 1994，395 页。

② 张天荣主编：《邓小平军队革命化建设思想研究》，北京：国防大学出版社 1997，97页。

设，使正规化建设水平上一个新台阶。邓小平同志对我军正规化建设十分重视，强调了一系列有关正规化建设的措施和指导方针。在进入新时期之际，邓小平果断提出，"军队要整顿"，"军队要像军队的样子"①。他指出正规化问题必须同军事领域内的变革形势相适应，要注意研究新情况、新问题。正规化建设水平必须随现代战争的发展而发展，随武器装备现代水平的提高而提高。因此，现代条件下，我军能否建立起符合现代战争特点和规律、与军队现代化水平相适应的作战运行机制，能否提高战斗力，形成具有强大的整体作战效能等，正规化建设至关重要。

2. 以改革为动力，走有中国特色的精兵之路

邓小平在我军建设的实践过程中，为了把我军建设成为一支强大的现代化、正规化、革命化军队，提出了实现这一建设目标和任务的一系列根本性措施。这些措施主要包括：

必须以战斗力为标准，走有中国特色的精兵之路；必须把提高战斗力作为新时期军队建设和改革的出发点和落脚点，作为检验军队各项工作的根本标准。邓小平明确指出，"军队就是要提高战斗力"②，要从面临更强大的对手来衡量我军战斗力的可靠性，消肿、精简军队，就是要把军队搞精干，利于提高战斗力。部队的各项工作最终出发点就是要解决战斗力的问题。那么什么是真正的战斗力呢？邓小平指出，只看表面不行，要看实战能力。真正的战斗力，就是要有赢得现代战争特别是高技术战争的能力。

要把教育训练提高到战略地位。邓小平指出，部队在不打仗的情况下，"要搞好教育训练，把教育训练提高到战略地位"③。通过教育训练，提高干部指挥现代化战争的能力，使干部战士掌握现代化战争的知识，要搞好教育训练。一是靠部队自己勤学苦练，注意合成训练；二是要靠学校，把干部战士送入学校去学习、培训，使他们经过学习后既能打仗，又能搞社会主义建设④。

要正确处理好数量与质量的关系问题。精简军队人员的数量就是为了提高军队的质量建设，要搞好质量建设，必须在数量上下功夫。邓小平指出，"要搞少而精真正顶用的，真正是现代化的东西"⑤。同时，我们也要正确处理好数量与质量的辩证关系，要有必要的数量，因为中国是一个大国，没有必要的武装力量是不行的，没有一定规模的军队就不能保证我们国家的安全，保证我们现代化建设事业有一个稳定的战略环境。

---

① 《邓小平文选》第2卷，北京：人民出版社1994，2页。
② 《邓小平选集》第2卷，北京：人民出版社1994，410页。
③ 《邓小平选集》第2卷，北京：人民出版社1994，60页。
④ 《邓小平选集》第2卷，北京：人民出版社1994，21、289页。
⑤ 卿竹松、唐晶荣主编：《军事思想教程》，北京：国防大学出版社2000，305页。

第二章　军事思想

建立科学的体制、编制。邓小平指出，"搞好军队的编制整顿、体制整顿，可以适当解决军队的其他问题"。"编制要严格搞，要切实遵守编制。可以说编制就是法律"①。目前，我军建设还存在着许多深层次矛盾和问题仍未得到根本解决，主要是军队的规模、数量、体制编制、政策制度等方面的问题。军队改革必须同军队的稳定和发展相统一协调，军队改革不能急于求成，要积极而又稳妥地进行，成熟一件办一件②。

（四）国防建设思想

邓小平在新的历史时期，继承了毛泽东国防建设思想，并且结合国内外形势的客观需要，提出了一系列符合国家总体防务的新思想，是新时期我国国防现代化建设的理论指导。

1. 新时期继续坚持全民办国防的方针

邓小平指出，国防建设要继续沿着毛泽东开创的道路前进，仍然要坚持全民办国防的指导方针。因为，我们的国防是人民的国防，坚持全民办国防的方针，是军队和国防现代化建设的需要，是维护国家长久治安以及社会、经济全面发展的根本保证。

全民办国防是我们必须遵循的原则和方针。新中国成立以后，毛泽东明确提出，中国必须建立强大的国防军，要建立强大国防军必须依靠全体人民解放军的指挥员、战斗员和全国工人、农民及其他人民一道，协同努力，才能达到目的。党的十一届三中全会以后，邓小平同志继续坚持这一思想，在这一思想的指导下，我国新时期国防建设取得了重大发展。同时，全民办国防的方针充分体现了我国军队和国防建设的人民性和群众性的本质，是社会主义社会的优势。只有坚持和贯彻这一方针，才能确保发挥依靠广大人民群众战胜国内外敌人的优势，才能从根本上确保我国社会主义现代化建设事业积极而健康地向前发展，确保有中国特色社会主义国防现代化建设的顺利进行。此外，依靠全民办国防的方针是实施现代条件下人民战争的要求。现代条件下人民战争的实施，离不开广大人民群众的参加。平时依靠广大人民群众参与国防建设，提高全民国防观念，战时才能更大限度地发挥出人民战争的巨大能量。同时，要深刻体现积极防御的军事战略总方针的内涵，更离不开人民群众参与。

2. 加强国防教育，增强全民国防观念

加强新时期全民国防教育，树立强烈的国防意识，关系到国防现代化建设的大局，是我国未来反侵略战争的重要举措。

---

① 《邓小平选集》第 2 卷，北京：人民出版社 1994，21、289 页。

② 参见姜普敏、藏士明主编：《当代中国马克思主义军事理论》，北京：国防大学出版社 1997，181～183 页。

新时期国防教育必须要深入持久地开展下去。一个国家、一个民族的国防观念，是维系国家安全的精神长城，是国防建设的社会思想基础，必须要长久地维持。而增强国防观念的基本途径就是加强国防教育。同时，持久而深入地开展国防教育也是提高全民素质的有效措施。另一方面，国防教育的实质就是以爱国主义为核心内容的教育。新时期的国防教育可以增强中华民族的凝聚力，增强使命感和责任感。邓小平曾明确指出，在新的历史条件下，爱国和爱社会主义都是为一个总的目标，即把中国发展起来，把民族振兴起来。

3. 建立有效的国防动员体制和强大的国防后备力量

建设有中国特色的社会主义现代化国防，必须要有一支强大的国防后备力量，建立完善的国防动员体制。为了适应现代化战争的需要，我国的战争动员必须做到迅速地最大限度地把已经具备的战争潜力转化为战争的军事力量，后备力量是我们实施现代条件下人民战争的重要保证。

必须建立有效的国防动员体制。国防动员是关系国家安危和战争胜负的战略问题。邓小平指出，解决国防动员体制问题，关键是坚持平战结合、军民兼容的原则。贯彻这个原则，必须把战争动员纳入国民经济和社会发展的总体规划，纳入整个国防建设包括军队建设和后备力量建设之中。邓小平对于民兵和预备役建设十分重视。他指出，坚持现代条件的人民战争，民兵仍然是一支重要的战略力量。20世纪80年代初期，邓小平进一步指出，组建预备役部队是个好办法，可以寓兵于民，平时少养兵，养精兵、战时多出兵。党的十一届三中全会以来，党中央和中央军委根据新时期军队和国防建设的需要，不断加强和改进预备役建设，组建了预备役部队。这支部队有统一的编制，是以现役军人为骨干，以预备役人员为基础而组建的。它的建立，标志着我国国防后备力量开始进入一个新的发展阶段。

4. 加强国防立法，增强法制意识

在邓小平的倡导下，我国的国防立法工作取得了显著的成绩和重大进展，先后颁布了《中华人民共和国国防法》、《中华人民共和国预备役军官法》、《中华人民共和国现役军官法》、《中华人民共和国国防教育法》等一系列法律法规。国防和军队建设必须做到有法必依、执法必严、违法必究。

邓小平指出，党有党纪，国有国法，军有军规，对一切无纪律、无政府、违反法制的现象，都必须坚决反对和纠正，丝毫不能宽容。国防和军队的建设事关国家稳定的大局，必须严格依法办事，服务、服从于国家的相关法律法规政策。只有这样，才能保证我国国防现代化的顺利进行，保证我国在捍卫国家领土、主权的未来战争中立于不败之地。另一方面，必须加强国防法制教育，增强国防法律意识。邓小平指出，在党政机关、军队、企业、学校和全体人民中，都必须加强纪律教育和法制教育。广泛而深入地开展国防法制教育是全民普法教育的一个重要内容，是我国军事法规建设中一个带基础性的内容，是增强全民国防观念的重要方面，是培养新时期国防现代化建设需要的复合型人才的客观需要。①

二、邓小平新时期军队建设思想的历史地位和现实意义

邓小平新时期军队建设思想，集中反映了改革开放和社会主义现代化建设时期军队建设的基本规律，是我国国防和军队建设的根本依据和指导思想。新世纪新阶段我们必须用邓小平新时期军队建设思想指导军队和国防建设，全面系统地把握其科学体系，并在实践中丰富和发展邓小平新时期军队建设思想。

邓小平新时期军队建设思想是毛泽东军事思想的继承和发展，是当代中国的马克思主义军事科学。马克思主义军事科学，是人类发展史上反映无产阶级利益和要求的崭新的军事科学形态。毛泽东和他的战友们在创建人民军队和长期的战争实践中形成了毛泽东军事思想。邓小平新时期军队建设思想是毛泽东军事思想的继承和发展，"邓小平同志是捍卫、坚持和发展马列主义、毛泽东思想的杰出代表"②。从继承的意义上说，邓小平新时期军队建设思想中的每条基本原则都体现着毛泽东军事思想的光辉。特别是实事求是是军队建设精髓的原则，党对军队的绝对领导的原则，加强组织纪律性和发扬优良传统的原则，军队建设要服从国家经济建设大局的原则，以及国防现代化的原则等，更是和毛泽东军事思想一脉相承。邓小平指出："不仅今天，而且今后，我们都要高举毛泽东思想的旗帜。③"从发展的意义上说，毛泽东军事思想主要是在以战争和革命为主题的条件下形成的军事运动规律的科学。邓小平新时期军队建设思想，则是在和平与发展成为时代主题条件下形成的。因此，它必须要解决这个时代这个环境在军事上提出的新问题，带有强烈的自身特色，如军队建设的指导思想实行战略性转变的思想，走精兵之路的思想，新时期的战略方针和现代条件下人民战争思想等。从这一意义上说，邓小平新时期军队建设思想是毛泽东军事思想的一个崭新的发展阶段。

邓小平新时期军队建设思想是建设有中国特色社会主义理论的重要组成部分。我们军队的建设和改革是整个国家建设和改革的重要组成部分，邓小平新时期军队建设思想，就是建设有中国特色社会主义理论和中国军队建设实际相结合的产物，就是建设有中国特色社会主义理论在军队建设领域的体现和落实。首先，解放思想，实事求是是建设有中国特色社会主义的理论精髓，同样也是邓小平新时期军队建设思想的理论基础。其次，"一个中心、两个基本点"的基本路线，是建设有中国特色社会主义理论的核心内容，而正是这一点，构成了邓小平新时期军队建设思

① 参见牛力、郭同岭主编：《军事思想与军事战略》，武汉：通信指挥学院出版社 1998，324~331 页。郝翔主编：《国防教育概论》，北京：高等教育出版社 2002，145~148 页。

② 《江泽民论有中国特色社会主义》，北京：中央文献出版社 2002，1 页。

③ 《邓小平文选》第 2 卷，北京：人民出版社 1994，291 页。

想的灵魂。再次，以经济建设为中心，解放和发展社会生产力是建设有中国特色社会主义理论所规定的根本任务，而正是这一点规定了军队在积极搞好自身建设的同时，要服从经济建设这个大局，在这个大局下行动，同时也为建设现代化、正规化革命军队提供了物质保证。更为重要的是，邓小平新时期军队建设思想的实践是建设有中国特色社会主义理论及其实现的安全保证。正如江泽民强调的那样，"必须按照邓小平同志关于新时期军队建设的思想，走有中国特色的精兵之路，把人民解放军建设成为强大的现代化正规化革命军队，不断增强我国国防实力，为改革开放和经济建设提供强有力的安全保证"①。

邓小平新时期军队建设思想是我军建设的科学指南。在邓小平新时期军队建设思想的指导下，我军的建设取得了长足的进步和举世瞩目的成就。邓小平新时期军队建设思想是我军极其宝贵的精神财富，是我们党和军队浴血奋战和艰苦奋斗的科学总结，是建设现代化、正规化革命军队的根本指导思想，是我军在新的历史时期进行建设和发展的一面鲜明的旗帜②。邓小平新时期军队建设思想之所以成为我军建设的指导思想，主要体现在以下几个方面：一是揭示了和平时期国防和军队建设的基本规律；科学地阐明了相对和平时期军队建设与经济建设的相互关系及其基本规律；军队建设各要素和各方面相互作用与影响的基本规律；和平时期军队战斗力生成的基本规律等。二是符合我国国情和我军建设实际，具有鲜明中国特色和强大的生命力。邓小平紧紧抓住我军建设的主要矛盾，创造性地回答和解决了新时期我军建设的一系列重大理论和实际问题，为我军建设指明了方向。三是符合当代和未来战争的客观要求，是指导我国进行未来战争的强大的思想武器③。

总之，在社会主义市场经济的确立和改革开放深入发展的时代条件下，在国防和军队建设面临许多新特点、新情况的背景下，在战争形态、规模、样式等发生重大变化的新世纪新阶段，我们必须继续高举邓小平新时期军队建设思想伟大旗帜，在江泽民国防和军队建设思想以及胡锦涛关于国防和军队建设重要论述等先进理论的指引下，把我国国防和军队建设推向新的更高的发展阶段，努力把我军建设成为一支强大的、现代化革命军队。

第四节　江泽民国防和军队建设思想

江泽民国防和军队建设思想，是"三个代表"重要思想的重要组成部分，是

① 《中国共产党第十四次全国代表大会文件汇编》，北京：人民出版社1992，39页。

② 参见姜普敏、藏士明主编：《当代中国的马克思主义理论》，北京：国防大学出版社1997，13～21页。

③ 参见宋尽贤主编：《军事学教程》，北京：高等教育出版社1996，137页。

以江泽民为核心的第三代领导集体，在新的历史条件下结合国际战略形势和时代特征，把马克思主义军事理论和我国国防与军队建设的实际和实践相结合，继承和发展毛泽东军事思想，高举邓小平新时期军队建设思想的伟大旗帜，对军队和国防建设所作的理论指导。

一、江泽民国防和军队建设思想的主要内容

（一）坚持党对军队绝对领导的根本原则，加强思想政治建设

江泽民国防和军队建设思想，内容丰富，涵盖广泛，紧紧围绕把我军建设成为一支强大的现代化、正规化的革命军队的总目标、总方针，明确提出了军队和国防建设要在"政治合格、军事过硬、作风优良、纪律严明、保障有力"的总要求下进行。

1. 坚持党对军队的绝对领导是我们建军的根本原则

江泽民自 1989 年主持军委工作以来，对坚持党对军队的绝对领导问题十分重视。他指出，必须始终不渝地坚持党对军队的绝对领导。"我军建设所以能够获得巨大进步，关键在于我们始终高度重视建设一支忠于党、忠于人民的干部队伍。①"人民军队的性质就是始终忠于党、忠于国家、忠于社会主义、忠于人民。历史证明，人民军队之所以能够发挥为人民服务的重大作用，是与党的绝对领导地位分不开的。目前，国际战略格局出现了一些新的变化，然而霸权主义、强权政治以及冷战的后遗症依然存在。另外，我国国内社会稳定，经济保持健康和快速发展，政治清明，而我国军队建设势必与之相适应。江泽民同志强调要坚持党对军队的绝对领导，就是要永葆人民军队的性质，保持和发扬人民军队的光荣传统。

新时期只有坚持党对军队的绝对领导，才能保持和发扬人民军队的优良传统，建设全新的人民军队。我军的优良传统是新时期军队建设必须保持和发扬的。中国人民解放军从八一南昌起义到新时期革命化、正规化建设的过程中，始终坚持一切为了人民，一切依靠人民，全心全意为人民服务的宗旨；坚持以马克思主义军事理论、毛泽东军事思想、邓小平新时期军队建设思想为指导，积极研究现代条件下反侵略的战争，注重质量建设；坚定不移地实行政治民主、经济民主、军事民主制度，真正做到政治合格、军事过硬。严格地说，这些优良传统的形成，都是在中国共产党的绝对领导下进行的。总之，江泽民关于我军革命化、现代化、正规化建设的一系列重要论述，表明没有共产党的领导就没有一支新型的人民军队，就不能适应世界新形势变化发展的要求。

2. 加强军队政治思想工作，用"三个代表"重要思想武装全军

江泽民在 1994 年军委扩大会议上指出："搞好军队的思想政治建设，是搞好军

---

① 江泽民：《关于二十年来军队建设的历史经验》，《解放军报》1999 年 1 月 8 日。

事训练、后勤保障以至整个军队现代化建设的重要基础。思想政治建设是革命化建设的核心，是引导全军干部战士拒腐蚀，永葆人民军队革命本色的可靠保证。所以，我们必须高度重视军队的思想政治建设，必须把它摆在全军各项建设的首位。①" 从根本上讲，全军之所以要把思想政治建设摆在各项建设的首位，是由我军现代化、正规化建设以及我军的性质职能和思想政治建设的重要地位决定的，同时也是历史的要求。

江泽民主持军委工作以来，根据时代主题的变化，着眼未来，着眼于我军建设面临的新情况、新问题，着眼于我军现代化、正规化建设的实际需要，着眼于始终保持人民军队的性质、宗旨。他旗帜鲜明地指出，我们必须高度重视军队的思想政治建设，必须把它摆在全军各项建设的首位，军队要"政治合格"。在具体工作中，各级党委要坚持不懈地用"三个代表"要求，教育官兵，带头学习实践"三个代表"重要思想，不断开创军队建设的新局面。"三个代表"重要思想科学地指明了加强军队思想政治建设的指导方针、基本原则和工作重点，继承和发扬了毛泽东军事思想和邓小平新时期军队建设思想的理论成果，也为我军更好地适应时代变化的要求提出了科学指导思想。总之，贯彻和落实"三个代表"重要思想，必须正确认识发展社会主义市场经济在我军官兵思想上产生的双重影响，要科学地观察，不断充实思想政治教育的内容，探索承袭与改革之间的相互关系。军队必须面对时代的挑战，使我军始终保持健康向上的发展态势②。

（二）确立了适应时代要求的新安全观③

江泽民在和平与发展成为时代主题的背景下，在邓小平国家安全观的基础上，针对国际环境的新变化，提出了树立新安全观的重要思想。强调运用综合手段，多种措施并举，重视和平条件下军事力量的综合运用与建设。新安全观的提出对我国在新形势下国防和军队建设具有重要的指导意义。

1. 现代安全观的新内涵

所谓"安全"，一般是指社会行为主体没有或很少受到威胁的生存状态。传统的国家安全观有两大焦点：一是如何应对外来的战争威胁和军事入侵；二是怎样防止外部政治干预、压力和颠覆。冷战结束以后，世界形势发生了深刻的变化。和平与发展成为时代的主旋律，全球化浪潮不断高涨，各国之间的相互依存关系不断加强。在这样一个历史转折时期，江泽民对我国的国家安全进行了深入的研究和思考，于1999年3月26日明确提出了新的安全观。其特点概括起来有以下四个方

---

① 中共中央文献研究室编：《十四大以来主要文献选编》中册，北京：人民出版社 1999，1124 页。

② 奚纪荣、施芝华主编：《军事思想》，上海：上海社会科学出版社 2004，273～274 页。

③ 参见王厚卿主编：《中国军事思想论纲》，北京：国防大学出版社 2000，947～958 页。

面。一是摒弃冷战思维，坚决维护世界和平发展的主流。江泽民指出："我们认为，新安全观的核心，应该是互信、互利、平等、合作。①"维护和平是国际形势发展的主流。然而当今世界，冷战思维依然存在。江泽民利用各种国际场合严肃批评冷战思维的各种表现。二是经济科技因素在国际安全环境中发挥着重要作用。江泽民指出，经济优先已成为世界潮流，经济科技因素越来越成为当今国际关系中最首要的、最关键的因素。三是现代安全内容丰富，涵盖面广。江泽民强调，现代安全首先应以维护人类的安全为宗旨。他提出了政治安全、经济安全、军事安全、文化安全、环境安全、社会安全等一系列新的安全思想，并主张通过国际合作来应付人类共同面临的威胁和挑战。四是国家安全必须与国际安全有机结合，确立普遍的安全意识。江泽民指出，所有国家，都不能以牺牲别国的安全来换取自己的安全。

2. 运用综合手段和多种措施，谋求跨世纪的国家安全

江泽民指出："世界在变化，我们的思想行动也随之变化。②"必须积极探索维护国家安全的新思路和新方法。这种新思路主要体现在以下几个方面：一是通过科教兴国实现综合国力的跨越式发展，从根本上解决国家安全问题。江泽民指出："当今世界，各国之间的竞争越来越表现为科学技术和人才的竞争。科技的发展，知识的创新，越来越决定着一个国家、一个民族的发展进程。③"只有我们发展了，才不会受制于人。二是充分发挥军事手段在维护国家安全中的支柱作用。江泽民指出，我们要看到霸权主义的战争威胁依然存在，有时还是很严峻的。强调加强国防和军队现代化建设的必要性和紧迫性，主张经济建设和国防建设要两头兼顾，协调发展，大力推进我军的质量建设，充分发挥军队在国家安全中的基本保证和坚强后盾作用。三是把外交斗争作为实现国家安全经常和有效的手段。江泽民坚定地执行邓小平外交战略，灵活运用外交斗争的有力武器，运筹帷幄，使我国树立了良好的国际形象，提高了我国的国际声望。

（三）以新时期军事战略方针统揽指导军队建设

强化新时期军队建设，必须有正确的战略方针作指导。江泽民强调指出，必须以积极防御战略方针指导和统揽全军各项建设和一切工作。也就是说，积极防御战略方针是我军军事战略的总方针，不能违背和脱离，任何军事工作都必须在它的指导下进行。

① 江泽民：《在日内瓦裁军谈判会议上的讲话》，《人民日报》，1999年3月27日。

② 江泽民：《同出席全国政协会议的科技界委员和民主党派委员座谈时的讲话》，《人民日报》，1998年4月30日。

③ 江泽民：《在考察北京大学时的讲话》，《人民日报》，1998年4月30日。

1. 继续贯彻执行积极防御的战略方针①

积极防御方针的实质是以积极主动的攻势行动对付进犯之敌的防御，其目的是为了消耗和歼灭敌人，为转入战略反攻和战略进攻创造条件。我国之所以要实施这一军事战略方针，江泽民做了明确的回答，他指出，作为我们整个国家的战略方针，我看就是按照邓小平同志所概括的积极防御。因为积极防御和我们的改革开放、把经济搞上去的方针政策以及政治方面的一些政策都是相符合的。这是邓小平同志在和平环境下对毛泽东军事思想的一个非常重要的发展。

江泽民还强调指出，军事战略方针归根结底是治国之道，如果军事战略错了，损失是很大的。我们国家的军事战略方针，是根据整个国际形势的发展变化来确定的。当今世界形势动荡多变，天下并不安宁，但世界大战在一个较长时间内打不起来。邓小平同志从这个大形势考虑，提出采取新时期积极防御的军事战略，是完全正确的，因为我们不需要走出去打人家，我们从来就是反对侵略，支持一切正义事业的。

江泽民的这些重要论述，使我们清楚地看到确立积极防御军事战略的理论基础、目的、背景以及原则立场。积极防御军事战略方针的确立，确保了我国军事战略的连续性，它更是依据我国发展战略的要求，以及整个国际形势的发展变化来确定的。更为重要的是，积极防御军事战略方针充分地表达了中国人民爱好和平，反对霸权的原则立场。江泽民曾经指出，在战争与和平问题上，我们从来不主动挑起战争，我们是爱好和平的，也是始终致力于维护和平的，我们坚决反对一切侵略性的、非正义的战争，反对任何形式的霸权主义和强权政治。

2. 按照"五句话"的总要求，加强军队各项建设

既然积极防御的战略方针是统揽我军一切建设的总的战略方针，所以我军的各项建设包括军事的、政治的、教育的、后勤保障的以及理论的都必须紧紧围绕积极防御战略方针来开展、进行。那么，怎样以新时期战略方针指导和统揽我军的各项建设，江泽民根据实际，做了非常重要的论述。提出了"政治合格，军事过硬，作风优良，纪律严明，保障有力"这"五句话"的总要求。

应该说"五句话"中的五个方面，是相互联系，不可分割的整体，政治合格放在"五句话"之首，其重要性不言而喻，它是积极防御战略方针的政治支柱；军事过硬是我军职能的基本要求；作风优良是我军鲜明的特色；纪律严明是我军胜利完成各项任务的重要保证；保障有力是我国国防和军队建设的物质技术保证。总之，军队建设必须遵循"五句话"的总要求，在积极防御军事战略方针的统揽下，

① 参见中共中央文献研究室编：《江泽民论有中国特色社会主义》，北京：中央文献出版社 2002，449～455 页。

第二章 军事思想

把人民解放军的革命化、现代化、正规化建设提高到一个新水平①。

（四）深化军队改革，走有中国特色的精兵之路

江泽民指出："加强质量建设，走有中国特色的精兵之路，是实现我军现代化的正确选择。"军事、政治、后勤、装备等各项工作，都要贯彻改革创新精神，在改革创新中谋发展、求突破，要抓住影响和制约军队建设发展的突出矛盾和主要问题，继续推进体制编制、政策制度等方面的调整改革。军队改革既要适应发展社会主义市场经济的要求，又要适应军事应急的要求，一切都立足于"打得赢"、"不变质"②。总之，要通过改革，建立起科学的领导、指挥、管理、保障体制和运行机制，提高我军建设的质量和效益，增强我军的作战能力。

1. 深化军队改革，迎接世界军事发展的挑战

军队改革是迎接世界军事变革严峻挑战的迫切需要，势在必行。当前高新技术正在世界范围内迅猛发展，高新技术的广泛应用，正在深刻改变着世界的社会经济面貌，也正深刻改变着军事斗争的面貌，引发了军事领域里一系列革命性的变化。江泽民指出："军事变革的加速发展和武器的系统效能的空前提高，加强我军的质量建设显得愈来愈重要，愈来愈紧迫。③"应当承认，我国军队现代化建设水平与先进国家相比还有相当大的差距。因此，如何加强我军质量建设，适应世界军事变革的要求，成为深化军队改革的重中之重。江泽民曾庄严地指出，迎接世界军事发展的挑战，是我们无法回避的历史责任。

深化军队改革，是适应国家改革形势和解决部队深层次矛盾的客观需要和根本途径。当前我国正处在以建立社会主义市场经济体制为标志的历史性大变革时期，随着经济全球化的深入发展，社会的全面变革势必触及每一个领域，势必给军队建设带来深刻的影响。鉴于此，我军的许多政策和制度以及工作方式必须进行改革。江泽民认为，作为军队来讲，不能只等着国家财政增加经费来解决，而是要积极地通过深化改革，向科学管理要效益。越是经费困难越要改革，这是经济条件不富裕的军队加强现代化建设的客观要求。另外，深化军队改革是解决军队建设深层次矛盾的根本途径。可以说，我国在现代化建设方面已经取得了长足进步，但是，比较而言，我军武器装备现代化、人的现代化和编制体制现代化与世界先进水平相比还有相当大的差距，解决这些矛盾的根本途径，一方面要加强建设，另一方面就是要深化改革。

① 参见王厚卿主编：《中国军事思想论纲》，北京：国防大学出版社 2000，966～972 页。

② 中共中央文献研究室编：《十四大以来重要文献选编》下册，北京：人民出版社 1999，2593 页。

③ 中共中央文献研究室编：《十五大以来重要文献选编》上册，北京：人民出版社 2000，703 页。

2. 走有中国特色的精兵之路，注重质量建设

走有中国特色的精兵之路与深化军队改革是紧密相连的。1992年，江泽民在党的十四大报告中，正式提出了"走有中国特色的精兵之路"的重要思想。另外，2000年颁布的《中国的国防》白皮书也指出，在新的历史时期，中国军队努力加强质量建设，走有中国特色的精兵之路，目标是建设一支有中国特色的革命化、现代化的人民军队，减少数量，提高质量，是军队现代化建设的一条基本方针。中国军队依靠科技强军，实现军队由数量规模型向质量效能型、由人力密集型向科技密集型的转变；按照现代战争的特点，努力提高武器装备现代化建设的水平，改革和完善军队的体制编制，改进军队的训练和院校教育的内容与方法。

走中国特色精兵之路必须正确处理数量与质量的关系问题。减少军队的数量，其主要的目的就在于提高部队的战斗力，提高部队的质量。要搞好质量建设，必须对部队进行"消肿"。当然也要保持一定的数量，二者是相辅相成的关系。目前，世界各主要国家军队的建设越来越在质量上下功夫。过去，由于我国军队人员多，军费开支相对过大，不仅不利于军队现代化建设，也不利于国家建设。所以，军队应该减少数量，使军队更精干，军事素质更高。"军队要努力适应现代战争的需要，注重质量建设，全面增强战斗力"①。

（五）完善国防动员体制，始终不渝地增强全民国防观念

完善国防动员体制，建设强大的后备力量，增强全民的国防观念，是我军深化改革，走有中国特色精兵之路的要求。江泽民1991年6月为《民兵工作条例》集训班题词："实行精干的常备军和强大的后备力量相结合，建设现代化的国防。"这一重要题词重申了我国国防和武装力量建设长期坚持的一个基本指导方针，即"三结合"的武装力量体制的方针，这一方针不但过去是，而且也是现代条件下实行人民战争的重要组织形式。同时，要建设一支强大的后备力量，必须加强国防教育，增强全民的国防观念。

1. 完善国防动员体制，加强后备力量建设

江泽民在十五大报告中明确指出："要深入持久地开展拥政爱民、拥军优属工作，进一步巩固军政、军民团结。加强民兵、预备役部队建设，完善国防动员体制。继续加强中国人民武装警察部队和公安、国家安全等部门的建设。②"

完善国防动员体制，是国防和军队建设的需要。我国的国防动员体制是按照毛泽东人民战争思想和积极防御战略方针建立起来的。为了适应现代战争特别是高技术条件下战争的要求，江泽民强调，国防动员体制必须要结合国家体制改革，认真探索未来反侵略战争的快速动员问题，按照社会主义市场经济的要求，建立和完善

① 《江泽民论有中国特色社会主义》，北京：中央文献出版社2002，467页。
② 《江泽民论有中国特色社会主义》，北京：中央文献出版社2002，477～478页。

第二章 军事思想

国防工业运行机制，要加强国防教育。后备力量建设要切实做到"招之即来，来之能战，战之能胜"的总要求。① 新时期国防动员体制应与预防恐怖主义、邪教、分裂主义等破坏活动联系起来考察，并纳入议事日程。

必须进一步加强民兵和预备役部队的建设。民兵建设是后备力量建设的重要内容。1990 年修订的《民兵工作条例》② 对民兵工作的任务、指导原则、组织建设、政治工作、军事训练、武器装备、战备值勤、物资保障等各方面都作了进一步的明确规定，为新形势下如何解决民兵工作中出现的新情况新问题提供了理论指南。在预备役部队建设的问题上，江泽民同志十分重视。预备役部队是以国家平时预备军人为基础，以现役军人为骨干组成的战时能迅速转为现役部队的武装组织，通常分为军种和兵种预备役部队。中国的预备役部队是 1983 年 3 月开始组建的，分为军种和兵种预备役师、团，列入中国人民解放军建制序列，授予军旗和番号，执行中国人民解放军条例、条令。目前，预备役部队在编制体制、组织计划、军事训练、武器装备、规章制度等方面已步入正轨。

2. 加强国防教育，增强全民国防观念

江泽民指出："各级党组织、政府和人民群众要关心、支持国防和军队建设，加强国防教育，增强全民国防观念。③" 这是对全党全军和全国各族人民的共同要求。增强全民国防观念，依靠广大人民建设军队和国防是我们的优良传统，要深入持久地开展全民国防教育，大力宣传、认真贯彻落实国防法、国防教育法，把国防教育纳入规范化、法制化的轨道，纳入整个国民教育体系。

江泽民指出："开展全民国防教育是当前加强和改进思想政治工作的一个重要内容，在整个思想教育总体系中有着重要的位置，应把它纳入到这个总体系中去……国防不仅是军队的事，而是整个国家的防务，是一个国家综合国力的体现。对公民进行国防教育不是单纯的军事教育，应当贯彻于政治、经济、外交、科技、军事等各方面，成为对公民进行以爱国主义为主要内容的全社会性的教育性活动。因此，国防教育应当成为社会教育不可分割的一部分。④" 江泽民进一步强调，每个公民无一例外都应接受国防教育，而且要长期进行下去，作为公民的终身教育来抓，不能搞"一阵风"。把国防教育作为社会的系统工程来建设，把国防教育的内容转化为每个公民的精神财富和品质，使之成为国民公法，形成一种强大的精神力量。

---

① 参见《江泽民论有中国特色社会主义》，北京：中央文献出版社 2002，477～481 页。

② 缪合林主编：《国防教育文选》，武汉：湖北人民出版社 2000，124～131 页。

③ 《江泽民论有中国特色社会主义》，北京：中央文献出版社 2002，477 页。

④ 缪合林主编：《国防教育文选》，武汉：湖北人民出版社 2000，37～38 页。

（六）加强军事科学研究，积极探索新形势下军队建设的特点和规律

江泽民多次强调，先进的军事理论，历来是军队建设得以健康发展的必要条件，是战争的重要制胜因素。当代军事领域正在发生深刻的变革，我军必须深入研究这些变革所带来的影响，以推动军事理论的发展和创新①。

1. 加强现代条件下的军事科学研究

江泽民指出，一定要加强现代条件下的军事科学研究。军事科学是军队建设和军事斗争的理论方略，是决定未来反侵略战争的行动指南。具有中国特色的军事科学是毛泽东、邓小平等老一辈无产阶级革命家、军事家在长期的革命战争实践以及社会主义建设事业中逐步形成和发展起来的，对于过去的军事斗争起到了重要的指导作用。新的历史时期，国防和军队建设必须始终不渝地坚持有中国特色的军事科学理论，并在具体实践中不断完善和发展。江泽民主持中央军委工作以来，创造性地实践了毛泽东军事思想和邓小平新时期军队建设思想，对新时期建军、治军的特点和规律进行了探索，从理论上作出了新的概括，明确了国防和军队建设的方向。应该指出，有中国特色的军事科学研究是有中国特色的社会主义的经济、政治、文化在社会主义初级阶段的基本纲领的总要求，不可偏废。

在实践中，必须深入贯彻落实军事理论的研究成果。军事理论研究必须继承毛泽东军事思想，高举邓小平理论伟大旗帜，以江泽民国防和军队建设思想为行动指南，坚持理论与实践相结合的原则，拿出扎扎实实抓好国防和军队建设的办法和措施。同时，军事理论的研究成果必须贯彻落实，在实践中检验和提高。按照解放思想、实事求是的精神，研究新情况、新问题，随实践的发展而不断发展，因为党的指导理论从来就是开放的理论，而不是封闭的理论。只有这样，军事理论研究的成果才能保持旺盛的生命力和科学指导作用。

2. 探索新形势下军队和国防建设的特点和规律

江泽民强调，军事科学研究的一个重要的任务，就是要对以往的战争经验进行系统的总结，这一点很重要。同时，必须研究现代条件下局部战争的特点和规律，提高驾驭现代战争的能力；要积极探索在国际战略格局发生深刻变化的时期，在对外开放和发展社会主义市场经济的条件下，在科学技术迅猛发展，给世界军事领域带来深刻变化的背景下，结合军队建设的特点和规律，全面加强部队建设，提高战斗力。

首先，军队建设的特点和规律必须与新形势的要求相适应。新时期世界战略格局经历了深刻的变化，和平与发展仍是当今时代的两大主题。但是局部战争、武装冲突以及恐怖主义仍在世界各地蔓延；冷战时期的两极战略格局已然消失，人类正

第二章 军事思想

91

努力向多极战略格局方向发展；经济全球化越来越深入，我国对外开放的力度也越来越大；随着 20 世纪中叶的海湾战争、科索沃战争以及 21 世纪初的阿富汗战争和伊拉克战争的爆发，信息化战争悄然而至。这些重大变化使得军队建设的特点和规律更具挑战性。因此，要积极研究和制定使军队建设与国际战略格局新变化、新要求协调发展的重大措施和办法。利用新形势带来的积极因素，推动军队建设的新发展，克服消极影响，解决困扰军队建设的一系列难题。

其次，必须深入研究现代条件下人民战争的特点和规律。江泽民指出："无论武器装备如何发展，战争形态如何变化，人民战争都是我们克敌制胜的法宝。①"在高技术条件下，我们仍然要坚持人民战争，因为战争的本质没有改变，决定战争胜负的首要因素仍然是人。"应付现代技术特别是高技术条件下的局部战争，现阶段我们确实有困难，但我们也有自己的优势，我们真正的优势还是人民战争。""要着眼于现代技术特别是高技术条件下的局部战争的特点，深入研究和积极探索现代条件下人民战争的指导规律，努力探索现代条件下的劣势装备战胜优势装备之敌的法宝。"②

二、江泽民国防和军队建设思想的历史地位

江泽民国防和军队建设思想是新形势下国防和军队建设的指导思想。阐明了军队建设的核心问题、军队建设的总目标、军队建设的根本途径和措施等问题，为中国军队打赢信息化战争、捍卫国家主权和安全、维护世界和平提供了强大的思想武器，具有重要的历史地位。

江泽民国防和军队建设思想系统地继承和发展了毛泽东军事思想和邓小平新时期军队建设思想。以江泽民为核心的第三代领导集体在社会主义市场经济确立和改革开放的深入发展以及国防和军队赖以存在的社会环境发生深刻变化的历史条件下，总结新经验、分析新情况，集中全党和全军的智慧，作出了许多重要的理论概括，创造性地发展和丰富了马克思主义军事理论，是在马克思主义中国化的历史进程中，共产党人在军事领域先后形成的三大理论成果之一。毛泽东军事思想主要是在民主革命时期针对战争年代的特点而形成的，反映了战争年代我军建设的规律；邓小平新时期军队建设思想主要是在党的十一届三中全会以来，针对相对和平环境的历史特点形成的，反映了相对和平时期我军建设的规律。江泽民国防和军队建设思想是对毛泽东军事思想、邓小平新时期军队建设思想的继承和发展。"江泽民创

---

① 中共中央文献研究室编：《江泽民论国防和军队建设》，北京：解放军出版社 2003，351 页。

② 中共中央文献研究室编：《江泽民论有中国特色社会主义》，北京：中共中央出版社 2002，450～451 页。

造性地坚持和运用毛泽东军事思想、邓小平新时期军队建设思想的立场、观点和方法，紧密结合实践，总结新经验、探索新规律，科学阐明了新的历史条件下国防和军队建设的地位作用、目标任务、指导方针、总体思路、根本途径、战略步骤、发展动力和政治保证等，形成了一个完整的军事理论体系，把我们党的军事指导理论提升到了一个新阶段。①。

江泽民国防和军队建设思想是当前指导我军建设的根本依据和理论指南。20世纪80年代末、90年代初以来，随着国际风云的变幻以及新军事革命的到来，我军建设面临诸如现代化战争的高技术性与我军装备相对落后，高技术战争与我军官兵科技文化素质较低等一系列矛盾。要解决这些矛盾，使我国国防和军队建设稳定、快速、健康地向前发展，从容地面对世界新军事革命带来的挑战，必须要有相应的适应时代特点的军事思想的科学指导。江泽民军队和国防建设思想，正是针对我军建设的矛盾和面临的严峻挑战而提出来的，具有极强的针对性、实践性和可操作性。从我国国防和军队建设的实践来看，近年来我军现代化建设取得了极大的成就：全面贯彻"三个代表"重要思想，使国防和军队建设始终围绕打得赢、不变质的两个历史性课题，保证了正确的发展方向；裁减军队员额，使部队更加精干，编制更加科学合理；国防和军队建设服从国家经济建设的大局，有力地支援了国家经济建设，也为军队现代化建设奠定了雄厚的物质基础；军队建设"五句话"总要求的落实，加速了部队革命化、现代化、正规化建设，大大提高了战斗力；新时期军事战略方针的制定，为我军打赢未来反侵略战争奠定了基础；"科技强军"战略的实施，大大提高了我军官兵的文化素质；军队大力加强社会主义精神文明建设，使我军成为威武之师、文明之师等。这些成就的取得以及国防和军队建设的良性发展，离不开江泽民国防和军队建设思想的科学指导②。

江泽民国防和军队建设思想是国防和军队现代化建设，打赢未来战争的理论指南。打赢现代技术特别是高技术条件下局部战争是江泽民国防和军队建设思想的核心内容。江泽民国防和军队建设思想赋予了新时期军事战略方针全新的内容，使我们正确认识了面临的主要战争类型；认识了军事斗争准备的主要矛盾；明确了人民战争在未来战争中的地位作用；指明了军队和国防建设的发展方向以及坚持用新时期军事战略方针统揽全局等。这些思想是紧紧围绕着如何打赢未来战争而提出来的，是加强军事斗争准备、夺取未来战争主动权的理论指南，对加强我军全面建设，实现国防和军队建设跨越式发展具有长期的指导意义③。

---

① 奚纪荣、施芝华主编：《军事思想》，上海：上海社会科学出版社2004，252页。

② 参见于保中、李定邦著：《新世纪治军方略研究》，济南：黄河出版社2001，10～12页。

③ 参见李鹏青主编：《普通高等学校军事教程》，北京：军事科学出版社2006，47页。

第二章 军事思想

第五节 胡锦涛关于国防和军队建设重要论述

建立巩固的国防，建设强大的人民军队，是社会主义现代化建设的战略任务。胡锦涛主持军委工作以来，坚持以毛泽东军事思想、邓小平新时期军队建设思想、江泽民国防和军队建设思想为指导，作出了关于国防和军队建设的一系列重要论述①。他强调指出："国防和军队建设要高举邓小平理论和'三个代表'重要思想伟大旗帜，坚持以科学发展观为重要指导方针，大力弘扬我军听党指挥、服务人民、英勇善战的优良传统，按照革命化、现代化、正规化相统一的原则，推动部队建设又好又快发展。②"这一讲话"精辟地概括了我军性质、宗旨和职能使命的要求，指明了人民军队建设和发展的方向，具有重大而深远的政治意义"③。胡锦涛从治党治国治军的战略高度出发，科学地洞察和把握了当今时代发展大势，提出了一系列国防和军队建设的新思想和新观点，成为新世纪新阶段我国国防和军队建设的理论指南。

一、坚持党对军队的绝对领导，把思想政治建设放在首位

坚持党对军队的绝对领导，是由中国共产党的性质和我军的阶级属性决定的，是军队建设的根本原则和军队政治合格的可靠保证。这个根本原则是毛泽东在我军建军初期决定的，是我军一贯坚持的根本原则。胡锦涛强调指出："必须始终坚持部队建设的正确政治方向。要抓住高举旗帜、听党指挥这个根本，坚持不懈地用马克思主义中国化的最新成果武装官兵。要大力加强党的先进性建设，着力提高各级党组织贯彻落实科学发展观的能力，严格政治纪律和组织纪律，确保部队在任何时候任何情况下都坚决听从党中央、中央军委的指挥。④"因此，新时期军队建设必须始终从政治上、思想上、组织上保证党对军队的绝对领导，保持正确的政治方向。只有这样，才能确保人民军队的纯洁性和"不变质"，才能抵制某些西方国家对我进行"西化"、"分化"活动并由此在军队建设中造成的不良影响。

"中国人民解放军的政治工作，是中国共产党在军队中的思想工作和组织工作，是实现党对军队的绝对领导，巩固和提高部队战斗力的根本保证，是中国人民

---

① 温家宝：《政府工作报告》，《光明日报》，2007年3月18日。

② 胡锦涛：《在十届全国人民代表大会五次会议解放军代表团的重要讲话》，《解放军报》，2007年3月14日。

③ 徐天亮：《建设一支听党指挥、服务人民、英勇善战的革命军队》，《求是》2007年第2期，第35页。

④ 胡锦涛：《按照新的发展观要求，推动部队建设又好又快发展，积极为构建社会主义和谐社会贡献力量》，《中国国防报》。2007年3月15日。

解放军的生命线。①"军队政治思想工作是党对军队绝对领导的具体化。因此，必须把思想政治工作放在部队建设的首位。胡锦涛指出，部队思想政治建设，必须"要把领导干部作风建设摆在突出位置，全面加强新形势下的思想作风、学风、工作作风、领导作风和干部生活作风建设，努力实现领导干部作风的进一步转变"②。部队的思想政治建设是保证培养有理想、有文化、有纪律军人为目标的军队社会主义精神文明建设，是保证军队内部的团结和军政军民团结，保证军队战斗力的提高和各项任务完成的人民军队政治工作基本任务建设。因此，新世纪新阶段，部队思想政治建设必须进一步遵循人民军队优良的民主传统，健全军队内部民主制度，发展军队民主生活，保障军队正确行使民主权利和参与部队管理，实行"三大民主"，使人民解放军通过推进政治工作的创新发展，促进官兵素质全面提高。全军必须开展军队历史使命教育、理想信念教育、战斗精神教育和社会主义荣辱观教育，强化使命意识，坚定革命理想，培养战斗作风，分清荣辱界限，激发练兵热情③。胡锦涛强调，"全军要密切关注国际国内形势变化，进一步增强忧患意识和使命意识，自觉履行新世纪新阶段我军历史使命，为全面建设小康社会和构建社会主义和谐社会提供坚强有力的安全保证"④。

二、坚持以科学发展观为指导，积极稳妥地推进军队各项改革

胡锦涛强调指出："坚持以科学发展观指导部队建设。⑤"新世纪新阶段必须更加坚定不移地高举邓小平理论和"三个代表"重要思想伟大旗帜，切实用科学发展观武装头脑、指导实践、推动工作。"我们要从坚持党对军队绝对领导、确保军队建设正确方向，从完成各项任务、推进事业发展，充分认识把学习贯彻科学发展观不断引向深入的重大意义"，"切实地把学习贯彻科学发展观作为思想政治建设主线突出出来，在舆论宣传、学习培训、实践运用、典型引导等各方面加大指导力度，营造浓厚氛围。要始终着眼有效履行新世纪新阶段我军历史使命，把科学发展观贯彻到军事、政治、后勤、装备各项建设的方方面面和全过程，尤其要紧密联

① 《中国人民解放军政治工作条例》1995。见王厚卿主编：《中国军事思想论纲》，北京：国防大学出版社2000，873页。

② 胡锦涛：《按照科学发展观要求，推动部队建设又好又快发展，积极为构建社会主义和谐社会贡献力量》，《中国国防报》，2007年3月15日。

③ 参见《2006年中国的国防·政治工作》，中华人民共和国国务院新闻办公室发布，2006年12月。

④ 胡锦涛：《按照科学发展观要求，推动部队建设又好又快发展，积极为构建社会主义和谐社会贡献力量》，《中国国防报》，2007年3月15日。

⑤ 胡锦涛：《在十届全国人民代表大会五次会议解放军代表团的讲话》，《解放军报》，2007年3月14日。

系军事斗争准备实际，联系现代化特别是信息化建设实际，联系构建社会主义和谐社会实际，在运用科学发展观解决问题、推进发展上不断取得新成效"①。

在科学发展观的指导下，胡锦涛强调，要积极稳妥地推进军队各项改革，为军队建设又好又快发展提供更具活力的体制机制保障。其主要内容包括：重点围绕建立健全联合作战指挥体制、联合训练体制、联合保障体制，进一步深化军队体制编制调整改革；要适应社会主义市场经济发展和军队现代化建设的需要，深化军队后勤保障社会化改革②。进一步提高后勤管理水平，加强后勤业务管理，全面规范军事经济秩序，严格审计监督，维护财经纪律；注重从政策制度上解决好涉及广大官兵切身利益的问题。改善官兵物质生活条件，在医疗、住房等方面给军人以重点保障；进一步建立完善工作协调机制和工作运行机制，加强科学决策、科学管理，努力提高部队建设和军事斗争的质量和效益③。胡锦涛的这一思想，是我军新世纪新阶段正规化建设与改革的重要指导思想，对军队的革命化、现代化建设将起到重大的促进作用。

三、积极推进机械化条件下军事训练向信息化条件下军事训练转变

胡锦涛指出"军事训练是推进部队全面建设、实现科学发展的重要着力点。要在全军进一步兴起大抓军事训练的热潮，积极推进机械化条件下军事训练向信息化条件下军事训练转变"④。人民解放军坚持把军事训练作为和平时期提高战斗力的基本途径和重要治军方式、管理方式，积极推进机械化条件下军事训练向信息化条件下军事训练转变。2006年6月，总参谋部召开全军军事训练会议，对新世纪新阶段军事训练创新发展进行了全面部署，要求全军从实战需要出发，从难从严训练，不断深化科技练兵，继续推进军事训练改革，把军事训练提高到一个新水平。首先，按照打赢信息化条件下局部战争的要求，全面严格训练部队。抓好技术战术基础训练、合同战术训练和战略战役训练，坚持逐级训练逐级合成、逐级形成战斗力。扎实开展实兵实弹训练和对抗性训练，在近似实战环境下训练部队。坚持科技兴训，运用现代化训练方法和手段，发展基地化、模拟化、网络化训练，不断增大军事训练科技含量，着力提高军事训练的质量和效果；其次，着眼提高诸军兵种一

---

① 徐才厚：《以更加饱满的热情和自觉的行动，掀起学习贯彻科学发展观新的热潮》，《中国国防报》，2007年3月8日。

② 胡锦涛：《按照科学发展观要求，推动部队建设又好又快发展，积极为构建社会主义和谐社会贡献力量》，《中国国防报》，2007年3月15日。

③ 胡锦涛：《按照科学发展观要求，推动部队建设又好又快发展，积极为构建社会主义和谐社会贡献力量》，《中国国防报》，2007年3月15日。

④ 胡锦涛：《在十届全国人民代表大会五次会议解放军代表团的讲话》，解放军报，2007年3月14日。

体化联合作战能力，大力加强联合训练。瞄准未来信息化战场，把握未来一体化联合作战发展趋势，开展一体化训练创新实践，积极探索作战单元内部集成、作战要素系统集成、作战体系综合集成训练的路子。第三，坚持按纲实训，强化军事训练全过程全要素的科学管理。探索和建立信息化条件下的训练组织管理模式，强化依法管理，推行目标管理，加强精确管理，保持正规的训练秩序。优化训练程序，严格质量评估，建立健全适应信息化作战要求的训练标准体系，以首长机关和单位整体训练为重点，采取实兵检验性演习的形式，运用部队演习评估系统等手段，全面检验和评估部队的训练水平和实战能力①。胡锦涛强调："要坚持从实战需要出发，从难从严训练，努力提高部队信息化条件下的实战能力。要适应战斗力生成模式转变，推动军事训练内容、方式和手段的创新和发展。②"

在积极推进机械化条件下军事训练转向信息化条件下军事训练转变，不断提高部队信息化条件下的防卫作战能力的同时，必须不断"加强国防科研和武器装备建设③。"因为国防科研和武器装备水平是信息化条件下作战能力的物质基础，必须坚持以国家经济发展和科技进步为依托，坚持自力更生为主，加快武器装备现代化建设。在具体的指导上，坚持科学筹划武器装备长远发展，增强武器装备自主创新能力，完善优化武器装备体系，提高装备综合保障能力，积极推进装备采购制度改革等原则，把我军现代化水平提高到一个新的阶段。

四、坚持依法治军，从严治军，提高部队正规化水平

胡锦涛指出："要坚持依法治军，从严治军，牢固树立和认真落实安全发展理念，科学筹划、科学组织、科学实施各项建设，确保部队安全和稳定。"④ "十五"期间，全国人大常委会、国务院和中央军委按照规定的职权制定和修订的军事法律法规99件，各总部、军区、海军、空军、第二炮兵制定和修订军事规章近900件。大大提高了部队正规化建设水平。

2006年中央军委开始实施"十一五"立法规划，将用五年时间基本形成覆盖全面、结构合理、内部协调、科学严谨的军事法规体系⑤。在具体的指导上，必须实现国防建设与法制建设同步发展，坚持与时俱进。例如，在信息化高度发达，沟通越来越方便的时代背景下，"必须加大国防安全教育力度，采取正面宣传和警示

---

① 《2006年中国的国防·军事训练》，中华人民共和国国务院新闻办公室，2006年12月。

② 胡锦涛：《在十届全国人民代表大会五次会议解放军代表团的讲话》，《解放军报》，2007年3月14日。

③ 温家宝：《政府工作报告》，《光明日报》，2007年3月18日。

④ 胡锦涛：《在十届全国人民代表大会五次会议解放军代表团的讲话》，《解放军报》，2007年3月14日。

⑤ 《2006年中国的国防·军事法制》，中华人民共和国国务院新闻办公室，2006年12月。

教育等多种手段，提高网民对国家利益、国家安全的责任意识"①。军地携手搞好保密法规的完善，加强我国网络信息安全建设。另外，在军事设施、国防教育、动员机构等方面进一步建立健全法律法规体系，进一步促进中国国防和军队革命化和现代化的全面发展。"要全面落实'五句话'总要求和《军队基层建设纲要》，推动基层建设全面进步"②。

五、正确认识和处理军队建设和构建社会主义和谐社会的关系问题

胡锦涛指出，全军要充分认识构建社会主义和谐社会的重大意义，全面把握构建社会主义和谐社会对加强军队建设、履行职能使命提出的新要求，自觉做构建社会主义和谐社会的坚定拥护者、热情宣传者、积极的实践者。要自觉坚持社会主义核心价值体系，大力弘扬部队先进典型的崇高精神，巩固和发展团结、友爱、和谐、纯洁的内部关系，积极参加和谐社会的创建活动③。胡锦涛的这一讲话，明确了军队在构建社会主义和谐社会中的地位、责任和义务，是指导我军全面和谐发展的重要理论先导。

从世界范围看，和平与发展仍然是当今时代的主题，世界和平与安全面临的机遇大于挑战，世界格局处于向多极化过渡的重要时期，国防战略力量对比严重失衡的局面有望改善。但是，国际社会面临的安全威胁日趋综合化、多样化和复杂化，天下仍不太平。世界新军事变革向纵深发展，以信息化为主要特征的军事竞争加剧，军事力量失衡的局面也没有明显改善。从国内来看，中国的安全环境总体有利，但是中国安全仍面临不容忽视的挑战。国内和国际因素关联性增强，传统和非传统安全因素相互交织，维护国家安全的难度加大。反对和遏制"台独"分裂势力及其活动的斗争复杂严峻，少数国家炒作"中国威胁论"，加强对中国的战略防范与牵制。周边复杂而敏感的历史和现实问题，仍对中国的安全环境产生影响。面对复杂的国际国内形势，"全军官兵要增强忧患意识和使命意识，把军事斗争抓得紧而又紧，实而又实，不断提高应对多种安全威胁，完成多样化军事任务的能力，有效维护我国安全和发展利益，为全面建设小康社会提供坚强的安全保障……要积极参加和支援国家经济建设，为民造福，为国兴利，为构建社会主义和谐社会作贡献"④。

---

① 《国防：构建和谐社会大厦的基石》，《中国国防报》，2007 年 3 月 12 日。

② 胡锦涛：《按照科学发展观要求，推动部队建设又好又快发展，积极为构建社会主义和谐社会贡献力量》，《中国国防报》，2007 年 3 月 15 日。

③ 胡锦涛：《按照科学发展观要求，推动部队建设又好又快发展，积极为构建社会主义和谐社会贡献力量》，《中国国防报》，2007 年 3 月 15 日。

④ 曹刚川：《紧紧围绕党和国家工作大局，履行好新世纪新阶段我军历史使命》，《中国国防报》，2007 年 3 月 8 日。

胡锦涛进一步强调指出："要积极探索改革开放和发展社会主义市场经济条件下密切军政军民关系的有效途径和办法，坚持贯彻国防建设与经济建设协调发展的方针，努力开创国防和军队建设的新局面。①"因此，在具体的实践中，必须实现国防和军队建设全面协调可持续发展。坚持国防建设与经济建设协调发展的方针，把国防和军队现代化建设融入经济社会发展体系之中，使国防和军队现代化进程与国家现代化进程相一致。促使军队建设与构建社会主义和谐社会相一致。

此外，以胡锦涛为总书记的党中央还提出了诸如"加强人民武装警察部队全面建设，完成好执勤、处置突发事件、反恐斗争和维护稳定任务。深入开展国防教育，完善国防动员体制。搞好双拥共建活动，巩固和发展军政军民团结"② 等国防和军队建设的重要思想。总之，胡锦涛关于国防和军队建设的重要论述，是对马列主义军事思想、毛泽东军事思想、邓小平新时期军队建设思想以及江泽民国防和军队建设思想的继承和发展，是新世纪新阶段指导我国国防和军队建设的强大思想武器。

思 考 题

1. 如何理解军事思想的科学含义？
2. 军事思想经历了哪几个发展阶段？
3. 毛泽东军事思想的科学含义是什么？
4. 毛泽东军事思想的主要内容有哪些？
5. 简述毛泽东军事思想的历史地位和现实指导意义。
6. 现代战争中如何运用和发展毛泽东人民战争思想？
7. 邓小平新时期军队建设思想的科学含义是什么？
8. 邓小平新时期军队建设思想的主要内容有哪些？
9. 邓小平新时期关于我国国防建设的内容有哪些？
10. 江泽民国防和军队建设思想的主要内容有哪些？
11. 新安全观的特点是什么？我们如何谋求未来的国家安全？
12. 如何正确认识和把握"五句话"的总要求？
13. 胡锦涛关于国防和军队建设的重要论述包括哪些方面？

---

① 胡锦涛：《按照科学发展观要求，推动部队建设又好又快发展，积极为构建社会主义和谐社会贡献力量》，《中国国防报》，2007 年 3 月 15 日。
② 温家宝：《政府工作报告》，光明日报，2007 年 3 月 18 日。

第二章 军事思想

第三章　国际战略环境

战略环境是一个国家生存和发展的客观条件。对所处的战略环境进行客观分析和科学判断，是一个国家特别是国家的战略指导者，制定正确的国际战略和外交方针的前提条件。国际战略，是指主权国家或国家集团在国际关系领域运用国家综合力量，维护和发展国家利益，实现一定时期对外目标的全局性、总体性规划。这种客观需求的存在是由满足不断拓展的国家利益需求，以及国际局势、国际力量对比的变化所决定的。实践证明，如果对自己所处的战略环境的分析和判断发生偏差、出现失误，就很难在全球化进程中把握机遇，甚至可能丧失维护国家安全的战略主动权。因此，坚持中国特色社会主义道路，坚持和平崛起的发展道路与所处的战略环境特别是国际战略环境休戚相关。

第一节　战略环境概述

一、战略与战略环境

所谓"战略"，它的原始含义是指导战争全局的谋划和策略，随之深化到有关战争的方方面面。随着社会的发展已演变为指导宏观的、全局的、重大问题的策略，它已泛化到指政治、经济、外交、安全、地缘等领域的关于目标、方针、政策和策略等，如经济发展战略、外交战略、地缘政治战略等。人们逐渐接受了战略的时代含义是"认识的科学"和"指导的艺术"；而将战略用于指导国家综合安全的宏观谋略，更体现了战略的时代内涵和深刻本质，符合战略具有的全局性、动态性的特征，是人们"认识的科学"和"指导的艺术"上的与时俱进。当代的国家安全战略，是指在平时和战时，组织和运用国家武装力量的同时，组织和利用国家的政治、外交、经济等综合力量以实现国家目标的艺术和科学。

鉴于此，与国家生存与发展密切相关的战略环境是指国际和国内的政治、经济、军事、外交、地理等各种因素的相互联系与作用对国家安全或战争全局产生实质性影响的状况和趋势。战略环境包括国际战略环境和国内战略环境。战略环境的实质是个"形势"问题，是政治、经济、军事形势的综合体现。目前，国际安全形势总体稳定的基本态势进一步发展，但不稳定、不确定因素也在增多，新挑战、新威胁不断出现，这是国际战略环境的基本状态和发展趋势。

二、战略环境的基本要素

战略环境的内涵揭示的是国家赖以生存与发展的各种因素的总和，主要包括政治、经济、军事、外交、地缘等各方面的因素。它构成国家战略环境的基石。反映出世界主要国家在政治、经济、军事领域的利害关系，对国家战略环境起决定性作用。从国家战略利益层面上看，战略环境所涉及的要素是广义上的安全因素。一般认为，战略环境，特别是国际战略环境的基本要素为政治、经济、军事因素。

（一）战略环境中的政治因素

这里的政治是指国家最高领导集团在内政及国际关系方面的活动。它以维护本国的最高利益为目的。从国际政治的角度看，霸权主义和强权政治仍是影响国际安全环境的重要因素。美国制定的战略目标是尽可能长久地维持在单极世界中其一超独霸地位，其对外政策建立在唯我独尊的价值判断的基础之上，对国际战略环境的影响起着决定性影响。但大国之间的互动表现出来的既相互牵制和竞争，又相互协调、彼此借重和务实合作，是政治目的和需要作用于经济、外交、安全等方面的大国政治关系之情势。政治多极化进程中的各大国之间建立的各种合作伙伴关系，反映的是政治关系上的良性互动推进互相信任，追求的是相对稳定的外部环境。这对于国际形势的总体缓和、稳定起到了积极的推动作用；从国内政治的角度看，各国历来将国家安全视为最高的政治利益和最根本的国家利益。各国对来自国家主权、统一和领土完整的威胁；对国家基本制度的革命或演变；对政府的非正常更迭，引起的社会剧烈动荡等，都会在组织和运用国家武装力量的同时，组织和运用国家的政治、外交、经济等综合力量来捍卫国家战略利益。保卫国家体制的良好运行是最大的政治需要。国家在统筹国内国际两个大局，妥善应对纷繁复杂的国际安全环境时，都会在内政及国际关系方面发挥政治的作用。政治安全是国家安全的根本。中国共产党第十六届四中全会决定提出，不断提高"应对国际局势和处理国际事务的能力"①。在我们党的历史上，这是第一次提出党应对国际局势和处理国际事务的能力。这不仅是党的执政能力建设的主要任务，更重要的是从国际战略的政治高度提高党的对外能力。

（二）战略环境中的经济因素

经济发展与生存利益直接相关。当前世界经济面临的一些问题和隐忧，使世界经济发展存在许多不确定性。不仅对经济全球化进程中的共同发展的经济模式化下的合作环境的构建与营造产生重大影响，而且从经济领域向政治、安全和社会领域扩大，直接影响国家战略环境。特别是美国为代表的发达国家在联合国、世界贸易

---

① 《中共中央关于加强党的执政能力建设的决定》，北京：人民出版社 2004，第 8 页。

组织、世界银行、国际货币基金组织等全球性国际组织中仍占据主导地位。因此，世界上的主要国家都在围绕美国的动向加紧调整自己的经济政策和安全战略，以提高其国家经济竞争力和企业市场竞争力。实践证明，没有强大的经济基础，则制约着国防实力的提高，阻碍着政治影响力的扩大，从而使国际战略力量对比严重失衡的局面难以从根本上改变。各国在经济全球化进程中越来越关注经济安全问题。一方面随着形势发展，世界大战和大国全面对抗在较长时期内可以避免，各国政府将主要精力放在了发展本国经济上；另一方面，随着全球化的发展，各国经济相互渗透，相互依赖程度加深，任何一国政府都不能回避经济问题对本国利益的影响。因此，经济安全成为各国安全战略的重要组成部分。立足于国家经济发展战略层面，各国在国内和国外两个方面，将经济安全领域一般界定在金融、能源、资源、粮食、主导产业和高新技术、国际市场、关键基础设施以及生态环境等方面。众所周知，一国的经济利益是该国赖以生存的根本利益，也是传统军事安全的基础。任何对这一根本国家利益的威胁，一是可能对更广泛的国家和地区产生冲击乃至动荡；二是可能引起国内社会矛盾激化乃至社会动荡和激烈冲突。在发展中国家经济安全问题日趋严峻，发达国家维护自身经济安全不遗余力，且相互传递之时，随着中国改革开放进程的加快，中国在能源、金融和对外经济贸易等方面的风险在不断扩大，必须从我国国家安全的视角关注并应对经济安全问题，为改革开放和现代化建设创造良好的国际环境。

（三）战略环境中的军事因素

军事因素是影响战略环境分量最重的一个因素。各国对军事战略的制定，无一不对战争进行全局、长远的谋划和运筹，以及运用军队所能运用的资源，以军事手段来达成一定的国家政治目的。其重心是准备与实施战争，核心是军事战略方针。具体包括国家利益对军事战略的需求，军事形势判断以及国防与军队建设等方面的内容。它服从国家战略，服务于国家安全战略的总目标。和平与发展仍然是时代主题，但至今一个也没有完全解决好。从国际军事态势看，一是新军事变革向纵深发展，以信息化为主要特征的军事竞争加剧，军事力量对比失衡的局面没有明显改变；二是美国进行全球部署调整，增强在亚太军事地区的军事能力。不少大国都推行强硬军事路线；三是北约东扩以及北约战略的调整，其负面效应日趋严重；四是全球军费大幅度增长成为国际军事形势的一个亮点；五是军事同盟以及越来越频繁的各种军事演习引起国际社会特别关注；六是局部战争和武装冲突时有发生。从中国安全形势看，目前乃至较长一段时期内，我国与周边国家没有直接的军事冲突，但战争威胁还是存在的。有为实现祖国统一而不能排除的战事，有海洋国土和海洋权益冲突可能发生的战事，还有反恐之战也可能发生等。所有这些是世界和平与稳定和中国走和平发展道路难以回避的威胁因素。因此，军事因素成为构成战略环境状况的核心因素。军事安全是国家安全的基本保障。我国国防和军队现代化建设，加强以信息化为主要标志的质量建设，立足打赢信息化条件下的局部战争，是新世纪新阶段的历史使命。

第二节 国际战略环境

国际战略环境，是一个时期内世界各主要国家在矛盾斗争或合作共处中的全局状况和总体趋势。它是国际政治、经济、军事形势的综合体现，关系到国家的生存和发展，影响一个国家军事斗争的对象、任务和目标，因而是各个国家在国际环境中生存必须首先考察和关注的外部环境和条件。它的形成和发展与人类社会的形成和发展密切相关，它是自近代国家产生并在世界范围内形成相应的国际关系体系以后才真正形成的。国际战略环境包含的内容很多，下面主要介绍国际战略格局和世界安全形势两个方面的情况。

一、国际战略格局

格局是指事物的结构、状态、样式，它受各种力量相互作用而形成乃至发生变化。国际战略格局是指对国际事务中具有重要影响的力量在一定历史时期相互联系、相互作用而形成的较为稳定的力量结构。它反映的是一定时期内在国际关系中起主导作用的力量之间的相对关系和结构形式。它的形成、发展和变化取决于各国政治、经济、军事力量的不断发展和相互对比发生的变化。大国（集团）之间相互关系的调整和大国（集团）之间的国际地位的变化，是导致世界格局变动的主要因素。从这个意义上看，国际战略格局又分国际政治格局、国际经济格局和国际军事格局，国际战略格局是这几种格局的综合，常以国际格局言之。它集中反映了一定时期内主要国际政治行为主体的综合力量对比，利益矛盾和需求以及基本的战略关系，是国际政治的核心内容，是各国生存与发展的基本外部环境即国际战略环境的重要组成部分。对国际战略格局的分析，有助于从总体上了解世界各主要国家在世界全局中的地位及战略利益方面的矛盾和需求，有助于对国际形势做出基本的判断。因此，准确把握国际战略格局及其发展趋势，对于制定国家发展战略和政策，具有十分重要的意义。

（一）二战以来国际战略格局的演变

第二次世界大战彻底粉碎了以欧洲为中心的传统格局，英国和法国虽然取得了胜利，但是战争创伤严重，实力大为削弱，德、意、日等战败国退出国际政治舞台的中心。而美国和前苏联通过战争成长为两个最具有影响的超级大国。第二次世界大战以后，美苏两国的战时同盟关系迅速破裂，由同盟转为对手，形成长期的冷战格局。由于这一切，肇始于1945年2月雅尔塔会议所达成的东西方分割世界的框架协议，因此，人们把这种两极对垒、两大阵营对抗的世界格局称之为雅尔塔体制。它在世界格局重新整合的关键时期，为重建战后国际秩序确立了目标。

近半个世纪的冷战局面，以美国和前苏联为首的东西方两大集团，从各自的立场出发，在政治、经济、军事、文化各个领域内展开了全球范围的争夺和对峙。在意识形态上，美国和前苏联根本对立；在政治经济体制上，双方完全不同；在军事上，北约和华约两大军事集团相互对峙。两个超级大国为争夺世界霸权展开了长期的较量。这期间，它们之间虽然没有发生直接的武装冲突，但同样是剑拔弩张、惊心动魄。

1991 年，前苏联解体，两大格局崩溃，雅尔塔体制终结。45 年的"冷战"展现给世人的是一幅沉浮、变幻的历史画卷。有相互对抗而不妥协的战略关系维持；有国际政治力量的分化组合特别是第三世界的形成造成的极大冲击；有"实力"加"谈判"维持均势下美苏关系缓和。雅尔塔体制终结，是多种因素作用的结果。但重要原因之一是，由于前苏联走上霸权主义道路，社会主义国家的团结遭到破坏，阵营趋于瓦解。美国利用前苏联的国内困境，加紧实施的和平演变既定方针，加速了超级大国前苏联解体的进程。两极格局的瓦解，国际战略格局又一次发生了巨大转变。与以前不同的是，这次转变是在相对和平的条件下完成的。两极世界格局的打破，美国成为世界上唯一的超级大国，无论是经济、科技和军事实力，还是国际影响力、文化扩散力，都远远超过其他国家。但是，世界其他战略力量迅速发展，欧盟、俄罗斯和中国脱颖而出并不断发展壮大，成为世界公认的战略力量中心，给国际关系带来了前所未有的深刻变化。以往两级体制下对垒分明的情况消失了，代之以各国关系既合作又竞争的局面，竞争中有合作，合作中有竞争，而且综合国力的竞争逐渐加剧。随着和平与发展的时代特征越来越鲜明，这种变化的影响，将是持久的、深远的。综观国际战略格局的发展史，在其演变过程中，既有必然性，也有一定的偶然性；既有量变的积累，也有质变的飞跃；既有渐近的方式，也有突变的方式。循着这些规律性特点，我们可以更深入地了解格局演变内在的矛盾运动，从而更好地把握其本质特征。

（二）当代国际战略格局

冷战结束以来国际关系的发展演变，进一步揭示出和平与发展已成为新的时代主题，同时也表明国际关系正日趋复杂化。经济全球化使国际经济政治化和国际政治经济化的趋势进一步加强，各国之间政治与经济关系的交互作用更加明显。也带来许多需要国际社会通力合作才能解决的安全上和社会方面的新问题。目前，世界格局的基本特征是"一超多强"，趋向多级，正处于向多极化过渡的重要时期。

1. 和平与发展仍是当今时代主题

时代主题，是指人类社会某一发展阶段带有全球性、战略性和关于全局的核心问题。它是某一时代基本特征的集中反映，代表着这个时代的本质和发展趋势，规定着该时代各国人民相应的主要任务。在 20 世纪 80 年代，邓小平就指出，现在世界上真正大的问题有两个，一个是和平问题，一个是经济问题或者说是发展问题。和平问题就是反对霸权主义，维护世界和平，就是争取维护世界整体的非战争状态；发展问题主要是南北问题，既是发展中国家的经济发展问题，也是全人类的经济发展问题，是当今世界的核心问题。这就是说，当今时代的主题是和平与发展。

冷战结束以来，国际形势发生了深刻而又巨大的变化，对国际战略格局、国际秩序和国际机制产生重大影响，但和平与发展的时代主题并没有发生根本性改变。

一是在信息技术和知识经济的推动下，经济全球化已经成为当今世界最主要的发展趋势之一，加深了各国之间的相互依存关系。从发达国家对发展中国家能源和资源的依赖，以及发展中国家对发达国家技术和资金的依赖这种情况看，在客观上不允许再恢复到与世界生产力发展水平不相适应的国家间敌对或大国对峙的国际关系格局，从而推动和平与发展的潮流继续前进。

二是冷战结束后，其他诸强出于不同战略层面的考虑，均将处理与美国的关系放在最重要的位置。美国处于有利地位，但大国关系呈良性互动。它们主要采取经济、外交、政治等手段解决相互间的问题。特别是"9·11"事件后，美国的战略重点有所调整，美国要全力以赴打击恐怖主义和伊斯兰极端势力，在单边主义抬头的同时，明确了同其他大国长期合作的意愿，大国之间的协调和对话有所增强。尽管美国等西方国家在国际关系中推行霸权主义和使用武力的倾向在增长，但主要大国之间尚没有形成敌对、对抗关系，特别是类似于前苏联及华约集团那样的美国的全球战略性对手还不可能出现。对中国、俄罗斯等主要国家，美国的基本战略仍是主要通过接触或"伙伴关系"，把俄、中纳入美国、西方国家主导的国际体系，同时对中俄实施长期战略防范。美国与欧洲大国之间尽管在许多重大问题上，如北约和欧盟东扩、北约作用的发挥、部署弹道导弹防御系统以及伊拉克问题、伊朗核问题，甚至反恐问题上，有各种各样的矛盾分歧，但其同盟关系是能够基本维系的。近期国际社会广泛关注的俄美出现的激烈摩擦与较量，其实是俄、美的强国志与霸图心的摩擦与较量。因此，"有斗有和，斗而不破"的模式仍将是相当长一个时期大国关系的基本模式和特征。今后相当长一个时期，其他大国与美国之间将维系"有选择地合作"与"有节制地抗争"的态势。

三是发展经济和科技仍是各国国家战略的核心。当今，美国和欧盟在经济方面展开激烈的经济竞争，日本努力恢复其经济发展势头，俄罗斯已确立了以发展经济为中心的国家政策，中国经济将继续保持高速增长。各国更重视科技特别是科技创新和国际市场的竞争。因此，21世纪的格局取决于各国以经济和科技实力为中心的综合国力竞争。

四是南北矛盾更加突出，核心仍然是经济发展问题。这个由政治层面演变而来的突出矛盾，表明发展中国家主要任务是集中精力解决经济发展问题。

以上充分说明，在时代主题是和平与发展的背景下，国际安全形势的基本态势

第三章　国际战略环境

是总体稳定，中国的总体安全能够得到保证。当代国际格局的现状和特点，可以概括为：在国际战略格局中占主导地位的是大国关系；国际战略格局仍呈总体缓和、局部动荡的态势；当今国际格局使国防建设的重要性再度凸显。谋和平与求发展的合力推动着世界格局朝着多极化的方向发展，目前是重要的过渡时期。多极化的形成将是一个长期、复杂和曲折的过程。

2. 世界格局处于向多极化过渡的重要时期

（1）世界格局多极化是大势所趋。冷战结束后，特别是进入21世纪，世界形势向政治多极化、经济全球化、社会信息化和军事高技术化方向发展。因此世界格局多极化不仅是大势所趋，而且发展迅速，目前处于重要的过渡时期。除了美国在极力营造以它为领导的单极世界，大多数国家都致力于推进世界多极化。中国和包括俄罗斯在内的其他大国，均主张世界多极化、国际关系民主化、维护世界多样性，主张遵循公认的国际准则处理国际事务和国与国关系，主张加强联合国的作用。这不仅是对单边主义的制衡，更显示出世界格局多极化是大势所趋，不可阻挡。

从美国单边主义气势受挫收敛看，"9·11"后的一系列事态特别是发动的伊拉克战争，进一步激化了美国同伊斯兰世界的反美势力的矛盾，也使"先发制人"战略和单边主义在国内外遭到广泛质疑。目前美国面临的伊拉克难题、巴以冲突难题、朝核难题和伊朗核问题难题，都接受了联合国参与和其他大国的合作。国际社会对美国单边主义和"先发制人"的强烈批评与反对，体现了国际社会的理性思考；美国单边主义抬头的同时，明确了同其他大国的合作意愿，反映了美国在接受权力平衡理念的同时，有对其力量的分散使用和过度消耗的担忧。未来的世界不可能是美国一家独霸。

从主要大国的战略关系观察，虽然存在分歧与摩擦，但保持着有效的战略沟通，主要采用经济、外交、政治、文化等手段解决相互间的问题。大国政治与安全关系保持基本稳定，国际战略力量对比严重失衡的局面有所改善。这表明，除了美国之外的主要大国追求力量及其影响力（政治、安全或经济贸易等方面）的相对均衡化，是走向摒弃强权政治的国际关系民主化，是承认世界各国发展道路和模式的多样化。同时，也是美、欧、俄、中等各大战略力量相互借重、相互制衡，没有任何一种力量能够操纵控制世界，也没有任何一个大国能够为所欲为、独断专行的多极化。国际社会近年来广泛关注俄罗斯经济持续增长，综合国力不断增长。正如俄罗斯外交部长拉夫罗夫在对2006年外交工作进行总结时特别强调的，"俄罗斯因素"在国际事务中的作用大大提高，不仅仅是因为俄国内实力增强，而且在于俄善于明确捍卫自身利益及正确把握当今世界的发展趋势①。可以这样认为，对于俄

---

① 于宏健：《俄罗斯向美国说"不"》，《人民日报》，2007年3月2日。

罗斯如此迅速地开始在经济上康复和恢复自己的国际地位，不是所有人都有思想准备的；中国经济保持了稳定中求增长的良好态势，在全球发展与和平事业中日益增大的发言权和影响力，使中国的国际地位明显提高，特别是中国与各大国建立的各种合作关系，为中国提供了回旋余地更大的国际舞台。中俄两国加强在国际和地区事务中的战略协作，为维护世界和平、促进共同发展将作出更大贡献，不仅造福两国人民，而且造福世界各国人民。中俄不断加强合作将成为世界政治多极化体系的基础，是抵制美国企图建立单极独霸世界的主要力量。

（2）多极格局的形成将是一个长期、复杂和曲折的过程。目前，国际战略形势总体上进入了一个大调整时期，多极与单极的斗争，反霸与称霸的斗争，遏制与反遏制的斗争，干涉与反干涉的斗争，分裂与反分裂的斗争，将更加激烈复杂。因此，多极格局的形成面临长期斗争。

一是美国成为唯一的超级大国以后，试图抓住这个千载难逢的机会，极力营造以美国为领导的单极世界。多极与单极的矛盾，是当今国际斗争的主要矛盾。从国际政治的角度看，美国建立单极世界的图谋由来已久，冷战时期与苏联争霸为达此目的而不妥协；冷战后，成为唯一超级大国，政治野心再度膨胀，致力于建立由它自己主导的稳定的霸权体系。建立单极世界的图谋在美国战略构想上表现得淋漓尽致：政治上以西方的价值观，尤其是美国的价值观改造世界，构筑世界新秩序；经济上推动经济全球化来确保美国繁荣；安全上确保美国优先，确保美国的绝对安全，绝不允许出现能够挑战美国利益的地区强国、国家集团和国际势力。为此，美国笼络其盟友，对可能的挑战者进行防范和遏制，轻则经济制裁、政治孤立，重则军事打击，甚至不惜发动战争。其他诸强从力量上看，虽然对美国构成一定牵制，在战略意图上也不满美国的霸权战略，但它们从不同层面均有求于美国，均将处理与美国的关系放在最重要的位置，不存在战略上联合制衡美国的动机和能力。因此美国将在相当长时期内，是唯一有能力、有野心称霸全球的国家，在相当长时期内处于有利乃至主导地位。从美国推行全球战略看，"新布什主义"的出笼，旨在注重盟友关系，重点突出全球民主改革，作为其对外战略的主要目标，其实是通过外交手段寻求"民主联盟"中的主导地位，并不意味着削弱军事手段的作用。美国国防部2001年9月30日发表的《四年防务评估报告》，经过审视新的国际战略形势，认为美国在20世纪后半叶建立的全球和地区军事基地体系已经不适应新的战略环境的需求。为此，美国在欧洲推进北约东扩，试图在东欧国家部署导弹防御系统，旨在加强构建对俄罗斯的"包围圈"，从外部对俄战略空间进行遏制性挤压。这是好强自尊的俄罗斯人难以接受的。从国际政治的角度看，美国的霸图心与俄罗斯的强国志是一种结构性的冲突与矛盾，在不久前举行的第四十三届慕尼黑安全会议上，俄罗斯总统普京措辞严厉地抨击了美国单边主义、滥用武力，在东欧部署反导系统以及北约东扩。其罕见的强硬立场深刻折射出俄美两国在核心价值观和根本

第三章 国际战略环境

利益上的分歧。在太平洋方向则强化美日同盟，特别是加速推进美日军事一体化进程；与此同时美国提高售台武器质量的意向日益显现，美台军事合作也在加速"融合"，表明对中国的遏制明显加强，是对中国崛起的制约，防范中国同其他国家一起抗衡美国。近年来，美国又拓展了中亚和中东两个战略方向。这都表明，美国在尽可能维持单极世界中其一超独霸地位，势必严重迟滞多极化的发展。

二是主要战略力量的平衡需要一个较长的过程。从现实情况看，国际战略力量对比严重失衡的局面仅有所改善，全球战略格局和力量对比的客观现实是，以美国为代表的发达国家在联合国、世界贸易组织、世界银行、国际货币基金组织等全球性国际组织中占据着主导地位，而且在世界经济、国际安全领域继续保持现存秩序和有利于它们的规则。冷战结束10余年间，国际力量对比不但没有实现从美国向其他大国转移、从大国向中小国家转移，反而出现了反常的"逆转移"现象。在直接组成多极框架的五大力量中心中，俄罗斯的内部情况渐上轨道，还会面临经济、政治之动荡，力保大国之路充满艰辛，仅靠军事实力以较高低而不注重综合实力的提高，是难以解决战略力量失衡问题的。日本重振经济，特别是开拓新的经济增长模式，但全球经济的增速在减缓，需求在减弱，对高度依赖出口的日本经济前景并不乐观。特别是日本政府是继续和平发展道路还是争当政治、军事大国，国际社会特别是亚洲国家密切注视并高度警惕。欧盟政治整和远未完成，安全合作阻力还很大，其内部又矛盾重重，尚不具备大国的行为特征。中国是发展中国家，硬力一时难与美、欧、日相提并论，特别是军事实力还不可能与美国抗衡，"软国力"也有待进一步"培育"，更面临着非传统安全的威胁。客观情况表明，在相当长的时间内，仍将保持"一超独强"的局面。建立在各大战略力量对比均衡结构基础上的多极格局，不可能在短期内实现。

鉴于此，我们必须坚持用宽广的眼界观察世界，提高科学判断国际形势和进行战略思维的水平，提高应对国际局势和处理国际事务的能力。中国坚持走和平发展道路，要统筹好国内国际两个大局，要妥善应对纷繁复杂的国际安全趋势。必须从国际安全的战略层面观察当今国际战略格局的发展趋势。它集中体现在，多极与单极的斗争，将成为国际斗争的主要矛盾；经济全球化不断加快，将导致国际国内安全面临更多的挑战；美国等西方大国继续强化军事同盟和推行霸权主义、强权政治政策，将使国际安全机制遭到更严重的破坏。

二、当前国际安全形势

国际安全形势是国际战略环境的综合体现。一般可以认为，国际安全形势的科学分析与判断，能集中反映国际战略环境的主要特征，也能体现国际战略格局的特点。《2006年中国的国防》白皮书，是我国对国际安全形势的整体评估，更有中国坚持走和平发展道路的郑重选择与庄严承诺，以及遵循发展与安全相统一的安全战略思想。

和平与发展仍然是当今时代的主题。国际安全形势总体稳定的基本态势进一步发展，但不稳定不确定因素也在增多，新挑战新威胁不断出现。

世界和平与发展面临的机遇大于挑战。世界格局处于向多极化过渡的重要时期，国际战略力量对比严重失衡的局面有所改善。各主要力量既相互牵制和竞争，又相互协调、彼此借重和务实合作。一些发展中大国和区域集团实力增强，发展中国家整体力量上升。经济全球化趋势深入发展，科技进步突飞猛进，国际分工体系深刻变动，全球和区域经济合作生机勃勃，国家间相互依存的利益关系逐步加深。传统安全领域对话不断增多，非传统安全领域的合作深入发展。各国更重视通过国际协调合作和多边机制解决发展和安全问题。联合国在国际事务中的地位和作用得到维护和加强。世界大战和大国全面对抗在较长时期内可以避免。

国际社会面临的威胁日趋综合化、多样化和复杂化，天下仍不太平。国际政治、经济、安全矛盾以及地缘、民族和宗教等矛盾错综复杂，霸权主义和强权政治仍是影响国际安全的重要因素，非传统安全威胁更加突出，局部战乱时起时伏，一些地区热点短期内难以消解。经济全球化影响从经济领域向政治、安全和社会领域扩展，世界经济发展不平衡，南北差距继续扩大，能源、金融、信息和运输通道等方面的安全问题上升。国际恐怖势力依然猖獗，重大恐怖事件不断发生。自然灾害、严重疫病、环境恶化、国际犯罪等跨国性问题危害越来越大。

世界新军事变革向纵深发展，以信息化为主要特征的军事竞争加剧，军事力量对比失衡的局面没有明显改变。一些发达国家加大军事投入，加快研发高新武器装备，抢占新的军事制高点。许多发展中国家也在更新武器装备，加强军队现代化建设。防止大规模杀伤性武器扩散形势严峻复杂，国际防扩散机制面临重大挑战。少数国家强化军事同盟、在国际事务中使用武力或以武力相威胁的做法有新的发展，不利于国际安全形势的改善。

亚太地区安全形势保持基本稳定。区域经济发展呈现前所未有的良好态势，平等、多元、开放、互利的地区合作局面正在形成，多边安全对话与合作逐步深化。上海合作组织进入务实发展的新阶段，为开拓建立新型国家关系模式作出了贡献。东盟稳步推进共同体建设。推进与域外国家自由贸易区谈判。以东盟与中日韩（10＋3）为主渠道的东亚合作已成为内容日益丰富、机制不断完善的合作体系，在促进地区和平、稳定、繁荣方面继续发挥重要作用。东亚峰会为东亚合作提供了新的平台。南亚区域合作取得了重要进展，印巴关系相对缓和。

亚太地区安全中的复杂因素继续增多。战略力量和大国关系开始新的调整，热点问题有新的变化。美国加快调整军事部署，增强在亚太地区的军事能力。美日强化军事同盟，推进军事一体化。日本谋求修改和平宪法和行使集体自卫权，军事外向化趋势明显。朝鲜试射导弹，进行核试验，朝鲜半岛和东北亚局势更趋复杂严峻。伊拉克、阿富汗局势仍然动荡，中东形势更加复杂。解决伊朗核问题进程曲折。领土和海洋权益争端、民族和宗教纠纷影响着国家间的互信与合作。恐怖主义、分裂主义、极端主义威胁依然严峻。一些国家经济社会发展进入转型期，内部矛盾趋于上升。

中国的安全环境总体有利。中国致力于全面建设小康社会和构建社会主义和谐社会，经济发展、政治稳定、民族团结、社会进步的局面得到巩固，综合国力显著上升，国际地位和国际影响逐步提高。中国与主要大国务实合作继续发展，与周边国家睦邻友好不断推进，与广大发展中国家的全面交往深入发展，与各国互利共赢的格局逐步形成。中国政府采取一系列改善和发展台湾海峡两岸关系的重大措施，推进两岸关系形势朝着和平稳定方向发展。

但是，中国的安全仍面临着不可忽视的挑战。国内和国际因素关联性增强，传统与非传统安全因素相互交织，维护国家安全难度加大。反对和遏制"台独"分裂势力及其活动的斗争复杂严峻。台湾当局实行激进"台独"路线，加紧通过推动所谓"宪政改造"谋求"台湾法理独立"，对中国的主权和领土完整、台海及亚太地区的和平稳定构成严重威胁。美国多次重申坚持一个中国政策、遵守中美三个联合公报、反对"台独"的立场，但美国继续向台湾出售先进军事装备，并与台湾加强军事联系和往来。少数国家炒作"中国威胁论"，加强对中国的战略防范与牵制。周边复杂而敏感的历史和现实问题，仍对中国的安全环境产生影响。

中国坚持走和平发展道路，统筹国内国际两个大局，妥善应对纷繁复杂的国际安全形势。中国依据发展与安全相统一的安全战略思想，对内努力构建社会主义和谐社会，对外积极推进建设和谐世界，谋求国家综合安全和世界持久和平；统筹发展与安全、内部安全与外部安全、传统安全与非传统安全，维护国家主权、统一和领土完整，维护国家发展利益，维护国家发展的重要战略机遇期；努力构建互利共赢的合作关系，促进与其他国家共同安全。

第三节　我国周边安全环境

所谓周边是指与中国领土、领海相连接的国家和地区。中国的周边环境主要是指中国周边的大国和地区的安全环境，涉及的大国有美国、日本、印度和俄罗斯；地区包括东北亚、东南亚、南亚和中亚。周边安全环境是国家战略环境的基本组成部分和重要构成因素，是中国所处的国际环境中最重要的组成部分之一。中国对外积极推动建设和谐世界，首先要从周边做起，和谐周边是和谐世界的基石。为此，周边国家的发展态势、相互关系以及对华政策动向即周边安全环境，是我们必须高度关注的问题。多年来，我们一直致力于营造睦邻友好的周边环境，因为我们最大的机遇在周边，最大的挑战在周边；最有希望的也在周边，最容易出问题的还是在周边。

　　随着中国自身的发展以及国际和地区形势的变化，作为地处亚洲大陆东部、太平洋西岸的大国，中国特殊的地缘环境以及与周边国家在历史上和现实中存在的复杂关系，对中国安全环境构成影响。我们所指的安全，既包括传统意义上的军事、政治安全，也包括近年来日益引起重视的反恐、经济、能源等"非传统安全"内涵。中国周边安全环境体现为两个层面、多重内容。两个层面：一是中国与周边国家的双边关系层面；二是区域合作的多边层面。不论双边关系还是多边关系，又都包含着政治、军事、经济、能源和环境等多重内容。中国的周边环境和国家安全，是一个非常值得我们认真研究的与国家安全休戚相关的重大理论问题和现实问题。

一、我国周边安全环境的历史演变

　　中国的周边安全环境，既与中国面临的客观外部环境直接相连，也与中国内部的社会环境息息相关，还与世界及中国自身的军事发展形势紧密相关。

　　新中国成立之初，需要集中精力在战争废墟上进行国家建设，改善人民生活。但国内的安全形势是国民党在大陆的残余势力尚末肃清，盘踞在台湾的蒋介石集团在美国的军事支持下伺机反攻大陆。特别是由于美苏分别结成激烈对抗的资本主义和社会主义阵营，中国被迫卷入其中，美国对我国进行全面封锁。与此同时，中国周边新独立的国家在走向民族复兴之路时，却不幸又被大国斗争的阴影所笼罩，又一次被卷入大国斗争的旋涡。随着美苏之间冷战的加剧和美国对华政策的破产，美国调整了对日本的政策单独对日媾和，并签订了《美日安保条约》。美国在日本、韩国、台湾及东南亚地区建立和部署了一系列军事基地和相当数量的军事力量，直接参与了 20 世纪 50 年代的朝鲜战争和 60 年代的越南战争，并支持台湾当局对中国东南沿海地区进行军事窜犯，使我国整个东部方向上面临巨大安全挑战。进入 60 年代，由于苏联霸权主义日益抬头，最终导致中苏两个社会主义大国分道扬镳，并发生了 1969 年珍宝岛武装冲突，中国同时面临苏、美两个超级大国的军事威胁。中国政府加强战备，顶住了外来压力，并取得了对印边境自卫反击战的胜利。70 年代，中美关系改善，但前苏联在中苏边境上陈兵百万，来自苏联的威胁有增无减，国防仍面临巨大压力。中国采取了一系列行之有效的措施，维护了国家安全，并取得了中越边境自卫反击战的胜利。1978 年党的十一届三中全会召开，中国分析判断国际安全环境和国际形势趋于冷静客观。80 年代中期以后，随着和平与发展时代特征的凸显，国际安全形势相对缓和，中国的安全环境逐步得到改善。但随着西方国家"和平演变"攻势的加强，"资产阶级自由化"思潮开始泛滥，对中国社会主义制度构成威胁。

　　冷战后期，在多种因素的作用下，东西方关系缓和；随着妨碍中苏关系正常化的"三大障碍"的逐步消除，中国周边地区安全形势进入相对稳定的时期。冷战结束后，中国的安全形势进一步好转，与周边国家特别是与大国的关系得到改善和加强。周边安全形势进入了一个相对稳定的历史时期。目前，中国的周边安全环境总体有利，但是，中国安全仍面临不容忽视的"挑战"。从维护国家综合安全上看，国内和国际特别是周边因素关联性加强，传统与非传统安全因素相互交织，维护国家安全难度加大。反对和遏制"台独"分裂势力及其活动的斗争复杂严峻。少数国家炒作"中国威胁论"，加强对中国的战略防范与牵制。周边复杂而敏感的历史问题和现实问题，仍对中国的安全环境产生影响。

二、我国周边安全环境现状及趋势

（一）我国周边环境处在中华人民共和国成立以来的较好时期

冷战结束后，两极格局解体，美国成为世界上唯一的超级大国，大国关系进行了深刻的调整。"9·11"事件后，国际安全形势发生新的变化，大国关系经历了新一轮调整。中国努力抓住世界和平与安全面临的机遇大于挑战这一时机，围绕发展这个第一要务，高举和平、发展、合作的旗帜，坚持独立自主的和平外交政策，坚持走和平发展道路，推行睦邻友好、与邻为善、与邻为伴政策，努力为我国改革开放和社会主义现代化建设营造良好的周边环境。为此，中国与周边大国的关系不断改善，与周边地区的经济合作态势良好，安全合作不断深化。中国的周边安全环境总体来说是比较好的。

从中美关系的重要性不仅仅是影响中国周边安全的一个单一变量，而且还是影响其他变量的全局性变量看，"9·11"事件后，美国将国际恐怖主义和伊斯兰激进势力视为主要敌人，将防止大规模杀伤性武器的扩散视为国家安全的首要任务。美国认识到，在反恐、核不扩散的重大问题上都离不开中国的合作，尤其在维护朝鲜半岛和平稳定、防止大规模杀伤性武器的扩散、打击跨国犯罪、维护世界局势和平稳定等方面有着共同利益和巨大的合作潜力。同时，随着中国融入国际社会和全球化进程的深入发展，两国经济相互依存性增强。2006年6月，胡锦涛主席成功访美，中美领导人2006年多次会晤，就全面推进21世纪建设性合作关系达成共识。两国合作加深，关系得到改善，美国对华政策表现出寻求合作而不是对抗的基本取向。不但在一段时间内排除了把我国视为主要的战略对手的可能性，而且增加了同我国进行战略合作的需要。中美关系的缓和与改善，使我国的国际战略回旋余地加大，国际地位进一步提高。

冷战时期，北方一度曾经是我国周边安全的心腹大患，如今却成为相对和平的地区。中国与俄罗斯的战略协作伙伴关系持续发展，显示出无比的生命力。胡锦涛主席在对俄罗斯进行国事访问并出席在俄罗斯举办的"中国年"开幕式等活动前夕，于2007年3月20日在人民大会堂接受俄罗斯媒体联合采访时指出，当前，中俄关系蓬勃发展，达到前所未有的水平。双方按照《中俄睦邻友好合作条约》的原则和精神，以互办"国家年"活动为契机，全面推进政治、经贸、科技、人文领域的务实合作，取得了丰硕的成果。两国在朝鲜半岛核问题、伊朗核问题等重大国际和地区事务中密切配合，为维护世界和平稳定发挥了重要作用①。胡锦涛强调，坚定不移地推动中俄战略协作伙伴关系向前发展，实现世代友好，是两国和两国人民的共同愿望和必然选择②。从中亚地区看，以上海合作组织作为平台，中国和中亚五国的关系在安全、经济及能源合作方面取得了令人瞩目的成就。上海合作组织作为一种新型国际安全模式，所取得成功经验即一直遵循"互信、互利、平等、协商、尊重多样文明，谋求共同发展"③ 的"上海精神"。胡锦涛主席在接受俄罗斯媒体联合采访时也同时指出，上海合作组织各成员国互为友好邻邦和重要合作伙伴，有着加强合作的政治意愿和开展合作的坚实基础，各领域合作具有巨大潜力和美好前景④。上海合作组织的合作主要包括：维护地区和平，共同打击"三股势力"，打击非法贩卖毒品和武器及其他跨国犯罪；加强区域合作，推动贸易和投资便利化；开展科技、教育、卫生、文化、体育及旅游领域的相互协作，等等。目前，成员国正集中精力推进安全、经济、人文领域的务实合作，致力于给成员国人民带来更多实际利益。

从地缘角度看，南亚在亚洲处于相对独立的地位，在西方殖民主义入侵亚洲以前，中印两国从来没有发生过冲突，也不存在什么主导权之争。中印两国都倡导和坚持国家间彼此平等、互不干涉内政的国际关系基本准则，中印两国之间也从来没有根本的利益冲突。尽管两国过去曾受到边界的困扰，但是近年来双边关系发展迅速。随着《关于在中印边境实际控制线地区保持和平与安宁的协定》、《关于在中印边境实际控制线地区军事领域建立信任措施的协定》、《中印关系原则和全面合作的宣言》、《关于解决中印边界问题政治指导原则的协定》等的签署，特别是"面向和平繁荣的战略合作伙伴关系"的建立，中印以合作为主流，两国关系尤其是经贸关系有了长足发展。同时，南亚次大陆的印巴对抗这一传统的热点呈现出逐步冷却的态势。目前，中、俄、印均主张世界多极化、国际关系民主化、维护世界多样性，主张遵循国际法准则处理国际事务与国与国的关系，主张加强联合国的作用。可以说，中俄印不断加强合作将成为世界政治多极化的基础。

在当今经济全球化和地区一体化的趋势下，东盟国家之间的内部合作愿望比以往任何时候都更加强烈。东盟稳步推进共同体建设，推进与域外国家自由贸易区谈

---

① 《胡锦涛主席接受俄罗斯媒体联合采访答问全文》，《光明日报》，2007 年 3 月 26 日。

② 《胡锦涛主席接受俄罗斯媒体联合采访答问全文》，《光明日报》，2007 年 3 月 26 日。

③ 《胡锦涛在上海合作组织成员国元首理事会第六次会议上的讲话》，《人民日报》，2006年 6 月 16 日。

④ 《胡锦涛主席接受俄罗斯媒体联合采访答问全文》，《光明日报》，2007 年 3 月 26 日。

第三章　国际战略环境

判。以东盟与中日韩（10＋3）为主渠道的东亚合作已成为内容日益丰富、机制不断完善的合作体系，在促进地区和平、稳定、繁荣方面继续发挥重要作用。东亚峰会为东亚合作提供了新的平台。中国与东盟国家建立对话关系15年来，双方关系不断深化和密切。随着中国正式加入《东南亚友好条约》，《南海各方行为宣言》、《中国东盟全面经济合作框架协议货物贸易协议》、《中国—东盟争端解决机制协议》、《落实中国—东盟面向和平繁荣的战略伙伴关系联合宣言的行动计划》等的签署，无论是合作的内容还是合作的层次，都上了一个新台阶。东盟可以说是中国崛起的一个战略支点。从顶住1997年亚洲金融危机的压力，为东南亚国家分忧解难；2004年的印度洋海啸灾难中，向灾区提供援助，给予人道主义救助，帮助建立海啸预警系统，免除一些国家的外债，共同对付地区灾难，中国以自己的行动展示了负责任的大国形象。

　　在中国周边环境中，中日关系和朝核问题构成两个最棘手的方面，东北亚地区这两方面形势的发展对中国安全环境的发展态势至关重要。2006年9月安倍晋三接任日本首相，给中日改善关系带来新的机遇。安倍表示要加倍努力改善同中国和韩国等亚洲邻国及俄罗斯的关系，并于当年10月8日访华，成为五年来首次访华的日本首相。中日政治关系开始走出谷底。2007年4月11日温家宝总理访问日本，在东京机场发表讲话时指出，今年是中日两国邦交正常化35周年，两国关系的改善和发展面临重要机遇。他强调指出，我此访的目的是增进政治互信，深化互利合作，扩大友好交流，推动中日关系长期、健康、稳定地向前发展①。中日双方在东京发表《中日联合新闻公报》，双方决心正视历史，面向未来，共同开创两国关系的美好未来。双方再次确认，根据2006年10月安倍首相访华时双方发表的《中日联合新闻公报》，努力构筑"基于共同战略利益的互惠关系"。该公报说，关于台湾问题，日方重申一个中国的原则；东海问题，根据互惠原则共同开发；防务交流，加强两国防务当局联络机制，防止海上发生不测事态；联合国改革，加强对话努力增加共识；关于朝核问题"六方会谈"合作，致力于实现半岛无核化；启动经济高层对话机制。公报还确认，两国外长就双边及共同关心的地区和国际问题保持密切合作②；朝核问题的"六方会谈"的重启，是中国在各方之间的穿梭斡旋并发挥了东道主的建设作用。各方承诺与行动的兑现有了期待，东北亚的紧张形势得到缓解，并且体现了中国作为负责任的大国不可替代的作用。多年来，中国积极参与东北亚区域合作的选择符合世界经济发展的客观规律，也是实现尽快发展中国经济，实现贸易国际化的正确选择。

---

　　① 《温家宝总理同安倍晋三首相会谈》，《人民日报》，2007年4月12日。

　　② 《中日联合新闻公报》，《人民日报》，2007年4月12日。

（二）影响中国周边的不安全因素

当前国际社会面临的安全威胁日趋综合化、多样化和复杂化，天下仍不太平。亚太地区安全中的复杂因素继续增多。中国的安全仍面临不可忽视的挑战。当前，在中国周边环境中直接影响中国国家安全的不安全因素主要有以下几个方面。

第一，作为世界上唯一的超级大国，美国对华战略极大地影响中国的周边安全。"遏制+接触"构成美国近20年来对华政策的基调，防范加接触是美国对华战略的一贯方针。众所周知，美国全球战略的核心是维持对全球事务的主导权（或称之为"霸权"），在这一总体战略的指导之下，它的亚太战略就是防止在亚太地区出现挑战其主导权，导致现有秩序和格局逆转的新兴大国。美国对华战略都是围绕维护霸权这一核心展开的。美国最担心中国的发展可能将会导致美国在亚洲影响力的降低，甚至将美国最终"挤出"亚洲。为此美国防范中国崛起的态势走向成型，使我国维护安全的难度加大。当前值得注意的有三个动向：一是美国围绕"中国是否是负责任的大国"的议论。2006年8月31日，主管亚太事务的助理国务卿柯庆生在美国国会美中经济与安全审议委员会举行的听证会上，又老调重弹美国对中国人权与宗教自由、贸易不平衡、防扩散、军事透明度以及支持所谓的"问题国家"等问题的批评。他明确提出中国目前还不是"负责任的相关者"。关于"负责任"内涵的不同认定，折射出在什么是"应该的国际关系"这一问题的认识上，中美两国在理念上存在着深刻的分歧。中国所谓的"负责"是对世界负责，中国不认为美国在这个问题上具有裁判的资格。此外，责任是相互的而不是单向的，要求中国对美国负责，那么美国也应当对中国负责。一方面大量对台军售，另一方面还指责中方"军事不透明"，这是中国不能接受的。这不仅构成中美关系振荡的原因之一，而且将涉及国际体系的多个层面，无疑增大我们的外部压力。二是近年来美国国防部的《四年防务报告》和白宫的《国家安全报告》中有关中国的部分，无不透露出"中国威胁论"的论调，从而突出对中国防范的一面。如称"中国军事力量的发展已经达到了改变地区军力平衡的程度"，指责中国在全球寻求能源安全的方式和市场开放不够。这些报告不仅把中国列为其关注的主要目标之一，而且映射出对华采取强硬立场乃至加紧进行包围中国的军事部署。三是美国继续调整和加强其在亚太的军事部署，同时美日同盟也在悄然经历新一轮强化，对中国周边安全构成长远威胁。自20世纪90年代冷战结束以来，作为美国全球军事调整的重要部分，美国一直在调整它的亚太军事布局，以更多的战略注意力关注亚太地区，以日美安保体制为核心，巩固和加强双边军事同盟关系。美国当前军事调整出于多方面考虑，有反恐之需要，有应对可能发生的冲突，战略设想是应对正在崛起的国家。美日同盟作为冷战的产物，不仅没有随着冷战的终结而退出舞台，反而一再得到强化，成为美国亚太战略的支柱。近年来，美日同盟更是经历了新一轮强化。特别值得关注的是，美日安全磋商委员会会议（"2+2"会议）把属于中国内政的台湾问题纳入了它们的"共同战略目标"。所有这些，对中国及亚太地区的和平稳定将产生负面影响。尤其是日美同盟中军事一体化进程已经损害到第三国的安全利益，对中国的周边环境构成挑战。综合起来看，美国对中国未来的发展方向，对中国将如何使用正在壮大起来的力量感到不放心；中国对美国到底有多担心中国，提防、牵制中国究竟会到什么程度也拿不太准，这种"相互疑虑中的相互依存"，决定了中美关系是在离心的地缘政治和向心的经济利益上朝着相反的方向用力，使我们维护国家安全的难度加大。

第二，日本追求政治大国与军事大国的既定目标，在后小泉时代不会发生转变。这是小泉政治的惯性作用，以及日本社会越来越强烈的民族保守主义之诉求所决定的。从安倍的政治理念、政权构想与外交政策等方面看，如果能够稳固政权，将继续推行强硬的保守路线。从其走向将直接牵涉到我国的东部安全环境看：一是修改"和平宪法"，加快谋求政治大国或"正常国家"的步伐。安倍竞选时表示要在"五年内完成修宪"，"容许行使集体自卫权，明确写上拥有自卫军"，这是"作为独立国家的前提条件"。其军事外向化趋势明显，亚洲国家普遍关注。与此同时积极谋求成为联合国安理会常任理事国。二是安倍提出开展"战略性亚洲外交"，近一年的新动向是倡导所谓"亚洲民主国家联盟"，作为对中国批评其历史问题的反制手段，这是日本部分政要公开配合美国所谓"转型外交"，并议论中国的民主化，试图把中国的政治体制和"中国威胁论"联系起来，作为制衡中国的手段。值得我们警惕的是，日本部分政要倡导的所谓"亚洲民主联盟"，正在被一些"台独"分子不遗余力地加以鼓吹利用。更值得我们特别警惕的是，一个所谓的美日台联盟的雏形正在隐然形成，这个联盟不仅是军事联盟，更是所谓的民主联盟，利用所谓民主问题向中国施加压力也不是没有可能的。三是日本视日美同盟为国家安全的支柱，加速推进日美军事一体化。日美举行"2＋2"安全磋商会议，确认朝鲜危机和台海问题为"共同战略目标"。扩大日美联合演习、训练的深度和广度。协作提高弹道导弹防御能力，提前部署导弹防御系统，构成攻防兼备的战略体系。加强在防空、反扩散、反恐等10多个领域的合作，双方确认有事时制定共同的作战计划，日本将给予美军"不间断的支持"。双方还将在武器装备技术上进行合作研制和生产，建立日美共同应急机制，实现情报共享，提高日美联合指挥和作战能力。四是加强军事力量建设与扩张，军事大国化步伐明显加快。日本强化日美同盟和推进修宪的过程，实质是为军事强国松绑。"防卫厅"升格为"防卫省"，2007年1月9日正式挂牌，这意味着日本将进一步加强军事建设，海外派兵合法化将使自卫队成为开出国门的军队。目前日本在军事实力已远远超出防卫需要的情况下，仍然连年以军费世界排名第二的速度扩充军备，使武器装备高技术化、超大型化和远洋化，势必打破东亚地区的战略平衡，给地区安全稳定带来负面影响乃至恶化地区安全环境。甚至不能排除中日之间有可能发生局部冲突。

第三，台湾问题是目前牵制中国人民精力最大、影响中国国家安全的最现实而迫切的不安全因素，反对和遏制"台独"分裂势力及其活动的斗争复杂严峻。一是陈水扁当局大搞"台独"和"去中国化"的分裂活动，是台湾海峡局势紧张和动荡的根源所在。目前，陈水扁当局实行激进台独路线，加紧通过推动所谓"宪政改造"谋求"台湾法理台独"，对中国的主权和领土完整、台湾及亚太地区的和平稳定构成严重威胁。值得注意的还有，马英九因涉嫌贪污受到台湾检方起诉，辞去中国国民党主席职务并决定 2008 年参选台湾地区领导人。岛内蓝绿两大阵营的政治斗争出现新的变数，原本就错综复杂的台湾政坛由此更加动荡不安。不能排除"台湾"分裂势力通过"宪改"谋求"台湾法理独立"的冒险活动，在未来一年多时间里，千方百计寻找机会，制造事端，甚至可能铤而走险，孤注一掷，以求一逞。二是时至今日美国仍不肯放弃对台湾事务的干预。美国多次重申坚持一个中国政策，遵守中美三个联合公报，反对"台独"的立场，但是美国继续向台湾出售先进军事装备，与台湾加强军事联系和往来的态势短期内不会改变。尤其值得注意的是，美台军事合作加速"融合"。三是美日同盟的强化对台海局势稳定产生着影响。将台湾问题明确列为两国"共同战略目标"，纳入日美防卫合作的范围。不仅是向台湾当局发出的错误信号，而且表明日本将在亚洲及其他地区更加紧密地配合美国的行动，美国和日本将更进一步公开地介入台湾海峡的事务。这样就增加了引起台海紧张局势的可能性，从而损害台海和亚太地区的和平稳定。

胡锦涛主席在出访俄罗斯前，于 2007 年 3 月 20 日接受俄罗斯媒体联合采访，回答记者关于两岸关系的提问时强调指出，当前两岸关系发展受阻的主要症结，在于台湾当局拒绝一个中国原则，不承认"九二共识"，而且加紧推动通过"宪改"谋求"台湾理法独立"，企图把台湾从中国分裂出去。这是全体中国人民坚决不答应的①。

第四，恐怖主义等非传统安全威胁上升。在中国周边，中亚和东南亚都是恐怖主义势力活动猖獗的地区。中亚地区是连接欧亚大陆的战略要地，其民族、宗教成分复杂，各国边界分布多在崇山峻岭之间，为恐怖势力的生存和活动提供了条件。中亚地区与我国西部相连，居住着一些有共同宗教信仰的跨界民族。中亚地区的恐怖势力利用这一地理、文化特点，不断向我国渗透，与我国西部境内外的"东突"等恐怖势力、民族分裂势力、宗教极端势力勾结呼应，妄图建立所谓的"东突厥斯坦"，严重影响我国周边的安全和稳定。美国利用反恐介入中亚、南亚和东南亚，给周边安全带来新的复杂因素。地缘、民族和宗教与政治经济矛盾相互作用，涉及周边地区的局部战争、武装冲突和重大恐怖事件时有发生。随着我国改革开放进程的加快和更深地融入国际社会，信息、能源、金融、环境安全领域的威胁也在

---

① 《胡锦涛主席接受俄罗斯媒体联合采访答问全文》，《光明日报》，2007 年 3 月 26 日。

上升。我国在能源、金融和对外经贸等方面的风险不断扩大，事实迫使中国国家安全的视角必须关注非传统领域的安全问题。如我国的西南边境、东南沿海在走私、贩毒、偷渡、非法移民等跨境犯罪方面问题突出，对外经济贸易摩擦增加，面临的"三股势力"威胁依然严峻。表明中国国家安全面临的挑战，是国内和国际因素关联性增强，传统和非传统安全因素相互交织，维护国家安全的难度加大。为此，除了传统的军事安全之外，非传统安全因素的重要性日益凸现，将成为影响今后中国与周边国家关系的重要变量。

三、我国周边战略方针

随着中国自身发展及国际和地区形势的变化，一个和平稳定的周边是创造良好的外部环境的根基。中国的发展离不开周边，周边国家的安全、稳定与繁荣牵动着中国。从政治上看，周边是我国维护国家主权和发挥国际作用的首要依托，是中国倡导的新安全观与和谐世界等国际理念实践的重要舞台。中国与周边国家保持良好关系，有助于消除"中国威胁论"和稳定大国关系，从根本上打破对中国的战略遏制，缓解我们所承受的战略压力；从经济上看，周边是我国对外开放、开展互利合作的重要伙伴，中国对外贸易额的 60% 以上是在周边地区实现的，中国所加入的区域性经济合作组织或机制也主要集中在周边地区，中国与周边相互依存。从安全上看，中国与周边息息相关，中国周边国家历史遗留的传统安全问题尚未消失并出现新的情况，非传统安全问题在一些国家日趋突出。周边国家对台湾问题所持的态度，将对我们营造反对"台独"和促进统一的良好环境有着重要影响。在东海、南海与有关国家的岛礁最终归属和海洋权益上的争端大都还未解决，将使我们维护主权和海洋权益的斗争面临严峻挑战。朝鲜半岛稳定和无核化进程仍存变数。印巴之间的"冷和平"并不意味着矛盾的消除。美国在中国周边重组和加强军事存在，强化日美同盟，刺激日本追求政治大国、军事大国的步伐明显加快，等等。这些都对中国安全环境有着重大影响。面对中国周边环境中存在的不安全因素，为了搞好同周边国家在内的全世界各国的双边或多边关系，为中国的发展创造良好的外部环境，维护好国家安全，采取正确的对外战略，执行正确的周边安全战略，是我国长远战略利益的需要。

（一）中国的对外战略

中国对外战略的总体目标是：维护世界和平，加强同各国的合作，积极推动建设和谐世界。其内涵十分丰富，它主要体现在：一是主张顺应历史潮流，维护全人类的共同利益，我们愿与国际社会共同努力，积极促进世界多极化，推动多种力量和谐共存，保持国际社会的稳定；积极促进经济全球化朝有利于实现共同繁荣的方向发展，趋利避害，使各国特别是发展中国家从中受益。二是主张建立公正合理的国际政治经济新秩序。各国政治上应相互尊重，共同协商，而不应把自己的意志强加于人；经济上应相互促进，共同发展，而不应造成贫富悬殊；文化上应相互借鉴，共同繁荣，而不应排斥其他民族的文化；安全上应相互信任，共同维护，树立互信、互利、平等和协作的新安全观，通过对话和合作解决争端，而不应诉诸武力或以武力相威胁。反对各种形式的霸权主义和强权政治。中国永远不称霸，永远不搞扩张。三是主张维护世界多样性，提倡国际关系民主化和发展模式多样化。四是坚决反对霸权主义、强权政治和一切形式的恐怖主义。各国的事情应由各国人民自己决定，世界上的事情应由各国平等协商。主张在反恐问题上加强国际合作，标本兼治，反对反恐搞"双重标准"。

（二）中国的周边战略方针

目前，我国的周边安全战略构想可概括为："卫主权、求和平、保稳定、谋合作、促发展"。卫主权，即捍卫和维护国家领土主权的完整和统一，捍卫和维护海洋权益。求和平，即反对霸权主义、强权政治，维护周边、亚太地区和世界和平。保稳定，即确保稳定的政治环境和社会秩序，致力于稳定周边环境。谋合作，即在和平共处五项原则和公认的国际关系准则基础上，谋求与周边国家在经济、科技、军事、环保、防止跨国犯罪等领域建立和发展友好关系。促发展，即以加快发展经济为中心，发展科技和教育事业，发展社会主义文化，发展国防力量，发展民族团结，发展生态环保工程，增强综合国力。在与周边各国交往中，注重外交理念的和平性，军事战略的防御性，安全政策的合作性，承认各国的自主性，尊重地区的多样性，使我们坚持与邻为善，以邻为伴的方针和睦邻、安邻、富邻的政策更为全面和成熟。以和平、安全、合作、繁荣为周边政策目标，积极推动睦邻友好和区域合作，从而积极推动建立公正合理的国际政治经济新秩序。

1. 坚持睦邻友好

睦邻友好是我国周边外交的精髓。加强睦邻友好，就是要不断加强增信释疑与互利合作，巩固同中小国家的关系，全面推进同周边大国的关系。

我们与周边中小国家的友好关系历经时势变迁考验，具有强大生命力，他们是我们靠得住的朋友，信得过的伙伴。对他们，我们必须坚持平等相待，相互尊重，坚持互信互利，谋求共同发展，避免强加于人，防止大国沙文主义。

我们将本着求同存异，和睦相处的精神，努力扩大同周边大国的共同利益，全面推进同周边大国的关系。中俄两国互为最大邻国，俄罗斯是世界主要的战略力量之一。胡锦涛主席在出访俄罗斯前夕，于 2007 年 3 月 20 日接受俄罗斯媒体联合采访时指出："坚定不移地推动中俄战略协作伙伴关系向前发展，实现世代友好，是两国和两国人民的共同意愿和必然选择。"他强调，着力以下 4 个方面推动两国关系深入发展：一是增强政治互信，在涉及国家核心利益的问题上继续相互支持。二是本着互利共赢精神，推动两国经贸、能源、科技等领域务实合作。三是扩大人文领域交流合作，增进两国和两国人民的相互了解和友谊。四是加强两国在国际和地区事务中的战略协作，为维护世界和平，促进共同发展作出更大贡献①。

中日关系正处在一个关键时期，中国和日本在东北亚地区乃至世界上都是有重要影响的国家。日本首相安倍晋三访华，胡锦涛主席在出席亚太经合组织会议期间与安倍会晤，就进一步发展中日关系达成共识，温家宝总理2007年4月11日访问日本，达成构建"基于共同战略利益的互惠关系"。温家宝总理在和安倍晋三首相会晤时指出，为构建中日战略互惠关系，双方要从战略的高度和长远的角度来把握两国关系的方向，积极推行以下六个方面的工作：一是恪守中日三个政治文件的原则，信守承诺，维护两国关系的政治基础。二是增加高层交往，就双边关系中的重大问题及时进行沟通。三是深化互利合作，通过高层经济对话机制，推进两国节能、环保、金融等领域的合作。四是加强两军交往和安全对话，加快建设两军海上危机管理机制。五是扩大人文交流，重点办好中日文化体育交流年活动。六是密切在国际和地区事务中的磋商与协调，推动区域合作进程和实现东北亚地区的长治久安发挥建设性作用②。

中印两国发展面向和平与繁荣的战略合作伙伴关系符合中印两国人民的根本利益。我们将努力增进相互了解，加强政治对话，扩大经济合作，同时建立中、俄、印三方机制，加强应对国际社会面临的新威胁和新挑战的能力。胡锦涛主席在回答"是否可以说，俄中印三国不断加强合作将成为世界政治多极化体系的基础"的记者提问时指出，中国、俄罗斯、印度都是世界上有影响的国家，在重大国际和地区问题上有许多共同利益和相同立场。三国均主张世界多极化、国际关系民主化、维护世界多样化，主张遵循公认的国际法准则处理国际事务与国与国关系，主张加强联合国的作用。中国、俄罗斯和印度开展三边合作，不针对任何第三方，有利于三国自身发展，也利于地区乃至世界的和平发展③。

2. 加强区域合作

区域合作是中国周边外交的重点投入领域。加强区域合作，就是要加快推动上海合作组织和东亚合作以及其他区域和次区域合作的全面发展，积极探索符合本地区特点及各方利益的政治、经济与安全合作模式。

上海合作组织成员国互为友好邻邦和重要合作伙伴，有着加强合作的政治意愿和开展合作的坚实基础，各领域合作具有巨大潜力和美好前景。我们应集中精力推进安全、经济、人文领域的务实合作，给成员国带来更多实际利益。同时，加强该组织的自身建设。

我们将以东盟和中日韩的合作（10＋3）为东亚合作主渠道，继续尊重和发挥

① 《胡锦涛主席接受俄罗斯媒体联合采访答问全文》，《光明日报》，2007年3月26日。
② 《温家宝总理同安倍晋三首相会谈》，《光明日报》，2007年3月26日。
③ 《胡锦涛主席接受俄罗斯媒体联合采访答问全文》，《《人民日报》，2007年4月12日。

东盟的重要作用，在深化经济融合的同时，以非传统安全领域为切入点，推动"10＋3"逐步开展政治和安全对话，丰富其合作内涵，引导其全面发展。同时，我们也要加强中日韩三边协调与合作，为深化东亚合作做出贡献。我们将以东亚合作为区域合作核心，同时支持其他区域或次区域合作机制，最终形成整个亚洲多层次、多样化、相互联系又相互促进的复合型地区合作框架。

3. 积极推动建立公正合理的国际政治经济新秩序

多年来，我们一直主张建立公正合理的国际政治经济新秩序。十六大的政治报告从政治、经济、安全和文化四个方面就建立新秩序作了明确阐述，丰富了新秩序的内容，形成了我们的新秩序观。周边国家大多同我们有着相似的历史遭遇和现实处境，在国际和地区事务中立场相近，在建立新秩序问题上共识较多，周边可以成为我们建立新秩序的首要实践场。

我们提出新秩序，不是要抛弃或否定现行秩序，而是要对其中不合理、不公正之处进行调整和改革，使之能够反映大多数国家和人民的共同利益，推动实现国际关系的民主化。我们倡导新秩序，不是要排他，而是希望实现开放、包容和共赢。我们重视发展与美、俄、欧等大国和地区的关系，重视与他们就亚洲问题加强对话与协调，愿意看到他们为本地区的和平、稳定与发展发挥建设性作用。

长期以来，我们在周边坚持大小国家平等相待，坚持和平解决争端，如和平协商，合情合理地解决边界纠纷，"搁置争议，共同开发"，解决国际间的领土和权益争端，坚持不干涉别国内政，可以说是对政治新秩序的实践。我们与东盟建设自由贸易区，促进互利共赢的经济融合，谋求共同发展与繁荣，是对经济新秩序的实践。我们推进上海合作组织，倡导树立以互信、互利、平等、协作为核心的新安全观，是对安全新秩序的实践。我们尊重周边国家不同的文化、宗教和历史背景，推动多种文明和平共处，可以说是在文化领域对新秩序的实践。我们将本着积极稳妥的精神，与周边国家一道，继续沿着这个方向作出努力。

今天任何一个国家都要与国际政治经济乃至安全发生联系，并受其影响和制约。当今世界已经成为一个紧密联系又错综复杂的整体，孤立于世界之外的国家和地区是不存在的。因此，一个国家确立睦邻政策，优化周边环境，进而驾驭国际形势，已经不是这个国家或其统治者具有何种胸怀、何种风范的问题了，而是环境的逼迫使然，人民的要求使然。

中国坚持走和平发展道路，这是由中国的国情、文化传统和国家制度决定的。我们的发展不会影响任何国家，更不会威胁任何国家。中国现在还是一个发展中国家，我们不称霸。中国要成为一个发达国家，还有很长的路要走。即使中国发达了，也永远不会称霸①。积极促进周边国家的发展振兴与和平稳定，是中国的既定

---

① 温家宝接受日本媒体联合采访，《人民日报》，2007 年 4 月 5 日。

方针。"睦邻"、"安邻"和"富邻"① 是中国实现自身发展战略的重要组成部分。当前，中国周边外交既有正确的理论指导，又有多年来打下的坚实基础，一定可以为中国和平崛起打造出一个有利的周边环境。

思 考 题

1. 什么是国际战略环境？
2. 当前国际战略格局的主要特点是什么？
3. 简析当前国际安全形势。
4. 简析我国周边环境中存在的不安全因素。
5. 试述我国周边战略方针。

---

① 温家宝在东盟商业与投资峰会上的演讲：《中国的发展与亚洲的振兴》，《人民日报》，2003 年 10 月 12 日。

第四章　军事高技术

"科学是一种在历史上起推动作用的、革命的力量"①。在人类文明演进的过程中,科学技术不仅是第一生产力,而且是军队变革的第一推动力。不论是在科学技术刚刚萌芽的古代,科学技术走向成熟的近代,还是科学技术飞速发展的现代,科学技术始终是世界军事发展和变革的直接推动力。科学技术的发展必然导致武器装备的更新和作战方式、作战理论以及战争形态的演进。但是,无论科学技术如何发展,武器装备怎样更新,战争形态如何演进,战争给人类带来的只能是血腥和灾难。为了制止战争的发生,为了在未来战争中立于不败之地,我们必须学习和掌握军事高技术。

第一节　军事高技术概述

一、军事高技术的概念与特点

(一) 军事高技术的概念

所谓高技术是指"建立在现代化科学技术全面发展基础上,处于当代科学技术前沿的,对提高生产力、促进社会文明、增强国防实力起先导作用的技术群。它主要包括相互支撑、相互联系的六大技术群,即信息技术群、新材料技术群、新能源技术群、生物技术群、海洋技术群和航天技术群"②。与一般技术相比,高技术有高智力、高投资、高竞争、高风险、高效益、高渗透、高速度七大特点③。所谓军事高技术就是应用于军事领域的高技术。具体地说,"军事高技术是建立在现代科学技术成就基础上,处于当代科学技术前沿,对武器装备发展起巨大推动作用的那部分高技术的总称"④。

---

① 《马克思恩格斯选集》第 3 卷,北京:人民出版社 1972,575 页。
② 总参军训部编:《军事高技术知识教材》上册,北京:解放军出版社 1995,1 页。
③ 参见余高达主编:《普通高等学校军事理论教程》,北京:国防大学出版社 2003,211~212 页。
④ 总参军训部编:《军事高技术知识教材》上册,北京:解放军出版社 1995,2 页。

（二）军事高技术的特点

尖锐的对抗性。军事活动的对抗性决定了军事高技术的对抗性。"任何一方都竭力在尖锐的对抗中争取于己有利的形势，利用最先进的技术研制武器装备，以求利用技术上和武器装备上的优势击倒对方"①。

效果的突袭性。军事高技术的发展，特别是理论或技术上的重大突破，往往因其技术上和战术上的创新性，在军事上造成突袭性或突然性，使敌方在战争中处于非常被动地位。

系统的综合性。科学技术的发展使军事高技术一体化趋势日渐明显，主要表现在软硬武器一体化。在软（电磁压制）硬（火力压制）武器一体化的同时，软武器和硬武器自身逐步实现一体化。

应用的双重性。军事高技术发展呈现军民技术一体化趋势。主要表现是：国防科技由军用转为民用的时间间隔越来越短，有的技术甚至一开始研究就着眼于军民结合。

高度的保密性。由于军事高技术在国家安全和军事上特别重要，导致"各国都从国家的战略利益出发，力图保持对军事高技术的严格控制"②，而绝不会像民用高技术那样为了获取利润而轻易转让某种军事高技术。

二、军事高技术对现代作战的影响

（一）提高了作战能力

先进的信息侦察手段与一体化的战场信息传输网络相结合，形成了立体化的侦察情报体系，使战场透明化程度日益提高；大量精确制导武器的使用不仅使武器的打击精度提高，而且使火力的突击效率明显增强；大量现代化机动平台的投入不仅导致火力和兵力兵器机动距离远程化，而且使军队作战反应速度明显加快。"如在火力反映方面……已由过去的几小时缩短为几分钟甚至更短的时间"③；信息技术的迅猛发展，C^4ISR 系统将各种武器系统、各类作战要素、各种物质资源组合成一个有机的整体进行有效的作战，使战斗力成倍增长；伪装与隐形技术的广泛应用，加之同时综合运用预警、诱饵干扰、装甲加固、防电磁脉冲等技术，共同构成了现代作战有效的综合防护体系。

（二）扩大了作战空间

兵力兵器远距离作战能力空前提高，使作战空域向大纵深发展，其主要表现是：侦察距离增大。高技术侦察装备可以在全球范围内实施全纵深、大面积的侦察

---

① 赵景露，钟海主编：《当代军事高科技教程》，北京：军事谊文出版社 2000，26 页。

② 赵景露，钟海主编：《当代军事高科技教程》，北京：军事谊文出版社 2000，27 页。

③ 秦志章主编：《军事教程》，武汉：武汉大学出版社 2003，97 页。

与监视；武器的射（航）程增大。随着火炮与导弹射程以及机动平台航程的增加，导致作战距离更远，兵力机动力提高。"海湾战争的战场范围东起阿曼湾，西到地中海，南至吉布提，北达土耳其，包括两湾（阿曼湾、波斯湾），两海（地中海、红海）约1 400万平方千米的广大地区"①。这说明兵力兵器远距离作战能力的提高，使得实施大纵深作战成为可能。随着武器装备的分布高度增大，作战行动从"空地一体"、"海空一体"发展到"陆海天一体"的立体化作战。"高低结合的立体化作战已经成为现代作战的基本样式"②。战争的维度也已从以前的陆、海、空三维扩展到陆、海、空、天、电磁"五维一体"的新形式。

（三）改变了作战方式

机动作战广泛采用。随着侦察监视能力、远程机动能力、部队反应能力和指挥控制能力以及夜间作战能力的提高，机动作战的地位发生显著的变化。近期的局部战争实践表明，传统的阵地战已经不再是主要作战方式，机动作战开始主导现代战场。

空袭反空袭成为基本的作战样式。海湾战争以来的局部战争，基本上从空袭行动开始并贯穿始终。空中突击不仅对加速作战进程发挥着极其重要的作用，甚至在一定程度上决定了战争的胜负。"空袭"已经上升为一种基本的作战样式，有些情况下甚至构成独立的作战阶段。因此，反空袭作战已经和空袭作战一起成为现代的基本作战样式③。

电子对抗贯穿始终。由于在现代战场上，电子化的各种武器和武器平台，特别是电子战的各种武器平台几乎布满整个作战空间，任何军事行动都摆脱不了电子装备的监控，所以现代作战只有首先从电子战开始，并且在整个作战过程中始终贯穿电子战手段的综合运用，以己方强大的电子战优势压制、削弱以至摧毁对方的电子战能力，才能保障己方的作战行动顺利进行。

联合作战成为基本方式。海湾战争尤其是伊拉克战争表明，作战力量的构成更加多元化，各军兵种尤其是空军的独立作战能力空前提高，从而使作战行动在陆、海、空、天、电磁等多维领域同时展开，每一个空间都成为整个战场不可分割的组成部分。联合作战已成基本的作战方式④。

三、军事高技术的发展趋势

信息技术的发展趋于主导地位。海湾战争以来的局部战争充分表明，现代战争

① 参见总参军训部编：《军事高技术知识教材》上册,北京：解放军出版社 1995,11 页。
② 总参军训部编：《军事高技术知识教材》上册,北京：解放军出版社 1995,11～12 页。
③ 参见秦志章主编：《军事教程》，武汉：武汉大学出版社 2003，98～99 页。
④ 参见秦志章主编：《军事教程》，武汉：武汉大学出版社 2003，99～100 页。

对作战信息的获取、传输、利用和对抗已经发生了质的跃迁。军事信息技术在作战中已经趋于主导地位。只有下大力发展信息化系统的高技术作战手段，才能赢得未来战争的胜利。

精确打击技术将登上新台阶。其发展趋势为：改进推进技术，扩大打击范围；采用智能技术，提高打击精度；完善突防技术，提高突防能力；降低生产成本，提高通用化程度。

新概念武器逐步走向实用化。新概念武器的工作原理、功能作用和杀伤机理与传统武器截然不同。目前研发的这类武器主要包括定向能武器、动能武器、气象武器、次声波武器以及基因武器等。

作战平台向着信息化、隐形化和全向机动方向发展。随着信息技术、隐形技术和运载技术不断发展，车辆、舰船、飞机等各种机动作战平台向着信息化、隐形化、更大机动范围和全向机动的方向发展。

指挥自动化技术向系统集成一体化方向发展。指挥自动化系统即通信、指挥、控制、计算机和情报监视和侦察系统（C^4I 系统），是所有信息化武器和整个军队的中枢神经，它将各个作战单元充分黏合一起，使其行动协调，发挥出整体效益。C^4ISR 系统与精确打击武器一起构成的探测打击系统是信息战争的核心，依靠这种系统可以实现"发现即摧毁"的目标。美军特别强调，"要取得全谱优势，就必须继续构建一体化的、复合的武器装备系统，特别是建立通用的 C^4ISR 系统"[①]。

第二节　高技术在军事上的应用

一、探测技术

（一）探测技术概述

1. 探测技术的概念

探测技术是指为获取目标与背景有关的信息所采取的技术。目标与背景的相关信息包括：力、热、声、光、电、磁或外貌形状差异等特征信息。在军事上，发现、识别、监视、跟踪和定位目标，以及武器的制导和控制武器平台的导航和驾驶等都需要探测目标与背景的相关信息。从理论上讲，自然界中任何物体及其所产生的现象都有一定的特征，并且与其所处的环境有差异。目标与环境之间的任何差异，都可直接由人的感观或借助一些技术手段加以区别，这就是目标可以被探测到的基本依据。现代探测系统的工作过程大致是：目标的特征信息（即力、热、声、

---

①　军事科学院外国军事研究部译：《备战 2020——美国 21 世纪初构想》，北京：军事科学出版社 2001，24 页。

光、电、磁等特征信息）在向外传输时被探测器接收，然后对所接收的信号进行加工处理，并进行图像显示或予以记录。

2. 探测技术的基础知识

探测技术是通过探测目标辐射或反射的电磁波或声波来判明目标的。物理学告诉我们：任何物体都具有向外辐射和反射电磁波的能力。但是同一物体对不同波长的电磁波的辐射或反射能力是不同的，这种辐射与反射能力随波长的变化关系称为波谱特性。物体千差万别的波谱特性是探测与区分目标的主要依据。

辐射特性。任何物体在温度高于绝对零度（−273℃）时，"将不断地以电磁波的形式向外释放能量，称为热辐射"①。不同的物体的热辐射的强度不同，这成为探测设备探测与识别目标的重要依据。另一方面，同一物体处于不同温度时，其热辐射能量按波长的分布也不同。温度高，不但热辐射的总量增大，而且能量多数分布在波长短的一侧。温度越高，峰值波长越短。"例如一般军事目标的温度多在 −15℃~37℃之间，辐射波长约为 9~10 微米，处于红外波段"②。

反射特征。"同一物体对不同波长的电磁波反射能力（光谱反射能力）并不相同；不同物体对同一波长的电磁波反射能力也不同。物体对可见光的不同反射性，决定了它们自身的颜色"③。

探测设备通常远离目标，所以目标发射和反射的电磁波需通过大气传输到探测设备。电磁波的波长不同，在大气中的传输能力也不同。由于大气中的水气、二氧化碳、臭氧等气体分子对不同波段的电磁波有不同程度的吸收作用（称为选择性吸收），结果使有些波段的电磁波被削弱，有些波段甚至消失。被大气层吸收较少的波段（即大气透过率较高的波段）通常形象地称为"大气窗口"。探测器材只能选用大气窗口的电磁波段进行工作。目前知道的大气窗口有：0.3~1.3 微米；1.4~2.5 微米；3~5 微米；8~14 微米；大于 1.5 厘米。

声波是由物体的振动产生的。物体振动时，迫使周围的空气也跟着一疏一密地振动，并逐步向外传播，当这种振动到达人耳时，又迫使人耳鼓膜跟着振动，于是我们就听到了声音。声音的传播即为声波。声波在空气中的传播速度是 340 米/秒，在水中的传播速度为 1500 米/秒。人们根据声波的传播特征，研制了各种声学探测仪器，它们能根据声音的大小、频率、方位来探测敌目标。

3. 工作方式及主要用途

探测技术按工作方式可分为有源探测技术和无源探测技术两类。有源探测技

---

① 赵景露，钟海主编：《当代军事高科技教程》，北京：军事谊文出版社 2000，45 页。

② 赵景露，钟海主编：《当代军事高科技教程》，北京：军事谊文出版社 2000，45 页。

③ 参见赵景露，钟海主编：《当代军事高科技教程》，北京：军事谊文出版社 2000，45 页。

术，又称为主动探测技术，是利用探测器发射的雷达波、红外线、激光、可见光或声波等对目标进行照射，通过接收目标反射、散射的信号进行观察或测量的技术。雷达就是利用自身发射的电磁波进行主动探测的。无源探测技术又称为被动探测技术，是指利用目标自身发射或反射的能量，如雷达波、红外线、激光、可见光或声波，对目标进行观测或测量的技术。这里，"被动"一词专指不照射目标，仅接受目标的信号。

探测技术主要应用于：战场侦察，监视，情报收集，目标分类；目标指示，识别，跟踪，瞄准；打击效果评估等。目前典型的探测技术主要有：雷达探测；水中目标探测；光学探测；地面传感器探测以及无线电通信探测等。

4. 探测技术对作战的影响①

扩大了作战空间。现代探测技术装备可以覆盖整个战场并在全球范围内进行全纵深、大面积的侦察和监视。作战侦察距离的增大，扩大了信息获取量，为实施远距离作战提供了条件。

改善了信息获取手段。探测技术的发展，使现代战争的情报侦察方式发生了变革，现代战争的情报侦察主要是使用配备有先进的光、电、磁传感器的探测设备，包括地面侦察站、侦察船、侦察飞机、侦察卫星等手段，获取军事情报，为制订作战计划和作战行动提供依据。

增强了作战指挥的时效性，提高了指挥质量。现代侦察监视技术特别是卫星、遥感技术应用于军事领域后，不仅使军队获取信息的范围显著增大，而且速度和准确率也大大提高。高技术探测装备这种实时、快速、准确传递信息的能力和手段，极大地提高了作战指挥的时效性。

对作战指挥人员提出了更高的要求。现代侦察监视技术在战场上的运用要求指挥员能运用现代科学知识，采取最优化的指挥方式、充分发挥现代侦察监视手段的作用，提高搜索、处理战场信息的速度和准确率，提高作战指挥的时效性，以适应现代化战争的要求。

促进了反探测技术的发展。随着卫星、遥感器等新技术在军事上的运用，使战场"透明度"越来越大，部队隐蔽行动企图更加困难，必须探索新的伪装方法和行动方法，以提高战场的生存能力和达成战役战斗的突然性。

（二）探测技术在军事上的应用

1. 雷达

雷达原意为"无线电探测和测距"，"是利用物体对无线电波的反射特性来发

---

① 参见总参军训部编：《军事高技术知识教材》上册，北京：解放军出版社 1995，66～68页。

现目标和测定目标状态（距离、高度、方位角和运动速度）的一种侦察方式"①。雷达具有探测距离远、测定目标速度快、精度高、能全天候使用等特点。

雷达的工作原理：目标的距离是根据电磁波从雷达传播到目标所需要的时间（即回波信号到达时间的一半）和光速（每秒30万千米）相乘而得的。目标的方位角和仰角是利用天线波束的指向特性测定的。根据目标距离和仰角，可测定目标的高度。当目标与雷达之间存在径向相对运动时，雷达接收到目标回波的频率就会发生变化。这种频移称为多普勒频移，它的数值与目标运动速度的径向分量成正比。据此，即可测定目标的径向速度"②。

雷达分类：尽管雷达的种类非常多，但是按照雷达的功能，把主要的军用雷达分为搜索雷达和跟踪雷达两大类。搜索雷达主要用于对空对海监视、早期预警等，以尽早发现来袭导弹和飞机。跟踪雷达用于连续跟踪特定目标，不断地精确测量并输出目标坐标位置。

现代雷达主要有：相控阵雷达、脉冲多普勒雷达、合成孔径雷达、双多基地雷达、超视距雷达。

相控阵雷达：相控阵雷达的天线由很多小的收发天线单元按一定规律排列而成，形成一个大的天线阵面，每一个单元都可以独立地被电子控制。雷达天线阵的波束就是由所有小阵元发射的电磁波信号合成得到。相控阵雷达的特点：由计算机控制，形成多种波束，对付多种目标，完成多种功能。波束变化控制的反应时间快，获取目标的数据率高。很高的工作可靠性能。有利于电子系统化。

脉冲多普勒雷达：脉冲多普勒雷达是指采用脉冲波形来完成多普勒频率处理，同时实现测距和测速功能的雷达。脉冲多普勒雷达突出的技术优势在于能够从地物等背景中探测到运动目标。它通过抑制地物的静止杂波来发现运动的目标。

合成孔径雷达：雷达的天线相当于光学仪器的物镜，孔径越大，辐射和接收的雷达波能量越大，雷达的作用距离越远。利用雷达与目标的相对运动，把雷达在不同位置接收到的目标回波进行集中处理，可以使小孔径天线起到大孔径天线的效果，获得高的目标分辨率。

双多基地雷达：如果收发天线分开，并相距较远的距离放置，如几十千米至上百千米，由此而形成的雷达系统叫做双基地雷达；由一个发射站和多个接收站共同组成的雷达系统称为多基地雷达。双多基地雷达的特点：（1）反隐身：由于双基地雷达接收的散射信号与发射信号存在一定的夹角，这样目标的散射信号强度就与单基地雷达的情况不一样，因此有利于对外形隐身目标的探测。（2）抗反辐射攻击：由于接收和发射站分置，也有利于抗反辐射导弹的攻击。

①　总参军训部编：《军事高技术知识教材》上册，北京：解放军出版社1995，30页。
②　总参军训部编：《军事高技术知识教材》上册，北京：解放军出版社1995，31页。

第四章　军事高技术

超视距雷达：超视距雷达就是利用电磁波在电离层与地面之间的反射或电磁波在地球表面的绕射，探测地平线以下目标的雷达。按电波传播途径分，有天波超视距雷达和地波超视距雷达两种。

2. 声呐

声呐（Sound Navigation and Ranging）原意为"声波导航与测距"。声呐的基本原理：水对无线电波和光波有强烈的吸收作用，所以雷达和一般的光学探测设备无法探测水下目标。相比之下，声波在水中的传播速度可达 1500 米/秒，而且传播距离很远。声呐就是利用声波在水中的这种传播特性制成的一种探测设备。其工作原理与雷达十分相似。

3. 光电探测技术

光电探测技术是将光学和电子技术以及其他相关技术结合起来的探测技术。工作频率分布在可见光、红外和紫外波段。光电探测技术主要包括：可见光探测、激光探测、多光谱探测（即多光谱照相和多光谱扫描）、微光夜视探测、红外线探测（红外夜视仪和热成像仪）。

多光谱探测：同时使用多台设备分别在各个不同光谱带上对同一目标进行照相或扫描成像，将得到的可视目标图像或光谱曲线，与预先测得的各种目标辐射或反射的光谱信息比较，即可鉴别目标。多光谱照相侦察的工作波段范围在可见光到近红外波段（波长 0.35 ~ 1.35 微米）。

微光夜视探测：微光夜视技术的物理基础是大自然的夜间存在夜天微光，军事目标和背景对夜天微光的反射率各不相同。微光夜视仪的基本原理：用大孔径光学装置收集景物所反射的夜天微光，将其放大到 10 万倍以上，使景物亮度增强至可被视觉感知的程度。微光夜视仪的主要应用：夜间在前沿阵地侦察敌方地形、火力配系与人员活动情况；轻武器和火炮的夜间瞄准；坦克装甲车辆的夜间隐蔽行驶；安装在小型舰艇或潜艇上监视敌方水面舰艇的活动或实施攻击。

红外夜视仪：世界上一切物体每时每刻都在向外发出红外辐射，但红外辐射不论强弱都不能引起人的视觉反应，红外夜视仪则可以把红外辐射增强并转换成人眼能够察觉的可见光，帮助实现夜间观察。热成像仪的基本原理：用红外光学装置收集景物发出的热辐射，用阵列探测器（或扫描成像装置）将光信号转换成电信号，用照片或电视屏幕显示景物热辐射分布图。热成像技术的优势：夜间红外光很强；热成像光谱范围内的可利用光子数是微光像增强器所利用的"夜天微光"光子数的百万倍；热辐射透过雾、雨、雪的能力优于可见光；可用于识别某些伪装和热痕迹轮廓。

4. 探测设备运载平台

探测设备运载平台主要包括侦察机、电子侦察船、地面电子侦察站、侦察卫星。如：

SR-71 侦察机：装备光学照相机、红外照相机、电子侦察设备和合成孔径雷达，侦察高度 24 千米，航程 4800 千米，最大速度 3.5 马赫，可发现地面各种目标。

E-3A"哨兵"预警机：用于陆基大范围巡逻；载机为波音 707-320B；起飞重量 147.4 吨，升限 9 千米，续航力 11 小时；低空目标 300～400 千米，中空目标 > 400 千米；雷达天线直径 9.14 米、高 1.8 米；9 千米高空巡航，能跟踪 370 千米范围 600 个目标，控制 40 多个拦截任务；AN/APY-1 雷达最大探测距离 1200 千米；2.4 亿美元/架。

侦察直升机 OH-58D：最大航程达到 891 千米，续航时间达到 4 小时，加装惯性导航系统，全球定位系统 GPS，数字地图等，可以直接向坦克或步兵战车传送目标信息。

（三）探测技术的发展趋势

1. 发展新型的探测监视装置

随着探测技术的不断改进，各种反探测设备和伪装隐身技术也得到了相应的发展。为了识别伪装与隐身，提高探测效果，必须发展新型的探测监视装置。例如：新型有源相控阵雷达；第四代激光雷达；第三代灵巧型焦平面阵列热像仪等。

2. 探测、监视与攻击系统一体化

探测、监视与攻击系统一体化就是将部队的探测监视系统与武器装备有机地结合起来，使探测监视系统组网立体化、硬件配置一体化，从而构成一个合理的整体，以便及时发现和摧毁目标。例如美海军的"宙斯盾"系统，其全称为"全自动作战指挥与武器控制系统"，该系统包括 6 大部分：相控阵雷达、计算机系统、指挥决策系统、武器控制系统、武器火控和发射系统、战备状况检测系统。"宙斯盾"系统具有强大的防空、反舰和反潜等作战性能，其关键设备是 AN/SPY-1A 多功能相控阵雷达系统。它能实施全方位搜索，可同时跟踪监视 400 个来袭目标，并能自动及时跟踪其中 100 个危险目标，并实施有效打击。

3. 强化探测系统的功能

为了达到既能获得多种信息，又能增加探测监视的效果，探测手段的发展趋于多样化，并且将探测功能与对抗功能并重发展。例如美国 COTOL 电视/红外/激光探测（火控）系统由红外、激光、电视三种传感器和监视器组成，各种传感器获取的目标信息可相互补充、相互验证。

4. 发展新型航空航天探测平台

通过发展新型战略侦察机、小卫星和微卫星、高性能无人侦察机和微型侦察飞行器等方式，打造新型的航空航天侦察平台，进一步提高探测效果。如美国"全球鹰"高空、长航距无人侦察机升限 20.5 千米，续航时间 42 小时。它装置了非常先进的电子侦察系统，包括由热成像仪和数字光学摄影机组成的传感侦测系统，还有 X 波段雷达,机上获得的图像资料可通过数据链传给地面指挥中心。最远的飞行距离可达 2.6 万千米,可从美国本土飞往全球任何地点。巡航速度为 740 千米/小时,巡航高度最高达两万米。探测系统作用距离为 20 ~ 200 千米,平均每天可探测 1900 个点目标。特别适于执行战略侦察、通信中继和抗干扰任务。

二、反探测技术

现代探测技术引人注目的发展,必然刺激与之相抗衡的反探测技术的发展。现代军事伪装在大量采用传统伪装技术的同时,不断对之加以改进和完善,并越来越多地采用高新技术措施予以提高和发展。其中,崭新的隐身技术的出现就是传统的伪装技术向高技术领域扩展和延伸的结果。

(一) 伪装技术

1. 伪装技术概述

(1) 伪装的概念与基本原理。所谓伪装,就是进行隐真示假,为欺骗或迷惑敌方所采取的各种隐蔽措施。具体地说,"伪装是通过隐蔽真目标、设置假目标、实施佯动、散布假情报和封锁消息等措施,以降低敌方探测器材(包括人员)的侦察效果,提高目标的生存能力,使敌方对己方军队的行动、配置、作战企图和各种目标的位置、状况等产生错觉,造成指挥失误,从而实现己方军队行动的自由,最大限度地发挥兵力兵器的作战效能,取得战役、战斗的胜利"①。

伪装的基本原理:"减小目标与背景在光学、热红外、微小波段等电磁波段的散射或辐射特性的差别,以隐蔽目标或降低目标的可探测特征;模拟或扩大目标与环境的这些差别,以构成假目标欺骗敌方。②" 由于任何目标均处于一定的环境之中,目标与背景之间在外貌、特性方面各不相同,两者之间存在差别,这种差别使得目标易被各种侦察器材所发现。目标的可探测特征包括:形状、电磁波、热辐射等。军事伪装就是通过利用电子的、电磁的、光学的、热学的、声学的技术手段,改变目标本身特征信息,实现目标对周围环境的模拟复制,降低或消除目标的可探测特征,以实现目标的"隐真";或者模拟目标的可探测特征,仿制假目标以"示假"。

(2) 伪装技术的分类。按伪装所对付的探测与制导器材的工作频谱范围可分为光学伪装、热红外伪装、反雷达伪装和反声测伪装。

光学伪装。光学伪装主要是根据目标与背景之间反射光的差别,按照目标的伪装要求,采取各种措施(遮蔽技术、融合技术、示假技术)消除、降低和模仿这种差别。

---

① 总参军训部编:《军事高技术知识教材》上册,北京:解放军出版社 1995,75 页。
② 总参军训部编:《军事高技术知识教材》上册,北京:解放军出版社 1995,75 ~ 76 页。

热红外伪装。热红外伪装主要是根据目标与背景辐射红外线的差别，按照目标的伪装要求，采取各种措施（遮蔽技术、示假技术）消除、降低和模仿这种差别。

反雷达伪装。反雷达伪装主要是根据目标与背景之间反射或发射无线电波的差别，按照目标的伪装要求，采取各种措施（遮蔽、融合、电子对抗、示假等技术）消除、降低和模仿这种差别。

反声测伪装。反声测伪装主要是根据目标与背景之间反射或发射声波的差别，按照目标的伪装要求，采取各种措施消除、降低和模仿这种差别。

（3）伪装对作战的影响①。伪装是对付敌方侦察的最主要手段。在现代战争中，陆、海、空、天、电多维的高技术侦察手段已能使整个战场处于"透明"状态。因此，伪装不但直接关系到军事目标的安危，而且影响到军事行动能否付诸实施。在高技术侦察手段日臻完善的今天，伪装是对付敌方侦察和实施己方作战保障的主要手段。

伪装在现代战争中是强有力的防御盾牌。尽管现代侦察手段和打击兵器性能优越，但伪装是进行防御的非常有效的手段，它能有效地降低敌方侦察器材的侦察效果和武器（包括精确制导武器）攻击的命中率，减少人员、武器装备、工事和各类目标被毁伤。

伪装在现代战争中是有效的进攻手段。现代伪装技术的发展和应用，极大地增强了进攻性武器装备的突防能力，从而增加了突袭的成功率。伪装已成为进攻作战必不可少的手段。

2. 伪装在军事上的应用

伪装在军事上的应用主要包括：天然伪装、迷彩伪装、植物伪装、人工遮障伪装、烟幕伪装、假目标伪装、灯火与音响伪装。

天然伪装技术。"天然伪装技术充分利用地形、地物、夜暗和能见度不良的天候条件（雾、雨、风、雪等），隐蔽目标或降低目标的显著性。②"天然伪装因地制宜，简便，省时，无需更多的材料。天然伪装技术主要用于对付光学侦察，在一定条件下亦能对付红外侦察、雷达侦察、声测和遥感侦察。

迷彩伪装技术。迷彩伪装"利用涂料、染料和其他材料来改变目标、遮障和背景的颜色及斑点图案，以消除目标的光泽，降低目标的显著性和改变目标外形"③。伪装迷彩分为保护色迷彩、变形迷彩、仿造色迷彩、光变色迷彩、多功能迷彩等。

---

① 参见总参军训部编：《军事高技术知识教材》上册，北京：解放军出版社1995，94～95页。

② 总参军训部编：《军事高技术知识教材》上册，北京：解放军出版社1995，77页。

③ 总参军训部编：《军事高技术知识教材》上册，北京：解放军出版社1995，78页。

第四章　军事高技术

植物伪装技术。植物伪装技术是利用种植植物、采集植物、改变植物颜色等方法对目标实施伪装的技术。其做法包括："在目标上种植植物进行覆盖；利用垂直植物遮蔽道路上的运动目标……利用新鲜树枝和杂草对人员、火炮、汽车和工事实施临时性伪装……降低目标的显著性，①"等等。

人工遮障伪装技术。利用各种制式伪装器材设置对目标进行遮蔽的屏障，伪装遮障由遮障面和支撑构件组成。"遮障面采用制式的伪装网或就便材料编扎，制式遮障面有叶簇式薄膜伪装网、雪地伪装网、伪装伞、反雷达伪装网、反中红外侦察伪装遮障和多频谱伪装遮障，②"等等。

烟雾伪装技术。烟雾伪装利用烟雾遮蔽目标，迷惑敌人。这种无源干扰技术"通过散射、吸收的方式衰减光波能量，干扰敌方光学侦察。在红外波段，经过改进的烟幕同样地具有遮蔽作用"③。同时，大量的烟幕还可用来吸收激光，对付激光制导炸弹等。

假目标伪装技术。假目标伪装主要是"仿造的兵器（如假飞机、假火炮、假坦克、假军舰等）、人员、工事、桥梁等形体假目标"④。特别是在大规模空袭之前使用假目标能迷惑敌人，能吸引敌人的注意力和火力，从而有效地保护真目标。

灯火与音响伪装技术。灯火与音响伪装技术是通过消除、降低和模拟目标的灯火与音响暴露征候，以隐蔽目标或迷惑敌人所采用的伪装技术。

3. 伪装技术的发展趋势

伪装技术与武器装备的一体化。未来伪装技术将与各种具有高军事价值的目标融为一体，即"在生产、制作或建造这些目标时，通过综合考虑目标外形、结构、材料及其声、光、电、热特性，以及表面涂料的使用，将伪装技术纳入其结构之中，使其本身就具有伪装能力"⑤。为此，宽频带伪装或隐身结构伪装涂料技术、"内装式"消声散热技术等关键技术将迅速发展。

发展新型的伪装技术和器材。预计未来在继续使用、改进和完善现有伪装技术的基础上，将集中发展一系列性能更优异的新型伪装技术和伪装器材。目前正在研发的新型器材主要有：超级植物涂料、高技术迷彩、高技术涂料、新型多功能伪装遮障、新型气溶胶发生剂、智能蒙皮等。

（二）隐身技术

1. 隐身技术概述

（1）隐身技术的概念。隐身技术，"又称隐形技术、低可探测技术或目标特征

① 总参军训部编：《军事高技术知识教材》上册，北京：解放军出版社 1995，80 页。
② 总参军训部编：《军事高技术知识教材》上册，北京：解放军出版社 1995，80 页。
③ 总参军训部编：《军事高技术知识教材》上册，北京：解放军出版社 1995，81 页。
④ 总参军训部编：《军事高技术知识教材》上册，北京：解放军出版社 1995，81~82 页。
⑤ 总参军训部编：《军事高技术知识教材》上册，北京：解放军出版社 1995，97 页。

控制技术，是通过降低武器装备等目标的信号特征，使其难以被发现、识别、跟踪和攻击的综合性技术"①。这是一种对抗探测的技术，其目的是使目标不可探测或低可探测。由于一般很少存在不可探测的情况，因此低可探测技术就是反探测技术。反探测技术是传统伪装技术的应用和延伸。

（2）隐身技术的分类。隐身技术主要分为反雷达探测技术、反红外探测技术、反电子探测技术、反可见光探测技术、反声学探测技术。

反雷达探测技术。要提高对雷达的隐身能力，主要应从影响雷达在散射截面积的结构外形出发，采用隐身外形设计来减小雷达散射截面积，通过采用隐身材料技术来减弱回波的信号强度，减弱兵器本身电磁辐射强度等技术措施。

反红外探测技术。通过改变目标（如飞机、导弹等）的相对辐射能级与红外辐射特征，降低目标的红外辐射强度和辐射波段来达到隐身的效果。其主要技术有：改变红外辐射波段；降低红外辐射强度；调节红外辐射的传输。

反电子探测技术。为了使目标不被性能越来越高的电子侦察系统发现，抑制目标本身所辐射的电磁信号特征非常重要。其主要措施有：减少无线电设备；采用低截获概率技术改进电子设备；减小电缆的电磁辐射；避免电子设备天线的被动反射；对电子设备进行屏蔽。反可见光探测技术。为了减少目标与背景之间的亮度、色度和运动的对比特征，目前研究的措施主要有：改进目标与外形的光反射特征；控制目标的亮度和色度；控制目标发动机喷口的火焰和烟迹信号；控制目标运动照明和信号灯光；控制目标运动构件的闪光信号。

反声学探测技术。就是控制目标的声频特征，降低声波探测系统探测概率的技术。目标的噪声源，主要是发动机等机械的工作噪声、目标及其部件（如旋桨）运动和排气对周围介质的振动噪声以及目标体与其构件的振动噪声等。为降低目标的噪声，目前的主要措施有：改进发动机和辅助机的设计；应用吸声和阻热材料；采用减振和隔声装置；减小旋桨运动对介质的扰动噪声

（3）隐身技术对作战的影响②。隐身技术的发展及广泛应用，必将对战场产生深刻的影响，甚至引起军事上的重大变革。这主要表现在：

隐身武器装备特别是隐身袭击兵器隐蔽突防能力的提高，使战争的突然性进一步增大。隐身飞机的使用，其远程、快速的突防能力"可使敌方的预警探测系统因只能得到非常短的探测时间或距离而很难发现或采取对抗措施，因而敌方难以避免遭到闪电般的突袭"。生存能力极强的隐身飞机如果再辅之以各种高性能的精确

①　总参学生军训办编：《普通高等学校军事理论教程》，北京：国防大学出版社2003，253页。

②　总参军训部编：《军事高技术知识教材》上册，北京：解放军出版社1995，138～141页。

制导武器，其突防作战更容易达成突然性。

隐身技术对侦察探测及防御提出了更高的要求。"目前世界上最先进的预警防御体系，探测距离为几百千米到数千千米，"不足以对付隐身武器装备的突防。为了防止隐身兵器的突入，防御一方必须"加大雷达探测范围和探测密度，或者增加预警飞机的巡逻范围和密度"，这样必然导致战场范围随之增大。

隐身武器装备除了生存能力和突防能力强之外，还具有极强的进攻能力，因而能协助常规的非隐身武器装备提高作战效能。这主要表现在，"利用隐身飞机率先袭击并摧毁敌方防空系统（包括防空雷达、自行高炮和防空导弹等），为非隐身的攻击机、轰炸机扫清前进道路，打开进攻通道"，从而确保它们安全顺利地完成作战任务。

隐身技术使侦察与反侦察及电子对抗更加激烈。在现代战争中，一方面，诸如"隐身飞机、隐身机器人等用于战场侦察，使空中侦察和地面侦察更加隐蔽，因而更容易实施侦察"。另一方面，"隐身技术给伪装增添了新内容，可使电子器材隐去雷达特征，发热器材隐去红外特征，振动设备隐去噪声特征，从而使敌方侦察探测系统更难以进行侦察"。隐身技术所导致的这两方面的发展必然使侦察与反侦察及电子对抗日趋激烈。

2. 隐身技术在军事上的应用

目前，美国和欧洲一些军事强国，已相继研制出隐身轰炸机、隐身战斗机、隐身侦察机、隐身直升机、隐身巡航导弹、隐身火炮、隐身舰艇及隐身电子设备等一系列隐身武器装备，先进的隐身坦克也正在研制之中。

隐身飞机。已研制成功的隐身飞机的典型代表，当数 F-117A 隐身战斗轰炸机和 B-2 隐身战略轰炸机。F-117A 隐身战斗机是第一种按低可探测性技术设计原则研制的实用隐身战斗机，由于采用了隐身外形设计、隐身结构设计，采用吸波材料等各种隐身技术，使 F-117A 的"雷达散射截面积仅为 0.01～0.1 平方米，比常规飞机的雷达散射截面积缩小 2～3 个数量级"①，其红外特征和噪声也显著减小。B-2 也是采用了上述一系列隐身技术，其隐身性能远远超过以往的战略轰炸机（包括 B-1B 隐身轰炸机）。例如 B-2 的雷达散射截面积仅 0.3 平方米，比 B-52 轰炸机的 100 平方米和 B-1B 隐身轰炸机的 1 平方米都有大幅度减小。

隐身导弹。减小飞机的雷达散射截面积和外部特征的各种隐身技术原则上均可用于研制隐身导弹。美国在这方面也开展了大量研究工作，并取得了一系列成果。从 20 世纪 80 年代初以来，美国已先后研制出 AGM-86 和 ACM-129 隐身战略巡航导弹，以及 ACM-137 和 MCM-137 隐身战术导弹等。

隐身舰艇。作为海上（海面和海水）特定环境下的目标，舰艇的可探测性特

---

① 余高达主编：《普通高等学校军事理论教程》，北京：国防大学出版社 2003，258 页。

征除了敌方探测雷达的散射回波和舰艇自身的红外辐射之外，还有舰艇的噪声、舰载电子通信设备和雷达的电磁辐射，舰体的磁场、可见光散射和航迹。所以，舰艇的隐身就更要综合应用雷达隐身、红外隐身、电子隐身、可见光隐身及降低噪声等各种隐身技术来控制舰艇的上述各种可探测信息特征。

隐身坦克。正在研发中的隐身坦克所采用的隐身技术主要包括：采用复合材料制造坦克车体或炮塔外壳；采取专门措施降低坦克红外辐射；给坦克涂敷迷彩或挂伪装网；降低坦克噪声；配备烟幕施放装置。

3. 隐身技术的发展趋势

根据目前情况来看，隐身技术主要有以下发展趋势①：

注重各种隐身技术的综合应用。要使兵器达到理想的隐身效果，必须综合运用各项隐身技术，包括外形设计，采用吸波、透波材料，应用电子对抗措施，抑制红外辐射，并结合光学、声学隐身技术等。

不断拓展兵器的隐身波段。鉴于雷达探测的工作波段正在向毫米波、亚毫米波、红外、激光和米波波段拓展，因此，隐身兵器必须开发利用新型的宽频带吸波、透波材料，研制新频带电子干扰设备和反红外探测技术，以适应探测系统的新变化。

采用隐身技术研制的兵器品种将不断增加。继隐身飞机之后，隐身坦克、隐身导弹（炮弹）、隐身舰艇、隐身车辆、隐身直升机，以及隐身太空武器和卫星都将会相继问世，甚至会出现隐身机场、隐身通信系统、隐身作战人员和隐身突击部队。

隐身材料技术将有进一步发展。隐身技术的发展使隐身材料的研究进入了一个新的阶段。一是隐身材料向反雷达探测和反红外探测相兼容的方向发展。二是雷达吸波材料向超细粉末、纳米材料方向发展。

努力降低隐身兵器的成本。目前，隐身兵器的成本太高，例如 B-2 隐形轰炸机制造的单价已超过 5 亿美元，如果考虑到研制费用，单价已超过 22 亿美元。这样昂贵的费用使得兵器的研制和装备难以承担，不利于隐身兵器的发展。因此，降低隐身兵器的成本，提高经济效益，是隐身兵器的发展方向。

开拓研究新的隐身技术。隐身兵器虽有其明显的优点，但仍然有很多局限性，特别是当一种新型兵器问世之后，必定会产生新的对付办法，始终独占鳌头的兵器是不存在的。这就迫使人们不得不去探索新的隐身技术和手段，开拓新的隐身途径，使隐身兵器得到不断的发展，使其更趋完善。

① 参见总参军训部编：《军事高技术知识教材》上册，北京：解放军出版社 1995，141～143 页。

三、精确制导技术

(一) 精确制导技术概述

1. 精确制导技术的概念

制导技术是指"按选定的规律对导弹或精确制导弹药进行导引和控制，调整其运动轨迹直至以允许误差命中目标"[①] 的综合性技术。制导武器的制导是由制导系统来完成的，而"制导系统由导引系统和控制系统组成"[②]。制导系统工作的基本原理是：首先通过导引系统测量出武器与目标的相对位置和速度，计算出实际飞行弹道与理论弹道的偏差。第二步，通过控制系统发出纠正这种偏差的指令，调整武器的飞行姿态和弹道，直到命中目标。

2. 精确制导技术的分类

不同的精确制导武器，其具体的制导方式也不同，大致可分为6种。

（1）寻的制导。寻的制导，就是通过弹头上的寻的设备，接收目标辐射或反射的能量，比如红外辐射、无线电波、声波等，然后通过这些信息确定目标的位置和速度，自动跟踪目标，直到最后命中目标。采用这种制导方式的武器种类较多，比如毫米波制导、激光制导、红外成像制导等。寻的制导分为：主动寻的、被动寻的、半主动寻的。寻的制导的优点是精度非常高，多用于末端制导，适合打击运动目标。但其缺点是作用距离短。

（2）遥控制导。所谓遥控制导，就是在导弹飞行过程中，另外设有指令站，通过不断测量目标和导弹的相对位置，不断地对导弹发出指令，来修正导弹的飞行路线，直到最后命中目标。这种方式的特点也是命中精度高，适于攻击运动目标。

（3）惯性制导。就是采用惯性测量设备测量导弹运动参数的制导技术。在飞行过程中，导弹通过陀螺仪、加速度表等装置测量数据，并根据事先设定好的初始条件和制导程序来发出指令，控制导弹飞行。采用这种技术，一般用来攻击固定目标，因为其弹道在发射前就装定好了。

（4）地形匹配和景象匹配制导。就是导弹在发射前，事先把路线上的地形数据或景物图像数字化，存储在导弹上。导弹飞行过程中，通过特定的装置不断测量实际地形或景物数据，与事先存储的数据进行比对，算出偏差后进行纠正。这种制导方式基本上是用来攻击固定目标。

这两种制导方式都有一定的局限性。比如地形匹配制导，在平原地区和大面积水域上空就很难发挥作用，因为没有明显的地形特征。另外一点，由于事先要把大量的地形景物数据输入导弹上的存储器，所以发射准备时间一般比较长。更重要的

---

① 总参军训部：《军事高技术知识教材》下册，北京：解放军出版社 1995，76 页。
② 总参军训部：《军事高技术知识教材》下册，北京：解放军出版社 1995，76 页。

是，这种制导技术需要发达的卫星遥感和测量技术，需要事先测量好目标地区的各种地形数据。

（5）全球定位系统制导。这种方式也称 GPS 制导，就是借助于全球定位系统的导航卫星来进行制导和攻击目标。其工作原理是利用弹上安装的 GPS 接受机接受 4 颗以上导航卫星播发的信号来修正导弹的飞行路线，提高制导精度。

（6）复合制导。复合制导，就是综合利用以上几种制导方式的制导。这样一来可以综合利用以上几种制导方式的优点，弥补缺点，提高导弹的抗干扰能力和精度。比如美国的"先进巡航导弹"在飞行的前半段，采用惯性＋地形匹配制导，在飞行末段采用主动雷达寻的制导，这是一种典型的复合制导。

3. 精确制导武器对作战的影响①

（1）提高了作战效能。精确制导武器的大量使用，一方面提高了攻击的有效性，减少了弹药消耗量；另一方面提高了作战效费比，降低了作战费用交换比。据统计，轰炸同一固定目标，第二次世界大战期间飞机平均需投弹 9000 枚，越战期间平均需 200～300 枚，海湾战争期间激光制导炸弹只需 1～2 枚。

（2）使作战方式发生了深刻变化。精确制导武器的使用，使实施全天候、全纵深、超视距、多模式、多目标的精确打击成为可能，并且可以同时、连续、精确打击整个战场纵深，减少前沿的短兵相接，使前后方界线模糊，战场呈"流动"状态、非线性或无战线化，还可以实现"外科手术式"打击，使对点目标攻击的附带杀伤、破坏降至最低程度。

（3）成为改变军事力量对比的杠杆。海湾战争表明，精确制导武器已经成为现代战争的基本火力，精确制导武器的数量多少和质量优劣，已经成为衡量一支军队质量建设水平高低和战斗力强弱的重要标志之一；精确制导武器与电子战实力的配合，将成为决定战争胜负的重要因素。精确制导武器改变军事力量平衡作用，将越来越明显和重要。精确制导武器促进了常规威慑力量的形成。

（二）精确制导技术在军事上的应用

1. 精确制导武器

"精确制导武器是指采用精确制导技术，直接命中概率在 50% 以上的武器。②"从这个定义中，我们可以看出精确制导武器有两大基本特征：一是采用了精确制导技术。二是直接命中概率高。所谓直接命中，是指制导武器的圆公算误差（CEP）小于弹头的有效杀伤半径。

---

① 参见总参军训部编：《军事高技术知识教材》下册，北京：解放军出版社 1995，146～149 页。

② 赵景露、钟海主编：《当代军事高科技教程》，北京：军事谊文出版社 2000，92 页。

2. 精确制导武器的特点

（1）命中精度高。这是精确制导武器最基本的特征。目前，世界上现役的主要精确制导武器命中概率已超过80%，红外成像导弹的最高命中精度已小于1米，这比普通弹药要高得多。第二次世界大战时，B-17轰炸机的投弹误差为1000米，越南战争时F-105战斗轰炸机投弹误差为100米；而1991年的海湾战争中，F-117隐形轰炸机投弹误差只有1~2米，可以说达到了点命中的最佳效果。精确制导武器命中概率和精度的提高，特别是首发命中概率的提高，可使敌人丧失二次反击的能力。所以现代战争中一条重要作战原则就是"先敌发现，先敌开火"。

（2）作战效能高。精确制导武器由于精度高，其爆炸能量基本释放到目标上，所以其作战效能大大提高。据统计，摧毁一个典型的地面目标，如铁路枢纽，第二次世界大战期间，需要4500架次轰炸机，投掷9000枚炸弹；越战中，需要95架次飞机，投掷190枚炸弹，而现在只需要1~2枚精确制导炸弹。在阿富汗战争中，北方联盟的部队在围攻塔利班据守的一个山头时，久攻不下，呼唤美军支援。美国的B-52轰炸机迅速赶到战场，投下几枚激光制导炸弹，顷刻间塔利班部队被消灭殆尽，战斗在几分钟内便宣告结束。

（3）射程远。传统的弹药由于没有发动机等动力装置，射程都比较近。可是导弹出现后，由于自身有发动机，使武器的射程大大提高，空防能力大大增强。以飞机之间的空战为例：以前飞机空战都是使用航炮，有效射击距离最多只有几千米，而美国最先进的空对空导弹，最远可以打到200千米，完全是超视距攻击。美国的战斧式巡航导弹航程达2500千米，完全可以在敌防空火力圈以外发射，令对方难以发现和防范。

（4）作战效费比高。虽然精确制导武器很昂贵，但它有很高的作战效费比。一枚防空导弹可能价值上百万美元，比普通炮弹贵得多，可是只用一枚就可以打下价值几千万美元的飞机。一枚价值1万美元的"陶"式反坦克导弹，可以摧毁价值244万美元的"M1"坦克。价格交换比为1:244。在1982年英阿马岛战争中，阿根廷曾用一枚价值20万美元的"飞鱼"反舰导弹，击沉了英国最先进的价值2亿美元的"谢菲尔德"号驱逐舰，价格交换比达到了1:1000。

3. 精确制导武器的分类

总体上讲，精确制导武器可分为两大类，第一大类是导弹；另一类是精确制导的炮弹、炸弹，也可以统称为精确制导弹药。两者的区别就是导弹依靠自身的动力系统和导引控制系统飞向目标，后者自身无动力装置，其弹道的初始段、中段需要借助飞机、火炮投掷，仅需进行末端制导。

就导弹来讲，其分类方法也很多。"一是按作战任务的性质分类，可以分为战略导弹、战役导弹、战术导弹。二是按发射点与目标的位置关系分类，可以分为地面发射导弹、空中发射导弹、水面发射导弹、水下发射导弹。三是按射程分类，可分为近程导弹（1000 千米以内）、中程导弹（1000～3000 千米）、远程导弹（3000～8000 千米）和洲际导弹（8000 千米以上）。四是按飞行弹道分类，可分为巡航导弹和弹道导弹。按攻击目标分类，可分为防空导弹、反坦克导弹、反舰（潜）导弹、反辐射导弹、反导弹导弹和反卫星导弹"①。

（1）防空导弹。防空导弹包括地对空和舰对空导弹，迄今已发展到第 4 代。按射程和射高来分，防空导弹可分为四类：第一类是中高空防空导弹，射程大于40 千米，射高超过 20 千米。第二类是中低空防空导弹，射程在 15～40 千米，射高约 6～20 千米。第三类叫超低空防空导弹，它们的射程在 15 千米以下，射高在6 千米以下。主要用来对付低空的飞机和导弹。第四类叫单兵便携式防空导弹，它们的射程在 5 千米以下，射高在 3 千米以下，可以由单个战士携带，肩扛发射。

（2）反坦克导弹。反坦克导弹可以从车上、飞机上或者单兵在地面上发射。反坦克导弹与传统的反坦克炮相比，射程远，精度高，威力大，而且机动性强。目前世界现役的反坦克导弹主要有以下几种：一是美国的"狱火"式反坦克导弹，可以车载，也可以装在飞机上，具有较强的破甲能力，属于激光制导导弹。二是法、德联合研制的"霍特"反坦克导弹，可以有线制导或红外自动遥控，射程 4千米，破甲厚度 700 毫米。三是美国的"小牛"空地导弹，最大射程达 25 千米，属于红外寻的制导，具有很强的穿甲能力。

（3）反辐射导弹。反辐射导弹是现代战争电子战的锐利武器，其主要作用是捕捉敌方雷达发出的波束，然后沿着雷达波束直接攻击对方的雷达。目前，这一类导弹已发展到第三代，比较有代表性的是美国的"哈姆"式反辐射导弹，其射程大于 20 千米，速度 3 马赫。这种导弹最大的特点，是具有一定的智能，一旦捕捉到目标，就能牢牢锁定方位，对方的雷达即使关机，如果不迅速转移，同样会受到攻击。

（4）空空导弹。空空导弹是指从空中平台发射攻击空中目标的导弹。空空导弹从射程上讲可以分为近距格斗、中距拦截和远程拦截三种类型。其中近距格斗型比较有代表性的是美国的"响尾蛇"空空导弹，这种导弹是红外被动制导。中距拦截型导弹比较有代表性的是美国的 AIM-120 先进中程空空导弹，最大射程 80 千米，具备发射后不管的能力，可同时攻击多个目标。远程拦截型导弹比较有代表性的是美国的"不死鸟"空空导弹，射程可达 200 千米，速度大于 5 倍音速，是一种全天候、超音速空空导弹。

（5）地地战术弹道导弹。地地战术弹道导弹是指从地面发射攻击敌方师、集团军纵深内及方面军纵深内的战术或战略目标的导弹。地地战术弹道导弹按弹道特

第四章　军事高技术

① 参见总参军训部编：《军事高技术知识教材》下册，北京：解放军出版社 1995，280页。

征可分为战术导弹和战术巡航导弹。"按射程可分为远程（500~1000千米）、中程（300~500千米）和近程（300千米以内）地地战术弹道导弹。目前，地地战术弹道导弹采用固体火箭发动机，具有机动灵活、制导技术先进、反应速度快和命中精度高等特点，同时有多种战斗部，可用于不同的作战目的，已成为陆军作战的重要武器。"①

（6）巡航导弹。巡航导弹又称飞航式导弹。所谓巡航，是指导弹的飞行状态。在巡航状态下，导弹以匀速等高飞行。巡航导弹又分为三种，一是能够实施核打击的战略巡航导弹；二是远程战术巡航导弹；三是飞航式反舰导弹。其中比较有名的是美国的"战斧"式多用途巡航导弹系列。巡航导弹的最大特点是射程远、精度高、低空突防能力强。巡航导弹一般都飞得很低，离地面或海面只有几十米，而且在发射前把如何避开沿途的障碍物、防空火力区等数据都预先存储在导弹上，这样，遇到山脉、高层建筑，敌人的导弹火炮阵地，导弹可以绕开，始终保持超低空飞行，所以拦截巡航导弹是比较困难的。

（7）激光制导炸弹。激光制导炸弹的基本原理是用机载设备或人员对目标发射激光束，攻击飞机投掷激光制导炸弹后，炸弹沿着反射的激光束飞向目标。这种制导方式的精确度比较高。伊拉克战争中，美国在战前大量派特种部队深入敌境，其任务之一，就是为激光制导炸弹指引目标。

除了上述七大类精确制导武器外，制导炮弹和制导炸弹也是现代战争中常用的精确制导武器，特别是由飞机投掷的精确制导炸弹，更是空袭中的常用武器，而且它的命中率是很高的，包括激光制导炸弹和 GPS 制导炸弹等。

（三）精确制导技术的发展趋势

1. 提高命中精度

为达到首发命中，甚至命中目标的核心部位或薄弱部位，各种精确制导武器都需要继续提高和完善末制导技术。"命中精度的提高很大程度上取决于制导系统的目标探测的分辨率，而分辨率与探测器的工作波长、天线或光学透镜的孔径有关，波长愈短、天线或透镜孔越大则分辨率越高。由于弹体直径所限，不能依赖增大天线或透镜孔径来提高分辨率，因而近年来许多制导系统已从波长较长的微波工作频率转移到毫米波、红外和可见光波段。工作于可见光波段的电视制导、红外制导、激光制导都有比微波制导高的精度。②"因此，大量研发和采用这些制导方式是今后提高精确制导武器命中精度的主要发展方向。

2. 提高智能化程度

所谓智能化是指精确制导武器具有人脑的一些判断、决策功能。未来战争的战

---

① 秦志章主编：《军事教程》，武汉：武汉大学出版社 2003，110 页。
② 赵景露，钟海主编：《当代军事高科技教程》，北京：军事谊文出版社 2000，105 页。

场环境越来越复杂，精确制导武器要在极短的时间内摧毁目标，就必须具备某些人工智能，能准确判断和首先攻击对自己威胁最大的目标，还能对攻击效果及时进行毁伤评估。当精确制导武器具有了智能后，它在机动、飞行过程中也就具有了抗干扰、躲避诱饵、进行自主识别、判断和攻击的能力。

3. 提高抗干扰能力

信息化战争中战场的电磁环境很复杂，敌方总会千方百计地破坏精确制导武器的正常工作条件，因此制导系统在激烈的电子对抗环境中必须具有很强的抗干扰能力。首先要求制导武器攻击的隐蔽性好，难以被敌方侦察发现。其次对主动寻的系统采取措施来提高攻击的隐蔽性。此外，采用新的制导方式，"如毫米波雷达制导、GPS制导等。毫米波雷达具有频带宽、天线口径小、增益高、波束窄、分辨率高的特点。因此，毫米波制导将大大提高制导精度"①。

4. 提高突防能力

提高精确制导武器的突防能力，除了前面所说到的提高智能化程度和抗干扰能力之外，更重要的是必须采用隐身技术，同时还要提高飞行速度。采用隐身技术可降低飞机、导弹等目标的可探测特征，使其不易被敌方各种探测设备发现。它包括雷达、红外、可见光和声学等隐身技术，其中应用最广泛的是雷达隐身。

5. 提高全天候作战能力

提高全天候作战能力的方法之一是使武器系列化。"例如美国为了使'小牛'空地导弹适应在白天、黑夜、不良气象等各种条件下作战，研究了电视、红外成像和激光三类制导装置。不同的天候条件选择相应的制导装置，从而提高了全天候作战的能力。②"方法之二是继续完善具有全天候作战能力的制导技术。"微波波段的制导系统受天候影响小，所以除微波雷达制导外，合成孔径雷达制导，导航卫星全球定位系统等都在加紧研究。毫米波的制导系统受云、雾、烟尘的影响小，只在大雨时因衰减大才难以工作，可算是一种'有限全天候能力'的制导方式。③"

四、电子对抗技术

（一）电子对抗概述

1. 电子对抗的基本概念

电子对抗是指"敌对双方利用电子设备、武器、器材所进行的电磁斗争"④。它是一方为削弱、破坏敌方电子设备（系统）的使用效能，保护己方电子设备

① 余高达主编：《普通高等学校军事理论教程》，北京：国防大学出版社2003，291页。
② 赵景露、钟海主编：《当代军事高科技教程》，北京：军事谊文出版社2000，107页。
③ 赵景露，钟海主编：《当代军事高科技教程》，北京：军事谊文出版社2000，107页。
④ 赵景露，钟海主编：《当代军事高科技教程》，北京：军事谊文出版社2000，150页。

第四章 军事高技术

（系统）正常发挥效能而"利用电磁能和定向能来控制电磁频谱或用电磁频谱攻击敌军的任何军事行动"①。由于电子对抗是在军事领域中使用电磁波的斗争，因此所有使用电磁波的设备，都是电子对抗的对象。每一项电子技术的新发展，都会引出新的对抗措施和手段。电子对抗（电子侦察、干扰）一般不能直接对敌人员和武器装备构成杀伤，但它能使敌方无线电通信指挥系统失灵、雷达迷盲、火炮和导弹等武器失控，从而为保存自己和大量杀伤敌有生力量创造条件。因此，它在现代战争中的地位越来越重要，已成为军事电子技术中发展最快的领域之一。

2. 电子对抗的主要内容

电子对抗的主要内容有无线电通信对抗、雷达对抗、光电（红外、激光）对抗、C^3I 系统对抗等。

（1）无线电通信对抗。通信对抗是"为削弱、破坏敌方无线电通信设备的使用效能，保护己方无线电通信设备正常发挥效能而采取的各种措施和行动的统称"②。其基本内容包括通信对抗侦察、通信干扰和通信电子防御等。

通信对抗侦察，"是为获取通信对抗所需的情报而进行的电子对抗侦察"③。主要通过搜索、截获、分析和识别敌方无线电信号，查明敌无线电通信设备的频率、频谱结构、调制方式、功率电平、工作体制、配置位置以及通信规律、通信网络的性质和组成等。

无线电通信干扰，"是为削弱或破坏敌方无线电通信效能的电子干扰"④。通信干扰的目的，在于破坏和降低敌方通信系统工作的有效性和可靠性。一般雷达的发射和接收是在同一地点，而通信的收、发分在两地，往往不知接收端的位置，通常只能在较大方位范围实施干扰。通信干扰信号对通信发射端不产生干扰作用，仅对通信的接收端进行干扰。当通信干扰信号特征与通信信号特征近似吻合，接收机难以区分干扰信号时，干扰效果最佳。

无线电通信电子防御，是电子防御的重要组成部分，"是为保护己方电子设备及其系统正常发挥效能所采取的措施与行动，主要包括反电子侦察、反电子干扰和防反辐射武器摧毁等"⑤。通常由雷达、无线电通信等专业部队和使用各种电子设备的战斗部队，按统一计划分别组织实施。

（2）雷达对抗。雷达是发射探测脉冲并接收被照射目标的回波来发现、测定

---

① 赵景露，钟海主编：《当代军事高科技教程》，北京：军事谊文出版社 2000，150 页。

② 参见总参军训部编：《军事高技术知识教材》上册，北京：解放军出版社 1995，265 页。

③ 总参军训部编：《军事高技术知识教材》上册，北京：解放军出版社 1995，265 页。

④ 总参军训部编：《军事高技术知识教材》上册，北京：解放军出版社 1995，265 页。

⑤ 总参军训部编：《军事高技术知识教材》上册，北京：解放军出版社 1995，266 页。

目标的空间位置，并可对目标进行跟踪的设备。雷达对抗是"为削弱、破坏敌方雷达的使用效能，保护己方雷达正常发挥效能而采取的各种措施和行动的统称"①。其基本内容包括雷达侦察、雷达干扰和反辐射摧毁等。

雷达侦察，"是利用雷达侦察接收机来接收对方雷达发射的信号，从而发现对方雷达的位置，并测定它的有关参数的一种手段"②。雷达侦察设备接收的是敌方雷达发射的电磁波，不是来自目标散射回来的微弱的回波信号，因此雷达侦察距离远比雷达作用距离远，一般侦察距离为雷达作用距离的 1.5～2 倍。

雷达干扰，是"利用雷达干扰设备和器材发射雷达波，反射散射或吸收敌雷达波，扰敌或欺骗敌方雷达系统，使其效能降低或完全失效"③。例如在目标（或飞行器）上人为地故意发射一个与反射信号调制特性近似的干扰信号，则这些欺骗的调制信息会使雷达造成错误的位置和速度的参数测量值，这样就可以达到对雷达进行干扰。

反辐射摧毁，"是用反辐射武器对敌方的雷达等电子设备实施火力摧毁，使其无法工作的一种最彻底的对抗措施……是利用敌雷达等电子设备的电磁辐射，作为反辐射武器的制导信号，对雷达进行寻的、跟踪直至摧毁"④。反辐射导弹是侦察摧毁一体化设计的具体产品，它是有效压制敌防空系统的电子进攻性硬武器。

（3）光电对抗。光电对抗是"为削弱、破坏敌方光电设备的使用效能，保护己方光电设备正常发挥效能而采取的各种措施和行动的统称"⑤。光电对抗包括光电侦察与反侦察、光电干扰与反干扰、光电制导与反制导、光电隐身与反隐身、光电摧毁与反摧毁等。光电对抗频段包括激光、红外与可见光频段。光电对抗的作战样式与雷达对抗类同，包括攻、防两个方面，但其频段高（波长短）、技术难度大，构成独立的光电对抗领域。其中光电对抗侦察主要是截获敌方的光电辐射信号、测量技术参数、分析识别辐射源类型，判断威胁性质、获取战术技术情报等。

（4）C^3I 系统的电子对抗。C^3I 系统（军队指挥自动化系统）"是战场情报、分析判断、决策指挥、作战行动连为一体的军事电子的作战体系，利用它可实施信息战，压制敌信息系统，保护己方信息优势。因此，C^3I 系统中的电子对抗具有信息对抗、系统对抗、体系对抗的作战功能"⑥。C^3I 系统中的电子对抗系统有：雷达电子对抗系统、通信电子对抗系统（含 JTIDS 对抗系统）、光电子对抗系统、计

① 赵景露，钟海主编：《当代军事高科技教程》，北京：军事谊文出版社 2000，160 页。
② 赵景露，钟海主编：《当代军事高科技教程》，北京：军事谊文出版社 2000，162 页。
③ 赵景露，钟海主编：《当代军事高科技教程》，北京：军事谊文出版社 2000，167 页。
④ 赵景露，钟海主编：《当代军事高科技教程》，北京：军事谊文出版社 2000，174 页。
⑤ 赵景露，钟海主编：《当代军事高科技教程》，北京：军事谊文出版社 2000，188 页。
⑥ 总参军训部编：《军事高技术知识教材》上册，北京：解放军出版社 1995，313 页。

算机病毒干扰系统、GPS 电子干扰系统、敌我识别干扰系统、引信干扰系统。C³I 系统领域中的系统对抗、综合对抗几乎包含了电子对抗技术领域的方方面面，既有电子防御也有电子进攻。

分布式综合通信网是 C³I 系统与各类武器连接的"黏合剂"。它把 C³I 系统、电子战系统和武器系统紧密结合为一体。在未来战争中，C³I 系统是首要打击的目标之一，其抗毁生存能力极其重要。为此，应采用机动、隐蔽、伪装、反侦察、反干扰、反摧毁的技术途径和分布式的体系结构。"若采用积极的手段，用己方的电子干扰/欺骗、计算机病毒干扰和反辐射武器系统等电子进攻的手段去削弱、破坏、摧毁 C³I 系统，可造成敌方武器失控、信息传输中断、战场指挥失灵、丧失协调能力和整体作战能力，从而使己方获取信息优势"①。因此 C³I 系统中的电子对抗系统是完成上述作战功能的电子防卫系统。

3. 电子对抗在现代战争中的地位及作用

（1）电子对抗在信息化战争中的突出地位②。一是电子对抗贯穿信息化战争的始终。海湾战争、科索沃战争以及伊拉克战争的实践充分证实，电子对抗贯穿于信息化战争的始终。随着信息化战争水平的不断提高，电子对抗手段被称为与火力、机动力并列的"第三打击力量"，电子对抗已经成为了一条越来越重要的战线。二是电子对抗是信息战的主体和夺取信息优势的重要手段。信息战是在电子对抗的基础上发展起来的，从本质上说，信息战与电子对抗都是为了破坏对方的信息获取、信息传递、信息处理和信息利用。只有通过电子对抗的实施夺取电磁优势进而掌握信息优势，才能达成信息战的目的。在信息化的战场上，信息化武器的火力攻击由电磁频谱控制，军队的指挥控制系统高度电子化，70% 的情报信息依赖于电子设备获得，所以，电子对抗是信息战的主体，是夺取信息控制权和使用权达成信息战目的的重要手段。三是电子对抗是战斗力构成要素的力量"倍增器"。由于指挥控制及武器系统对电子设备的高度依赖，打击和破坏对方的电子系统，就可以成倍地削弱敌武器系统的威力，有效地降低对方的整体作战能力；而采取有效措施保证己方电子设备的正常工作，就能保证己方作战能力的正常发挥，对战斗力起到倍增作用。这一点，已经被海湾战争、科索沃战争以及伊拉克战争所证实。

（2）电子对抗的主要作用③。一是获取重要军事情报。利用电子对抗的装备

①　总参军训部编：《军事高技术知识教材》上册，北京：解放军出版社 1995，313～314页。

②　余高达主编：《普通高等学校军事理论教程》，北京：国防大学出版社 2003，269～270页。

③　余高达主编：《普通高等学校军事理论教程》，北京：国防大学出版社 2003，270～271页。

和手段，查明敌电子设备的工作性能、技术参数、类别、数量和配置位置等，判断其兵力部署和行动企图，是赢得战争胜利的关键。在伊拉克战争中，美军在战争开始前，就利用其强大的电子侦察和监视系统，组成了一个巨大的侦察和监视网络，对伊拉克实施全方位、立体侦察，真正实现了情报侦察和信息获取的单向透明。二是削弱敌方作战效能。1991 年海湾战争中，美军通过以指挥自动化系统为平台的、组织严密的电子对抗，取得了举世瞩目的战果：使伊军指挥瘫痪；使军事实力在世界居第六位的伊空军失去战斗力；数千枚地空导弹在没有制导情况下发射，结果只击落一架联军飞机；防空军 7500 多门高炮失去了雷达引导，只能靠盲目射击。这个例子充分说明了电子对抗能有效地削弱敌方作战效能。三是掩护突防和攻击。雷达作为预警和兵器制导装备，已成为防御体系的"哨兵"和"千里眼"。它们能对空、对海实施警戒，及早发现来袭敌机、导弹、舰艇，可对火器实施射击控制和导弹的制导等。在海湾战争中，多国部队空袭编队得到了各种电子战飞机 4000 多架次的电子支援，掌握了制电磁权，有效掩护突防，致使伊军作战飞机和防空导弹部队未能作出有效反应。四是保卫重要军事目标。在重要城镇、桥梁、机场、工厂和军事要地等目标附近，设置有力的雷达干扰设备或采用欺骗手段，能有效干扰敌轰炸机瞄准雷达和导弹的制导系统，使飞机投弹不准，导弹失控，减少被击中的概率，达到保卫重要目标的目的。五是夺取战争主动权。未来信息化战争中，电子对抗技术将越来越先进，电子对抗领域将越来越广阔，电子对抗的作用将越来越重要。不掌握制电磁权、制信息权，自身作战兵力兵器的作战效能就无法正常发挥，就很难掌握整个战场的主动权。

（二）电子对抗的主要形式

电子对抗的主要形式包括：电子侦察与反侦察、电子干扰与反干扰、摧毁与反摧毁。

1. 电子侦察与反侦察

（1）电子侦察。"电子侦察是一种搜索、截获敌方电子设备的电磁辐射信号，从中获取其战术、技术特征参数及位置数据等情报的活动。①"它是电子对抗的组成部分，目的是为组织实施电子干扰和电子防御，为部队作战行动提供准确的情报。电子侦察按对象可分为：雷达侦察、通信侦察和光电侦察。

"雷达侦察是指侦测、记录敌方雷达及雷达干扰设备的信号特征参数，并对其定位、识别。通信侦察是指对敌方无线电通信电台和通信干扰设备，进行侦察测向、定位，并根据通信电台的技术性能、通信诸元、通联规律，判别通信网的组织、级别和属性。光电侦察是指截获和识别敌方激光雷达、激光制导武器的激光辐

---

① 余高达主编：《普通高等学校军事理论教程》，北京：国防大学出版社 2003，271 页。

射信号和飞机、坦克、导弹等本身的红外辐射信号。①"

电子侦察是夺取电磁优势的前提条件，没有时空限制，每时每刻都要进行，是和平时期电子对抗的主要形式。信息化战争"需要电子侦察向扩大侦察范围，对重点地区保持不间断监视，改进电子侦察技术，提高侦察效能，研制智能化接收系统，扩大侦察频段，提高信号截获概率和测量精度，以及提高分析处理能力的方向发展"②。

（2）反电子侦察。反电子侦察是"为了防止敌方截获、利用己方电子设备发射的电磁信号而采取的措施"③。目的是使敌方难以截获己方的电磁信号，或无法从截获的信号中获得有关情报。反电子侦察的主要措施有："电子设备设置隐蔽频率和战时保留方式，平时采用常用频率工作；减少发射次数，缩短发射时间，尽可能采用有线电通信、摩托通信、可视信号通信等通信手段；使用定向天线，充分利用地形的屏蔽作用，减少朝敌方向的电磁辐射强度；将发射功率降低至完成任务的最低限度；转移发射阵地不使敌人掌握发射规律；减少发射活动，实施静默。其具体做法还有：设置简易辐射源，实施辐射欺骗或无线电佯动；采取信号保密措施，使用不易被敌截获、识别的跳频电台等新体制电子设备。④"

电子侦察无论平时、战时都在不间断地进行着，反电子侦察已成为经常性的电子防御措施。反电子侦察涉及所有作战部队，必须严密组织、统一实施，与其他反侦察手段结合使用。

2. 电子干扰与反干扰

（1）电子干扰。电子干扰是"采用专用的发射信号干扰、破坏敌方电子系统正常工作的专用技术"⑤。目的是削弱或破坏敌方电子系统遂行战场侦察、作战指挥、通信联络和兵器控制能力；为隐蔽己方企图，达成战役、战斗的突然性和提高己方飞机、舰艇、装甲车辆等武器装备的生存能力创造有利条件。

（2）电子反干扰。电子反干扰"是识别、阻止敌方干扰以保护己方电子系统处于正常状态的技术"⑥。其目的是削弱或消除敌方电子干扰对己方电子设备使用效能的影响。

3. 摧毁与反摧毁

（1）摧毁。"电子摧毁是对敌方的电子设备实体的摧毁。反辐射导弹、反辐射

---

① 余高达主编：《普通高等学校军事理论教程》，北京：国防大学出版社2003，272 页。
② 余高达主编：《普通高等学校军事理论教程》，北京：国防大学出版社 2003，272 页。
③ 余高达主编：《普通高等学校军事理论教程》，北京：国防大学出版社 2003，272 页。
④ 余高达主编：《普通高等学校军事理论教程》，北京：国防大学出版社 2003，272 页。
⑤ 总参军训部编：《军事高技术知识教材》上册，北京：解放军出版社 1995，274 页。
⑥ 总参学生军训办编：《普通高等学校军事理论教程》，北京：国防大学出版社 2003，273页。

无人机等反辐射武器系统，就是这种'硬摧毁'手段。①"反辐射导弹和对辐射源实施摧毁性攻击有两种方式："一种是接收到目标信号后发射。由于导弹具有'记忆'（锁定）装置，发射后，即使被攻击的雷达关机，它可'记住'其位置，不偏离航线击中目标。另一种是'先升空后锁定'方式，先盲目发射，让其无定向在空中飞行、盘旋，一旦接收到目标信号，即咬紧目标，将目标摧毁。反辐射导弹的自导引系统是采用无源被动跟踪方式，本身不辐射电磁信号，具有稳定性好，不易受干扰和突防能力强等特点，引导头带宽很宽（'哈姆'带宽达 0.8 ~ 20 吉赫），具有较高的制导精度，是当今战场上威慑力较高的一种有效电子战武器"②。

（2）反摧毁。"反摧毁是雷达利用战术或技术保护自己及友邻雷达免遭反辐射导弹攻击的技术。③"反摧毁技术目前常用的有以下几种："采用诱饵引偏技术，部署假雷达阵地；采用雷达发射控制、关机、间歇交替工作；采用反辐射导弹告警系统；采用新体制雷达，如低截获概率雷达、双/多基地雷达、高频雷达、毫米波雷达等；雷达与无源传感器联合组网实施综合对抗技术。④"反摧毁包括如下措施：采用各种反侦察措施，隐蔽电子设备，防敌发现；对敌电子设备实施干扰和压制，破坏敌电子设备正常工作；修筑坚固阵地，利用地形，防敌摧毁；采取积极的攻势行动，先发制人，打击对我威胁大的军事目标；加强防卫，严防袭击；不断变换电子设备的位置，提高生存能力。

（三）电子对抗发展趋势

随着高新技术迅猛发展，电子对抗将面临宽频带、高精度、低截获概率、多模式复合、多信号格式、多技术体制的电子威胁，并要面对全高度、全纵深、全方位的作战空域。因此，电子对抗必须具有快速应变的作战能力。其发展趋势为：

1. 电子对抗的电磁频谱范围将从射频段向全频段发展

雷达侦察技术向扩展频段、提高测向/测频精度、增强信号处理能力方面发展。根据国外现役及在研的电子侦察设备预测，21 世纪初电子电磁斗争频谱将从射频段向全频段发展。

2. 电子对抗的手段将从传统的单一手段向综合一体化方向发展

"据有关对美军未来电子战装备发展趋势分析认为：一是单平台电子战手段侦察/干扰/摧毁一体化；二是单平台上的电子战装备与雷达、导航、通信等电子战设

① 总参军训部编：《军事高技术知识教材》上册，北京：解放军出版社 1995，277 页。

② 总参军训部编：《军事高技术知识教材》上册，北京：解放军出版社 1995，277 页。

③ 总参学生军训办编：《普通高等学校军事理论教程》，北京：国防大学出版社 2003，275 页。

④ 总参军训部编：《军事高技术知识教材》上册，北京：解放军出版社 1995，278 页。

第四章 军事高技术

备和系统的综合一体化；三是多平台电子战设备的综合。①"

3. 电子对抗的重点将向 C⁴ISR 一体化系统和反精确制导武器方向发展

"C⁴ISR 系统是国家和军队威慑力量的重要组成部分，是现代化军队的神经中枢"②。而精确制导武器是信息化战争中的主要杀伤性武器系统，针对 C⁴ISR 和精确制导武器的电子对抗"将成为电子对抗技术发展的重要内容"③。

4. 电子对抗的领域将不断拓展，新样式不断出现④

电子对抗已经扩展到网络领域。目前，世界各主要军事强国都非常重视网络战能力的建设，未来的网络作战中，激活预置破坏程序、有线与无线注入病毒、使用电磁脉冲武器和芯片细菌、黑客攻击对方信息系统等，将成为主要的作战手段。

五、军队指挥自动化

（一）军队指挥自动化概述

1. 军队指挥自动化的概念

军队指挥自动化，是指"在军队指挥体系中建立和运用指挥自动化系统，辅助指挥员和指挥机关实现科学、高效的指挥控制与管理的活动。其目的是提高军队的组织指挥和管理效能，最大限度地发挥军队的整体作战能力"⑤。其中指挥自动化系统是指"在军队指挥系统中，综合运用以信息技术为核心的现代科学技术及军事理论，实现军事信息收集、传递、处理自动化，以实现高效的指挥、领导与管理，保障军队发挥最大效能的'人—机'系统"⑥。

军队指挥自动化系统简称为 C³I 系统，即由指挥（Command）、控制（Control）、通信（Communication）及情报（Intelligence）等分系统组成的综合系统。随着科学技术的发展，军队指挥自动化的功能在不断扩充和完善，其概念的内涵和外延也在不断地拓展。现在已经扩展为 C⁴ISR 系统即：C³I + 计算机（Computer） + 监视（Surveillance） + 侦察（Reconnaissance）等分系统组成的综合系统。同时也说明，在现代战争中，指挥、控制、通信、情报以及电子对抗等已逐渐融为不可分割的整体。

---

① 总参学生军训办编：《普通高等学校军事理论教程》，北京：国防大学出版社 2003，275 页。

② 总参学生军训办编：《普通高等学校军事理论教程》，北京：国防大学出版社 2003，276 页。

③ 余高达主编：《普通高等学校军事理论教程》，北京：国防大学出版社 2003，276 页。

④ 余高达主编：《普通高等学校军事理论教程》，北京：国防大学出版社 2003，276 ~ 277 页。

⑤ 余高达主编：《普通高等学校军事理论教程》，北京：国防大学出版社 2003，309 页。

⑥ 余高达主编：《普通高等学校军事理论教程》，北京：国防大学出版社 2003，309 页。

2. 军队指挥自动化系统的组成与功能

从信息流程角度看，指挥自动化系统是由信息收集分系统、信息传输分系统、信息处理分系统、信息显示分系统、决策监控分系统和执行分系统等6个分系统组成。一个完整的指挥自动化的基本组成和功能如下图。

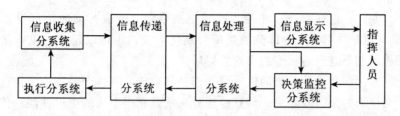

军队指挥自动化系统组成示意图

信息收集分系统。这部分实际上就是负责侦察的，它主要由"配置在地面、海上、空中、外层空间的各种侦察设备，如侦察卫星、侦察飞机、雷达、声呐、遥感器等组成"①。它能及时地收集敌我双方的兵力部署、作战行动及战场地形、气象等情况，为指挥员定下决心提供实时、准确的情报。

信息传输分系统。这一部分实际上也就是我们平时所说的通信分系统，它"主要由传递信息的各种信道、交换设备和通信终端等组成，这几部分构成具有多种功能的通信网，迅速、准确、保密、不间断地传输各种信息"②。可以说，通信自动化是作战指挥自动化的基础，没有发达的通信网，就不可能实现作战指挥自动化。

信息处理分系统。这一部分由电子计算机及其输入输出设备和计算机软件组成。信息处理的过程，就是"将输入计算机的信息，通过按预定目标编制的各类软件，进行信息的综合、分类、存储、检索、计算等，并能协助指挥人员拟制作战方案，对各种方案进行模拟、情报检索、图形处理、图像处理等"③。

信息显示分系统。这一部分主要由各类显示设备，如投影仪、显示板、大屏幕显示器等组成，其主要功能就是"把信息处理分系统输出的各种信息，包括作战情报、敌我态势、作战方案、命令和命令执行情况等，用文字、符号、表格、图形、图像等多种形式，形象、直观、清晰地显示在各个屏幕上"④，供指挥和参谋

---

① 余高达主编：《普通高等学校军事理论教程》，北京：国防大学出版社 2003，312 页。

② 余高达主编：《普通高等学校军事理论教程》，北京：国防大学出版社 2003，312 ~ 313 页。

③ 余高达主编：《普通高等学校军事理论教程》，北京：国防大学出版社 2003，313 页。

④ 余高达主编：《普通高等学校军事理论教程》，北京：国防大学出版社 2003，313 页。

人员研究使用。

决策监控分系统。这一部分主要用于"辅助指挥人员作出决策、下达命令、实施指挥。在作战过程中，指挥员可随时针对不同的情况，通过决策监控分系统输入指令"①。此外，决策监控分系统还可用来改变指挥自动化系统的工作状态并监视其运行情况。

执行分系统。这一部分"主要由自动把命令信息变成行动的执行设备和人员组成"②，可以是执行命令的部队的指挥自动化系统；也可以是自动执行指令的装置，如导弹的制导装置、火炮的火控装置等。

以上就是指挥自动化系统的组成及各部分的功能。在这个系统中，信息收集分系统就相当于人的眼睛和耳朵；信息传递分系统就相当于人的中枢神经；信息处理分系统、信息显示分系统以及决策监控分系统就相当于人的大脑；而信息执行分系统就相当于人的四肢。作战信息由信息收集分系统收集起来以后，经信息传输分系统传输到信息处理分系统进行自动的分析、判断，再经信息显示分系统显示，指挥员根据显示的各种情况通过决策监控分系统输入必要的命令或指令，再经过信息处理分系统以及信息传输分系统传输到执行分系统，从而完成一个基本的指挥过程。此外，执行分系统对命令或指令的执行情况以及武器的打击效果又可通过信息收集分系统反馈到决策监控分系统。

3. 军队指挥自动化的地位与作用

军队指挥自动化在现代战争中的地位和作用越来越高，具体表现在以下几个方面。

军队指挥自动化是国防威慑力量的重要组成部分。现代战争清楚地表明，先进的武器装备必须要有先进的指挥手段与其相匹配才能发挥其效能。这是因为，无论是核威慑、化学武器威慑，还是常规威慑，如果没有先进的指挥手段作依托，它们的作用就发挥不出来，就形成不了实际的战斗力。而这个先进的指挥手段，就是军队指挥自动化。"作战力量各要素之间的紧密协调和各种武器系统威力的发挥，越来越明显地表现出对信息的依赖，信息优势已成为决定战争进程与结局的重要因素。③"因此，掌握信息优势的能力，已经成为当今军事领域正在强化的一种潜在威慑力量，而高效的军队指挥自动化系统，则是夺取和保持信息优势的关键。

军队指挥自动化是军队战斗力的"倍增器"。现代战场，单一武器的作用逐渐减弱，系统与系统的对抗已成为未来信息化战场的重要特点。只有通过军队指挥自动化系统，各个作战要素、各类作战资源和各种武器系统才能连接成一个有机整

① 余高达主编：《普通高等学校军事理论教程》，北京：国防大学出版社 2003，313 页。
② 余高达主编：《普通高等学校军事理论教程》，北京：国防大学出版社 2003，313 页。
③ 余高达主编：《普通高等学校军事理论教程》，北京：国防大学出版社 2003，314 页。

体；只有通过军队指挥自动化系统，指挥员才能对众多作战力量实施有效的指挥控制，才能对众多作战要素和作战资源实现最佳配置和最佳组合，充分发挥作战体系的整体效能，实现既达成作战目的又获得最佳作战效益的双重目的；只有通过军队指挥自动化系统，才能使作战行动更有效，使有限的作战力量得到倍增①。

军队指挥自动化系统是信息化战争作战指挥的必备手段。首先，军队指挥自动化拓展了作战指挥范围。"指挥自动化系统不仅可以使指挥员对来袭的敌方各种空中目标实现从探测预警、情报侦察、监视捕捉、敌我识别、跟踪制导、电子对抗，直到命中目标全过程的自动控制，而且可以使指挥员在远离战场的情况下实时、形象、直观地掌握战场态势和有关情况，指挥协调作战行动。②"其次，军队指挥自动化极大地缩短了作战指挥周期。信息化战争的突然性增大，节奏明显加快，时间和速度已成为极其重要的制胜因素。例如：在 1991 年的海湾战争中，"飞毛腿"导弹从伊拉克升空到在以色列弹着（陆），仅仅只有 7 分钟时间。这一战例表明现代指挥系统必须缩短指挥周期，适应快节奏的指挥要求。而这唯一的出路便是实现指挥自动化。

军队指挥自动化系统是信息战的重要武器系统。美国 1995 财政年度国防报告指出："信息战不仅是更好综合运用己方 C^4I 系统的手段，而且是有效地与潜在敌方的 C^4I 系统相匹敌的手段。一方面保证己方信息系统的完好，免遭敌方利用、恶化和破坏；另一方面则设法利用、恶化和破坏敌方的信息系统。在这个过程中，取得运用部队的信息优势。因此，信息战就是 C^4I 与 C^4I 对抗，信息系统安全与安全对抗，以及情报的集聚和综合。"由此看出，信息战是一种综合性战略，信息战的作战对象主要是 C^4I 系统，信息战的物质基础和技术手段也主要依赖于 C^4I 系统。

（二）军队指挥自动化在军事上的应用

目前，美国在指挥自动化系统方面处于世界领先地位。其全球指挥控制系统（简称 WWMCCS）③是在 1962 年古巴导弹危机时为适应其"灵活反应策略"而开始筹建的。自 1968 年初步建立直到今日，一直在进行改进和完善。该系统的任务是供美国国家军事当局在平时、危机时和全面战争时的各个阶段，不间断地指挥控制美国在全球各地区布置的战略导弹、轰炸机和战略核潜艇部队，完成战略任务。其功能是提供情报收集、情报分析和评估、威胁判断及攻击预警、制订作战方案和作战计划、命令部队作出快速反应等。

① 余高达主编：《普通高等学校军事理论教程》，北京：国防大学出版社 2003，313 页。

② 余高达主编：《普通高等学校军事理论教程》，北京：国防大学出版社 2003，315～316 页。

③ 总参军训部编：《军事高技术知识教材》下册，北京：解放军出版社 1995，189～197 页。

第四章　军事高技术

1. 指挥体系

全球军事指挥控制系统有 30 多个指挥中心，服务于国家战略军事指挥。美军的各指挥中心目前用国防军事通信网联结起来，采用的通信手段包括卫星、国防通信系统、塔木卡系统以及极低频、甚低频、低频最低限度应急通信网。各指挥所内除有各种通信设备外，主要是各种计算机和显示设备，用来完成各种情报处理和显示。

2. 情报获取分系统

美国战略指挥控制系统的情报系统由海上、地面、空中和太空中的雷达、红外和可见光侦察设备构成，主要由防御支援计划（DSP）、预警卫星系统、弹道导弹预警系统（BMEWS）、空间探测与跟踪系统（SPADATS）、远程预警系统和北方警戒系统、空中预警与控制系统（AWACS）和侦察卫星等组成。

DSP 预警卫星系统有 3 颗卫星分别定位于太平洋、印度洋和南美洲赤道上空的地球同步轨道上。它能在导弹发射后 60 秒内探测到导弹尾部的红外线，对陆基导弹可提供 25~30 分钟的预警时间，对潜艇发射的导弹可提供 15 分钟预警时间。从卫星上得到的数据经地面站最终传给北美防空防天司令部。

弹道导弹预警系统（BMEWS）用来发现来袭的弹道导弹。它将探测数据和来自预警卫星的数据结合在一起使用，提高了发现目标的可靠性。它对洲际导弹提供 15 分钟预警时间。雷达的作用距离在 5 000 千米以上，方位角范围大于 180°，采用相控阵雷达。

潜射导弹预警系统由两座分别布署在美国东海岸和西海岸的相控阵雷达、计算机组成，其发现目标距离在 4 000 千米以上，主要对付来自潜艇发射的战略导弹，提供约 15 分钟预警时间。

空间探测与跟踪系统（SPADATS）的任务是监视太空中的飞行物，把它们的轨道、用途、状态、国别等数据一一记录下来，对再入大气层的要进行跟踪，并预报它的落地点。

远程预警系统（DEWL）和北方警戒系统有 50 多个雷达站，分布于北美，每部雷达作用距离在数百千米内，主要对付来自北方的战略轰炸机。能提供的预警时间约半个小时。

空中预警与控制系统（AWACS）。美国使用的预警机有 E-3A、E-3B、E-3C、E-2C 和 E-8A。其中 E-3A 的最大探测距离为 1 200 千米，当飞行高度为 9 000 米时，探测距离可达 500~600 千米，可为作战指挥提供批目标，识别 200 批目标，处理 300~400 批目标。

侦察卫星，属于战略系统的组成部分，但也可用于战术目的。到 1986 年美国共发射了 244 颗照相侦察卫星，83 颗电子侦察卫星，22 颗海洋监视卫星，完成了第六代卫星的布置。海湾战争中，美国动用的侦察卫星有：KH-11 锁眼卫星；KH-

12 侦察卫星；长曲棍球侦察卫星；电子侦察卫星。

3. 通信系统

全球军事指挥控制系统的通信系统的任务是，保障空中、地面、地下、水面、水下和太空中军事设施间的不间断、安全可靠和快速的通信，这种保障不仅在平时或作战时期，甚至在遭到敌人核袭击后仍能生存。它包括：

最低限度应急通信网（MEECN）。它保证美国遭核袭击后，仍能进行核反击所需的最低限度的通信能力。该系统是由抗毁能力最强的通信系统构成，最主要的系统如下："塔卡莫"机载甚低频对潜中继系统。"塔卡莫"采用 14 ~ 30 千赫的频率进行无线通信。由于采用飞机中继，因此可实现从空中或地面指挥所指挥战略核潜艇进行作战。地波紧急通信网（GWEN）。它由 127 个无人值守中继站组成，用150 ~ 175 千赫的频率，发射沿地面传播的无线信号，这种信号称为地波。由于地波衰减小，可传播很远，且不易受干扰，因此构成了可靠的通信方式。抗毁低频通信系统（SCFCS）。它是甚低频或低频通信网，用于电传。以上各网同各军种网相配合，可把核袭击形成的孤立的作战单元联系起来，进行所谓的核报复。

国防通信系统（DCS）。由保密语音系统和综合自动数字网组成。

国防卫星通信系统（DSCS）。共有 14 颗卫星组成，联有 150 多个服务终端。全球军事指挥控制系统、白宫、国务院以及三军都是它的用户。

军事战略、战术中继卫星系统。该系统的最大特点是生存能力强，能在数天或数月的核战争中继续有效地工作。卫星采用了抗核加固技术，抗干扰能力也比其他卫星强。

4. 信息处理系统

信息处理系统，包括了早期建设的全球军事指挥控制系统的计算机互联网（WIN）和后来建立的全球军事指挥控制系统信息系统（WIS）。全球军事指挥控制系统是世界上最大、最先进的指挥自动化系统。据有关资料介绍，美国的预警卫星能在前苏联导弹发射后 30 秒钟内探测到它，并在 3 ~ 4 分钟内将导弹攻击警报送到北美防空防天司令部。总统通过全球军事指挥控制系统（WWMCCS）将命令逐级下达到一级部队，只需 3 ~ 6 分钟。若从最高统帅越级向第一级部队下达命令，可缩短到 1 ~ 3 分钟。国防部的自动化通信系统，每天大约要发送 20 亿字符的情报，传送字符的差错率为 1/1000 万。战略空军司令部靠指挥自动化系统，平均每月要处理 81.5 万条情报，平均每分钟处理 20 条。

（三）军队指挥自动化的发展趋势

1. 功能综合化

从理论上讲，一个完整的指挥自动化系统包括信息收集分系统、信息传递分系统、信息处理分系统、信息显示分系统、决策监控分系统以及执行分系统，即包含了涉及战场作战的方方面面。而且，各军种各部门之间的互连互通互操作，形成一个完整的大系统。在 1991 年的海湾战争中，以美军为首的多国部队虽然取得了最后的胜利，但由于信息在各个系统间的传递不够顺畅，使得在某些具体行动上配合不够密切，影响了作战效能的发挥。为了克服这些缺陷，美军强化"综合集成"思想。1997 财年提出了综合 C^4ISR 系统的新概念，综合集成了指挥、控制、通信、计算机、情报、监视和侦察等分系统，并潜含着电子对抗、反侦察等功能，涵盖了指挥自动化系统的全部内容。

2. 系统一体化

海湾战争的一个重要启示是："现代战场上取胜的关键不仅在于拥有技术先进的武器装备和投送系统，而且还在于是否具有在战场上将这些武器装备有效地加以控制和使用的一体化能力。[1]" C^4I 系统综合一体化的发展方向和目标，应该是实现国防部系统与军兵种系统，以及军兵种系统之间一体化。即：不仅各军兵种要形成一个综合一体化的本军兵种的大系统，而且在此基础上，国防部的系统与各军兵种的系统还要作进一步的综合集成，以最终形成一个更大的综合一体化系统，以便能在任何地方、任何时间为指战员提供准确的、完整的、经过融合的实时作战信息，以便最有效地发挥部队的整体作战效能。

3. 业务太空化

信息化条件下作战对空间系统的依赖性越来越大，突出表现在指挥自动化业务的卫星化发展趋势。在伊拉克战争中，美军的很多作战行动，如情报、侦察、监视、预警、通信、导航定位和测绘、气象等，都是通过部署在太空的卫星系统来完成的，卫星系统为其在作战时机、行动速度、协调一致、机动能力、火力的综合利用等方面提供了强有力的保障。可以说，"卫星几乎支援着每一次军事行动，直接影响着作战的进程和结局，已成为指挥、控制、通信和情报一体化不可或缺的重要组成部分。也正是有了卫星，才促进了联合 C^4I 系统以及陆、海、空各军种 C^4I 系统的一体化，才使 C^4I 系统和作战系统的综合一体化得以实现[2]"。

4. 战场数字化

战场数字化将成为 21 世纪部队建设的一个主要手段和关键步骤，被称为未来军队的发展方向。所谓战场数字化，"就是用数字式通信和信息系统把战场上各军兵种部队、各种武器平台直到单兵连接起来，准确及时地向他们提供所需的各种信息，实现信息交流和信息共享。其最终目的是保证己方军队在各级冲突的全过程中获取和利用信息的能力大大高于敌方，以取得信息优势，战胜敌人[3]"。由此可见，

---

① 余高达主编：《普通高等学校军事理论教程》，北京：国防大学出版社 2003，318 页。

② 余高达主编：《普通高等学校军事理论教程》，北京：国防大学出版社 2003，318 ~ 319 页。

③ 余高达主编：《普通高等学校军事理论教程》，北京：国防大学出版社 2003，319 页。

战场数字化包括 C^4I 系统的数字化、武器系统的数字化和单兵装备的数字化。其中 C^4I 系统的数字化是战场数字化的基础，整个战场的数字化必须首先通过 C^4I 的数字化才能实现。

5. 信息安全化

随着指挥自动化系统对信息技术依赖性的增强以及信息战的出现，使指挥自动化系统的信息安全受到严重威胁。美国中央情报局局长约翰曾撰文指出，"我们有证据表明，世界上许多国家正在制定条令、战略以及开发新的工具，以便向与军事有关的计算机发动信息攻击"。因此，保护信息和信息系统安全已成为保障军事优势的关键所在。美军为此对信息安全提出了如下要求：第一，信息系统必须有能力在任何复杂环境下，安全处理各种信息；第二，必须充分保护国防部的信息系统，以便有能力与有关网络上的多个主机间进行分布式信息处理和分布式信息管理；第三，信息系统必须有能力支持具有不同安全属性的用户，利用不同的安全保密级别的资源进行信息处理。

六、航天技术

（一）航天技术概述

1. 航天技术的概念

航天技术是指将航天器送入太空，用以"探索、开发和利用太空以及地球以外天体的综合性工程技术"①，也称空间技术。

2. 航天技术的基本内容

航天运载器技术。航天运载器技术是航天技术的基础。要想把各种航天器送到太空，必须利用运载器的推力克服地球引力和空气阻力。常用的运载器是运载火箭。"运载火箭主要由动力系统、控制系统、箭体和无线电测量系统组成。②"由于单级火箭难以使航天器获得飞出地球所需要的速度，人们发展了多级运载火箭。多级运载火箭是由几个能独立工作的火箭沿轴向串联组成的。

航天器技术。"航天器是在太空沿一定轨道运行并执行一定任务的飞行器。③"它分为无人航天器和载人航天器两大类。无人航天器按是否环绕地球运行分为人造地球卫星和空间探测器等。载人航天器按飞行工作方式分为载人飞船、空间站和航天飞机等。其中"载人飞船可分为卫星式载人飞船、登月式载人飞船和行星际载人飞船等；空间站可分为单一式空间站和组合式空间站"④。

① 总参军训部编：《军事高技术知识教材》下册，北京：解放军出版社 1995，1 页。
② 总参军训部编：《军事高技术知识教材》下册，北京：解放军出版社 1995，2 页。
③ 余高达主编：《普通高等学校军事理论教程》，北京：国防大学出版社 2003，294 页。
④ 余高达主编：《普通高等学校军事理论教程》，北京：国防大学出版社 2003，294 页。

第四章　军事高技术

航天测控技术。航天测控技术"是对飞行中的运载火箭及航天器进行跟踪测量、监视和控制的技术"①。为了保证火箭正常飞行和航天器在轨道上正常工作，除了火箭和航天器上载有测控设备外，还必须在地面建立测控（包括通信）系统。地面测控系统"由分布全球各地的测控台、站及测量船组成"②。航天测控系统主要包括："光学跟踪测量系统、无线电跟踪测量系统、遥测系统、实时数据处理系统、遥控系统、通信系统等"③。

3. 航天技术对作战的影响④

航天技术的应用极大地增强了军事侦察能力和军事指挥控制能力。各种航天器的大量部署和应用，为军事指挥员不断实时获取提供所需的有关敌方军事目标、军队部署与调动、军队的武器装备的数量和性能等各方面的重要情报，从而保证作战方案的正确制定以及对整个作战过程实施正确的指挥。而现在的 C⁴ISR 系统越来越依赖空间系统获取情报和传输信息的能力，这是因为在地面、空中和海上设施的配合下，通过部署在空间轨道上的军事卫星等航天器，可以居高临下，全时域、全空域、全天候地监视和掌握地面、海上和空中战场所发生的一切变化，并将有关信息实时地告知部队，从而及时采取正确的对策，确保战斗行动准确无误。

军事空间系统可以改善和充分发挥武器装备的作战效能。利用军事空间系统可以及早地发现与监视敌人，为火炮、导弹、飞机、舰艇提供敌方目标的精确位置，并为它们导航，引导它们准确攻击和摧毁目标，提高命中的精度和毁伤效果，同时增加武器装备的部署方式和作战距离，还可通过空间系统的侦察对作战效果进行评估，便于决定是否需要再次发起攻击。所有这些作用是一般地面系统或空中系统难以起到的。

军事航天技术是建立以信息技术为基础的数字化部队和数字化战场的关键。信息技术的军事应用，数字化部队、数字化战场的建立，都需要通过各种军事侦察卫星和通信卫星将它们连成一个有机的整体，实时、准确、可靠地获取、传输和利用数字化的战场信息。在美军计划建立的数字化部队和数字化战场中，作为其神经中枢或核心的综合性的 C³I 系统，完全是建立在全球定位系统、战术移动卫星通信系统等能实施全球监视与通信的军事空间系统基础上的。因此，军事航天技术对于未来军队建设、作战指挥、武器装备及战场的信息化、数字化、自动化都起着关键作用。

军事空间系统的产生与发展直接导致了"天军"与"天战"的出现。天军是

① 余高达主编：《普通高等学校军事理论教程》，北京：国防大学出版社 2003，294 页。
② 总参军训部编：《军事高技术知识教材》下册，北京：解放军出版社 1995，44 页。
③ 余高达主编：《普通高等学校军事理论教程》，北京：国防大学出版社 2003，294 页。
④ 总参军训部编：《军事高技术知识教材》下册，北京：解放军出版社 1995，58～62 页。

陆军、海军、空军（甚至还有"战略火箭军"）的扩展。目前，天军担负着侦察、预警、指挥、导航、通信、控制，以及搜集军事气象资料等任务。太空中的空间站既是住人的军营，也是天军的军事基地。空间站还可以作为太空指挥所、太空武器的试验基地、太空航天器和太空武器的修理所，以及用来装备定向能武器、摧毁敌方的军用卫星和导弹。20世纪60年代以来，美国和前苏联所进行的一系列反卫星和反弹道导弹的试验，特别是80年代美国提出并实施的"战略防御倡议（即'星球大战'）"计划，已大量地将未来天战景况展现在人们面前。

（二）航天技术在军事的应用

1. 军事卫星系统

"军事卫星是专门用于完成各种军事任务的人造地球卫星的统称。[1]"按用途可分为侦察卫星、通信卫星、导航卫星、气象卫星、测地卫星等。

（1）侦察卫星。侦察卫星具有收集、传递情报速度快，侦察效率高，效果好，不受国界与自然地理条件限制和生存力强等特点。其主要用途是：侦察对方战略目标；对领土进行测图；监测对方战略武器系统；侦察对方地面部队的部署。根据不同的侦察手段和侦察任务，侦察卫星可分为照相侦察、电子侦察、导弹预警、海洋监视、核爆探测等不同种类。

照相侦察卫星。美国从1959年开始研制照相侦察卫星，至今已发展到第六代，其中具有代表性的是 KH-12 照相侦察卫星。它带有先进的光电遥感器，在"采用了热成像和自适应光学技术后，进一步提高了夜间侦察能力和情报信息的准确性，地面分辨率可达0.1米"[2]，可同时承担普查和详查两种任务。而且还具有截获电子信号的侦察能力和变轨能力，工作寿命也高于以往的型号。此外，美国从1988年底开始发射使用另一种称之为"长曲棍球"的雷达成像侦察卫星，"该种卫星采用合成孔径雷达技术，克服了可见光照相侦察卫星黑夜和阴天无法拍照的缺点，可全天候和全天时进行实时侦察，地面分辨率可达1米"[3]。

电子侦察卫星。电子侦察卫星主要用于截获对方雷达和电信设施发射的电磁信号，并测定其辐射源地理位置。目前，世界上只有美国和俄罗斯发射和使用电子侦察卫星。美国最新一代"'大酒瓶'大型电子侦察卫星，可截获整个无线电频率范围内的信号，重点为数字通信信号"[4]。海湾战争中美国曾用"大酒瓶"卫星窃听伊军各指挥部甚至小分队之间的无线电通话。除此之外，美国还发射了一种"牧人小屋"电子侦察卫星，"这种卫星采用大椭圆轨道，位于西伯利亚上空，其目的

① 总参军训部编：《军事高技术知识教材》下册，北京：解放军出版社1995，48页。
② 总参军训部编：《军事高技术知识教材》上册，北京：解放军出版社1995，62页。
③ 总参军训部编：《军事高技术知识教材》上册，北京：解放军出版社1995，62页。
④ 总参军训部编：《军事高技术知识教材》上册，北京：解放军出版社1995，63页。

第四章 军事高技术

是为了更有效地覆盖北极地区，重点监测俄罗斯的反导雷达和空间跟踪雷达"①。

导弹预警卫星。导弹预警卫星主要用于监视和发现敌方发射的战略导弹并发出警报。美国的导弹预警卫星系统迄今已发展了三代。导弹预警卫星的关键设备是红外探测器，用于探测导弹尾焰的红外辐射。第三代预警卫星可在两个红外波段工作，灵敏度很高，可探测到飞机喷气的红外辐射，并且大大提高了探测潜射导弹的能力。美国"正在发展的第四代预警卫星的红外探测器将采用24 000（单）元凝视型焦平面阵列，整个卫星不用旋转，只需要将成千上万个敏感单元分工，各自分别盯住地球表面一小片地区。……根据敏感单元位置，就可以反推出红外辐射源所在地区"②。

（2）通信卫星。"通信卫星就是太空中的微波中继站。③"它接收到地面发出的无线电波以后对其进行放大，然后再转发向地面。"在地球同步轨道上，等距离部署3颗通信卫星，就可以实现除地球两极外的全球通信。④""卫星通信有覆盖面积大、通信距离远、通信容量大、传输质量高、机动性能好、生存能力强和使用费用低等特点。⑤"

军事通信卫星，可分为战略通信卫星和战术通信卫星两大类。"战略通信卫星通常在地球同步轨道上运行，为远程乃至全球范围的战略通信服务……战术通信卫星一般在12个小时的椭圆轨道上运行"⑥，其作用主要是提供地区性战术通信或军用飞机、舰船、装甲车辆及单兵移动通信。军事通信卫星用来担负保密的、大容量的、高速率的战略和战术通信勤务。目前美国70%～80%的军事长途通信是由卫星传送的。

（3）导航卫星。导航卫星是为航天、航空、航海、巡航导弹和洲际导弹等提供导航信号与数据的卫星。一颗导航卫星，就相当于一个设在空间的无线电导航台。导航卫星上所装有的无线电信标机以固定的频率，按照规定的时间间隔向地面、海上的用户发射无线电信号，报告当时卫星在空间的位置和发出信号的时间，用户利用无线电接收设备接收卫星发出的信号，从而确定自身的位置和航向。用导航卫星进行导航不受气象、距离的限制，而且导航精度高。

卫星导航系统是由多颗导航卫星组成的卫星网。导航卫星全球定位系统（GPS）可为地面车辆、人员及航空、航海、航天等领域的飞机、舰船、潜艇、卫

---

① 总参军训部编：《军事高技术知识教材》上册，北京：解放军出版社1995，63页。
② 总参军训部编：《军事高技术知识教材》上册，北京：解放军出版社1995，64页。
③ 总参军训部编：《军事高技术知识教材》下册，北京：解放军出版社1995，49页。
④ 余高达主编：《普通高等学校军事理论教程》，北京：国防大学出版社2003，304页。
⑤ 总参军训部编：《军事高技术知识教材》下册，北京：解放军出版社1995，49页。
⑥ 总参军训部编：《军事高技术知识教材》下册，北京：解放军出版社1995，49～50页。

星、航天飞机等进行导航和定位；可用于洲际导弹的中段制导，作为惯性制导系统的补充，提高导弹的精度；还可用于照相制图和大地测量，空中交会和加油，空投和空运，航空交通控制和指挥，火炮的定位和发射，外弹道测量，反潜战，布雷、扫雷、船只位置保持、搜索和营救工作等。①

（4）气象卫星。气象卫星从外层空间对地球及其大气层进行气象观测，是从空间获取军事气象情况的重要手段，对全球天气监视和天气预报业务均有十分重要的作用。气象卫星上携带有多种气象遥感器，能够拍摄全球的范围的云图，卫星上的"扫描辐射计的探头能探到一定波段的电磁辐射，当它对云层和大气扫描时，就能记下云层和大气在各个波段，如可见光、红外、微波的辐射强度，转变成电信号以后，通过无线电波发送给地面。地面站接收以后，经过计算机处理，就可以得到云的形状、云顶高度、大气温度和湿度、海面温度和冰雹覆盖面积等"② 气象资料。专门的军用气象卫星为全球范围的战略要地和战场提供实时气象资料，具有保密性强和图像分辨率高的特点。

（5）测地卫星。测地卫星是用来测定地球的形状和大小，地球重力场的分布，地面的城市、村庄和军事目标地理位置的卫星，具有重要的军事价值。"地球不是标准球体，而且地面上有山、河、湖、海，高低不平，因此地球重力场的分布不均匀。同时又由于测量误差等原因，原有地图上标明的各种地理位置会与实地不符。这一切对导弹弹道的计算、飞机和导弹的惯性制导及巡航导弹的地图匹配制导都会造成很大的影响。如果不用测地卫星准确测定有关数据，洲际弹道导弹和巡航导弹就难以击中目标，从而大大降低战略武器的效能。③" 目前，各国都在利用测地卫星进行全球大地测量，以获取重要的具有战略意义的战备情况等。

2. 军事载人航天系统

（1）载人飞船。载人飞船是能保证宇航员在空间轨道上生活和执行航天任务并返回地面的航天器。典型的载人飞船由对接装置、轨道舱、返回舱、仪器设备舱（主要有动力和电源设备等）和太阳帆板等部分组成。载人飞船容积较小，所载消耗性物质数量有限，不具备再补给能力，不能重复使用。载人飞船能担负的军事使命有：作为地面与空间站军事运输工具，可向空间站运送各种军事补给物资以及接送人员、进行空间救护等；试验新的军用航天储备；用于特定目标的侦察与观察等。在未来可能发生的空间战争中，载人飞船将是不可缺少的军事高技术装备④。

（2）空间站。空间站是大型的、绕地球轨道作较长时间航行的载人航天器，

① 总参军训部编：《军事高技术知识教材》下册，北京：解放军出版社 1995, 50～51 页。
② 总参军训部编：《军事高技术知识教材》下册，北京：解放军出版社 1995, 52～53 页。
③ 总参军训部编：《军事高技术知识教材》下册，北京：解放军出版社 1995, 52 页。
④ 参见总参军训部编：《军事高技术知识教材》下册，北京：解放军出版社 1995, 55 页。

第四章 军事高技术

是多作用的空间基地。空间站具有载人多、空间大、寿命长和可以综合利用的优点，在军事上有广泛应用前景。由于空间站可承载许多复杂的仪器设备，并可由人直接操作，因而能完成复杂的、非重复性的工作任务。如"军用航天飞机或空天飞机以空间站为基地可对付任何卫星作战平台，并随时对全球任何地方构成威胁。空间站可以部署、组装、维修和回收各种军用航天器，并可试验、部署和使用空间武器"①；"可以直接参与跟踪、监视、捕获和拦截敌方航天器和洲际弹道导弹的作战行动"②；"可以在军用卫星、飞机和地面系统的配合下成为空间的预警、通信、指挥和情报中心"③ 及国家安全防务系统的神经中枢。因此，要开辟空间战场，建立空间站是必不可少的。

（3）航天飞机。"航天飞机是部分可重复使用、往返于地面和近地轨道之间运送有效载荷并完成特定任务的空间飞行器。航天飞机由轨道器、助推器（即助推火箭）、外燃料箱三部分组成，用火箭垂直发射，入轨时助推火箭及外燃料箱均被抛掉，只有轨道器在地球轨道上飞行，执行任务后再重返大气层并滑翔着陆。④"在军事上，航天飞机可用于部署、维修、回收各种卫星；可方便地实施空间机动，执行反卫星作战任务，拦截摧毁或俘获敌方卫星；可执行空间侦察，对地面目标进行监视、跟踪；对敌方弹道导弹的发射和飞机进行预警，作为战斗机袭击地球上的目标；航天飞机还可作为从地面到空间站的军事交通工具，为军事目的向空间站运送人员和物资，为建立永久性空间军事基地和军事工厂服务。

（4）空天飞机。正在研制的"空天飞机是能在普通跑道上水平起降，并在大气层内和空间轨道上飞行的安全可重复使用的航天器"⑤。20 世纪 80 年代兴起的空天飞机计划是以解决天地往返运输、军用跨大气层飞行和民用高超音速为背景的。美国集中了科学界、工业界和军方的优秀人才，实施国家空天飞机（NASP）计划。继美国之后，英、德、法、俄、日、印度等国也提出了各自的空天飞机计划。目前美国正在研制单级火箭空天飞机"X-33"和"X-43"。

3. 航天作战系统

（1）航天作战武器系统。航天作战武器系统，是部署在太空、陆地、海洋与空中用以打击、破坏与干扰太空目标的武器，以及从太空攻击陆地、海洋与空中目标的武器的统称。"航天作战武器系统包括反卫星武器、反导武器、轨道轰炸武器、军用空天飞机等。反卫星武器是专门用于攻击航天器的武器。按设置场所的不

---

① 总参军训部编：《军事高技术知识教材》下册，北京：解放军出版社 1995，56 页。
② 总参军训部编：《军事高技术知识教材》下册，北京：解放军出版社 1995，56 页。
③ 总参军训部编：《军事高技术知识教材》下册，北京：解放军出版社 1995，56 ~ 57 页。
④ 总参军训部编：《军事高技术知识教材》下册，北京：解放军出版社 1995，57 页。
⑤ 总参军训部编：《军事高技术知识教材》下册，北京：解放军出版社 1995，58 页。

同，反卫星武器可分为地基（包括陆基、舰载和机载）和天基两种；按杀伤手段不同卫星武器又可分为核能、动能和定向能（激光、微波、粒子束）三种。反导武器包括地基反导武器和天基反导武器，用于拦截弹道导弹和巡航导弹，可分为包括动能拦截弹和电磁轨道炮在内的动能反导和包括强激光武器、高功率微波武器和粒子束武器在内的定向能反导武器。与地基反导武器相比，天基反导武器可实现全球范围的拦截，并大大提高拦截概率。轨道轰炸武器平时在轨道上运行，接到作战命令后，借助于反推火箭脱离轨道再入大气层攻击地面目标。运行轨道不足一圈的轨道轰炸武器称为部分轨道轰炸武器。由于轨道轰炸武器和部分轨道轰炸武器从轨道再入发起攻击，敌方的预警时间短，难以防御。军用空天飞机是一种既跨大气层飞行，又能进入绕地球轨道运行，并可执行专门军事任务的可重复使用航天器。它的投入使用将给空间作战乃至整个军事活动带来重大影响。①"

（2）航天作战系统的任务。航天作战系统的作战任务主要是："①防空防天预警。就是预防敌人从大气层和大气层外进行攻击，主要是预防各种导弹和轰炸机攻击。②航天监视和全球定位。监视空间是指能连续地了解和掌握空间的状况，提供轨道目标的位置和特性。全球定位是对敌我双方目标的定位，对己导航和对敌实施攻击。③保护本国航天系统。采取各种措施，以减小自然或人为因素对航天系统的威胁。这包括：近实时地探测和报告对国家重要航天系统攻击的威胁；能经受和防御对航天系统攻击的能力，包括航天器采取加固、机动和对抗等方法；能在几天或几小时内重建和修复航天系统的能力。④防止敌人使用本国航天系统。⑤阻止敌人使用航天系统。即扰乱、欺骗、破坏敌方的航天系统，或降低敌方航天系统的应用效能。⑥从太空对地基目标实施攻击。②"

（三）航天技术的发展趋势③

航天技术对大国政治、军事、经济、科技的竞争具有战略性的影响，因此航天技术的发展必然受到世界形势发展的影响。其发展趋势主要是：

1. 民用航天活动及使用将加强

当今世界各国的竞争主要是综合国力的竞争。在综合国力的竞争中，高技术的作用力正在上升。航天技术作为高技术之一，其研发和利用对国民经济的拉动作用越来越强，从而成为很多国家开发航天技术日益强大的动力。在发展和开发过程中，利用航天技术监测、管理、服务好地球，实现人类共同家园的可持续发展日益

---

① 余高达主编：《普通高等学校军事理论教程》，北京：国防大学出版社2003，306～307页。

② 余高达主编：《普通高等学校军事理论教程》，北京：国防大学出版社2003，306页。

③ 余高达主编：《普通高等学校军事理论教程》，北京：国防大学出版社2003，306～307页。

第四章　军事高技术

成为各国共识。因而，民用航天活动及使用将加强，如深空探测的日益推进，中国和欧盟共同推进的地球双星探测计划等。

2. 卫星应用将产生更大的效益

今后应用的卫星，技术水平越来越高，用途越来越多，功能越来越完善，寿命越来越长，其投入产出比将越来越高，人类将更能长期准确地观风测雨，更快地传递信息，更加精确地预报灾害，更加清楚地查明地球的资源等。人类的生产和生活活动也将更加方便和快捷，卫星应用将产生更大的效益。

3. 永久性载人空间站和空间基地建设将备受重视

美国、西欧、日本和加拿大正在与俄罗斯联合研制国际空间站。同时还将研制由一个大型空间站、设在站上的拖运器和必要的服务设施组成的空间基地，使航天技术发展和太空资源的开发、利用的面貌焕然一新。

4. 航天技术在军事领域发挥的作用将不断增强

众所周知，利用航天技术在军事领域所发挥的航天侦察、监视、通信、导航等功能，是近几十年来，特别是近十年来多次军事行动中获胜方所以成功的重要原因。科学技术是第一生产力，也是第一战斗力。航天技术在未来的军事斗争中所发挥的作用将不断增强。只有制天，才能控空、制海。这也是俄、美建立天军的重要原因。未来战争中，航天技术在军事领域的应用，除了继续担当其传统的信息支援功能外，将直接作为一种攻击利器，对地基和空基目标实施攻击，从而使未来作战对抗更加激烈。

七、新概念武器

新概念武器主要是指工作原理、结构、功能和杀伤破坏机制与传统武器不同的新型武器。最有代表性的新概念武器主要有高能激光武器、粒子束武器、高功率微波武器、动能武器和计算机病毒武器等。

（一）高能激光武器[①]

高能激光武器，也称强激光武器或激光炮。是利用高能激光束摧毁飞机、导弹、卫星等目标或使之失效的定向能武器。

1. 高能激光武器的组成

高能激光武器主要由高能激光器、精密瞄准跟踪系统和光束控制与发射系统组成。高能激光器是高能激光武器的核心，用于产生高能激光束。作战要求高能激光器的平均功率至少为2万瓦或脉冲能量达3万焦耳以上。精密瞄准跟踪系统用来捕获、跟踪目标，引导光束瞄准射击，并判定毁伤效果。高能激光武器是靠激光束直

---

① 总参军训部编：《军事高技术知识教材》下册，北京：解放军出版社 1995，268~271页。

接击中目标并停留一定时间而造成破坏的，所以对跟踪的速度和精度要求很高。

2. 高能激光武器的杀伤破坏效应

烧蚀效应：激光照射靶材，部分能量被靶材吸收，转化为热能，使靶材表面汽化，蒸气高速向外膨胀，可以同时将一部分液滴甚至固态颗粒带出，从而使靶材表面形成凹坑或穿孔，这是对目标的基本破坏。

激波效应：当靶材蒸气向外喷射时，在极短时间内给靶材反冲作用，相当于一个脉冲载荷作用到靶材表面，于是固态材料形成激波。激波传播到靶材后表面，产生反射，可能将靶材拉断而发生层裂破坏，裂片飞出时有一定的动能，所以也有一定的杀伤破坏能力。

辐射效应：靶材表面因汽化而形成等离子体云，等离子一方面对激光起屏蔽作用，另一方面又能够辐射紫外线甚至 X 射线，使内部电子元件损伤，实验发现，这种紫外线或 X 射线有可能比激光直接照射引起的破坏更为有效。

3. 高能激光武器的特点

速度快。激光束以光速（30 万千米/秒）射向目标，一般不需要提前量。

机动灵活。发射激光束时，几乎没有后座力，因而易于迅速地变换射击方向，并且射击频度高，能够在短时间内拦击多个来袭目标。

精度高。可将聚焦的狭窄光束精确地瞄准某一方向，选择攻击目标群中的某一目标，甚至击中目标上的某一脆弱部位。

无污染。激光武器属于非核杀伤，无论对地面或空间都无放射性污染。

效费比高。百万瓦级氟化氘激光武器每发射一次费用约为 1 000 ~ 2 000 美元。与之相比，"爱国者"防空导弹每枚为 30 万 ~ 50 万美元，"毒剂"短程防空导弹每枚为 2 万美元。激光武器具有较高的效费比。

不受电磁干扰。激光传输不受外界电磁波的干扰，因而目标难以利用电磁干扰手段避开激光武器的攻击。

（二）粒子束武器[①]

粒子束武器是利用高能加速器所产生和发射的高能粒子束杀伤目标的武器。

1. 粒子束武器的基本原理

粒子束武器的基本原理是：用高能强流粒子加速器，将注入其中的电子、质子、各种重离子一类的带电粒子加速到相对论速度（接近光速），使其具有极高的动能，然后用磁场将它们聚集成密集的高能束流，并直接（或去掉电荷后）射向目标，利用这些高能粒子束把大量的能量在极短的时间内传递给目标，通过它们与目标物质发生强相互作用达到杀伤、摧毁或识别目标的目的。

---

① 总参军训部编：《军事高技术知识教材》下册，北京：解放军出版社 1995，276 ~ 281页。

2. 粒子束武器的杀伤机理

粒子束武器是通过高能粒子束与目标物质的强相互作用而穿入目标内部，使能量沉积在目标深处而杀伤目标的。对于中性粒子束，这种相互作用是，粒子穿入目标后立即电离，产生带电核并与目标结构材料的外壳层电子发生库仑相互作用，与目标结构材料的原子核发生弹性碰撞和非弹性碰撞。对于电子束，这种相互作用为碰撞激发，主要表现为电离损失和辐射相互作用。高能粒子束击中目标时，通过上述相互作用沉积在目标物质中的能量能产生三种破坏作用：一是使结构材料激化或融化；二是提前引爆目标中的引爆炸药（如使推进剂点火或炸药爆炸）或破坏目标中的热核材料；三是使目标的电路被破坏、电子装置失灵。

3. 粒子束武器的主要组成部分

粒子束武器主要由五大部分组成：粒子束生成装置，能源系统，预警系统，目标跟踪与瞄准系统，指挥与控制系统。其中最能说明该武器特征的部分是粒子加速器和能源系统。高能粒子束生成装置是整个粒子束武器系统的核心部分。它用来生产高能粒子束，并聚集成狭窄的束流，使其具有足够的能量和足够的强度。粒子束生成装置，主要包括粒子源、粒子注入器、加速器设备。能源系统是粒子束武器各组成部分的动力源，它为武器系统提供动力，可以认为是粒子束武器的"弹药库"。对以脉冲形式工作的粒子束武器，要把大量的带电粒子加速到接近光速，并聚集成密集的束流，需要强大脉冲电源。就目前的电源水平，根本无法达到那样高的要求。因此必须另辟蹊径，图谋良策，采用新的供电方法。

（三）高功率微波武器①

1. 高功率微波武器的概念

高功率微波是指峰值功率在100兆瓦上下，频率在1～300吉赫之间的电磁波。由高功率源产生的微波，经高增益定向天线，向空间发射功率高、能量集中、具有方向特征的微波射束，便成为一种新的杀伤破坏武器，这就是高功率微波武器。

从概念上讲，微波武器与激光、粒子束等定向能武器一样，都是以光速或接近光速传输的。但它与激光武器又有着明显的差异。激光武器对目标的杀伤破坏，一般来讲是硬破坏性质，它是要靠将激光束聚集得很细，并进行精确瞄准，直接打在目标上，才能破坏摧毁目标。微波武器则不同，它对目标的破坏是软破坏，它是以干扰或烧毁敌方武器系统的电子元器件、电子控制计算机系统等，使它们不能正常工作——使得电子控制系统失效、中断、甚至遭到破损。造成这种破坏效应所需的能量比激光武器要小好几个数量级。另外，由于微波射束的波斑比激光射束的光斑大，因而打击的范围也大，从而对跟踪、瞄准的精度要求也就比较低，这既有利于对近距离目标实施攻击，而且低费用，同时其技术难度也相应要小很多。

① 总参军训部编:《军事高技术知识教材》下册,北京:解放军出版社1995,282～285页。

2. 高功率微波武器的杀伤机理

高功率微波武器是利用高功率微波在物体或系统的相互作用的过程中所产生的电效应、热效应和生物效应对目标造成杀伤破坏的。电效应是指高功率微波在射向目标时会在目标结构的金属表面或金属导线上感应出电流或电压，这种感应电压或电流会对目标上的电子元器件产生多种效应，如造成电路中器件的状态反转、器件性能下降、半导体结的击穿等。热效应是指高功率微波对目标加热导致温度升高而引起的效应，如烧毁电路器件和半导体结，以及使半导体结出现二次击穿等。高功率微波武器通过高功率微波的电效应和热效应可以干扰或破坏各种武器装备或军事设施中的电子装置或电子系统，如干扰和破坏雷达、战术导弹（特别是反辐射导弹）、预警飞机、C^{3}I系统、通信台站、军用车辆点火系统等，特别是对其中的计算机系统能造成严重的干扰或破坏，此外还可以引爆地雷等。

高功率微波生物效应是指高功率微波照射到人体和其他动物后所产生的效应，这可分为非热效应和热效应两类。非热效应是指当软弱的微波能量照射到人体和其他动物后会使之出现一系列反常症状，如使人出现神经紊乱、行为失控、烦躁不安、心肺功能衰竭，甚至双目失明。热效应是由较高的微波能量照射所引起的人和动物烧伤甚至被烧死的现象。

3. 高功率微波武器的特点

一是近于全天候运用的能力（频率在10吉赫以上时稍差一些）。二是为对付电子设备而设计的波束对人的健康损害轻微。三是波束比较宽，一般能淹没目标，因此对波束瞄准没有太高的要求，并且有可能同时杀伤多个目标。四是单价、使用和维护费用比较低。五是在许多应用中，唯一的消耗器材是常规发动机、交流发电机的燃料。因此"弹仓"就是燃料箱。六是因为射频武器类似于雷达系统，只不过是具有更高的功率，因而有可能设计一种系统，首先探测和跟踪目标，然后提高功率杀伤目标，并且全部以光的速度进行。七是因为军事人员熟悉雷达系统，并且许多后勤问题已经得到解决，所以高功率微波武器的实现可以利用现有的基础设施。八是因为效应是完全看不见的（使电路翻转，损坏系统内部的半导体部件），并且装置可以做得很小而且考虑很周到，所以这项技术非常适合隐蔽使用。九是适用于非致命性交战。十是覆盖频率范围宽，既可制出宽带高功率微小定向能武器，也可研制出窄带高功率微波定向能武器。

（四）动能武器①

1. 动能武器的基本概念

所谓动能武器，简而言之就是能发出超高速运动的具有极大动能的弹头，通过

① 总参军训部编：《军事高技术知识教材》下册，北京：解放军出版社1995，288～291页。

直接碰撞（而不是通过常规弹头或核弹头的爆炸）方式摧毁目标的武器装置。动能武器由推进系统、弹头（弹丸）、热水器（传感器）、制导与控制系统等部分组成。推进系统提供将弹头加速到高速所需要的动力，可采用火炮、火箭、电场或磁场加速装置作为推进系统。弹头是动能武器的有效战斗部位，系用金属材料或塑料制成的刚体。传感器是动能武器的"眼睛"，用于探测、识别和跟踪目标，常使用红外传感器。制导与控制系统是动能武器的"大脑"，用于确保成功地进行寻的与拦截，制导与控制系统一般由寻的器、惯性测量装置、计算机、方向和姿态控制器、通信设备、能源设备等组成。与定向能武器相比，虽然动能武器速度慢，但技术上可行，价格低廉，并可以采取有效的对抗措施。

2. 动能武器的结构形式与原理

动能武器必须采用一定的方法将物体（弹头）加速到足够大的速度。根据所采用的推进系统的不同，可将动能武器分为三种不同的结构：火炮系统。火炮是靠火药的燃气压力将炮弹加速的。从原理上讲，常规火炮可以作为动能武器使用（发射非爆炸性弹头）。在火炮中，最大弹丸速度可达到 2 000 ~ 3 000 米/秒。火箭系统。利用火箭加速是三种结构中最成熟的一种。美国人准备部署的动能武器目前都采用一级或两级火箭加速，因此亦称之为超高速火箭动能武器——电磁炮。电磁系统是利用电磁场加速或电能加热加速的动能武器系统。

（五）计算机病毒武器①

1. 计算机病毒武器概念

计算机病毒武器是指利用计算机病毒袭击军用计算机系统或网络，造成敌方指挥失灵、武器失控、通信中断或信息泄露，实现其破坏意图的一种新型武器。根据其引导方式，计算机病毒可以分为系统引导型病毒、文件引导型病毒、复合型病毒三大类。

2. 计算机病毒的杀伤机理

计算机病毒是由一些具有相当高水准的计算机专业人员，出于各自不同的目的，人为设计编程的，再加上相应的传染破坏程序，使计算机系统中能够自我复制、繁衍、扩散，直至传染到整个系统的每一个角落。使用计算机病毒武器实施攻击，就是通过一些不确定的手段和途径将计算机病毒投放到要攻击的敌方计算机里，使其无法正常工作或窃取其情报信息。最容易染上计算机病毒或病毒武器攻击的目标，一是军队的各种信息系统，如指挥控制中心、计算机网络、雷达系统、各种传感器等；二是由计算机控制的各种武器系统，如现代飞机、舰艇、坦克、导弹

---

① 袁文先等著：《数字黑客——信息武器》，北京：解放军出版社 2001，97 ~ 108 页。

等自动驾驶、火控、制导系统等。

3. 计算机病毒的主要特点

感染性强，传播速度快。传染性是计算机病毒最显著的特征。只要有一个程序染上了计算机病毒，当此程序运行时，该病毒便能迅速传染给访问计算机系统的其他程序和文件。这样一来，病毒就能很快传染到整个计算机系统，甚至可以传播到一个局部网络或大的计算机中心。目前传播途径有：通过有线线路传播；利用计算机网络中的配套设备传播；利用电磁波传播。

程序量小，破坏力大。计算机病毒程序所需的代码数量通常是很小的，便于隐藏在计算机可执行程序和数据文件中而不易被操作者察觉和发现，以便袭击其他的应用程序，给受害者造成深远而灾难性的后果。计算机病毒武器对敌方实施攻击可分为三个层次：第一层次只对敌方计算机通信起到一定的破坏作用。第二层次被敌方操作系统所接受，可在敌方计算机网络和系统之间自由传播、感染和繁衍，在满足一定条件时发生威力，摧毁大的计算机系统内数据，并使之无法恢复。第三层次在病毒被接受、传染和繁殖的基础上，能够与敌方的计算机系统进行通信，可以查询、篡改敌方的有用数据和文件资料，使其系统输出面目全非。也可以在己方的控制下触发病毒发作，以便完全控制敌方整个计算机系统。这是计算机病毒武器的最终目的。

潜伏周期长，隐蔽性好。从向敌方计算机系统注入病毒后，到该病毒发现并被清除这段时间，称为潜伏期。从向敌方计算机系统注入病毒成功到该病毒发作的这一段时间，称为隐蔽期。一般来说，病毒的潜伏期应长于隐蔽期才能够使计算机病毒武器发挥效能。隐蔽期通常是由病毒设计者设定的，而潜伏期则是与敌方计算机系统的安全程度和使用情况有关。如果病毒发作之后很快就被发现并被清除，则其潜伏期与隐蔽期相同。如果潜伏期长于隐蔽期，也就是说在病毒发作之后的很长一段时间内没有被发现，这对施毒者而言是非常有益的，其破坏作用也相对较大。

具有欺骗性和持久性。为了使病毒不被发现，有些病毒设计者采取了特殊的感染手法，每当用户可能观察到病毒踪迹时便实施骗术，从而达到蒙蔽用户的目的。有些隐蔽型病毒具有抗剖析能力，从而为剖析、识别病毒设置了许多障碍。采用无毒加载技术的隐蔽型病毒，当染毒文件将要从磁盘读入内存时，病毒便干预 DOS 的加载操作，无条件地将每个染毒文件先行消毒，然后再加载到内存。持久性是计算机病毒存在和潜伏的基础。即使在计算机病毒被发现之后，数据和程序以及操作系统的恢复依然十分困难。

169

第三节　高技术与新军事变革

一、新军事变革的历史动因

"科学是一种在历史上起推动作用的、革命的力量。①" 早在 100 多年前，马克思就明确指出"生产力中也包括科学"，"社会的劳动生产力，首先是科学的力量"②。作为生产力要素中最活跃的因素，科学技术对社会发展和历史进步起着最终推动的作用。在人类文明演进的过程中，科学技术不仅是第一生产力，而且是军事变革的第一推动力。20 世纪 70 年代以来，科学技术发生了新的跃升。"高技术的广泛应用，正在深刻改变着社会经济面貌，也正在深刻改变着军事斗争的面貌，引发了军事领域一系列革命性的变化"③。

（一）信息技术迅猛发展

"20 世纪是科学技术空前辉煌和科学理性充分发展的世纪，人类创造了历史上最为巨大的科学成就和物质财富。④" 20 世纪后半叶，随着航天技术、聚能技术、新能源技术、生物技术、海洋开发与应用技术以及新材料技术等高新技术群的蓬勃兴起，人类社会掀起了一场高新技术革命浪潮。信息技术是高新技术群的排头兵和主要象征。信息技术是扩展人类的获取、传递、处理和利用信息功能的技术。计算机技术、微电子技术、多媒体技术和人工智能技术等建立在新概念、新工艺、新结构基础上的信息技术，大大扩展了人脑的能力。基于信息技术的飞跃发展和广泛运用而引起的高技术革命，被称为信息技术革命。"这场信息技术革命不仅将导致整个生产体系的组织结构和经济结构的一次飞跃，而且将对人类社会的政治、经济、社会、军事、文化等各个层面产生极其深刻的影响。这场信息技术革命积聚起的巨大能量，使新军事变革不但成为可能，而且成为必然。⑤"

（二）军事高技术群快速崛起

以信息技术为核心的高新技术在军事技术领域的广泛应用，直接带动了精确制导技术、遥感和探测技术、卫星通信和卫星预警技术、全球定位导航技术、隐身技术、激光技术、夜视技术、光和电子对抗技术等一系列现代军事高技术群的出现和迅猛发展。现代军事高技术群自 20 世纪中叶产生以来大致经历了三个阶段：第一

---

① 《马克思恩格斯选集》第 3 卷，北京：人民出版社 1972，575 页。

② 《马克思恩格斯全集》46 卷（下），北京：人民出版社 1965，211 页。

③ 江泽民著：《论科学技术》，北京：中央文献出版社 2001，82 页。

④ 江泽民著：《论科学技术》，北京：中央文献出版社 2001，114 页。

⑤ 林建超主编：《世界新军事变革概论》，北京：解放军出版社 2004，49 页。

阶段（约在1950～1975年）。"在这20多年间，以航天技术和计算机技术为先导的高技术群，首先应用于军事领域。为研制先进武器系统而制造的大型计算机，对美国建立北美防御体系作出了贡献。军事航天飞行器第一次运用于军事侦察。①"第二阶段（约在1975～1989年）。在这一阶段，军用微电子技术和军用计算机技术有了长足发展，"不仅为一些发达国家建立先进的C³I系统、国土防空系统和电子战系统创造了条件，也为精确制导武器、智能武器、军用航天飞行系统的研制提供了技术保障"②。第三阶段（1989年至今）。微电子技术在高性能化、高智能化、低电压化和微型化的发展上迈上了一个新台阶。军用计算机技术构成高技术武器装备的"大脑"，通信网络构成军队的"神经"和实施信息战的"媒介"，"军用通信网络技术在数字化、宽带化、综合化、智能化、微电子化和标准化方面又达到一个新水平"③。

二、新军事变革的基本内涵

"新军事变革是，以人类技术社会（时代）形态由工业社会（时代）向信息社会（时代）转型为根本动因，以高技术特点是信息技术的飞速发展为直接动力，以信息为'基因'，以'系统集成'和'虚拟实践'为主要手段，把工业时代的机械化军事形态改造成信息时代的信息化军事形态的过程。④"

（一）加快发展军事高技术和武器装备

恩格斯曾经指出："在军事学术上也不能利用旧的手段去达成新的结果。只有创造新的、更有威力的手段，才能达到新的、更伟大的结果。⑤"新军事变革的主要表现为"充分利用以信息技术为核心的高技术，来实现军事技术跨时代的进步以及以此为基础的武器装备的飞跃性更新"⑥。

1. 精确制导武器智能化

未来战争的战场环境越来越复杂，精确制导武器要在极短的时间内将目标摧毁，就必须实现人工智能化。不仅要迅速发现目标，分清敌我，而且能判断和首先攻击对己方威胁最大的目标。要做到这一点，必须"广泛利用人工智能技术，使之真正具备自主搜索、自主攻击的能力，成为有部分人工智能的智能化弹药"⑦。

① 林建超主编：《世界新军事变革概论》，北京：解放军出版社2004，52页。
② 林建超主编：《世界新军事变革概论》，北京：解放军出版社2004，52页。
③ 林建超主编：《世界新军事变革概论》，北京：解放军出版社2004，53页。
④ 王保存著：《世界新军事变革新论》，北京：解放军出版社2003，1页。
⑤ 《马克思恩格斯全集》第7卷，北京：人民出版社1965，565页。
⑥ 林建超主编：《世界新军事变革概论》，北京：解放军出版社2004，136页。
⑦ 林建超主编：《世界新军事变革概论》，北京：解放军出版社2004，147～148页。

第四章 军事高技术

2. 作战平台信息化

作战平台通过 C^4ISR 系统联结，构成一体化信息作战体系，具有很高智能化水平和综合作战能力。未来作战平台的发展将呈现出高度信息化、隐形化、智能化、轻型化和小型化的趋势。"随着人工智能技术的日益成熟，以智能机器人为代表的无人作战平台系统将在战场上发挥重要作用。无人战争时代正加速成为现实。①"

3. 综合电子信息系统一体化

综合电子信息系统 C^4ISR，是所有信息化武器和整个军队的神经中枢，它"将各个作战单元充分黏合在一起，使其动作协调，发挥出整体效果。综合电子信息系统和精确打击武器一起构成的探测打击系统是信息化战争的核心，依靠这种系统可以实现'发现即摧毁'的目标"②。未来 C^4ISR 系统的发展趋势是：继续大幅提高信息获取、处理和使用能力；实现一体化无缝链接；提高生存能力。

4. 信息战武器系统多样化

在未来武器装备的发展中，以信息技术为核心，以信息对抗为目的的信息战武器将大量涌现，并成为未来武器装备体系中的一个十分重要的组成部分。如：计算机病毒，预置陷阱，电磁脉冲弹等武器。"据报道，美、英等国已研制出可用于实战的微波炸弹，它在空中爆炸后释放出强大的电磁脉冲，能摧毁某一特定区域内武器系统的电子部件和计算机电路，而不杀伤人员。③"

5. 新概念武器系统实用化

随着新技术的迅速发展及在军事领域的广泛应用，各种新概念武器陆续被研发，并且逐步被投入实战使用。"美国已经研制出的激光武器、电磁脉冲武器、失能武器等新概念武器装备。英军正在研究的钢化塑料坦克，配备电磁炮发射高速炮弹……俄国等离子武器已走出实验室，控制激光束质量和使激光束通过大气层传输等方面处于世界领先水平。④"

（二）超前创新军事理论

军事理论的创新是军事变革的关键。创新的军事理论引领着新军事变革的方向，加速了新军事变革的进程，对军队的改革和建设发挥了重要的指导作用。

1. 形成以打赢信息化战争为核心的创新理论

关于信息时代战争形态的称谓主要有三种："第六代非接触战争"、"网络中心战"、"第四代战争"。关于战争的动因主要有三种看法："经济因素"、"文明冲突论"、"浪潮冲突论"。关于新的战争空间，普遍的观点是，在信息化战争中，太空

① 林建超主编：《世界新军事变革概论》，北京：解放军出版社 2004，149 页。
② 林建超主编：《世界新军事变革概论》，北京：解放军出版社 2004，150 页。
③ 林建超主编：《世界新军事变革概论》，北京：解放军出版社 2004，153 页。
④ 林建超主编：《世界新军事变革概论》，北京：解放军出版社 2004，153 页。

和信息成为继陆地、海洋、空中这三维战场空间后的第四维和第五维战争空间。关于战争的制胜因素，信息优势是战争的主要制胜因素的观点被普遍接受。关于信息时代的军事战略，普遍将夺取信息优势作为军事战略追求的主要目标。

2. 形成以联合作战、非对称作战、信息作战为主体的作战理论

关于联合作战，共同看法是："未来战争将是在陆地、海洋、天空、太空和信息空间进行的高度一体化的联合作战……C⁴ISR 系统为联合作战提供统一的指挥、控制部队的条件"①。关于非对称作战理论，"非对称作战理论的宗旨是利用不同类型部队之间客观存在的杠杆力量，以己方部队的长处攻击敌人的弱点，使敌人陷入困境，使己方保持主动权"②。关于信息作战理论，"信息战包括利用保护己方信息系统的完整，避免被利用、破坏或摧毁，同时对敌方的信息系统进行利用、破坏和摧毁所采取的行动以及使用武力达到信息优势的过程"③。

3. 形成"全能军队"、"职业化军队"、"系统集成"为代表的军队建设理论

"全能军队"理论要求既能慑止危机中的侵略和恐吓，又能打赢各种规模的局部战争；既能对付常规安全威胁，又能对付信息战、核生化武器、弹道导弹和恐怖活动等非对称威胁。"职业化军队"理论指出，信息化战争时期，在武器装备高度复杂化的条件下，必须建立一支小型职业化军队。"系统集成"理论将"系统集成"思想用于装备建设，主要是"采用'横向技术一体化'，使武器系统具备互通性、联动性，从而便于信息在所有作战系统中的流动，大幅度地提高武器装备和作战系统的整体效能"④。

（三）调整改革体制编制

恩格斯曾经指出："随着新作战工具……的发明，军队的整个内部组织就必然改变了，各个人借以组成军队并能作为军队行动的那些关系就改变了，各个军队相互间的关系也发生了变化。⑤"组织变革是军事变革的核心内容。调整改革军队体制编制，是实现人和武器有机结合，最终完成新军事变革的关键。

1. 军队规模小型化

在信息化战争时代，军队的数量、质量与战斗力之间的关系将发生根本性变化，质量跃居主导地位。"以信息和信息技术为基础的高新技术武器装备的小规模部队同样能完成过去千军万马才能完成的战斗任务。⑥"缩小军队规模，发展小型

① 林建超主编：《世界新军事变革概论》，北京：解放军出版社 2004，156 页。
② 林建超主编：《世界新军事变革概论》，北京：解放军出版社 2004，157 页。
③ *Joint Chiefs of Staff*, JCS Pub 1-02, May 1995.
④ 林建超主编：《世界新军事变革概论》，北京：解放军出版社 2004，158～159 页。
⑤ 《马克思恩格斯全集》第 1 卷，北京：人民出版社 1965，363 页。
⑥ 林建超主编：《世界新军事变革概论》，北京：解放军出版社 2004，161 页。

精干的作战力量，成为未来军队发展的必然选择。

2. 力量结构集成化

优化军队力量的内部结构，一是实现模块化编组。军队作战编成逐步向模块化、一体化方向演变。二是提高合成化程度。"由小范围的兵种合成进一步扩展为大范围的军种合成……最终结果，就是将建立一种陆、海、空、天高度合成的一体化军队。①"

3. 指挥体制扁平化

为了克服传统指挥体制信息流程长、横向沟通差、抗毁能力弱等弊端，将以垂直指挥关系为主的"树"状结构，改变为横宽纵短的扁平"网"状结构，以减少层次，简化环节，实现信息传输快、保密性能好、生存能力强的目标。

4. 后勤保障社会化

随着军队高技术装备保障日益增多，军队活动的领域日益扩大，单靠军队自身的装备保障和后勤保障已难以有效地胜任所担负的保障任务。"近年来，西方发达国家，纷纷对传统的武器采办体制和后勤保障体制进行改革，实现社会化后勤保障体制。②"

三、新军事变革的发展趋势

建立在信息技术基础上的新军事变革，必将导致军队建设和作战方式等一系列方面发生革命性变化。从宏观上看，其发展趋势主要表现为以下四个方面。

（一）增强军队信息能力将成为新军事变革的首要目标

军队信息能力主要体现在四个方面。首先是一体化信息支持能力。"一体化信息支持能力的基础，即以太空信息系统建设为龙头，构建互联、互通、互操作、无缝链接，集预警探测、情报侦察、导航定位、敌我识别、通信联络、指挥控制为一体的综合信息系统。③"其次是信息化火力打击能力。即"利用信息技术、信息系统改造、整合和提升机械化武器装备及弹药，使得反应速度更快，打击距离更远，命中精度更高，适应性能更好"④。第三是全维信息作战能力。信息战主要包括电子战、网络战两种主要形式。主要作战行动包括电子干扰、电子摧毁、网络攻击和新概念武器打击。第四是信息综合防护能力。信息化战场上，"防御一方不仅面临空地（海）一体精确化火力打击的压力，还面临着高强度的电子干扰、网络攻击

---

① 林建超主编：《世界新军事变革概论》，北京：解放军出版社 2004，162～163 页。

② 林建超主编：《世界新军事变革概论》，北京：解放军出版社 2004，164 页。

③ 林建超主编：《世界新军事变革概论》，北京：解放军出版社 2004，205 页。

④ 林建超主编：《世界新军事变革概论》，北京：解放军出版社 2004，205 页。

和各种新概念武器打击的威胁"①。要取得战争的胜利，必须提高全方位软硬防护能力。

（二）非接触、非线式、非对称作战将成为重要作战方式

"'非接触作战'是在不与敌方直接接触的情况下，以高技术远程武器装备间接打击敌人。'非线式作战'是相对于传统的'线式作战'而言的，强调不在地面战场上明确规定作战线，具有同时性与纵深性，能在作战地域的整个正面和纵深实施作战，同时运用己方的各种能力打击敌军各方面的能力。'非对称性作战'是指拥有不同作战能力的部队之间的交战，其目的是以己之长击敌之短，从而掌握战争主动权。②"

非接触、非线式、非对称作战，不再是从前沿突击，然后向纵深推进，而是从一开始就进行全纵深甚至全空间作战，战争前方和后方的界限趋于模糊，战略、战役和战术行动融为一体。打击重心将从对方的有生力量，向侦察预警、指挥控制和防空作战系统及具有象征意义的政治目标首脑机关以及足以屈服对方意志的其他政治经济目标转移，以瘫痪对方的整个作战体系，摧毁对方的战争潜力和国家意志来达成战略目的。"三非"作战的基本手段是全纵深精确制导武器的打击。

（三）体系对抗将成为未来战场对抗的基本特征

信息化条件下，以信息感知和利用为主线，通过综合集成的方法，将各军种的作战平台、武器系统、情报侦察和指挥控制系统以及后勤保障系统等作战要求，集成、整合为一体化、智能化的大系统，战场对抗表现为体系与体系的整体对抗，打击信息系统、瘫痪作战体系成为战场对抗的焦点。而作战体系一体的基础和核心是指挥控制一体化，其典型代表是 C^{4}ISR 系统。在以计算机、通信网络为核心的信息技术的支持下，实现从情报侦察、情报传输、情报处理、辅助决策、信息共享、指挥控制、效果评估等功能的一体化。因此，C^{4}ISR 系统必将成为首选和重点打击目标。

（四）太空将成为世界军事竞争新的战略制高点

部队信息能力的提高、"三非"作战的实施、信息化作战体系的建立，都离不开各类天基系统的支持。可以说没有对太空的有效控制和利用，信息化建设、信息化战争，甚至新军事变革都将无从谈起。"太空正从一般意义上的作战支援空间向现实作战空间转变，成为世界各大国竞相争夺的战略制高点。世界主要国家在大力开发利用太空的同时，将着力增强对太空的争夺和控制能力。③"其主要表现形式：一是大力发展太空作战武器系统；二是加紧建设太空战场；三是筹划组建太空作战

①　林建超主编：《世界新军事变革概论》，北京：解放军出版社 2004，206 页。
②　林建超主编：《世界新军事变革概论》，北京：解放军出版社 2004，207 页。
③　林建超主编：《世界新军事变革概论》，北京：解放军出版社 2004，211 页。

第四章　军事高技术

部队；四是开始构建太空作战理论体系；五是进行太空战演习。可以预见，在不久的将来，太空战将登上战争舞台，确立起人类战争史上一个新的里程碑。

思 考 题

1. 简述高技术的定义、特征以及所包括的领域。

2. 什么是军事高技术？简述其突出特征与对作战的影响。

3. 简述高技术武器是装备的发展趋势。

4. 简述主动探测技术与被动探测的基本工作原理。

5. 简述现代探测技术对作战的影响。

6. 伪装的技术措施主要有哪几种？它对作战有哪些影响。

7. 如何利用雷达的弱点，设置雷达侦察的伪装。

8. 简述实现雷达隐身的原理及其方法。

9. 简述实现目标红外隐身的原理及其方法。

10. F-117 隐身飞机采用了哪些隐身技术措施？

11. 如何判断一种武器是不是精确制导武器？导弹是如何分类的？

12. 简述精确制导武器的基本工作原理及其作战特点。

13. 为什么说精确制导武器使作战方式发生了深刻变化？我国发展高技术武器装备的方针是什么？

14. 以科索沃为例，说明导弹战已成为现代战争的重要作战样式（或基本火力）。

15. 什么是电子战？其基本方法、手段和目的是什么？

16. 简述现代战争中电子战的基本特点。

17. 简述电子对抗对信息化战争的影响。

18. 简述电子对抗与信息战的区别与联系。

19. 光电对抗包括哪几个方面？其特点有哪些？

20. 什么是军队指挥自动化系统？结合海湾战争说明实现军队指挥自动化的意义？

21. 指挥自动化系统在现代战争中的作用是什么？为什么说它是"兵力增倍器"？

22. 什么是 C^3I 对抗，结合伊拉克战争说明，信息化战争就是 C^4ISR 与 C^4ISR 的对抗。

23. 军用卫星有哪几种？简述侦察卫星的种类，作战特点以及主要用途。

24. 简述军队航天技术在信息化战争中实现的地位与作用。

25. 简述反卫星的可能措施以及美国战区导弹防御体系的组成。

26. 简述高新技术的发展是新军队变革的历史动因。

27. 简述新军队变革的基本内涵。

第五章　信息化战争

20世纪90年代初，一场以美国为首的多国部队打击伊拉克军队的海湾战争，向人们提出了战争的"信息化"这一重大命题。随后相继发生的科索沃战争、阿富汗战争和伊拉克战争，逐步孕育了一个全新的战争形态——信息化战争。为适应战争形态新的发展变化，中央军委确立了推进中国特色的军事变革，"建设信息化军队，打赢信息化战争"，实现军队建设由半机械化、机械化向信息化跨越式发展的战略决策。因此，正确认识信息化战争产生的动因，把握信息化战争的基本特征和发展趋势，明确信息化战争对国防建设提出的新要求，积极推进中国特色的新军事变革，是摆在我们面前的一项紧迫而重要的任务。

第一节　信息化战争概述

信息化战争作为一种全新的战争形态，目前尚无准确的定义和规范的解释。我国著名科学家钱学森认为，信息化战争是以信息为基础的战争。他指出：远程核武器的巨大破坏力，再加上现在高度发展的信息技术，就形成现阶段和即将到来的战争形式——核威慑下的信息化战争。军事科学院作战条令部编著的《信息化作战理论学习指南》一书对信息化战争的解释是：信息化战争是人类社会进入信息化时代后，交战双方依托信息化战场，以信息化军队为主要作战力量，以信息化武器装备为主要作战手段而进行的战争行为，是由信息时代战争形势、军事力量状态和主导兵器的技术形态等决定的战争动因、性质、规模等整体的表现形态。根据钱学森对信息化战争的提法和军事科学院作战条令部对信息化战争内涵的解释，目前军事学术界一般认为，信息化战争是指发生在信息时代，以信息为基础并以信息化武器装备为主要战争工具和作战手段，以系统集成和信息控制为主导，在全维空间内通过精确打击、实时控制、信息攻防等方式进行的瘫痪和震慑作战。简要地说，广泛使用信息技术及其物化的武器装备，通过夺取信息优势和制信息权取得胜利而进行的战争，就可称之为信息化战争。

一、信息化战争的萌生与发展

信息化战争与人类其他社会活动一样，也要经历一个从萌生、发展到成熟的过程。正确认识信息化战争的发展过程及其规律性,有助于人们把握信息化战争的本质,从而确立军队发展的方向和建设重点;针对性更强地推进战争理论的研究与发展。

(一) 第一台电子计算机问世,标志着信息化战争开始萌生

人类在认识和改造世界的过程中,经历了多次信息革命。理论界认为,迄今为止,人类社会已经发生了五次信息革命。第一次信息革命以语言的产生为标志,它标志着人类反映、接收、传递、交流和分析加工处理信息的能力有了一个质的飞跃。第二次信息革命以文字创造为标志,它促进了信息的大量积累和广泛传播,加强了人们的社会交往,增强了人类改造自然、发展生产的能力,扩大了人们的社会活动范围与规模,这是一次信息载体和传播手段的重要革命。第三次信息革命以印刷和造纸术的发明为标志,它使人类知识的积累和传播突破了历史、时空和地域界限,使信息可以广泛传播于世界的各个角落,对科学技术的推广、文化教育的进步、社会事业的发展产生了极其深远的影响,为人类进入近代文明奠定了基础,是一次信息记载和传播手段更深远的革命。第四次信息革命以无线电技术的发明为标志,它作为人类最早利用电能传播信息的创举,是信息由物质传播转化为电传播的一次新的革命,它进一步缩小了人类交流信息的时空界限,任何人和机构要想控制信息的传播已不太可能。第五次信息革命以微电子技术与现代通信技术和计算机的结合为标志。这一次革命,才是现代意义上的信息革命。

计算机不仅用于经济,同时也用于国防,推动着战争体系向信息化发展。20世纪50年代人类社会开始信息化进程之后,很自然地把军队带入了信息化发展的道路。到60年代,美国军队就开始重视信息的作用,只是没有明确提出信息化建设的概念;到70年代中期,美军在信息、空间监视、远程导弹等方面已完成了一系列革新。这标志着信息化战争进程的开始。

(二) 海湾战争是信息化战争的萌生期

1991年1月17日至2月28日发生的海湾战争,被普遍视为信息化战争的雏形,美军国防部甚至称其为第一场信息战争,认定海湾战争是人类社会刚刚进入信息时代的第一次信息战争。但从战争手段及战争体系特征看,海湾战争仍然是一场由高技术支撑的机械化战争,因而它只能归入信息化战争的萌生期,不能称为信息化战争。对此可从三个方面分析;从社会信息化背景看,当时只有现代的单项信息技术,网络化程度尚很低。二是从美军信息化进程看,美军自海湾战争后才真正全面开始数字化方面的建设工作。三是从信息战理论发展看,当时还没有真正意义上的信息战理论作指导。海湾战争前期,美军信息战理论尚处于自发性的学术研究之中,并未形成系统的理论,因而也不可能用信息战理论指导海湾战争。美军信息战理论真正的发展是在其受海湾战争的“刺激”之后,其军队信息化的全面建设也开始于海湾战争之后。

（三）科索沃战争是信息化战争进入成熟期的开端

科索沃战争发生于 1999 年 3 月 24 日至 6 月 10 日。将这场战争视为信息化战争进入成熟期的开端，是由社会信息化和军队信息化发展的程度决定的。

20 世纪末，全球社会信息化进入了成熟期。社会信息化的迅猛发展，开始于 20 世纪 90 年代中期。20 世纪 90 年代以来，一场新的信息化浪潮迅速席卷全球。这场新的信息革命是以数字化多媒体集成和互联网络等技术综合而成的信息化浪潮，网络技术是主要标志，它把全球信息化推向更新更广更高的境界。到 90 年代末，人类社会开始全面进入信息社会。2000 年 7 月，西方七国及俄罗斯国家元首在日本冲绳召开信息化首脑会议，颁布了《全球信息社会冲绳宪章》，宪章中将人类社会正式称为"信息社会"。指出：信息技术是推进 21 世纪发展的最强大的力量。信息技术正快速成为世界经济增长的至关重要的发动机。这表明，科索沃战争时，全球信息社会已经到来。

科索沃战争中，信息作战和信息化武器装备发挥了主导作用：一是依托信息优势实施的远程、中程和近程精确打击成为基本手段。精确制导弹药的使用由海湾战争时的 8% 上升到 35%，而摧毁的目标却占南联盟被毁目标总数的 74%。使用弹药的种类包括联合直接攻击弹药、联合防区外武器、"战斧"巡航导弹、常规空射巡航导弹、GBU-37 钻地弹等安装有卫星导航与地理坐标复合制导装置的新型精确制导武器。可见，在信息化弹药的使用上，与海湾战争相比已经发生了质的变化。二是成功地使用了 C^4ISR 系统实施战区外战役指挥与战区内战术控制相结合的作战指挥。北约驻欧洲部队总司令克拉克，在远离战区千余公里的布鲁塞尔北约总部，运用 C^4ISR 系统对相距遥远的各种打击力量实施了实时指挥与协调；空袭中首次使用了"初期联合空战中心能力系统"、"北约综合数据传输系统"和"海上指挥控制系统"等。由于先进指挥控制系统的使用，大大提高了北约部队尤其是美军指挥控制系统的可靠性和生存能力。三是交战双方广泛实施信息对抗。科索沃战争被视为世界第一场交战双方都广泛实施信息战的战争。北约方面，广泛实施了战略、战术级信息作战。包括战前制造舆论攻势，严密控制战时报道，集中打击对方的传媒设施，高频度实施心理战宣传，实施多种方式的综合侦察监视；保持战场高度透明，以精确制导武器实施"斩首"作战，大量实施电子战，充分利用战场信息系统实施毁伤评估，对南联盟实施全方位信息封锁，等等。南联盟方面则针锋相对，利用既有技术条件，以民心士气的激励对抗心理攻击，以传统手段与高技术手段相对抗，采取多种方式实施网络战，有效削弱了多国部队的信息攻击。战争中，信息化武器运用之普遍，作用之突出，方法之灵活，效果之显著，都是海湾战争无法比拟的。信息主导在战争全过程中真正得到了体现。因此，将科索沃战争视为信息化战争走向成熟的开始，是有足够的理论与实践根据的。

第五章 信息化战争

（四）信息化战争的发展

信息化战争作为一个发展过程，是从低级到高级逐步推进、逐步发展的；作为一种标志，它最终要形成以数字化作战单元和数字通信、网络链接和智能支持为一体的战争形态，这是信息化战争的最终形态。按信息要素的发展阶段，信息化战争战场作战将经历作战单元和信息传输的数字化，作战体系的网络化和作战体系及战争全过程的智能化三个不同阶段，在各阶段有不同的技术形态和相应的作战方法。其整个发展模式是数字化、网络化、智能化三个阶段"阶梯性递进，随伴性开发，镶嵌性完善"，即在前一阶段的形成期，就酝酿着后一阶段的技术与作战方法。

所谓数字化，就是将各种文字、图形、图像、声音等信息首先转为"0"和"1"二进制数字形式的数字电信号，经计算机编码处理，由数字信息设备传送到用户后，再由计算机还原成所需要的文字、图形、图像、声音、数据或控制指令的信息处理过程。在军事体系中，数字化是信息化的必备条件。利用这一技术改造非数字化作战单元，或研制开发数字化作战单元，使各作战单元具有接入系统的功能。这是实现系统化的基础。

在信息化战争发展过程中，信息技术的发展经历了从模拟信息到数字信息的演变过程。严格说来，从1946年第一台计算机问世，就开始以"0"和"1"这种数字方式处理信息，但这种信息方式运用于武器装备，却用了十多年的时间。1959年，美国研制出了第一台野战炮兵数字化计算机"法达克"，1960年装备部队。从20世纪60年代中期开始，数字火控计算机逐步运用于坦克和飞机，大大提高了武器系统的综合控制能力和射击精度。70年代，美国又研制了具有传输和射击指挥功能的炮兵战术指挥系统"塔克法"，实现了连接观察哨—指挥所—火炮的自动信息传输和指挥环路，使炮兵连的火力反应时间从十几分钟缩短到十几秒钟；几乎在同一时期，以数字信息技术为支撑的巡航导弹问世。从20世纪80年代开始，数字信息技术逐步进入无线电通信领域，数字微波、数字卫星通信、数字移动通信等先后出现，特别是数字技术与通信技术和网络技术进一步结合，产生了综合数字网（ISDN），实现了利用单一的通信网络，就能够以数字信息方式完成包括语音、图像、图形在内的多种信息业务的传送和处理。其间，美军制定了一系列高技术发展战略，并于20世纪80年代后期逐步进入了贯彻实施阶段。1989年5月，美参议员戈尔提出"高性能计算机开发技术法案"，其要点是政府提供经费资助，鼓励科研机构研制和开发超级计算机及其应用技术，并将全美的超级计算机用高速网络链接起来，构成"数据高速公路"。此后，数字技术与神经网络技术和人工智能技术开始广泛结合，使自动控制逐步走向智能化。在军事领域，数字技术在计算机、通信系统、软件系统、传感器系统、定位系统和模拟系统等多方面广泛应用，使战争中武器的控制能力显著增强，反应速度明显加快，精确度大幅度提高，从而把战争推向了精确作战的新时代。这即是信息化战争发展的第一阶段，时间上大致从1959

年美国第一台野战数字化炮兵计算机问世到海湾战争结束。

海湾战争之后，随着作战体系的日益复杂，数字技术与网络技术进行实质性结合已成为战争实践的迫切需要，在这种背景下，美军正式启动了网络化发展的进程，由此也把信息化战争推向网络化的新阶段。

网络化，简单说就是利用信息技术和计算机技术，把若干个数字化作战单元连成网络，实现局部的一体化，通常称之为局域网，它是信息化的结构形态和物质基础，是实现系统化的中间环节和必备条件。随着网络系统集成程度的提高，各局域网之间的"篱笆"在不断被拆除，越来越深入地融入更大的系统，即通过对众多作战子系统实施综合集成，实现各数字化单元之间到子系统的无缝链接和信息顺畅流动，形成一体化的作战体系，从而最大限度地发挥所有作战力量的整体效能。1993年，美军作战部队共有1 849种大型作战指挥信息系统，59个数据中心，154个大型局域网络。而到2000年时已分别减到770个、16个和59个。从这里可以看出，子系统不断扩大、局域网数量逐步减少，是目前网络化的子系统的发展过程和趋势。网络化的最终结果是实现整体作战体系的网络一体化，美军专家称之为"系统中的系统"。届时，战争的对抗将真正变成交战双方体系与体系、系统与系统的对抗。

二、信息化战争的构成要素

信息化战争的构成要素包括信息化武器装备和信息化战争作战力量。

（一）信息化武器装备

信息化武器装备是信息化战争的物质基础。信息化武器装备发展是以机械化装备为基础的，机械化装备又是在热兵器装备的基础上发展而来的，热兵器装备的发展自然也借鉴了冷兵器时代的一些早期成果。因此，无论军事革命发展到哪一步，无论时代进步到哪一个历史阶段，新老武器装备的交替共存共生、相互促进和相互发展是恒久不变的规律。纵观任何一个历史时期，无论科学技术进步的速度快慢，武器装备的发展都不会出现断代跨越的趋势，都是在继承的基础上进行不断的改进和创新。

信息化武器装备的发展对作战的影响是广泛和持久的，目前仅仅是初露端倪，只能看到一个大致的发展方向和总的发展趋势。从现代几场战争的实践来看，武器装备对作战的影响主要表现在联合、控制、精确、快速等四个方面。

1. 联合

联合并不是信息化武器装备出现并使用后的一个创造，早在热兵器时代和机械化战争时代就已经出现了联合的概念。热兵器时代，欧洲军队创造的利用前后排列的不同队形来实现单发枪械连续火力打击效果的战法，就是早期的联合作战模式。机械化武器装备出现之后，坦克集群之间的相互配合作战，坦克与飞机的空地协同和闪击作战，以及海上方向不同舰种和机种之间的协同作战等都是联合的初级概念。电子信息技术出现之后，为信息化武器装备提供了一些特殊的功能，比如 C⁴ISR 系统可以作为"黏合剂"把不同类型、不同军种、不同地域的武器装备和作战系统连接为一体，把原本分散配置的兵力兵器融合在一起，这样就可以使指挥员随时随地握紧拳头，形成力量，从而达成现代的联合概念。这种现代联合概念与原来联合概念的一个本质性区分，就是过去主要是通过指挥员和参谋人员的命令、指示和作战计划等人力协同，变为依靠 C⁴ISR 系统的自动化指挥控制，从发现目标到打击目标实现了一体化，软硬武器融合在一起，所有作战力量及民用资源融入到一起，这在以前是不可想象的。

2. 控制

控制也不是信息化武器装备的特有概念，从冷兵器时代开始，所有武器装备都必须能够控制，不能控制的武器装备就非常危险。热兵器出现之后，控制武器的作用方向，使武器的破坏效能进行聚合，并在需要的时候产生大量的能量，就是控制的结果。机械化武器装备出现之后，坦克与飞机的作战配合必须有准确的信息控制，否则就会产生误炸和误伤。随着武器装备复杂程度的提高，军队编制体制越来越复杂，作战地域和作战空间越来越广泛，从过去的单维空间发展到多维空间，作战地域也更加广泛。在这种情况下，指挥员要对多维空间和广阔地域部署的兵力兵器进行控制，难度可想而知。因此，如何对部队进行控制自始至终都是指挥员最为关切的一件事情。

冷兵器时代谋士的任务，就是帮助指挥员运筹帷幄和对部队实施正确指挥和控制。热兵器时代开始以后，火力射程增大，指挥员对战场通视率的要求越来越高，希望看得更远，否则火力武器就难以发挥应有的效能。于是，军队中就出现了一些特殊的兵种，比如负责侦察敌情的部队、负责指示目标的部队，以及负责搜集军事情报并对战场情况进行综合分析和决策咨询的部队，这就是拿破仑创造的参谋队伍。机械化武器装备出现之后，坦克、飞机、舰艇速度越来越快，作用距离越来越远，参谋队伍只能随之越来越大，因而造成部队编制体制越来越臃肿不堪，头重、脚轻、尾巴长的弊端逐渐呈现出来。指挥机构越来越庞大，参谋人员越来越多，因为如果不这样，就难以对分散的部队进行指挥和控制。用人来管人，用人来控制部队，用人来指挥作战是机械化战争中最典型的一种控制样式。

信息化武器装备出现之后，在 C⁴ISR 系统中采用了计算机系统，计算机有一个最突出的功能就是海量存储和快速信息处理。无论是文字、图片、图像还是话音，都能存储到计算机中去。存储之后的这些信息，可以分门别类地归入不同的数据库，这些数据库可以通过有线或者无线通信系统在不同武器装备、不同作战部门、不同作战地域之间进行实时保密传递，无论距离多远，传递过程中基本不会出现失真，所有信息最终都能还原和保真。计算机的这些功能，把参谋人员和指挥人员从繁重的搜集情报、计算数据、抄写和转发电报、手工标图等日常战勤事务中解脱出来，使之集中精力于谋略的运筹、战法的创新和敌情的分析判断。信息化武器装备实现互联、互通、互操作之后，数量很少但素质更高的指挥员和参谋人员便可控制大量分散部署的兵力兵器，大大提高了作战效能和指挥决策的速度。

3. 精确

精确是相对的不是绝对的。冷兵器时代的百步穿杨是精确，热兵器时代的弹无虚发也是精确，但不能跨越时代的时空来解释精确的概念，更不能用信息化武器装备的精确来说明以往武器装备的不精确，因为那些所谓不精确的武器装备在当时也是最精确的。所谓"三非作战"就是指非线式、非接触、非对称作战。这三种作战样式都不是信息化武器装备时代的首创，在以往的战争中都可以找到这些作战样式的影子。冷兵器时代的武器装备几乎都是接触式作战，但自从出现了抛掷式武器以后，非接触就成为可能。火枪、火炮的出现，无疑把作战距离拉到了几十米、几百米甚至上千米的距离。到了机械化战争时代，作战距离就更远了，美国和日本在中途岛大海战中，首次实现了脱离接触式作战，两国的航空母舰战斗群在相互不见面的距离上使用远程火炮和舰载机进行了一场史无前例的大海战。

信息化武器装备出现之后，非接触的距离增大了，这种增大不是无限增大，也不是非接触的距离越大越好，它是根据作战对手武器装备的作战距离和防御范围来确定的。比如，对方对飞机和导弹的防空探测和拦截范围如果是 100 千米，这种非接触作战的距离就应该界定在 120 千米以上；如果对方的防空范围只有 5000 米，那么非接触作战的距离就应该下拉到 6000 米左右。非接触作战的范围是在保证己方兵力安全和确保准确打击敌人的前提下界定的，伊拉克战争中地面作战非接触距离在很多情况下只有几百米和上千米。作战要强调有效性，而不能限于理论和公式的推导。

4. 快速

快速也是相对而言的，一个是相对时代和技术水平而言，一个是相对敌人的速度快慢而言。所以，没有绝对的快，也没有绝对的慢。因此，任何时候，都不应该盲目追求快速，快速虽然很好，但超越相对目标的快速是一种浪费，不仅不能提高作战效能，可能还会降低效费比。在冷兵器时代，骑马打仗的骑兵具有快速性特征，但这种快速性是相对步兵而言的，如果与后来的坦克、飞机、导弹相比，就慢得多。信息化武器装备的快速，主要得益于三个技术基础：一是机器制造技术的高度精密化。机器制造技术在使用了数控机床等智能化加工控制技术之后，精密度提高，能耗降低，效率增大，动力性能良好，运用到新型作战平台之后，就会在行驶速度、机动性能、推力等方面有明显的改进；二是作战平台的高技术化。坦克、飞机、舰艇等传统作战平台采用新材料、新能源和新技术之后，使外形特征优化，空气动力外形更加科学，能耗降低，速度提高。另外，高技术作战平台实现了信息技术与机械化技术的融合，能够运用信息技术对机械装置进行自动控制，实现作战平台自身的系统集成。在此基础上，再对外围设备、外部接口系统和外围体系进行融合，从而使作战平台能够方位更精、速度更快；三是 C^4ISR 系统的一体化。C^4ISR 系统使信息化武器装备实现了互联、互通、互操作，从传感器发现目标，到信息传递和处理，到指示武器对目标实时打击和效能评估，全部实现了网络化、信息化和一体化，因而在速度上实现了实时和近实时。速度提高之后，突破了传统的时空概念，使全球战争直播成为可能，使远程异地召开电视电话会议成为可能，也使远距离遥控战争成为可能。

信息化武器不只是停留在信息的获取、传递、处理功能上，而且扩展成为信息进攻和信息防御、硬杀伤和软杀伤武器，主要是信息压制、信息打击和信息截取、信息扰乱等。如无线电干扰反干扰、雷达摧毁反摧毁、计算机病毒对抗、黑客扰乱与防止、对武器的精确制导反制导等。信息技术与能量相结合，形成了信息化武器装备系统。包含有：各种信息作战的作战平台；各种信息化弹体，如各种导弹、雷体等；单兵信息化武器装备，如信息化头盔、服装、通信工具和武器等；信息网络化战场的基础设施，如各种卫星、C^4ISR 系统等；用于计算网络系统作战的数字化、程序化武器，如病毒、黑客等。上述五个方面，构成了信息化武器装备系统。

信息化武器装备较之常规武器装备是不能等量齐观的。一架常规的飞机，如果安装信息技术的翅膀，就能增加机载雷达探测距离，加大远战和精确制导能力。如果再敷上隐形涂料，具备夜视功能，则这架飞机的战斗能量是几何级地提高。信息与能量相结合，不但使作战平台及时获得信息，发挥效能，赋予弹体正确的方向，而且弹体能自动吸取信息，命中目标。这就超越了弹体本身的功能和增强了武器原有的功能，形成新型的战斗力。所以使用信息化武器系统是信息化战争的重要特征。从某种意义上说，只有在战争中大量使用信息化武器，而且信息化武器成为影响战争胜负的主导武器，才最有力地标志着信息化战争的到来。在战争中使用武器装备的形式和状态，决定了战争的形式和状态。正是由于战争中大量使用了高机动性能的机械化武器装备，才能称得上是机械化战争。同样，只有在战争中使用信息化的武器装备并主导战争的进程，才能称之为信息化战争。

（二）信息化战争作战力量

信息化战争作战力量是取得信息化战争胜利的重要保证。信息化战争作战力量构成有多种区分方法，按照军种、兵种结构区分是基本方法。通常主要包括：陆上作战力量、海上作战力量、空中作战力量、导弹作战力量、空间作战力量、信息作战力量等。

1. 陆上作战力量

陆上作战力量是指以步兵、炮兵为主体，在陆上作战的军兵种部队，通称为陆军作战力量，它是未来信息化战争作战力量的重要组成部分。陆军作战力量主要包括：步兵、炮兵、装甲兵、空降兵、陆军航空兵、工程兵、通信兵、防化兵等兵种部队。主要装备是：步兵武器、坦克、装甲车、火炮、战术导弹、直升机等。陆军作战力量具有强大的火力、突击力、机动力，既能独立作战，又能与海军、空军等其他军兵种联合作战。陆军作战力量在机械化战争中一直占据着十分重要的地位。信息化战争的到来，既为陆军的建设和发展提供了战略机遇，又使陆军发展建设面临着历史性的抉择与挑战。

21世纪初，战争形态急速向信息化演进，陆战场、陆战和陆军存在形式和主体内容将发生根本性变化。陆战场直接交战范围将逐渐缩小，相关空间急剧扩大，平面线式的一维战场将被立体非线式的多维战场所取代；陆战形式变化巨大，各作战空间、作战样式、作战行动之间的界限将更加模糊，强调进攻将成为陆军的重要作战原则；信息战、特种战、火力战、心理战等作战形式地位上升，全纵深、多手段的空地一体作战将成为主要行动方式；陆军作战力量将更趋精干，作战效能将成倍提高，一体化建设和联合作战的地位和作用将愈加突出。

根据信息化战争需要，陆军作战力量建设应具备多方式快速机动部署、全频谱信息作战、全时空整体防护、远距离战场感知、各军种战地通联、网络化实时指挥、一体化联合作战和全过程综合保障等"八种作战能力"。其中最主要是四种能力：一是快速机动部署能力。通过空中、地面、海上（水上）多种方法，能在较短的时间内将较多的兵力兵器跨区战略投送到较远的作战地区，快速形成作战部署，保持陆上军事存在，对敌形成有效军事威慑。二是全频谱的信息作战能力。陆军部队应充分发挥编制内的空中、地面侦察系统，多种手段综合运用，实现情报信息侦察效果的互补和印证，切实提高地面部队情报侦察效果；同时，应能灵活采取电子干扰、压制，电子欺骗和电子伪装，网络攻击、特种破坏和远程火力摧毁等手段，削弱敌信息攻击能力，提高己方信息系统的生存能力。三是全时空的整体防护能力。信息化战争中，陆军部队将遭到来自多领域的导弹攻击、火力突击、电磁干扰，部队的"三防"任务十分繁重，必须提高其对付来自太空、空中、海上、地面多维空间打击的防护能力，确保部队主战兵力兵器的生存安全。四是全过程的综合保障能力。陆军部队要实现各种支援保障的综合化，能够在复杂地形和多种情况下对陆军作战力量实施作战保障、后勤补给和装备技术维修等，实现及时、高效，综合一体化保障。

2. 海上作战力量

在信息化战争中，海上作战力量的主要任务是：独立或协同其他军种遂行消灭敌方舰艇部队，袭击敌方基地、港口和陆上重要目标，保护己方海上交通线，破坏敌方交通线，遂行封锁、反封锁，登陆、反登陆，保卫领海主权，维护海洋权益等作战任务。海上作战力量是指以舰艇部队为主体，在海洋作战的军种，通称为海军作战力量，是未来信息化战争作战力量的重要组成部分。海军作战力量主要由水面舰艇部队、潜艇部队、航空兵部队、岸防兵部队和陆战队等兵种以及各种保障部队组成。其体制编制因各国国情而有所不同，通常下辖数个舰队或航母编队。根据信息化战争海战场的作战需求，未来海军将形成以远海和远洋作战兵力为核心的力量体系，其具体构成是：远海（远洋）作战力量、近海作战力量。

适应信息化战争夺取制海权和海上其他作战的需要，海上力量的建设必须以保障国家远海海洋安全与利益为牵引，以足够有效的远海作战能力为目标，构建科学合理的海军兵力结构，加强武器装备建设，具备与作战对手相对均衡的作战力量和手段，能够有效抵御海上军事威胁。海军应注重发展核动力潜艇并具备有效的核反击能力，重视海军"空中力量"的"重塑"与"再造"，注重海军各兵种的综合平衡发展，提高制电磁权的能力，既能在海上机动作战，又能在濒海地带进行攻防作战，重点提高"六种能力"：一是信息作战能力。海军应能充分运用侦察卫星、雷达和通信及舰载预警机等技术和信息资源，及时获取海战场信息，为海军主力部队的海上作战行动创造有利条件。应当具备以舰载电子战飞机等信息作战手段实施"软"攻击、"硬"摧毁和破坏敌信息系统的能力。二是机动破袭作战能力。信息化战争中的海军，应能以精干的远海作战兵力，在远海大范围内通过机动、巡逻和游弋，保持军事存在，显示国家力量，对敌形成有效威慑；能够对敌海上兵力集团、海上交通要道及补给线实施袭击作战；能拦截和抗击敌人对己方实施的远程巡航导弹及弹道导弹的袭击。三是保卫海上交通线的作战能力。海军应当具备对临近本国海洋国土的重点海峡进行夺控的能力，可以对国家远洋战略运输航线实施掩护，保障国家重要海上交通线的安全和畅通。四是前沿对陆作战能力。信息化战争中，海军不仅要担负海上作战任务，还要具有对陆上重要目标打击的作战能力。为此，美国海军提出了"由海到陆"的观点，并明确规定了海军的对陆作战任务。五是综合支援保障能力。海军要实现海上支援保障的综合化与伴随化，能够在远海海域对己方海上兵力集团实施后勤补给和装备技术维修及救援、打捞等多种作战保障，并通过协议在外国港口进行临时性补给。六是强大的海基核威慑与核反击能力。海军要拥有足够数量和高质量的海基核力量，能在预定作战海域乃至敌国前沿海域显示存在，可进行较长时间的隐蔽待机和适时的战略展开，实施多点突防，对敌防御前沿和战略纵深目标实施核反击。

3. 空中作战力量

在未来的信息化战争中，空中作战力量的基本任务是：实施国土防空；实施相对独立的空中进攻作战；协同、配合或支援陆、海军及导弹作战力量作战；实施空降作战、空中威慑、电子对抗；进行空中指挥、空运和航空侦察等。空中作战力量是指以航空兵为主体，在空中作战的军种，通称为空军作战力量，是信息化战争作战力量的重要组成部分。空军作战力量通常由各种航空兵、地空导弹兵、高射炮兵、空降兵、雷达兵、通信兵和其他专业兵构成，既能协同其他军种作战，又能独立作战，是信息化战争立体作战的重要力量，具有远程作战、高速机动和猛烈突击的能力。

根据信息化战争空中战场的作战需求，未来空军将形成以长航程作战飞机和无人机为核心的力量体系，其具体构成：一是远程作战力量。远程作战力量是空军的主体力量，主要由歼击机、轰炸机、歼击轰炸机、强击机、侦察机、无人攻击机等组成。主要担负争夺制空权，掩护国家要地和军队建设集团、阻滞敌航空侦察、空运、空降、空投和交通运输，破坏敌战役、战略纵深的政治、经济、军事目标，突击敌航空兵基地、地（水）面目标和有生力量，参加空中布雷和反潜作战，同时实施航空侦察和电子对抗等任务。二是信息作战力量。信息作战力量是空军在未来信息化战争中夺取制信息权作战的重要力量，主要由电子侦察飞机、电子干扰飞机、预警飞机、无人侦察机、地面侦察预警雷达等部队组成，主要担负空中作战信息侦察，空中进攻作战、防空作战和空降作战中的信息进攻，夺取空战场信息优势，协同陆、海军和导弹作战力量、信息作战力量实施陆上、海上信息支援等任务。三是空中运输力量。空中运输力量是空中作战力量的重要组成部分，主要由空军运输航空兵部队组成。主要任务是保障地面部队空中机动，协助其他航空兵转场，输送空降兵实施空降作战，空运武器装备和物资器材；实施空中救援等。四是防空作战力量。防空作战力量是信息化战争中空军防空作战的重要力量，主要由空军地面防空部队中的地空导弹作战力量和高射炮兵部队组成。主要担负抗击敌方来袭的空袭兵器，掩护国家要地和重要目标的安全，参加争夺制空权的斗争，歼灭敌侦察机，阻止敌航空侦察，歼灭敌运输机，阻止敌空降、空运和空投。必要时，支援陆、海军和导弹作战力量作战等任务。

随着空军作战力量的发展，现代战争越来越呈现出"空中化"的发展趋势，空中侦察、空中突击、空中指挥、空中机动、空降作战等空中作战行动在信息化战争中将扮演越来越重要的角色，空中作战力量的地位与日俱增，作用更为突出。

空中作战力量是夺取信息化战争全面主动权的关键。信息化战争中，虽然陆、海、空、天、信息等多种作战力量在多维战场同时展开作战行动，但空中作战力量处于多维战场空间的中心位置，起着"承上启下"的"纽带"作用。虽然空战场的胜负目前尚不能完全决定陆（海）战场的胜负，但空中战场的失败却可导致陆（海）战场的失败。20世纪80年代以来发生的局部战争中，美军都曾通过实施单一的空中突击或利用空中作战行动达成战争目的，从而证明了空中作战力量对战争进程和结局起着决定性作用。

空中信息作战力量是夺取信息化战争制信息权的主要力量。目前，在世界各国陆、海、空三军和导弹作战力量的信息作战力量中，空军信息作战力量是最强的。空中电子对抗力量与地面电子对抗力量相比，具有反辐射摧毁能力强、干扰功率大、作用距离远、覆盖范围广等特长。空中电子对抗力量既能以电子侦察、干扰、搜索、定位的方法识别、监视对方的目标，又能与自动化指挥相结合，把电子压制与电子欺骗融为一体；既可造成敌方的通信中断、雷达致盲、制导武器失控，又能减少己方的损失。未来的信息化战争，将首先由空中信息作战拉开序幕，同时，空中电子战行动还渗透于陆、海战场的各个层面，贯穿于战争的全过程。因此，信息化战争中夺取制信息权的斗争，离不开空中力量的支援配合，在很大程度上主要靠空中信息作战力量来取得。

空中输送力量是实施战争力量远距离快速投送的最有效平台。在信息化战争中，战场力量的远距离快速投送不仅能够迅速改变作战双方兵力兵器的对比，而且能尽快控制事态发展，保障后续力量的加入，赢得战争的主动。在确保战略机动力量快速反应的诸多方式中，战略空运以其机动性强、速度快和受地理条件限制小等特点而占据突出的地位。因此，空中输送工具是战争力量远距离快速投送的最有效载体，空中力量投送将是未来信息化战争战略机动力量作战潜能得以充分释放的重要保证，是打赢未来信息化战争的重要条件。

4. 导弹作战力量

导弹作战力量是20世纪中叶产生的一支新型军事力量，它既是战争与科技的产物，又是人类迄今为止掌握的最大的军事能量手段。在战争样式越来越呈现"非接触化"、"非线性化"和"远程化"的今天，导弹作战力量的存在和运用必将深刻地影响着世界的政治军事格局，以及信息化战争的各个方面。

导弹作战力量是指以弹道导弹和巡航导弹为主要装备，遂行远距离核、常火力突击任务的作战力量，主要包括核导弹和常规导弹作战力量。在未来的信息化战争中，导弹作战力量仍然是核威慑、核打（反）击力量的重要组成部分，同时也是常规火力突击的骨干力量，其作战行动对战争进程和结局影响极大。

导弹作战力量一般由导弹基地、弹头基地、院校、训练基地、工程技术部队、研究中心和作战、后勤、装备技术保障部队等组成。由于各个国家的国情不同，导弹作战力量的编成也不尽相同。

导弹作战力量按性能可区分为核导弹作战力量和常规导弹作战力量，按使用权限可分为战略导弹力量和战役战术导弹力量。核导弹作战力量主要是指使用地地、空地、海地中程、远程和洲际战略核导弹武器对敌方实施核突（反）击的作战部队，是国家战略核力量体系的主要组成部分，是实现国家意志的重要战略力量。常规导弹作战力量主要是指装备中程、近程常规导弹，遂行战役、战术任务的地地导弹作战力量，是战略导弹作战力量的一部分。一般编有导弹发射部队，防空、通信、电子对抗、工程部队，战斗、技术、后勤保障部队。

随着导弹技术、战术性能的不断改进，导弹威力和精度的逐步提高，导弹作战力量在信息化战争中的地位作用更加突出。主要表现在三个方面：一是导弹突击是达成信息化战争有限目的的有效手段。导弹突击具有"不接触火力战"的优点，可大幅度削弱敌方军事实力和战争潜力，促使敌方政治、经济、军事、民众心理等发生重大变化，摧垮其抵抗意志，以达成战争目的；导弹突击能有效克服地理条件造成的天然障碍，可跨海越洋实施远距离火力突击，对国家经济建设牵动面小，作战规模可大可小，收放自如，是武力解决地区性争端的有效手段，有时可直接达成战争目的。二是导弹作战力量是夺取"三权"的有力支撑。在信息化战争中，可使用导弹作战力量对敌重要军用机场、港口码头、指挥通信枢纽、预警探测系统、防空反导阵地等重要军用设施和基地进行火力突击，削弱敌军力和战争潜力，为己方作战夺取制空权、制海权、制信息权创造有利条件。阿富汗战争伊始，美军使用大量空、海射导弹，摧毁了塔利班政权几乎全部空军力量和防空部队，完全取得了空中和信息领域的主动权。三是导弹作战力量是实施战争威慑的重要力量。战争发展到今天，人们一方面仍在不断使用武力解决政治争端，另一方面，也力求通过战争威慑，使对方屈从自己的意志，而使用导弹力量实施战争威慑就成为一种重要选择。历史上使用导弹力量实施战争威慑的事例屡见不鲜。前苏联把导弹部署在美国的家门口——古巴，引发了一场两个超级大国一触即发的导弹危机；印度和巴基斯坦竞相发展导弹力量，目的是对对方实施导弹战威慑；2004 年 2 月，俄罗斯组织的大规模战略核力量军事演习，引起了世界舆论的广泛关注；伊拉克战争中，美军平均每天发射近 300 枚巡航导弹，对伊拉克的核心首脑人物、指挥控制系统、共和国卫队实施精确打击，给伊军和民众造成了巨大的心理震慑。导弹威慑作为一种达成某种战争目的的手段，必将给世界各国的国防建设、军队发展和军事变革的走向带来深远的影响。

导弹作战力量的作战特点是：指挥权限高度集中，作战行动受国家元首和最高统帅部或战区直接指挥；弹头射程远，命中精度高，杀伤威力大，突防能力强；武器装备自动化程度高，火力机动范围广；作战行动对战争进程和结局影响大。

5. 空间作战力量

空间作战力量，又称太空作战力量或空间力量。它是一个国家为实现其国家战略目标所拥有的进入空间、利用空间和控制空间的能力和意志的体现。空间力量包括民用空间力量、商用空间力量和军用空间力量。其中，军用空间力量是以航天部队为主体，以航天装备为主要装备，主要在空间进行军事活动的军事力量。空间力量作为国家武装力量的重要组成部分，与陆上力量、海上力量、空中力量、导弹力量同等重要，同其他作战力量的结合将日益紧密，是打赢信息化战争的重要基础。空间力量的突出特点是：技术密集、系统复杂、性能超群，是一支典型的信息化作战力量。

空间力量按作战任务可划分为：空间信息支援力量、空间进攻力量、空间防御力量和空间勤务保障力量。空间信息支援力量，是指从太空为各军兵种提供侦察监视、导弹预警、通信中继、导航定位、气象观测和战场测绘等战场信息支援的力

189

量；空间进攻力量，是指对敌太空、空中、海上和陆地的重要军事目标实施太空攻击的力量；空间防御力量，是指阻止敌方对己方实施太空侦察和攻击，确保己方太空作战系统和其他战略战役目标安全的力量；空间勤务保障力量，是指为确保顺利遂行太空作战任务而提供太空运输、作战物资供应、轨道测量控制、基地工程保障、装备技术维护等勤务保障的力量。

空间力量的主要组成部分是航天部队。航天部队就是所谓的天军，是以空间为战场，利用航天装备遂行军事任务的部队，其根本任务是最大限度地发挥己方空间力量的作战效能，同时限制、削弱敌方空间力量的作用，以谋求对敌的空间优势。航天部队的指挥体制与其他军种相近，大多数国家采用集中指挥控制、分散使用的模式，指挥体制属于军令、政令合一的类型。

随着空间军事化的发展，以空间力量夺取制天权将成为信息化战争的战略制高点。因此，空间力量在未来信息化战争中的地位作用更加突出。

空间力量是夺取制信息权的重要保证。信息化战争是以信息技术为依托的战争，制信息权将成为决定战争胜负的决定性因素。失去制信息权的军队，将成为"瞎子"、"聋子"和"靶子"，陷入被动挨打的境地。充分利用空间力量的优势，从空间为战场通信、导航、预警、侦察监视服务，避开战场空间上错综复杂的电磁对抗局面，是赢得信息化战争的重要保证。

空间力量是实现 C^4ISR 系统有机连接的纽带。空间力量能够把指挥、控制、通信、情报、监视与侦察有机结合起来，构成一体化的综合信息网络系统。利用该系统可近实时地了解战场情况，获取并传输整个战场空间上的各种信息，把陆、海、空、天连接成一个多维一体的战场，从而达到指挥、控制的准确、快速、高效、互通，取得最佳作战效果。

空间力量是军队主战武器装备作战效能的"倍增器"。未来的信息化战争，不是单件武器装备或单一作战手段的局部较量，而是体系与体系的整体对抗。要将部署在陆、海、空、天的各类主战武器装备、保障装备、综合电子信息系统构成一个高效甚至倍增的作战体系，离不开空间力量的支持。如远程精确打击兵器的制导、打击目标的侦察、定位以及毁伤效果的评估等都需要空间力量的支持。空间力量可以把陆、海、空军和导弹作战力量的主战力量、主战武器装备、作战信息系统等有机地联成一体，构成能够满足信息化战争需要的全新的信息时代作战体系，从而大大提高主战武器装备的作战效能。

空间力量是对敌实施临空打击与威慑的有效手段。在未来信息化战争中，空间力量可直接参与地面作战行动。不仅可以在太空利用武器系统攻击敌方支援地面作战的航天器，而且可以利用激光或粒子束武器对部署在空中、海上和陆上的作战兵器进行干扰、摧毁和破坏。即使迫于国际压力，使用高效能毁伤武器会受到一定限制，但空间力量的存在仍然可给对方的作战行动造成极大的威胁。

6. 信息作战力量

信息作战力量，是信息化战争中实行各种信息作战任务的力量的总称。信息作战力量是未来信息化战争中进行信息作战最重要的物质基础，对于夺取和保持信息化条件下局部战争制信息权，进而为其他作战行动创造有利条件，最终赢得战争胜利具有重要意义。

信息作战力量是随着信息技术在军事领域的广泛运用，军队武器装备信息技术含量不断提高，信息化武器装备不断涌现，而正在产生和形成的一种全新的作战力量，是信息化战争作战力量的重要组成部分，涉及多个领域，构成形式多样。信息作战力量，平时都隶属于不同建制的军兵种部队，战时依据信息作战任务需要，编组成各种信息作战集团（群、队），遂行不同的信息作战任务。

三、信息化战争的基本作战样式

作战样式是战争形态的具体表现，有什么样的战争形态就必然会出现与之相适应的作战样式。信息化战争的基本作战样式和过去传统战争的作战样式不同。传统战争的作战样式可以表现为阵地战、运动战、游击战、闪击战、持久战等各种作战样式，但集中到一点，它们都是侧重于以物质力量为中心展开的作战行动。而信息化战争则是以信息的获取权、控制权和使用权为核心进行的争夺，由此使信息化战争的作战样式将更加异彩纷呈。

（一）制信息权争夺战

制信息权争夺战，就是运用多种手段以夺取一定时空范围内战场信息控制权为目的的作战。信息化战争中，及时掌握制信息权成为作战行动的前提，是战斗力的倍增器。作战中要掌握战场的主动权进而实现行动的自由，首先必须夺取战场的制信息权。因此，制信息权争夺战，将是未来信息化战争中的基本作战样式之一。

（二）指挥中枢瘫痪战

指挥中枢瘫痪战，就是在信息化战争的战场环境中，以指挥决策者为主体，以破坏和瘫痪敌战场认识系统、信息处理系统和指挥控制系统为主要作战目标，综合运用以信息技术为核心的武器装备、作战系统和作战手段，剥夺敌战场信息获取权、控制权和使用权，使敌决策者和指挥机关难以定下正确的决心和进行有效的作战指挥。

（三）战争结构破坏战

战争结构破坏战，就是着眼战争全局，综合运用各种作战方法和手段，从破坏敌维系整体作战能力的系统与联系入手，通过设谋用巧、避实就虚，打击敌作战协调行动的关节，造成敌作战力量结构的紊乱和作战行动程序结构的脱节，致使敌整体作战能力迅速降低，进而集中力量各个击破，达到瓦解、歼灭敌军之目的。

191

（四）心理系统瓦解战

信息化战争中的作战，主要包括三个层次的作战内容：一是以物质摧毁和消灭有生力量为主要内容的物理层面的作战；二是以控制信息基础设施和电磁频谱为主要内容的信息层面的作战；三是以瓦解人的意志和情感为主要内容的心理层面的作战。这三个层面的作战相互制约、相互联系、相辅相成，共同构成信息化战争形态各异的作战样式。心理系统瓦解战，是信息化战争中的重要作战样式之一。

所谓心理系统瓦解战，就是以改变个体和群体心理状态为目标，运用各种形态的信息媒介，从认识、情绪和意志上打击瓦解敌人的一种作战样式。它着眼于对人的精神上、心理上的征服，利用人在对抗环境中的心理变化规律，通过大量的信息传递，干扰破坏敌方的决策过程和决策结果，瓦解敌方士气，削弱其抵抗意志，使其做出错误的决定，放弃抵抗、逃避战斗乃至缴械投降，从而不战而胜。

（五）战争潜力削弱战

战争潜力是指在一定时期内，国家或政治集团通过动员能够用于扩充武装力量，满足战争需要的一切物质力量和精神力量的总称。具体地讲，就是经战时动员能为战争服务或使用的人力、物力、精神和科学技术等诸多因素构成的潜在的军事实力，它寓于国家综合国力之中。人力是指具有劳动能力的能为战争服务的人，它是最具有活力的战争潜力资源。物力是指能为战争服务的一切物质力量，它是进行战争的物质基础，主要有军事物质潜力、经济潜力和自然资源潜力等。军事物质潜力包括武器装备的数量、质量，军用物资器材储备及可用于军队进行战争的物资技术保障能力；经济潜力包括工业、农业，商业贸易、交通运输、财政金融、医疗卫生、人防工程、电力供给、油料储备、主要公共设施抗毁能力、物资器材的储备保障能力；自然资源潜力包括国土资源、森林资源、水资源和生物资源等自然资源的储备能力。精神力是指民众的国防观念和民族凝聚力以及对战争残酷性和长期性的心理承受能力，它对物质潜力具有倍加或倍减的作用。科学技术力是指科学技术人员、科技设备、科技成果等科技要素直接或间接为战争服务的能力。由于科学技术的发展及其在军事领域的广泛运用，信息化战争已经活跃于战争舞台，战争潜力的构成发生了很大的变化，科技要素明显突出，战争比以往更加需要高素质的人和高科技的物。战争潜力削弱战，就是综合运用硬摧毁与软杀伤的手段，削弱对方为战争服务或使用的人力、物力、精神和科学技术等诸多因素构成的潜在的战争力量，破坏对方将战争潜力转为战争实力的转换机制，动摇对方战争基础，使对方无法继续进行战争，从而达到迅速战胜对方的目的。

第二节 信息化战争的特征与发展趋势

一、信息化战争的特征

信息化战争的特征直接影响战争的指导。确立信息化条件下战争指导的前提，首先应掌握信息化战争的特征。不同时代的战争有不同的特征，新战争形态的特征往往是与上一代战争形态相比较凸显出来的。形成信息时代信息化战争的典型特征是由许多不同因素决定的，是与上一代机械化战争形态相比较而言的。通过分析机械化战争和近期几场高技术局部战争，我们可以清晰地看到信息化战争具有以下主要特征：

（一）作战手段信息化

信息化战争的首要标志是作战手段的信息化。作战手段信息化主要是指使用信息化武器装备进行战争。武器装备信息化是进行信息化战争的基础和前提，是真正具备信息化战争能力的关键因素。工业时代的战争，是以机械化武器装备为物质基础所进行的战争，进行战争的手段是作战飞机、坦克、军舰、枪炮、导弹等硬杀伤武器装备，虽然它们也含有电子信息技术的成分，但其含量并不高。而信息化战争，是以信息化武器装备系统为物质基础所进行的战争，进行战争的手段不再仅仅是硬杀伤武器装备，而是精巧的智能化武器装备。工业时代所进行的机械化战争，强调的是火力的运用，需要的是钢铁；而信息化战争，则十分注重打击对方的信息设施，强调的是信息的控制，需要的是硅片。信息化战争中，信息化能力有优势的一方，将拥有战场上的主动权。

信息化武器装备是指具有信息探测、传输、处理、控制、制导、对抗等功能的作战和保障装备。主要包括作战平台、弹药、指挥控制系统、单兵作战装备等信息化武器装备。

信息化作战平台。信息化战争中，坦克、装甲车辆、火炮、导弹、作战飞机、作战舰艇等武器载体装有多种信息系统并联为一体能为作战行动提供及时而有效的帮助。信息化作战平台不仅装备有多种信息传感设备可探测敌方目标，为实施精确的火力打击提供目标信息，而且还有足够的计算机系统及联网能力，能为各种作战行动及时而有效地提供辅助信息。从当代的几场局部战争就可看出，信息化作战平台为远离战场的远程打击提供了有利条件，使潜艇距离战场约 1600 千米发射巡航导弹，空射巡航导弹从 1000 千米外发射命中目标。信息化作战平台极大地提高了作战能力和效果。从阿富汗战争看，美国已将地面、空中、太空、海上信息与作战平台联为一体。

信息化弹药。信息化战争将会普遍应用智能型精确制导弹药。在武器系统具有

第五章 信息化战争

自动完成对目标的探测、分析、攻击和评估能力的基础上，信息化弹药具有"发射后不用管"，自主识别、攻击目标的能力。比如：美军研制的"黄蜂"反坦克导弹，在超低空远距离发射后，能自动爬高，自动搜索、发现和识别敌坦克，自动攻击目标的要害部位。

作战指挥控制系统的信息化、一体化。现代战争 C⁴ISR 系统是军队作战的"神经中枢"和"大脑"。作战指挥控制要依靠一体的网络化来保障、调动各个方面的军事力量进行作战。信息化战争主要是通过 C⁴ISR 系统，使作战指挥成为一体，使整个信息化武器系统和军队成为有机的整体，形成强大的力量。

单兵作战装备的信息化。信息化的单兵作战装备是指单兵作战实现攻击、防护的一体化和观察、通信、定位，实时侦察以及传递信息的人机一体化。

武器系统的信息化是武器装备发展史上一次革命性变革。这种变革的作用非常大。最大的特点是使武器装备智能化了，使武器装备具有了类似人脑的部分功能，能自动侦探和识别目标，掌握最佳攻击时机，精确打击目标。信息化使武器装备的作战效能极大地提高。信息化使武器装备显示出的巨大作战效能，是以往的传统武器所无法比拟的。当前发展信息化武器装备的主要目的是使作战兵器精确化、智能化、远程化，作战指挥控制系统自动化，以此来夺取战场上的主动权和优势。如果说以往美军打仗时是"钢铁和核武器崇拜狂"，那么今天美军却把重点放在了信息技术领域。美国认为未来信息化作战主要分为三部分：第一部分是侦察监视体系。依靠天基侦察与监视卫星、空中侦察机、无人机、陆上携带各种数据处理系统的特种侦察部队，对整个战场空间进行全面和实时的侦察和监视，使战场"透明"。第二部分是指挥控制体系。以此来处理战场侦察监视体系的信息和进行战况评估，把所要打击的目标诸元传送给打击体系。第三部分是打击体系。主要是陆海空的远程精确打击和运用各种作战力量实施有效的攻击和防御。以上三部分中，第一部分是信息化作战的核心。

在信息化武器装备不断发展的同时，在技术力量的推动下，激光武器、粒子束武器、微波武器、动能武器等新概念武器也会不断地发展和运用于战场上，成为未来信息化战争的新型作战手段。

（二）作战空间多维化

信息化战争作战空间多维化，每维空间扩大化，这是信息化战争一个显著特征。作战空间的拓展是随着科学技术和武器装备的发展而不断变化的：由于飞机和航空技术的发展，由陆海平面战场发展为陆海空三位一体的立体战场；由于航天技术的发展，又由陆海空战场发展为陆、海、空、天四位一体的战场；由于信息技术的发展，现代战场又由陆海空天战场发展为陆、海、空、天、信息等多维空间一体的战场。信息化战争战场呈现大、纵、深、高立体全方位的特征，除了陆、海、空、天战场不断扩大外，还将会出现网络战场、数字化战场、虚拟战场等新的战场，信息空间、电磁空间、网络空间、心理空间等也成为斗争更为激烈的领域。电磁空间的电子战将会成为"兵马未动，电子战先行"的作战首选行动。总之，随着科学技术的发展，作战空间多维化的特征将更加突出。

另一方面，现代作战的每维空间的内涵也大大拓展。战场极大地扩大。在现代战争中以往的陆、海、空战场也不是原来意义的范围。如：第一次世界大战的主要战役，战场范围仅有数百至数千平方公里；第二次世界大战的主要战役，战场范围也不过只有数万或数十万平方公里；而海湾战争，战场空间急剧扩展，东起波斯湾，西至地中海，南到红海，北达土耳其，总面积达1 400万平方公里。人类进入21世纪后的首场战争——阿富汗战争，其作战规模远远不及海湾战争和科索沃战争，但其作战空间范围要远比海湾战争和科索沃战争大得多。虽然战争的主战场限制在65万平方公里的阿富汗境内，但战争的相关空间延伸到美国本土，遍及全球。美军从距阿富汗5 000千米外印度洋上的迪戈加西亚基地，使用B-52和B-1B轰炸机进行远程奔袭，B-2隐形战略轰炸机甚至从美国本土起飞实施作战；除主战场外，在世界范围内有89个国家向美军授予领空飞越权，76个国家授予美军飞机着陆权，23个国家同意接纳美军部队。美军在空中部署有各种侦察预警机，全方位、全时段地监视对方的所有行动，外层空间利用多颗卫星组成太空侦测网，全面监视、搜寻塔利班和拉登的动向及位置。2003年进行的伊拉克战争战场范围也与阿富汗战争差不多。从指挥所位置的变化也可以看出战场范围的扩大。海湾战争中，指挥所先设在前线，后移至美国本土东海岸的佛罗里达，指挥机构距战场1万多千米。科索沃战争中，很多指挥过程、兵力调动，技术保障（包括战场评估、侦察、气象分析等）都没有在前线，都是远离直接交火的区域。可见，信息化战争的战场是极大地扩大。

信息化条件下战争要特别注意太空战场。现代战争的太空（太空的下限距离地面120千米）成为国际军事竞争新的制高点，争夺制天权成了进行信息化战争达成军事目的的重要手段。现代战争中，制天权对夺取战争的主动权具有十分重要的意义。如在第四次中东战争中，当以色列军在埃军的突然打击下，陷入全面被动时，以色列国内一片恐慌。就在这时，美国的"大鸟"侦察卫星给以色列送来了无比珍贵的情报，发现在埃军进攻的正面上，在埃军第2、第3军团的接合部有一个10多公里的间隙。以军据此情报，在埃军第2、第3军团的接合部地域实施反击，一举获得成功，扭转了战局，显示了太空提供情报的重要价值。在信息化条件下的战争中美国十分重视太空战场的作用。如：美国在海湾战争中使用了60多颗卫星，在科索沃战争中使用了89颗卫星，阿富汗战争中使用了94颗卫星为陆、海、空军作战提供保障。美军对未来战争中进行太空战还进行演练，美军设想2017年发生的太空战，模拟用太空武器进行空间较量，连续三天共有250人参加了演习。这说明美国对太空战研究已经接近实际运用阶段。这些情况告诉人们，天

195

战又将成为人们面临的一种新的作战形式。

太空是未来战场的制高点，谁能控制外层空间战场，谁就能"居高临下"地控制陆海空战场，具有优势和主动地位。美国参议员罗伯特·史密斯说："谁控制了太空，谁就将控制地球的命运！"由于近年来太空在战争制胜中作用的显示，太空和航天领域备受青睐和关注。美军航天司令部在其"2020年设想"中称：美军"今天的军事作战十分依赖于航天能力，在21世纪将更加依靠航天能力。"美陆军强调，"信息化条件下战争的成败将取决于各方所具有的空间实力"。俄罗斯在军事学说中称："信息化条件下战争将以天基为中心，""制天权将成为争夺制空权和制海权的主要条件之一。"当前，各主要军事大国都在竞相发展高新技术武器装备和天基信息系统，以争取战争的主动地位。因此，研究组建人类高智能、高技术集合体的"天军"是发展的趋势，探讨太空信息战、太空封锁战、太空轨道破击战、太空防卫战和太空对地突击战等作战样式也是非常必要的。

在科学技术飞速发展的今天，人们不禁要问：当运载火箭把军用卫星送上太空；当载人宇宙飞船把宇航员运抵月球；当核动力潜艇游弋于大洋之下；当战略轰炸机经空中加油实现数小时内"全球到达"；当洲际弹道导弹数十分钟内可以精确地摧毁地球上任何一个目标；当信息等非致命武器装备用于争夺战争胜负的时候，现代战场疆界究竟在哪里？总之，信息化战争战场空间维数增多，每维空间无限扩大，这是信息化战争的一个显著特征。

（三）作战形式非接触非线式化

作战形式非接触非线式化是信息化战争的一个鲜明特征。出现非接触非线式的崭新作战样式，是以信息技术为核心的高技术武器装备发展带来的必然结果，是武器装备打击距离增大、精度增高、作战平台远程机动能力增强、C^4ISR系统广泛运用于作战的必然反映。它是敌对双方在不接触的情况下，利用信息系统和远程作战武器在防区外实施打击的作战样式。美国陆军提出的21世纪信息化战场上的基本作战方针是："以情报信息发现敌人，以火力战杀伤敌人，以机动战最终完成战斗"，就是以远距离精确火力战大量杀伤敌人后，再以机动部队投入作战，完成任务。在科索沃战争中，美军之所以实现零伤亡，实际上是非接触作战的结果。

在信息化战争中，由于兵力兵器分布在陆、海、空、天广阔战场上，由信息网络联为一体，打击的目标覆盖敌方全纵深，很难像以往战争那样划出清晰的战线，作战空间、作战形式现出非线性特征。非线式作战是远程精确打击、非接触作战的必然结果，是信息化战争所表现出的一种客观形态。

从近期几场局部战争看，非接触非线式作战已走上战争的舞台。这种作战形式的主要特征是"全纵深展开、多方向多手段实施、远程攻击、精确打击"。这一新作战样式从总体上看，它否定了机械化战争时期集中重兵、前沿突破、梯次攻击、逐步推进的作战程序，否定了过去"层层扒皮"的进攻方式和"节节抵御"的防御方式，使作战一开始就使敌前后方"内外同时受挤压"，使战争从一开始就展现出速决性和决战性等鲜明特征。它具有全纵深作战、震慑力大、易攻难守、攻主动防被动、伤亡代价小等优点。这种作战形式，是指挥人员依靠天空和太空等远距离侦察信息系统和远程作战武器，在遥远的战场之外指挥控制战争，利用远程航空兵和巡航导弹部队为作战的主体力量，对敌方军事指挥控制系统及政治经济等目标进行打击。如：在海湾战争中，以美国为首的多国部队在太空部署了60余颗侦察、预警卫星；在空中部署了300多架侦察、预警飞机；在地面部署了21个侦察营和39个无线技侦站，还派遣特种部队3 000余人潜入伊拉克境内进行侦察，从而构成了覆盖整个海湾战场的立体化探测、侦察体系，为实施非接触作战提供条件。依靠目标信息的支持，使用B-2A战略轰炸机从1.2万千米外出动实施隐形突袭和半临空轰炸，使用B-52轰炸机从"不远万里"的美国本土起飞，在到达距攻击目标约800千米的地中海上空发射巡航导弹，使用B-52H和B-1B战略轰炸机从2 000千米外出动在800千米外发射巡航导弹，美军从舰艇上发射的54枚战斧巡航导弹远距攻击1 000余千米外的目标，战术飞机在200～1600千米以外出动实施高空轰炸，空对地导弹在30千米以外、约4 000～5 000米高度进行发射，对敌进行打击。在42天的海湾战争中，就有38天是远距离打击。这是真正与对手展开的一场不见面的非接触作战。科索沃战争中，北约以远程和高空打击为主要作战样式，在78天中投掷炸弹、发射导弹约2.3万枚，空袭成为达到战争目的的唯一手段，是一场典型的非接触非线式战争。

非接触非线式作战，着重于瘫痪敌作战体系。精心选择支撑敌作战体系的"节点"进行打击，是实现非接触非线式作战的重要举措。只有这样，才能使敌作战体系瘫痪，彻底丧失其抵抗意志。

非接触非线式作战形式是未来作战不可回避的新的作战样式。面对这一新的发展，我军的现代化建设任重道远，目前我军以机械化为基本特征的军队现代化的任务还没有完成，又面临着机械化战争正在向信息化战争转变的世界军事发展趋势的严峻挑战。21世纪前50年，我军必须完成向机械化、信息化转变的历史任务，实现"三步走"的战略目标。我们既要研究机械化战争时期的接触、线式作战样式，又要探索信息化战争的非接触非线式作战样式；既要研究进行非接触非线式作战的进攻行动，又要研究对付敌非接触非线式作战的防御方法。尤其是我们非接触作战的精确化方面有大量工作要做，如何精确探测、精确定位、精确指挥、精确打击等有大量科技攻关和学术研究工作需要深入探索。

（四）作战力量一体化

信息化战争的一个突出特征是作战力量"一体化"。作战力量向一体化、整体化趋势的发展是科学技术发展在军事领域的体现。信息技术的发展，正在把各个作战系统连接成一个"一体化"的整体。"一体化"就是通过信息化、网络化把人的智能、软杀伤和硬打击融为一体，就是在战争中利用信息技术把作战力量的各个部分、各个层次、各种要素快速、便捷、高效地连成一体，使作战力量成为一体化的整体对抗力量与敌作战，决定战争的胜负。其特征为：一是作战的决策指挥和战略、战役、战术行动高度融合；二是人与武器装备的结合空前紧密；三是战斗部队、支援部队、勤务保障部队紧密合成、协调行动；四是诸军兵种高度合成、联合作战；五是指挥、控制、通信、计算机、情报和侦察、监视、杀伤紧密结合成 C^4KISR 系统。

未来的作战不是单个作战兵器的对抗，也不是作战单元与单元的对抗，而是将各种作战兵器、各种作战单元、各种作战要素综合为一体的体系对抗。战争双方体系与体系对抗将成为信息化战争作战的基本特征。机械化战争中，作战力量主要由陆、海、空军，战略导弹部队等单一作战单元构成，基本上在陆、海、空三维空间独立进行，作战力量主要是由单一军种为基本单位所构成。在信息化战争中，新型的作战系统将取代原有的以军种为基本单元的力量构成模式。未来作战，就是要把信息技术、武器装备、情报侦察、指挥控制、后勤保障等形成一体化作战体系。在信息化战场的支持下，作战力量将由战场感知系统、网络通信系统、指挥控制系统、打击系统、支援保障系统等五大分系统构成。这五大分系统是未来战场作战力量的构成模式。它在作战中，完全可以打破军种界限，根据作战任务的不同，按照五个大系统的要求，进行模块化编组，形成高效、精干的整体力量进行作战。在未来信息化战争中，能否形成一体化体系，对战争胜负具有特别重大的作用。在未来信息化战争中，只有依靠一体化的整体力量，才能获得胜利。美军特别重视利用信息化、网络化把遍布全球的作战单元、作战要素连接起来，形成体系集成，用系统集成来达到作战目的。美、英在阿富汗战争中，构建了陆海空天一体化的无缝隙全源情报体系。在太空利用了94颗卫星，在空中运用了战略、战术、预警、无人各种侦察机40余架，在海上4艘航母及其他舰船装有远程侦察分析设备，在陆上有特种作战部队进行侦察搜索、目标定位、引导攻击、战争评估等，把各种侦察监视平台通过数据链，为作战部队提供一流的作战图像，使战场变得更加透明。美航天司令部艾伯哈特上将称：一体化情报体系是此次反恐战争的"生命线"。上述只是情报体系一体化给作战带来的变化，还远未达到与智能化作战系统相连接，完成作战力量的一体化。因此，研究和发展综合集成一体化的作战力量是打赢信息化战争的需要。

搞好"一体化"作战力量的运用，要特别关注以下几个方面：一是通过信息化建设，实现各军兵种间的指挥通信一体化。军队的信息化建设，是信息化战争的物质基础，也是实现"一体化"联合作战的前提。目前，美军提出的"网络中心战"的基本思想，就是通过建立数字化的信息网络，使战场上分散配置的各种作战力量、作战平台实现近实时的互联互通，使之真正成为"一体化"的力量，在非线性战场上实现协调一致的行动。二是在指挥方式上，从以往的以制定周密的联合作战计划为中心，改为"以行动为中心"。信息化战争中，军队的作战行动更多地体现为"以行动为中心"，也就是根据战场情况的变化，随时调整原定作战计划，并迅速重新组织各种作战力量，根据作战任务的需要随时调整各军兵种的力量，协调一致地完成作战任务，做到真正意义上的联合作战。三是打破传统的军兵种界限，实现多维一体化作战。在信息化战争中，要将在建制上分属各军兵种的陆、海、空、天、信息多维作战力量和作战平台，在统一协调下进行多维立体作战，真正形成陆、海、空、天、信息等一体化作战力量，实现最佳作战效果。美国在阿富汗战争中就进行了一些尝试。2001 年 11 月中旬打击拉登基地组织副手——阿提夫就是这样，先是由"狱火"无人侦察机发现、跟踪"基地"阿提夫一伙人的转移，后把信息交给"捕食者"无人侦察机监视，"捕食者"搜集到这伙人集合在某小镇一所房屋内开会的情报和图像后，立即又把这一情报和图像，通过数字化网络直接传输给美国本土的指挥部，指挥部根据情报，命最近的飞机前去进行打击，在其他飞机未到达前，"捕食者"无人侦察机又发现基地组织要转移，指挥部立即下指令"捕食者"无人侦察机用自身携带的导弹进行攻击，这样就以最快的速度对"基地"组织这伙人进行了打击，加上随后赶到的飞机一同攻击，炸死了拉登的副手——阿提夫和100 多名"基地"成员。这说明"一体化"在作战中效果是显著的。因此，在信息化战争中，形成"一体化"作战力量是打赢未来战争要着力关注的重要方面。从目前来看，实现真正意义上的一体化联合作战并不容易，还有很长的路要走。

信息化战争的特征也可以简单地从两个层面来把握：一是从技术层面，其本质特征就是"信息化"，包括武器装备的信息化、军队的信息化、战场的信息化等。二是从社会层面来理解，信息化战争是一种典型的"知识型、智力型"战争。信息化战争的出现标志着人类战争真正进入"斗智"时代。信息化战争中，虽然在战场上信息化武器装备的作用日益提高，但反映的恰恰是武器背后人的因素的重要性，而武器装备水平的高低又反映了一个国家的整体科学技术水平和综合国力。社会生产力的发展、人的聪明才智都反映在作战手段、作战形式、作战力量等特点之中，信息化战争是典型的知识型、智力型战争。

总之，信息化战争同以往的战争相比发生了许多重大变化：战略、战役、战术界限模糊，制约战争的因素和机制作用增大，作战强度和行动可控性增强，作战形式出现新的样式。要打赢信息化战争，就要根据其基本特征积极探索应对措施，就要抓紧发展进行信息化战争的武器装备，搞好军队作战力量一体化编组的编制体制整编，解放思想探讨信息化战争规律和指导规律，以打赢信息化战争的要求进行教育训练等。只有根据信息化战争的基本特征探索应对措施，才能较好地对付面临的信息化战争。这是我们探讨研究信息化战争基本特征的目的。

二、信息化战争的发展趋势

信息技术的迅猛发展和在军事领域的广泛应用，为军队大量利用信息提供了前所未有的条件，并将引发一场涉及整个军事领域的军事变革，预示着信息化战争将以崭新的面貌展现在人们的面前，呈现以下发展趋势：

（一）智能化武器装备将大量涌现

智能化武器装备，是指不用人直接操作和控制，武器装备采用了人工智能技术，可自行按照人的意志完成侦察、搜索、瞄准、攻击目标以及情报的收集、处理、综合等多种军事任务的高技术武器装备。智能化武器装备给未来信息化战争注入了新的活力，从而使军队的编成更精干，传统的作战方式也将被改变。

军用智能化武器装备主要有智能机器人、智能坦克车辆、智能导弹、智能地雷等。智能机器人是智能化武器装备的集中代表，它具有一定程度的思考、感觉以及分析、判断、推理与决策能力，能模仿人的行为执行多种军事任务。智能坦克、车辆是一种由计算机控制中心、信息接收和处理系统、指令执行系统及各种功能组件组成的能自主完成不同军事任务的新型坦克、车辆。其中，智能作战坦克可越过各种障碍物，识别目标的不同特征及威胁程度，并通过比较确定最佳行动方案，控制武器射击；智能军用车辆能观测方向、测定距离、分辨道路绕过障碍，把所需物资送到指定地点。人工智能弹药是一种采用了现代电子技术和子母弹技术，从而使其具有人的某些智能的弹药。这种弹药不仅能自动寻找和判定攻击目标，而且能自动发现和攻击目标的薄弱部位，命中精度比普通弹药高几十倍。智能导弹是一种能自动搜索识别和攻击目标，具有思维、判断和决策能力的新型导弹。战争中，由飞机远距离成批发射后，它们会自动跃升至几千米高空，然后自行对目标进行攻击，具有发射后不用管的特点。智能地雷是一种能自动识别目标，自动控制装药起爆，并能在最有利时机主动毁伤目标的新型地雷。

（二）信息化作战平台将成为战场支撑

信息化作战平台，是指信息化弹药所依托的作战平台。电子信息技术广泛渗透到武器系统的各个领域，为作战平台的信息化提供了空前的机遇。未来的作战飞机、舰艇、坦克、直至外层空间的卫星等都将装备大量先进的电子信息系统与电子战系统，使每一个信息化作战平台都成为 C^4ISR 系统的一个节点，具备电子战能力，并向隐形化、遥控化、小型化和全智能化方向发展，使作战平台的纵深突防能力、攻击能力和生存能力大大增强。特别是隐形飞行器、隐形舰船以及无人机等将成为未来信息化战场上新型的信息化作战平台，这些信息化作战平台将与有人驾驶飞机、舰船相辅相成，形成一支互为依存的强大空中、海上打击力量，从而成为信息化战场的主要支撑。

（三） 作战形式将发生质的跃进

随着信息技术的发展和武器装备性能的改进，武器装备的精度、杀伤力、机动性、生存力、隐蔽性、反应速度和目标捕捉能力将大大提高，进而引起作战形式发生质的跃进。电子战将贯穿始终。未来信息化战争中的电子装备种类将更加繁多，部署密度更大，电磁信号更加密集，电子战频谱更宽，信号特征更复杂，为夺取制电磁权而展开的电子斗争将渗透到各个作战领域，贯穿于战争的始终。二是机动战将广泛实施。未来信息化战争中的机动战，不仅包括兵力兵器机动，而且包括火力机动和软杀伤力机动。尤其是软杀伤力机动将成为兵力机动和火力机动的前提而被大量运用。三是计算机病毒将普遍展开。计算机病毒是一种价格低廉使用方便的软杀伤性武器，将随着计算机的广泛使用而普遍展开。四是非接触作战将成为主要作战方式。随着武器装备远程打击能力的提高和信息化侦察控制系统的完善，非接触作战将越来越多地成为未来信息化战争的主要作战方式。五是隐形战将充满战场空间。隐形技术的飞速发展，为隐形战的运用提供了机遇。未来信息化战争中，隐形飞机、隐形导弹、隐形舰船、隐形战车将在战场上大量出现，在看不见的战场上进行隐形较量将是未来信息化战争的一个突出特征。六是太空战将大有进展。随着航天技术的发展和军用卫星、航天飞机、载人飞船、太空站的增多，将把众多的军用航天器部署在太空，从而将促进天军的组建和太空战的展开。七是虚拟战场欺骗战将悄然兴起。虚拟现实技术的发展使虚拟战场成为可能。战争中，通过运用信息化战场上的某一网络节点，将虚拟现实技术植入敌方指挥控制系统，向敌方传送假命令、假计划，从而使其军事行动陷入混乱。

（四） 作战思想将发生重大变化

未来信息化战争中，战争目的将由"消灭敌人、保存自己"，转变为"控制敌人，保护自己"；表现形式将由血与火有声战争的搏斗，转变为精神、意志、智慧无声战场的角逐；信息作战的目标将由侧重于以信息系统为核心的物质目标，转变为侧重于以认识体系为核心的精神目标；信息作战的目的将由用信息流控制能量流、物质流，取得战场主动权，为赢得战争胜利创造条件，转变为用信息流直接控制战争的策划者和决策者，从而达到"不战而屈人之兵"的目的。

第三节　信息化战争与国防建设

信息化条件下国防和军队建设，虽然仍然要坚持马克思主义的基本观点、立场、方法，但在以信息技术为核心的新军事革命的冲击下，国防和军队建设出现了许多新情况、新问题，亟待我们认真研究和深入探讨。

一、拓展信息化条件下国防安全的思路

国防虽然由疆域和力量构成，但在信息技术条件下，信息贯穿于疆域和力量之中，疆域要素中包含有信息疆域，力量要素中包含有信息力量，从而使保护信息安全成为捍卫国防安全的重要内容。在当代，随着科学技术的发展，信息领域已经成为国家安全不可忽视的重要方面。比如：美国是一个信息技术发达的国家，信息系统关系到国计民生。美国的国防、军事系统依靠网络信息系统来运作。美国国防部信息系统规模十分庞大，包括 210 多万台计算机、10 万个局域网、100 个广域网、200 个指挥控制中心和 16 个计算机中心，连接着国防部 200 万个用户和 200 万个非国防部用户。美国政府、国家安全机关、军队高级官员对信息领域的安全问题非常重视。高级军事指挥官把网络战争当做国家安全最可能受到挑战的问题来考虑，担心受到攻击后国家的安全受到威胁。据统计，1992～1995 年间美国国防部计算机系统受到外来袭击的情况：1992 年 53 次，1993 年 115 次，1994 年 225 次，1995 年 559 次，据 38 000 次模拟袭击表明，袭击的成功率为 65%，而被发现的概率仅 4%，对已经发现的袭击能及时通报的只有约 27%，能做出积极防御反应的还不到 1%。美国众议院议长金里奇说："网络空间是个人人都可进出的自由流动区。"克劳斯说："不论你加多少道锁，总会有人找到一个办法进去。"为此，美国非常重视信息领域的安全，花大力和经费加强信息领域的安全。这说明，在以信息为核心的高新技术条件下，信息安全已成为国防安全的一个至关重要的问题。

由于以信息技术为核心的高新技术的发展，使影响国防安全的因素更加复杂和解决国防安全的矛盾斗争难度增大，同时也使维护国防安全、进行国防斗争的手段增多，为人们维护国防安全拓展思路创造了有利条件。根据社会时代和科学技术的变化，维护国防安全正确的思路：一是利用综合因素、综合力量来维护国防安全。现代的国防安全观不同于以前，现代的国防观是一种综合安全观。现代国防安全包括经济安全、军事安全、政治安全、文化安全和信息安全等。在当今社会的国防安全中，虽然军事安全仍是国防安全的基石，但经济安全地位上升，信息安全已成为国防安全的重心。在当代，利用信息手段维护国防安全已成为国家是否安全的关注焦点。在维护国家安全斗争的手段上，现在不仅仅只从军事斗争的手段上考虑问题，而是把政治、经济、军事、外交、科技、文化等斗争手段综合为一体，共同为维护国防安全发挥作用。在建立国防安全的保障体制上，也是采取包括政治、经济、军事、外交、地理、资源以及国家各行各业的综合因素来建立大安全保障系统。因此，信息化条件下维护国防安全，不仅要搞好以军队建设为主体的硬件建设，还要搞好以维护信息安全为主的软件建设；不仅要着眼于军队本身，更要依托全社会的力量，全方位地维护国防安全。二是把维护国家的主权和安全放在第一位，争取用和平的方法解决争端问题。当大多数人还在大谈国际主义、阶级利益的

时候，邓小平指出，国家的主权、国家的安全要始终放在第一位。要以关心自己的国家利益为最高准则来谈论和处理问题。当世界两极体制对峙，战火不断的情况下，邓小平就指出："希望用和平方式解决争端。"这是 20 世纪 80 年代邓小平关于维护国家主权和安全的重要思想，也是加强国防安全、解决国际间矛盾斗争的根本性的大思路。尽管加强国防安全中有国防力量、国防防空、国防动员等许许多多工作要做，但在信息化条件下解决国防安全的思路是至关重要的。按照这个思路工作，既可以不动干戈地维护国家主权、国家安全和国家利益，又可以减少国家为准备使用武力解决矛盾的大量经费开支，有利于国家经济建设和发展。

二、确立信息化思想新观念

打赢信息化战争，必须在器物层和观念层同时演进，既要发展信息化武器装备，更要适应信息时代的要求，实现思想观念的先期转型。观念决定思路，思路决定发展。发展观念滞后，即使信息化装备的比例提高，也难以发挥先进科技应有的效能。我们要打赢信息化战争，就要不断激发军事理论创新的强烈意识，确立适应信息时代要求的创新观念。

纵观军事斗争的发展历史，每一次战争形态的变化，往往首先表现并取决于观念上的进步。信息化战争的出现，反映在人的头脑中的，首当其冲的也是要进行思想观念上的转变。目前，我军作战力量机械化尚未完成，又面临着信息化战争这个崭新的课题，如果我们仍然以传统的战争观念去思考信息化战争，如果我们还沉浸在以往革命战争中的辉煌历史而止步不前，将新事物拒之门外，我们将失去难得的历史机遇。面对强劲的信息革命的飓风，我们必须从工业时代的思维定势中解放出来，与时俱进按照信息化战争的要求实现思想观念的根本性转变。

首先，要改变传统的"火力中心"观念，把国防建设的中心转移到信息上来，把提高我国的信息国防能力作为国防建设的重中之重。其次，要抓住信息化浪潮给我们提供的及其宝贵的发展机遇，瞄准世界强国，高标准地进行我国的信息国防建设，使我国在下一轮的军事竞争中占据有利的战略地位。再次，要具有创新的观念和勇气，敢于大胆想象，善于科学创新，准确把握信息化战争的方向，加快我国信息化国防建设的发展速度。

2005 年 10 月 8 日，胡锦涛主席深刻指出：我国适应国际国内形势的发展变化，按照建设信息化军队、打赢信息化战争的战略目标，全面推进国防和军队现代化建设。2005 年 10 月 11 日，胡锦涛主席明确提出了"坚持自主创新，建设创新型国家"这一重大命题，阐述了中国特色的科技创新之路，要求"大力提高原始创新能力、集成创新能力和引进消化吸收再创新能力"。这三个创新，都具有很强的现实性和针对性。原始创新是基础，是根本性突破。集成创新是突破，是信息时代的必然要求。引进消化吸收再创新是特色，是发展中国家提高自主创新能力的突破点。这三个创新，对国防和军队建设具有极其深刻的内涵，对推进建设信息化军队、打赢信息化战争具有极其重要的现实指导意义。胡锦涛主席还提出了"实施激励自主创新的各项政策"、"加强科技队伍建设"等重大问题。这些问题与国防和军队建设密切相关，与军事理论创新密切相关。

2005年10月25日，胡锦涛主席会见国防大学第四次党代会代表时，深刻指出：要坚持理论联系实际的方针，密切跟踪世界军事发展趋势，与时俱进，开拓创新，不断提高人才培养的质量和科研成果的质量，努力适应国防和军队建设的需要，适应军事斗争准备的需要。胡锦涛主席的这些论述，对于强化军事创新，提高打赢信息化战争的能力，具有十分重要的现实意义和深远的历史意义。

信息时代，信息成为一个国家的重要资源，成为经济和社会发展中不可缺少的财富。信息时代的客观形势迫使我们更新观念。当前，一场全球性的信息技术对抗已经全面展开。在这种对抗中，军事行动的主动权将依赖于信息、信息系统和信息优势。信息时代对作战理论、武器装备、指挥体系带来的严峻挑战，不仅仅是信息技术的科学性，还几乎是强制性地改变着军事观念。当我们面对由预警飞机、全球定位系统、侦察卫星、车载无线电系统等一系列高科技孕育出的数字化战场和信息战时，当我们面对一支数字化军队时，必须改变以往那种对阵搏杀的观念，开拓视野，用信息和数据库等新观念去思考信息化战争和21世纪的军队，探索信息和信息源对军事斗争的深刻影响，大胆改革，客观地迎接信息时代的挑战。例如，要更新人才培养的观念，驾驭数字化军队需要一大批懂得高技术知识、能胜任现代化指挥的优秀人才；要更新运用战法的观念，信息时代将创造出全新的数字化战场，只有运用适应数字化战场要求的新战法，才能掌握信息化战场的主动权。

三、加快信息化条件下军队的建设

对于信息化条件下军队的建设，我军的以革命化、正规化、现代化"三化"建设为核心的一系列军队建设思想，政治合格、军事过硬、作风优良、纪律严明、保障有力的总要求等仍然是我们军队建设的指导思想，是打赢信息化战争军队建设所必须遵循的。

然而当今的社会发展、新技术革命必将影响军队建设思想变化。以信息技术为核心的高技术群在军事领域的广泛运用，机械化部队将为数字化部队取代，军队编制体制必将引起深刻变革，促使军队的构建更加趋向灵活、高效、合理。根据目前新军事革命露出的端倪，军队建设将会发生许多新变化。从打赢信息化战争的需要来看，我军建设应着力关注以下问题。

（一）精简机构，调整编制体制，加强军队质量建设

把军队搞精干，全面提高战斗力，是和平时期军队建设的重要任务。军队是要打仗的，不讲战斗力不行，军队就是要提高战斗力。讲真正的战斗力，要讲全面提

高部队素质。质量高低是影响战争胜败的关键，只讲数量，不讲质量，会耽误大事。中国还穷，养兵不能太多；中国又是一个大国，周边环境比较复杂，养兵太少也会影响国家安全。因此，军队的数量与规模要控制在国家安全和国力所能允许的范围之内。像中国这样的国家，没有适当的力量不行，但这个力量要顶用，要精，要把技术搞上去，把质量搞上去。中国军队也要精兵，要把军队搞精干。一是要压缩员额，精简那些对军队战斗力没有多大作用的人员、部队；二是要精简机关、机构，调整利于生成战斗力的灵便精干的指挥机构；三是要着重于全面提高官兵素质，真正做到人少效率高、战斗力强。

把军队质量搞上去的一项重要工作，就是要调整部队结构，组建快速反应部队。在信息化条件下，要应付局部危机和冲突。对付局部战争，就要利用高新武器装备，组建精干的快速反应部队。美国和西欧主要国家新的部队调整思想，组建应急快速反应部队是重点，中心是使军队更好地完成新形势下的任务。因此，军队建设朝着高质量、高技术、高效率和快速反应的方向发展，将成为当今世界大部分国家军队建设的一种趋势。我军也应顺应这种潮流，根据中国国情和军队所担负的任务，加快部队内部结构调整，加强应急部队建设，适当减少其他部队及精建预备役部队。

（二）积极研制和发展高技术武器装备，加强军队现代化建设

积极研制和发展高技术武器装备，加强军队现代化建设，是信息化条件下军队打赢局部战争的关键。西方国家认为战争的胜利主要取决于先进技术，技术优势是赖以抵消对手兵力并减少自身伤亡的重要因素。保持技术优势，发展高技术装备，在军事领域发挥高科技的作用，一直是西方国家追求的目标。美国和西欧各国大力发展新兴"技术群"，从电子、空间、聚能、生物工程、海洋工程、新型材料等技术领域选准主突方向，攻下难关，占领优势。他们认为争夺军事技术优势是战斗力的前提。西方国家大力应用新兴技术于军事领域，重点建设监视、捕获、跟踪、火控、精确制导、C^4ISR 等系统，研制和发展高技术的常规武器装备，完善武器装备的成龙配套，以形成最大的战斗力。美军认为训练有素的人员、强大的战术空中力量、先进的通信系统、天基侦察系统和其他先进的武器装备是美国在未来战争中赢得胜利的重要手段。我们虽然不像西方国家那样，认为技术、武器装备决定战争的胜负，但也必须看到夺取信息化条件下的战争胜利，武器装备的作用越来越大了，成为至关重要的因素了。发展先进的武器装备，加强军队的现代化建设已成为我军打赢未来信息战争的关键性条件。

军队和国防现代化是我国社会主义现代化的一个重要方面，关系到国家安全的大局。世界现在并不太平，霸权主义到处惹事，中国如果不搞国防现代化，连自卫力量都没有，日子就不好过，要受人家欺负。像中国这样一个社会主义国家，离开军队和国防的现代化，就不足以成为对国际事务有重要影响的大国之一，就不足以显示社会主义制度的优越性，就不足以振奋民族自尊心、自信心。因此，我们必须在国民经济不断发展的基础上，合理确定国防投入比例，相应改善武器装备，加速国防现代化建设。

（三）强化信息化条件下的军事训练，提高军队的战斗力

重视军事训练是提高军队在信息化战争中的作战能力所需。在军事技术装备日新月异，现代化程度日益提高的情况下，强化军事训练是使军队适应信息化条件下战争的重要举措。邓小平强调在新时期要把教育训练提高到战略地位。他指出，进行现代化战争，需要掌握多方面的知识和能力，天上、地下、陆上、水下，包括通信联络，都要懂得。在战争年代，人民解放军主要是从战争中学习战争，那是最过硬的学习；在和平时期，就要从教育训练着手来提高干部战士的素质，提高军队战斗力。把教育训练提高到战略地位这一方针具体化，需要从两个方面去做。一方面是部队本身要提倡苦学苦练。另一方面是通过办学校来解决干部教育训练问题。

在现代条件下，各国都极端注重军事训练在军队建设中的地位和作用。美军强调军事训练"对战斗力和战备具有生死攸关的意义"，"是新式武器发挥最大威力的先决条件"，是提高战备水平和推进军队现代化的关键。美军把军队高强度的训练作为建军方针的重要内容。德国也认为，军事训练是武装力量平时最重要的任务。西方各国军队都强调按照现代战争的要求训练部队，大多把训练区分为院校训练、部队训练、预备役训练、军外训练若干体系，既独立又衔接，形成完整的训练体系，着重提高部队的初战能力，快速反应能力，协同作战能力，持续作战能力，以及使用化学武器报复的能力。并强调精神教育和军人品德教育，强化心理训练和体能训练。全面提高官兵的体力、心理承受力，以适应信息化战争的需要。西方国家军事训练的一些好经验和好做法是值得我们借鉴的。

（四）加强信息化条件下军事指挥人才的培养，确保全面合格

军队人才的培养事关军队建设，能否打赢信息化条件下战争的大局。江泽民指出，培养大批高素质新型军事人才是中国特色的军事变革的重要内容，也是推进这一变革的重要保证。必须下大气力抓好人才战略工程，重点抓好中高级指挥军官队伍、参谋队伍、科学家队伍、技术专家队伍和士官队伍……我们要大兴学习之风，在全军部队形成一个学习科学理论和现代科学文化知识的热潮，为我军现代化建设和军事斗争准备提供强大的人才和智力支持。要推进中国特色的军事变革，最根本、最突出、最紧迫的就是人才的培养。我军指挥人才培养应在以下几个方面下功夫：

1. 大力强化军事指挥人才政治素质

政治素质是军事指挥人才的关键性素质。它决定军事指挥人才的发展方向和内在动力。政治素质越高，军事指挥人才为党为国家为人民献身和工作的内在动力就越强。人民解放军始终不渝地坚持人民军队的性质，即军队是党的军队、国家的军队、人民的军队。这个性质决定了首先着力培养忠于党、忠于国家、忠于人民、忠于社会主义的军事人才。我们的军事指挥人才不管在任何情况下必须清醒地明白：军队始终是党领导的，党要管军队。军队要听党的话，任何时候都不能打自己的旗帜，不能搞小圈子。要坚持党领导军队的各项制度，尤其是通过中央军委来实现党的绝对领导，讲政治纪律，发扬我军的优良传统，发扬革命和拼命精神，大公无私，先人后己，坚持革命乐观主义、排除万难去争取胜利的精神。个人必须服从组织，少数必须服从多数，下级必须服从上级，全党必须服从中央。在中共中央、中央军委的领导下，把军队建设得更好，为捍卫国家的独立和主权，捍卫国家的社会主义事业，捍卫党的路线、方针、政策，为完成和平统一祖国大业，做出更多更大的贡献。

2. 注重培养具有现代知识的复合型军事指挥人才

培养具有现代知识的复合型军事指挥人才，是由当今科学技术的发展和打赢信息化条件下战争的需要而决定的。江泽民说："当今世界，科学技术发展突飞猛进，军事领域也在发生深刻变革。在未来的信息化战场上，知识将成为战斗力的主导因素，敌对双方的较量将更突出地表现为高素质人才的较量。"当今科学技术的发展，改变了战争的形态和样式。未来战争将是以信息技术为核心的高新技术的战争，高新技术武器装备种类多、性能复杂、技术含量高，一体化联合作战在"五维"空间进行，硬软打击兼施，新的作战方式方法层出不穷。这些变化，使军事指挥人才需要复合的新知识结构。现代条件下虽然对军事指挥人才"专"的要求更高了，但这种"专"是在军事人才具有广泛知识基础上的"专"，培养军事指挥人才现在朝着综合性、复合性的方向发展，要培养既懂政治又懂军事，既懂指挥管理又懂专业技术的复合型人才，真正做到红与专的统一。必须在全军上下造成尊重知识、尊重人才的空气，必须解放思想，破除陈规陋习，在人才培养和使用上开拓出一条新路来，促使拔尖人才脱颖而出。

3. 着力培养具有高超驾驭能力的军事指挥人才

现代指挥作战不同于以往。邓小平说："现在当个连长，同过去的连长可不一样了。过去的连长，驳壳枪一举，就是'冲啊'！现在连长的知识要求比过去多得多，更不用说连以上的干部了。打起仗来，给你配几辆坦克，配一个炮兵连，还要进行对空联络，你怎么指挥啊？这就要求提高干部的指挥水平。"现在打仗，我们的军官没有现代化战争的知识不行，部队各级干部要努力学习现代化战争知识和其他许多必要的政治文化科技知识，要使自己成为善于驾驭现代战争的能手。要成为这种军事指挥人才，就要加大培养军事指挥人才敏锐的洞察力、科学的判断力、良好的认知力、自主的创新力、高超的驾驭力等。只有这样，才能适应现代战争的变化，才能驾驭信息化条件下的战争。

军事指挥人才的培养，关键是选好干部。要按照革命化、年轻化、知识化、专业化的方针和德才兼备的标准，培养和选拔军事指挥人才。要选用那些认真学习马克思主义，在斗争中经得起考验的人；那些党性强，能团结人，不信邪的人；那些艰苦朴素，实事求是，说老实话，办老实事，做老实人，作风正派的人；那些努力工作，联系群众，关心群众疾苦，有魄力，有实际经验，能够办事的人。总之，必须是真正的共产党员。选拔干部，要坚持公道正派，要注意群众公论，要搞"五湖四海"，反对宗派主义和山头主义。在选人的问题上不能感情用事，要用政治家的风度来处理问题。要逐步制定完善的干部制度，把坚持党管干部的原则同干部工作走群众路线紧密结合起来，用制度解决选人、用人、管人问题。只有按正确的思想、作风和方法，选准了干部，才能培养出有理想、有道德、有文化、有纪律，不怕艰难困苦、不怕流血牺牲新一代的军事指挥人才，才能使军事指挥人才成为适应信息化条件下战争的有用之材。

四、夯实信息化条件下战争的后备力量

后备力量是国防和军队力量的基础和来源，是国家武装力量的重要组成部分，是维护国家安全和赢得未来战争胜利不可缺少的重要力量。后备力量建设是国防和军队建设中一个不可忽视的重要问题。面对世界新军事变革和我军的跨越式发展，后备力量建设的机遇和挑战更为严峻。

加快后备力量建设势在必行。在信息化条件下后备力量建设不同于冷热兵器时代、机械化战争时代。在信息化条件下，要充分利用新军事革命的成果，将信息化带来的新观念、新技术、新方式方法融入、嵌入后备力量的建设之中，加快后备力量的信息化建设，构建一支结构优化、布局合理、编制科学、规模适度、科技密集、素质优良、指挥灵便、可靠管用、具备快速动员、遂行各种保障能力和适应信息化战争的新型后备力量。只有这样，才能满足信息化条件下战争动员的需要。

搞好常备军与后备力量的结合是建设强大国防的必由之路。我国虽然并不是战争迫在眉睫，但维护国家权益、实现祖国统一任务艰巨。因此，我们要按照实行"三结合"武装力量体制的要求，既要大力加强常备军的革命化、现代化、正规化建设，又要高度重视后备力量建设。在后备力量建设上，应遵循质量为主、合理够用的原则，加大质量建设的力度，压缩数量规模，加强高新技术军兵种的后备力量建设，以适应信息化条件下战争的需要。

完善后备力量动员体制是发挥国防潜力的关键。战事未起，动员先行，这是战争进行的基本程序。快速、高效地实行战争动员，将战争潜力迅速转变为战争实力，是赢得战争主动权的关键所在。江泽民指出，国防动员建设这些年有很大进展，但也还要在体制和机制上认真解决好战争潜力的动员问题，提高快速动员能力。总之，我们要尽快建立起一个结构合理、功能齐全、反应迅速，能够充分发挥诸军兵种联合作战效能和国家战争潜力的现代作战体系。信息化条件下的战争节奏

快、持续时间短、作战空间多维，后备力量动员复杂，需要完善的国防动员体制，只有将信息化条件下的科技型的、"一体化"的后备力量由"粗放型"向"精确型"快速、灵活地动员、投入到战场，才能为赢得战争胜利提供有力的保障。

思 考 题

1. 为什么把科索沃战争看成是信息化战争进入成熟期的开端？
2. 参加信息化战争作战行动的武装力量主要包括哪些？
3. 信息化战争的基本作战样式有哪些？
4. 信息化战争有哪些主要特征？
5. 信息化条件下维护国防安全的思路是什么？
6. 信息化条件下，我军建设应着力关注哪些问题？

 第六章　条令条例教育与训练

条令条例是党和国家军事统帅机关制定和发布的、用简明条文规定军队和军人的行动准则，是规定和维护军队战斗、训练、执行勤务和日常生活秩序的军事法规，是军队维护高度稳定和集中统一的有力手段，是加强军队现代化、正规化建设的重要保障。条令条例分为作战条令条例、专项条令条例和共同条令。共同条令是全军的各级组织和全体官兵都必须遵守执行的行为准则，主要包括：《内务条令》、《纪律条令》和《队列条令》。

第一节　《内务条令》教育

军队内务是指军队内部为维护良好的内部关系和建立正规秩序而进行的行政工作和日常勤务。内务条令是关于军队内务的法律规范。

一、《内务条令》的作用

《内务条令》对于严格规范军人的行为，建立良好的内外关系和正规的秩序，巩固军队内部的团结统一，提高军队的战斗力，保证军队的正常运转和圆满完成作战及其他各项任务，具有十分重要的作用。

二、《内务条令》的产生和发展

中国人民解放军在不同的历史发展时期，都十分重视军队内务制度的建设。早在土地革命战争时期，有的革命根据地红军部队就曾经制定过内务条例或内务规则。1936年8月，中央革命军事委员会第一次统一制定和颁发了《中国工农红军内务条例草案》。1942年，中央革命军事委员会根据抗日战争的特点和部队的管理情况，修改和重新发布了《内务条令》和《内务制度》。新中国成立以后，为适应军队革命化、现代化、正规化建设的需要，于1950年重新修订了《内务条令》。此后，又分别于1953年、1957年、1963年、1975年、1984年、1990年、1997年，多次重新修改和制定内务条令。现行的《内务条令》是2002年3月发布施行的。在国家和军队的改革不断深入的情况下，针对军队内务建设中出现的一些新问题，这部《内务条令》对原《内务条令》中部分内容进行了修订。

三、《内务条令》的主要内容

现行的《内务条令》共分21章326条和10个附录。分为总则，军人宣誓，军人职责，内部关系，礼节，军容风纪，对外交往，作息，日常制度，值班，警卫，零散人员管理，日常战备和紧急集合，装备日常管理，财务和伙食、农副业生产管理，卫生，营区、营产管理，野营管理，安全工作，国旗、军旗、军徽的使用和国歌、军歌的奏唱，附则。其主要内容有：

（一）中国人民解放军的性质、担负的任务和宗旨

中国人民解放军是中国共产党缔造和领导的，用马克思列宁主义、毛泽东思想和邓小平理论武装起来的人民军队，是中华人民共和国的武装力量，是人民民主专政的坚强柱石，担负着巩固国防，抵抗侵略，保卫祖国，保卫人民的和平劳动，参加国家建设事业的任务。中国人民解放军的宗旨是全心全意为人民服务。

（二）内务建设的指导思想、基本任务和原则

全军的内务建设必须以毛泽东军事思想和邓小平新时期军队建设思想为指导，贯彻新时期军事战略方针和政治合格、军事过硬、作风优良、纪律严明、保障有力的总要求，努力建设一支强大的现代化、正规化革命军队。内务建设是军队进行各项建设的基础，是巩固和提高军队战斗力的重要保障。其基本任务是：使每个军人明确和认真履行职责，维护军队良好的内外关系，建立正规的战备、训练、工作、生活秩序，培养优良的作风和严格的纪律，保证军队圆满完成任务。

内务建设的原则：一是必须坚持人民军队性质；二是必须坚持以提高战斗力为根本标准；三是必须坚持政治工作的生命线地位；四是必须坚持依法治军、从严治军；五是必须坚持继承和发扬优良传统。

（三）军人职责和军人宣誓

《内务条令》对士兵、军官和首长的一般职责作了明确规定，对军人在战斗、执勤、训练和工作中的各自岗位上应承担的责任和行为标准作了严格的规范。《内务条令》对军人宣誓和军人誓词作了明文规定，要求每个军人必须服从中国共产党的领导，全心全意为人民服务，服从命令，严守纪律，英勇战斗，不怕牺牲，忠于职守，努力工作，苦练杀敌本领，坚决完成任务，在任何情况下，决不背叛祖国，决不叛离军队。

（四）军队内部关系

《内务条令》对军人相互关系、官兵关系、机关相互关系、部队（分队）相互关系都作了具体的规定。条令明确规定：中国人民解放军军人，不论职位高低，在政治上一律平等，相互间是同志关系。强调官兵关系是军队内部关系的基础。中国人民解放军军官、文职干部和士兵，必须按照官兵一致的原则，互相尊重，互相爱护，互相帮助，同心协力地完成任务。

211

（五）军人的着装、仪容、举止

条令规定军人必须按照规定着军服，保持军容严整。军人的仪容应当整洁。男军人不得留长发和胡须；不得文身。军人必须举止端正，谈吐文明，精神振作，姿态良好。军人外出，必须遵守公共秩序和交通规则，遵守社会公德，自觉维护军队的声誉。条令还规定军人不得参加宗教、迷信活动；不得涉足地方一些不健康的娱乐场所等。

第二节 《纪律条令》教育

军队纪律是由军队统帅机关制定的，是全体军人必须遵守的行动规则。《纪律条令》规定了军队纪律的具体内容，同时对模范执行纪律和违犯纪律的行为，作出了奖励和处分的具体规定。

一、《纪律条令》的作用

《纪律条令》是中国人民解放军关于军队纪律的军事法规，是全体军人的行为准则，是军队维护纪律和实施奖惩的基本依据，是维护军队高度集中统一的强有力武器。《纪律条令》对提高部队战斗力，促进军队革命化、现代化、正规化建设，具有十分重要的保障作用。

二、《纪律条令》的产生和发展

我军的《纪律条令》是在长期的军事斗争和军队建设实践中逐步形成和完善的。建军初期，毛泽东同志就亲自规定了《三大纪律六项注意》，不久又修改为《三大纪律八项注意》。1930 年 10 月，红军领导机关颁布了第一部纪律条令，即《中国工农红军纪律条例草案》。此后，于 1933 年红军领导机关又制定和颁布了《工农红军纪律暂行条令》。1935 年 9 月，红军长征途中，为了严肃军纪，巩固和提高战斗力，制定了《奖惩条例》。抗战期间，又先后于 1939 年 5 月、1942 年 12 月、1943 年 10 月进行了三次修订，分别称做《纪律条例》、《军队纪律条令》和《纪律条令》。这几部纪律条令的颁发施行，对军队严明纪律、严明奖惩、保证作战任务的完成，发挥了重要的作用。

新中国成立以后，为适应军队现代化、正规化建设的需要，中国人民解放军于 1951 年、1953 年、1957 年、1964 年、1975 年、1984 年、1990 年和 1997 年八次重新制定纪律条令。2002 年 3 月，在国家和军队的兵役制度、士官制度和军队体制编制有较大调整改革的情况下，针对军队纪律建设中出现的一些新问题，对《纪律条令》中的部分内容进行了修订。

三、《纪律条令》的主要内容

现行的《纪律条令》共有7章96条和7个附录。分为总则、奖励、处分、特殊措施、控告和申诉、首长责任和纪律监察、附则。其主要内容有:

（一）中国人民解放军纪律的基本内容和基本要求

中国人民解放军纪律的基本内容包括:执行中国共产党的路线、方针、政策;遵守国家的宪法、法律、法规;执行军队的条令、条例和规章制度;执行上级的命令和指示;执行三大纪律八项注意。中国人民解放军纪律的基本要求,是每个军人必须做到的。即:听从指挥,令行禁止;严守岗位,履行职责;尊干爱兵,团结友爱;军容严整,举止端正;提高警惕,保守秘密;爱护武器装备和公物;廉洁奉公,不谋私利;拥政爱民,保护群众利益;遵守社会公德,讲究文明礼貌;缴获归公,不虐待俘虏。

（二）中国人民解放军纪律的性质

中国人民解放军的纪律,是建立在政治自觉基础上的严格的纪律,是军队战斗力的重要因素,是坚持人民军队性质、宗旨,团结自己,战胜敌人和完成一切任务的保证。

（三）维护和巩固纪律的措施

维护和巩固纪律,主要依靠经常性的理想、道德和纪律教育,依靠经常性的严格管理,依靠各级首长的模范作用和群众监督,使官兵养成高度的组织性、纪律性。奖励和处分是维护纪律的重要手段。对遵守和维护纪律表现突出的,应当依照《纪律条令》给予奖励;对违反和破坏纪律的,应当依照《纪律条令》给予处分。军人在任何情况下,都必须严格遵守和自觉维护纪律。本人违反纪律被他人制止时,应当立即改正;发现其他军人违反纪律时,应当主动规劝和制止;发现他人有违法行为时,应当挺身而出,采取合法的手段坚决制止。

（四）奖励

奖励的目的在于维护纪律,鼓励先进,调动官兵的积极性、创造性,发扬爱国主义、共产主义和革命英雄主义精神,保证作战、训练和其他各项任务的完成。奖励应当坚持的原则:一是严格标准,按绩施奖;二是发扬民主,贯彻群众路线;三是以精神奖励为主,物质奖励为辅。对个人和单位奖励的项目有:嘉奖、三等功、二等功、一等功和荣誉称号。实施奖励必须根据个人和单位在执行任务中的客观表现、先进事迹、作用和影响的大小,全面衡量,依据《纪律条令》的规定,给予及时、准确的奖励。

（五）处分

处分的目的在于严明纪律,教育违纪者和部队,加强集中统一,巩固和提高战斗力。实施处分应当坚持的原则:一是依据事实,惩戒恰当;二是惩前毖后,治病

第六章　条令条例教育与训练

救人；三是纪律面前人人平等。对士兵处分的项目包括：警告、严重警告、记过、记大过、降职或降衔（衔级工资档次）、撤职或者取消士官资格、除名和开除军籍。处分应当根据违纪者所犯错误的事实、性质、情节以及影响，本人一贯表现和对错误的认识等情况，按照《纪律条令》规定的处分项目、条件和程序，慎重实施。对于一人同时犯有两种以上违纪行为的，应当合并处理，加重给予处分；对一次处理的一种或多种违纪行为，只能给予一次处分。

第三节　《队列条令》教育

队列，从广义上讲，泛指排列成行的队伍；从狭义上讲，特指军队进行集体活动时按一定的顺序列队的组织形式。《队列条令》是军队关于队列训练和队列生活的行为规范。

一、《队列条令》的作用

《队列条令》是军队关于队列动作、队列队形和队列指挥的军事法规，是军队队列训练和队列生活的基本依据，也是全体军人必须遵守的行为准则。制定和实施《队列条令》对于规范全体军人的队列行为、队列生活，保持军队高度集中统一和整齐划一，具有突出的作用；依据队列条令，加强队列训练，对培养军人过硬的作风和严格的组织纪律，加强军队正规化建设，巩固提高军队战斗力，都具有十分重要的作用。

二、《队列条令》的产生和发展

早在革命战争时期，我军就曾经制定过有关队列训练的规定。1951 年，中国人民解放军制定了第一部《队列条令》（草案）。1953 年 8 月，对其进行了修改。1958 年 10 月，经过进一步修改补充，将《队列条令》正式颁布施行。此后，随着军队建设的发展，从 1964 年至 1997 年，又先后对《队列条令》进行了四次重新制定和颁布。

三、《队列条令》的基本内容

《队列条令》共分 9 章 65 条和 5 个附录。包括：总则，队列指挥，队列队形，队列动作，分队乘坐汽车，敬礼，国旗的掌持、升降和军旗的掌持、授予与迎送，阅兵，附则。

（一）队列动作训练

1. 单个军人的队列动作

单个军人队列动作是部队训练、队列生活和执行日常勤务的基本动作，是加强部队作风纪律养成，提高部队战斗力的必要形式。其主要内容包括：立正、跨立、稍息、停止间转法、行进、立定、步法变换、行进间转法、坐下、蹲下、起立等。

（1）立正。立正是军人的基本姿势，是队列动作的基础。军人在宣誓、接受命令、进见首长和向首长报告、回答首长问话、升降国旗和军旗、奏国歌和军歌等庄严的时机和场合，均应当自行立正。

口令：立正。要领：两脚跟靠拢并齐，两脚尖向外分开约 60 度；两腿挺直；小腹微收，自然挺胸；上体正直，微向前倾；两肩要平，稍向后张；两臂下垂自然伸直，手指并拢自然微曲，拇指尖贴于食指第二关节，中指贴于裤缝；头要正，颈要直，口要闭，下颌微收，两眼向前平视（图 6-1）。

（2）跨立。跨立主要是用于军体操、执勤和舰艇上分区列队等场合。可以与立正互换。

口令：跨立。要领：左脚向左跨出约一脚之长，两腿挺直，上体保持立正姿势，身体重心落于两脚之间。两手后背，左手握右手腕，拇指根部与外腰带下沿（内腰带上沿）同高；右手手指并拢自然弯曲，手心向后（图 6-2）。

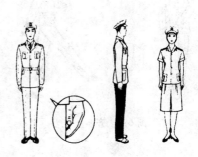

图 6-1　立正姿势

（3）稍息。口令：稍息。要领：左脚顺脚尖方向伸出约全脚的三分之二，两腿自然伸直，上体保持立正姿势，身体重心大部落于右脚。稍息过久，可以自行换脚。

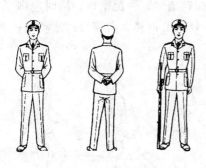

图 6-2　跨立姿势

（4）停止间转法。停止间转法包括：向右（左）转、半面向右（左）转和向后转。

向右（左）转。口令：向右（左）——转。要领：以右（左）脚跟为轴，右（左）脚跟和左（右）脚掌前部同时用力，使身体协调一致向右（左）转 90 度，身体重心落在右（左）脚，左（右）脚取捷径迅速靠拢右（左）脚，成立正姿势。转动和靠脚时，两腿挺直，上体保持立正姿势。

半面向右（左）转，按照向右（左）转的要领转 45 度。

向后转。口令：向后——转。要领：按照向右转的要领向右转 180 度。

（5）行进。行进的基本步法分为齐步、正步和跑步，辅助步法分为便步、踏步和移步。

齐步。齐步是军人行进的常用步法。口令：齐步——走。要领：左脚向正前方

215

迈出约75厘米，按照先脚跟后脚掌的顺序着地，同时身体重心前移，右脚照此法动作；上体正直，微向前倾；手指轻轻握拢，拇指贴于食指第二节；两臂前后自然摆动，向前摆臂时，肘部弯曲，小臂自然向里合，手心向内稍向下，拇指根部对正衣扣线，并与最下方衣扣同高（着夏季作训服时，与第四衣扣同高；着冬季作训服时，与第五衣扣同高），离身体约25厘米；向后摆臂时，手臂自然伸直，手腕前侧距裤缝约30厘米。行进速度每分钟116～122步（图6-3）。

图6-3　齐步、正步

正步。正步主要用于分列式和其他礼节性场合。口令：正步——走。要领：左脚向正前方踢出约75厘米（腿要绷直，脚尖下压，脚掌与地面平行，离地面约25厘米），适当用力使全脚掌着地，同时身体重心前移，右脚照此法动作；上体正直，微向前倾；手指轻轻握拢，拇指伸直贴于食指第二节；向前摆臂时，肘部弯曲，小臂略成水平，手心向内稍向下，手腕下沿摆到高于最下方衣扣约10厘米处（着夏季作训服时，约与第三衣扣同高；着冬季作训服时，约与第四衣扣同高），离身体约10厘米；向后摆臂时（左手心向右，右手心向左），手腕前侧距裤缝线约30厘米。行进速度每分钟110～116步。

跑步。跑步主要用于快速行进。口令：跑步——走。要领：听到预令，两手迅速握拳（四指蜷握，拇指贴于食指第一关节和中指第二节），提到腰际，约与腰带同高，拳心向内，肘部稍向里合。听到动令，上体微向前倾，两腿微弯，同时左脚利用右脚的蹬力跃出约85厘米，前脚掌先着地，身体重心前移，右脚照此法动作；两臂前后自然摆动，向前摆臂时，大臂略直，肘部贴于腰际，小臂略平，稍向里合，两拳内侧各距衣扣线约5厘米；向后摆臂时，拳贴于腰际。行进速度每分钟170～180步（图6-4）。

踏步。踏步用于调整步伐和整齐。停止间口令：踏步——走。行进间口令：踏步。要领：两脚在原地上下起落（抬起时，脚尖自然下垂，离地面约15厘米；落下时，前脚掌先着地），上体保持正直，两臂按照齐步或者跑步摆臂的要领摆动。

图6-4　跑步、踏步

便步。便步用于行军、操练后恢复体力及其他场合。口令：便步——走。要领：用适当的步速、步幅行进，两臂自然摆动，上体保持良好姿态。

移步。移步用于调整队列位置。分别有：右（左）跨步、向前和后退的移步。右（左）跨步口令：右（左）跨×步——走。要领：上体保持正直，每跨1步并脚一次，其步幅约与肩同宽，跨到指定步数停止。向前和后退口令：向前×步——走；后退×步——走。要领：向前移步时，应当按照单数步要领进行（双数步变为单数步）。向前1步时，用正步，不摆臂；向前3、5步时，按照齐步走的要领进行。向后退时，从左脚开始，每退1步靠脚一次，不摆臂，退到指定步数停止。

（6）立定。口令：立——定。要领：齐步和正步时，听到口令，左脚再向前大半步着地（脚尖向外约30度），两腿挺直，右脚取捷径迅速靠拢左脚，成立正姿势。跑步时，听到口令，再跑2步，然后左脚向前大半步（两拳收于腰际，停止摆动）着地，右脚靠拢左脚，同时将手放下，成立正姿势。踏步时，听到口令，左脚踏1步，右脚靠拢左脚，原地成立正姿势（跑步的踏步，听到口令，继续踏两步，再按照上述要领进行）。

（7）步法变换。步法变换均从左脚开始。齐步、正步互换，听到口令，右脚继续走1步，即换正步或齐步行进。齐步换跑步，听到口令，两手迅速握拳提到腰际，两臂前后自然摆动；听到动令，即换跑步行进。齐步换踏步，听到口令，即换踏步。跑步换齐步，听到口令，继续跑2步，然后换齐步行进。跑步换踏步，听到口令继续跑2步，然后换踏步。踏步换齐步或者跑步，听到"前进"的口令，继续踏2步，再换齐步或者跑步行进。

（8）行进间转法。行进间转法主要有：齐步、跑步向右（左）转和半面向右（左）转，齐步、跑步向后转。

齐步、跑步向右（左）转和半面向右（左）转。齐步、跑步向右（左）转口令：向右（左）转——走。要领：左（右）脚向前半步（跑步时，继续跑2步，再向前半步），脚尖向右（左）约45度，身体向右（左）转90度时，左（右）脚不转动，同时出右（左）脚按照原步法向新方向行进。

半面向右（左）转走，按照向右（左）转走的要领转45度。

齐步、跑步向后转。齐步、跑步向后转口令：向后转——走。要领：左脚向右脚前迈出约半步（跑步时，继续跑2步，再向前半步，脚尖向右约45度，以两脚的前脚掌为轴，向后转180度，出左脚按照原步法向新方向行进。转动时，保持行进时的节奏，两臂自然摆动，不得外张；两腿自然挺直，上体保持正直。

（9）坐下、蹲下、起立。

坐下口令：坐下。要领：左小腿在右小腿后交叉，迅速坐下（坐凳子时，听到口令，左脚向左分开约一脚之长），手指自然并拢放在两膝上，上体保持正直。

蹲下口令：蹲下。要领：右脚后退半步前脚掌着地，臀部坐在右脚跟上（膝盖不着地），两腿分开约60度，手指自然并拢放在两膝上，上体保持正直。蹲下过久可以自行换脚（图6-5）。

图 6-5　蹲下时的姿势

起立口令：起立。要领：全身协力迅速起立，成立正姿势。

（10）脱帽、戴帽。

脱帽口令：脱帽。要领：双手捏帽檐或者帽前端两侧，将帽取下，取捷径置于左小臂，帽徽向前，掌心向上，四指扶帽檐或者帽墙前端中央处，小臂略成水平，右手放下（图6-6）。

戴帽口令：

戴帽。要领：双手捏帽檐或者帽前端两侧，取捷径将帽迅速戴正。

需夹帽时，将帽夹于左腋下，左手握帽墙，帽徽向前，帽顶向左。

（11）整理着装。整理着装通常在立正的基础上进行。

整理着装口令：整理着装。要领：双手从帽子开始，自上而下，将着装整理好。必要时，也

图 6-6　徒手脱帽姿势

可以相互整理。整理完毕，自行稍息。听到"停"的口令，恢复立正姿势。

2. 敬礼

敬礼分为举手礼、注目礼和举枪礼。

（1）敬礼、礼毕。

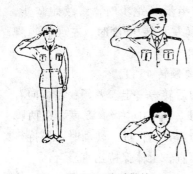

图 6-7　徒手敬礼

举手礼口令：敬礼。要领：上体正直，右手取捷径迅速抬起，五指并拢自然伸直，中指微接帽檐右角前约2厘米处（戴无檐帽或者不戴军帽时微接太阳穴，与眉同高），手心向下，微向外张（约20度），手腕不得弯曲，右大臂略平，与两肩略成一线，同时注视受礼者（图6-7）。

注目礼要领：面向受礼者成立正姿势，同时注视受礼者，并目迎目送（右、左转头角度不超过45度）。

礼毕口令：礼毕。要领：行举手礼者，将手放下；行注目礼者，将头转正，成立正姿势。

单个军人敬礼的时候，应距受礼者5~7步处，行举手礼或者注目礼。停止间徒手敬礼时，应当面向受礼者立正，行举手礼，待受礼者还礼后礼毕；行进间（跑步换齐步），转头向受礼者行举手礼（手不随头转动），并继续行进，左臂仍自然摆动，待受礼者还礼后礼毕。

（2）分队、部队敬礼。

停止间敬礼。要领：当首长进到距本分（部）队适当距离时，指挥员下达"立正"的口令，跑步到首长前5～7步处敬礼。待首长还礼后礼毕，再向首长报告。例如："团长同志，步兵第×连正在进行队列训练，全连应到×××名，实到×××名，请指示，连长×××"。报告完毕，待首长指示后，答"是"，再敬礼。待首长还礼后礼毕，尔后跑步回到原来位置，下达"稍息"口令或者继续进行操练。

行进间敬礼。要领：由带队指挥员按照单个军人行进间敬礼的规定实施，队列人员按照原步法行进（图6-8）。

图6-8 行进间徒手敬礼

（二）分队队列动作训练

1. 队列队形

队列队形包括基本队形、列队间距、班、排、连等分队或部队的队形。基本队形分为：横队、纵队、并列纵队。需要时可调整为其他队形。队列人员之间的间隔（两肘之间）通常为10厘米，前后列距离约为75厘米。需要时可以调整队列之间的间隔和距离。班、排、连等分队、部队的队形，均可依基本队形列成横队、纵队或并列纵队。

2. 分队队列基本动作

分队队列基本动作包括：集合与离散、整齐与报数、出列与入列、行进与停止、队形变换和方向变换等。

（1）集合、离散。集合是使单个军人、分队、部队按照规范队形聚集起来的一种队列动作。

集合时，指挥员应当先发出预告或者信号，如"全连（或者×排）注意"，然后，站在预定队形的中央前，面向预定队形成立正姿势，下达"成××队——集合"的口令。所属人员听到预告或者信号，原地面向指挥员成立正姿势；听到口令，跑步到指定位置面向指挥员集合（在指挥员后侧的人员，应当从指挥员右侧绕过），自行立正、看齐，成立正姿势。

离散是使列队的单个军人、分队、部队各自离开原队列位置的一种队列动作。离散分为离开和解散两种方式。离开时，由指挥员下达口令"各连（排、班）带开（带回）"。队列中的各连（排、班）指挥员带领本连（排、班）迅速离开原列队位置。解散时，由指挥员下达口令"解散"。队列人员迅速离开原列队位置。

（2）整齐、报数。整齐、报数是调整队列队形、清点人数时使用的队列动作。

整齐是使列队人员按照规定的间隔、距离，保持行列齐整的一种队列动作。整

219

齐分为向右（左）看齐、向中看齐和向前对正（一路纵队时）。向右（左）看齐时，由指挥员下达口令"向右（左）看——齐"。队列人员除基准兵不动外，其他人员迅速向右（左）转头，眼睛看右（左）邻士兵腮部，以通视到右（左）边第三人为度。后列人员，先向前对正，后向右看齐。听到指挥员下达"向前——看"的口令后，迅速将头转正，恢复立正姿势。向中看齐时，由指挥员下达口令"以×××为准，向中看——齐"。基准兵答"到"，同时左手握拳高举，大臂前伸与肩略平，小臂垂直举起，拳心向右。其他人员按照向左（右）看齐的要领实施。听到"向前——看"的口令后，基准兵迅速将手放下，其他人员迅速将头转正，恢复立正姿势。

报数是使队列人员依次报出在队列中的序数的队列动作。通常用于清点队列人数或班的队形变换等时机。报数时，横队从右至左依次以短促洪亮的声音转头、报数，最后一名不转头。数列横队时，后列最后一名报"满伍"或者"缺×名"。

（3）出列、入列。单个军人和分队出、入列，通常用跑步（5步以内用齐步，1步用正步），或者按照指挥员指定的步法执行；然后，进到指挥员右前侧适当位置或者指定位置，面向指挥员成立正姿势。

（4）行进、停止。横队和并列纵队行进以右翼为基准，纵队行进以左翼为基准（1路纵队行进，以先头为基准）。行进的步法与单兵行进的基本步法相同。

行进时，指挥员应当下达"×步——走"的口令。听到口令，基准兵向正前方前进，其他人员向基准翼标齐，保持规定的间隔、距离行进。纵队行进时，排、连通常成三路纵队，也可以成一、二路纵队。行进中，需要时，用"一二一"（调整步法的口令）、"一二三四"（呼号）或者唱队列歌曲，以保持步伐的整齐和振奋士气。

停止时，指挥员应当下达"立——定"的口令。听到口令，按照立定的要领实施，分队的动作要整齐一致。停止后，听到"稍息"的口令，先自行对正、看齐，再稍息。

（5）队形变换。队形变换是由一种队形变为另一种队形的队列动作。队形变换有两种方式：一是横队变纵队；二是纵队变横队。变换的时机分为停止间和行进间队形变换。停止间，按照单个军人向右（左）转的要领实施。行进间，按照单个军人向右（左）转走的要领实施。分队动作要整齐一致。队形变换后，排以上指挥员应当进到规定的队列位置。

（6）方向变换。方向变换是改变队列面对或前进的方向的一种队列动作。队列的方向变换分为停止间和行进间两种方式。

停止间的方向变换，通常是以左（右）转弯或者左（右）后转弯的方式调整队列的方向，必要时可以向后转。指挥员下达"左（右）转弯，齐（跑）步——走"或者"左（右）后转弯，齐（跑）步——走"的口令。

行进间的方向变换，通常是以左（右）转弯或者左（右）后转弯的方式改变队列行进方向。指挥员下达"左（右）转弯——走"或者"左（右）后转弯——走"的口令。

要领：一列横队方向变换时轴翼士兵踏步，并逐渐向左（右）转动；外翼第一名士兵用大步行进并同相邻士兵动作协调，逐步变换方向（愈接近轴翼者，其步幅愈小），其他士兵用眼睛的余光向外翼取齐，并保持规定的间隔和排面整齐，转到 90 度或者 180 度时踏步并取齐，听口令前进或者停止。数列横队和并列纵队方向变换时，第一列轴翼士兵停止间用踏步、行进间用小步，外翼士兵用大步行进，保持排面整齐，边行进边变换方向，转到 90 度或者 180 度后，听口令前进或者停止；后续各列按照上述要领，保持间隔、距离，取捷径进到前一列转弯处，转向新方向跟进。一路纵队方向变换时，基准兵在左（右）转弯时，按照单个军人行进间转法（停止间，左转弯走时，左脚先向前一步）的要领实施，在左（右）后转弯时，用小步边行进边变换方向，转到 90 度或者 180 度后，照直前进；其他人员逐次进到基准兵的转弯处，转向新方向跟进。

（三）阅兵

阅兵的形式分为：阅兵式和分列式。通常进行两项，根据需要也可以只进行一项。团以上部队的阅兵程序主要包括：迎军旗、阅兵式、分列式、阅兵首长讲话和送军旗。

1. 迎军旗

阅兵指挥员下达"立正"、"迎军旗"的口令，听到口令后，掌旗员（扛旗）、护旗兵齐步行进。当由正前或者左前方向本团右翼进至距队列 40～50 步时，阅兵指挥员下达"向军旗——敬礼——"的口令，听到口令后，位于指挥位置的军官行举手礼，其余人员行注目礼；掌旗员（由扛旗换端旗）、护旗兵换正步，取捷径向本团右翼排头行进，当超过团机关队形时，指挥员下达"礼毕"口令，部队礼毕；掌旗员（由端旗换扛旗）、护旗兵换齐步。军旗进至团指挥员右侧 3 步处时，左后转弯立定，成立正姿势。

2. 阅兵式

阅兵首长在阅兵台就位后，阅兵指挥在队列中央前下达"立正"的口令，随后跑到距阅兵首长 5～7 步处敬礼，待阅兵首长还礼后礼毕并报告。例如："××同志，部队整队完毕，请您检阅，阅兵指挥×××"。报告后，左跨 1 步，向右转，让首长先走，尔后在其右后侧跟随陪阅。

阅兵首长行至距军旗适当位置时应当立正向军旗行举手礼（陪阅人员面向军旗行注目礼）。

当阅兵首长行至方队右前方时，方队的指挥员下达"敬礼"的口令。听到口令后，位于指挥位置的军官行举手礼，其余人员行注目礼，目迎目送首长（左、右转头不超过 45 度）当首长问候："同志们好!"或者"同志们辛苦了!",队列人员应当齐声洪亮地回答："首——长——好!"或者"为——人民——服务!",当首长通过后,指挥员下达"礼毕"的口令,队列人员礼毕。

阅兵首长检阅完毕上检阅台,阅兵指挥跑步到队列中央前,下达"稍息"口令,队列人员稍息。

3. 分列式

分列式队形由阅兵式队形调整变换。分列式的步骤主要包括:标兵就位、调整部队为分列式队形、开始行进、接受首长检阅。

标兵就位。分列式应当设四个标兵。一、二标兵之间和三、四标兵之间的间隔各为 15 米,二、三标兵之间的间隔为 40 米。标兵应当携带 81 式自动步枪或者半自动步枪,并在枪上插标兵旗。分列式开始前阅兵指挥在队列中央前,下达"立正"、"标兵就位"的口令。标兵听到口令,成一路纵队持（托）枪跑步到规定的位置,面向部队成持枪立正姿势。

调整部队为分列式队形。标兵就位后,阅兵指挥下达"分列式,开始"的口令,听到口令后,各受阅方队指挥员分别进到本方队队列中央前,下达"右转弯,齐步——走"的口令,指挥本方队将阅兵队形变换成分列式队形。

开始行进。听到"齐步——走"口令后,各方队指挥员按照方队之间规定的距离,指挥本方队人员前进。

各方队行至第一标兵处,将队列调整好。进至第二标兵处,掌旗员下达"正步——走"的口令,并和护旗兵同时由齐步换正步,扛旗换端旗（掌旗员和护旗兵不转头）。此时,阅兵首长和陪阅人员应当向军旗行举手礼。各方队指挥员下达"向右——看"的口令,队列人员听到口令后（可喊"一、二"）,按照规定换正步（步枪手换端枪）行进,并在左脚着地的同时向右转头（位于指挥位置的军官行举手礼,并向右转头,各列右翼第一名不转头）不超过 45 度,注视阅兵首长。此时,阅兵台最高首长行举手礼,其他人员行注目礼。各方队进到第三标兵处,掌旗员下达"齐步——走"的口令,并与护旗兵由正步换齐步,同时换扛旗;方队指挥员下达"向前——看"的口令,队列人员听到口令后,在左脚着地时礼毕（将头转正）,同时换齐步（步枪手换提枪）行进。各方队通过第四标兵后,换跑步到指定的位置。待最后一个方队通过第四标兵,阅兵指挥下达"标兵,撤回"的口令,标兵按照相反顺序跑步撤至预定位置。

4. 阅兵首长讲话

分列式结束后,阅兵指挥调整好队形,请阅兵首长讲话。首长讲话完毕,阅兵指挥下达"立正"口令,向阅兵首长报告阅兵结束。

5. 送军旗

送军旗是在阅兵首长讲话后或者分列式结束后进行。阅兵指挥员下达"立正"、"送军旗"的口令。听到口令后,掌旗员(成扛旗姿势)、护旗兵按照迎军旗路线的相反方向齐步行进。军旗出列后行至部队右侧前方时,阅兵指挥员下达"向军旗——敬礼"的口令。听到口令后,掌旗员(由扛旗换端旗)、护旗兵换正步,部队按照迎军旗的规定敬礼。当军旗离开距队列正面40~50步时,指挥员下达"礼毕"的口令,部队礼毕;掌旗员(由端旗换扛旗)、护旗兵换齐步,返回原出发位置。

思 考 题

1. 《内务条令》的作用及其主要内容有哪些?
2. 《纪律条令》的作用及其主要内容有哪些?
3. 《队列条令》的作用及其主要内容有哪些?
4. 单个军人的队列动作有哪些?
5. 分队队列动作包括哪些基本内容?

第六章 条令条例教育与训练

 第七章　轻武器射击

第一节　武　器　常　识

一、轻武器简介

（一）轻武器的基本定义

轻武器（Small Arms），通常指枪械及其他由各种单兵或班组携行战斗的武器。主要包括各种枪械，小口径迫击炮、无后坐力炮、便携式反坦克武器和单兵防空导弹。轻武器是现代步兵（轻步兵和装甲步兵）手中的基本武器，是近战中最有效的杀伤手段；轻武器在支援步兵冲击，在压制和摧毁敌人火力点（敌机枪掩体、榴弹发射器或反坦克武器阵地等）方面，有相当大的威慑和打击作用；防御时，在近距离内，轻武器是遏制和粉碎敌下车步兵冲击的主要火力源泉；在特定条件下战斗（丛林、峡谷、城镇等），轻武器能够发挥非常重要的作用；在敌后游击作战中，袭击敌人运输线（特别是它的油料供应系统）、供应基地、前线机场、导弹发射基地、通信联络系统和指挥机关等，轻武器可能是主要的战斗手段；警戒、巡逻、侦察和自卫，必须配装轻武器；在反装甲的梯次火力配系中，步枪等配装的枪榴弹等轻型反装甲手段，有不可忽视的作用；轻武器具有一定的防低空低速空中目标（如伞降兵、直升机和低空飞机等）的作用。

（二）几种常用枪械介绍

1. 半自动步枪

半自动步枪是步兵分队在近战中歼灭敌人有生力量的主要武器之一。

我国生产的 1956 年式半自动步枪的战斗性能：在 400 米内对单个目标射击效果最好，集中火力可射击 500 米内敌人飞机、伞兵和杀伤 800 米内的集团目标。弹头飞行到 1500 米仍有杀伤力。战斗射速每分钟 35～40 发。使用 1956 年式普通弹，在 100 米距离上能射穿 6 毫米厚的钢板，15 厘米厚的砖墙，30 厘米厚的土层和 40 厘米厚的木板。其主要诸元：口径 7.62 毫米；枪全重 3.85 千克；打开枪刺全长 1.26 米，折回枪刺全长 1.02 米；表尺距离 1 000 米；瞄准基线长 480 毫米；准星宽 2 毫米；弹头最大飞行距离约 2 000 米。

半自动步枪主要机件由枪刺、枪管、瞄准具、活塞及推杆、机匣、枪机、复进机、击发机、弹仓、木托十大部件组成（图7-1），另有一套附品。

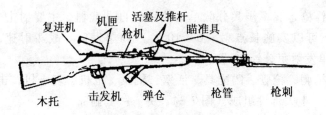

图 7-1　半自动步枪大部机件

（1）枪刺。用以刺杀敌人。

（2）枪管。赋予弹头飞行方向。枪管由弹膛和线膛组成。弹膛用以容纳子弹，线膛能使弹头在前进时旋转运动，以保持飞行的稳定性。线膛有四条右旋膛线（阴膛线），两条膛线间的凸起部分叫阳膛线，两条相对的阳膛线间的距离是枪的口径。

（3）瞄准具。由表尺和准星组成，用以瞄准。表尺上有缺口和游标，并刻有1～10的分划，每一分划相对应100米；"Π"、"D"或"3"是常用表尺分划，与表尺3相同。表尺座上有固定栓和固定栓扳手，用以固定活塞筒和推杆。准星可拧高、拧低，准星移动座可左右移动。准星移动座和准星座上各有一条刻线，用以检查准星位置是否正确。

（4）活塞及推杆。活塞由活塞筒和活塞杆组成，用以传导火药气体压力推压推杆向后；活塞筒上有上护木。推杆由推杆和推杆簧组成，装在表尺座内，推杆能将活塞的推力传送到枪机上。推杆簧能使推杆和活塞回到前方位置。

（5）机匣。用以容纳枪机和复进机，固定击发机和弹仓。机匣外有机匣盖和连接销。机匣内有枪机阻铁，当弹仓内无子弹时，能使枪机停在后方位置。机匣内还有闭锁卡槽和拨壳凸笋等。

（6）枪机。由机栓和机体组成。用以送弹、闭锁、击发和退壳，并能使击锤向后成待发状态。机栓上有挂钩，用以与机体挂钩相连接并带动机体运动。机栓上还有闭锁突出部、机柄、复进机巢和弹夹槽。机体上有击针、抓弹钩和挂钩。

（7）复进机。用以使枪机回到前方位置。

（8）击发机。用以与枪机相互作用形成待发和击发。击发机上有击发控制杆，它能在枪机闭锁枪膛前，防止击锤松回。保险机，用以限制扳机向后，保险机扳到前方为保险。击发机上还有击锤、弹仓盖卡榫和扳机等。

（9）弹仓。用以容纳和托送子弹。可装10发子弹。

（10）木托。便于操作。木托上有下护木、枪颈、枪托、托底钣和附品筒巢。

225

附品。用以分解结合、擦拭上油、携带和排除故障。附品包括擦拭杆、鬃刷、铳子、附品筒、通条、油壶、背带和子弹袋。

2. 冲锋枪

五六式冲锋枪是我军步兵分队单兵使用的自动武器，主要射击方法是短点射（2～5发），还可以实施长点射（6～10发）和单发射。战斗射速，点射每分钟90～100发，单发射每分钟40发。

冲锋枪由枪刺、枪管、瞄准具、活塞、机匣、枪机、复进机、击发机、弹匣、木托（铁枪托）十大部件组成（图7-2），另有一套附品。

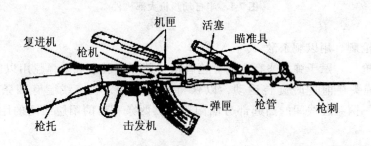

图 7-2　冲锋枪大部机件

（1）枪刺。用以刺杀敌人。

（2）枪管。赋予弹头飞行方向。枪管上有导气箍，用以引导火药气体冲击活塞。

（3）瞄准具。由表尺和准星组成，用以瞄准。

（4）活塞。用以传导火药气体压力推压枪机向后。

（5）机匣。用以容纳枪机和复进机，固定击发机和弹匣。

（6）枪机。由机栓和机体组成。用以送弹、闭锁、击发和退壳，并能使击锤向后成待发状态。

（7）复进机。用以使枪机回到前方位置。

（8）击发机。用以与枪机相互作用形成待发和击发。

（9）弹匣。用以容纳和托送子弹。可装30发子弹。

（10）枪托。便于操作。木枪托上有枪颈、托底钣和附品筒巢。铁枪托由架杆、肩托和枪托卡榫组成。可以成打开或折叠状态。

附品。用以分解结合、擦拭上油、携带和排除故障。附品包括擦拭杆、鬃刷、铳子、附品筒、通条、油壶、背带和子弹袋。

3. 五四式手枪

五四式手枪是我军指挥员和特种分队单兵使用的近距离歼敌武器。其特点：体积小、重量轻，便于隐蔽携带，可单手发射，受地形环境制约小，反应快，便于在狭小空间隐蔽，迅速、突然对敌实施射击。五四式手枪的战斗性能：在 50 米内射击效果最好。弹头飞行到 500 米处仍有杀伤力。战斗射速每分钟约 30 发。主要诸元：口径 7.62 毫米，枪全重 0.85 千克，装满子弹的弹匣重 0.16 千克，枪全长 195 毫米，初速 420 米每秒，弹头最大飞行距离 1 630 米，弹匣容量 8 发。

五四式手枪主要机件由枪管、套筒、击发机、套筒座、复进机和弹匣六大部件组成（图 7-3）。另有一套附品。

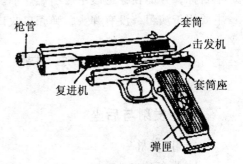

图 7-3　五四式手枪六大机件

二、半自动和自动原理

（一）半自动原理

扣扳机后，击锤打击击针，撞击子弹底火，点燃发射药，产生火药气体，推动弹头沿膛线向前运动，弹头一经过导气孔，部分火药气体通过导气孔涌入导气箍，冲击活塞，推动推杆，使枪机向后压缩复进簧，完成开锁、抛壳，并使击锤成待发状态；枪机退到后方时，由于复进簧的伸张，使枪机向前运动，推动次一发子弹入膛，闭锁；此时，由于击锤已被击发阻铁卡住，不能向前打击击针。若再次发射，必须松动扳机，再扣扳机。

（二）自动原理

扣扳机后，击锤打击击针，撞击子弹底火，点燃发射药，产生火药气体，推动弹头沿膛线向前运动，弹头一经过导气孔，部分火药气体通过导气孔，涌入导气箍，冲击活塞推动枪机向后，压缩复进簧，完成开锁、抛壳，并使击锤成待发状态；枪机退到后方时，由于复进簧的伸张，使枪机向前运动，推动次一发子弹入膛，闭锁；此时，如保险机定在连发位置，扳机未松开，击发阻铁不能卡住击锤，击锤再次打击击针，形成连发；如保险机定在单发位置，击锤被击发阻铁卡住不能向前打击击针。若再次发射，必须松动扳机，再扣扳机。

三、子弹

（一）子弹的各部名称和用途

子弹由弹头、弹壳、底火和发射药组成（图 7-4）。弹头用以杀伤敌人的有生力量；弹壳用以容纳发射药，安装弹头和底火；底火用以点燃发射药；发射药用以产

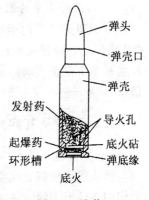

图 7-4　子弹

227

生火药气体，推送弹头前进。

（二）子弹的种类、用途和标志

普通弹——用以杀伤敌人有生力量。曳光弹——主要用以试射、指示目标和作信号用。命中干草能起火。曳光距离可达 800 米，弹头头部为绿色。燃烧弹——主要用以引燃易燃物体，弹头头部为红色。穿甲燃烧弹——主要用以射击飞机和轻装甲目标，并能在穿透装甲后引燃燃油。弹头头部为黑色并有一道红圈。空包弹——主要用于演习，没有弹头，弹壳口收口压花并密封。

第二节　简易射击原理

一、发射与后坐

（一）发射

1. 发射的定义

火药气体压力将弹头从膛内推送出去的现象叫发射。

2. 发射的过程

击针撞击子弹底火，使起爆药发火，火焰通过导火孔引燃发射药，产生大量火药气体，在膛内形成很大的压力（半自动步枪最大膛压为 2810 千克/平方厘米），迫使弹头脱离弹壳，沿膛线旋转加速前进，直至推出枪口。

（二）后坐

1. 后坐的定义

发射时，武器向后运动的现象叫后坐。

发射药燃烧时，产生的气体压力同时向各个方向挤压。由于膛壁所阻，气体压力只能向前推动弹头运动，向后抵压弹壳底部和枪机，使枪响后运动，形成后坐。

2. 后坐对命中的影响

由于弹头在膛内运动时间极短（约千分之一秒），并且半自动步枪比弹头重 400 倍以上。经过实验证明，弹头在脱离枪口以前，枪的后坐距离只有 1 毫米多，而且基本上是正直向后运动的。因此，后坐对单发射（连发首发）射击命中影响极小。

二、弹道及其实用意义

（一）弹道

弹头脱离枪口，在空气中飞行的路线叫弹道。弹头在飞行中，一面受地心引力的作用，逐渐下降；一面受空气的阻力作用，越飞越慢，弹道形成了一条不均等的弧线，升弧较长较直，降弧较短较弯曲。

(二) 弹道要素 (图 7-5)

火身口水平面——通过起点的水平面。

射线——发射前火身轴线的延长线。

射角——射线与火身口水平面所夹的角。

发射线——发射瞬间火身轴线的延长线。

发射角——发射线与火身口水平面所夹的角。

升弧——由起点到弹道最高点的弹道。

降弧——由弹道最高点到落点的弹道。

弹道高——弹道上任何一点到火身口水平面的垂直距离。

最大弹道高——弹道最高点到火身口水平面的垂直距离。

射程——起点到落点的水平距离。

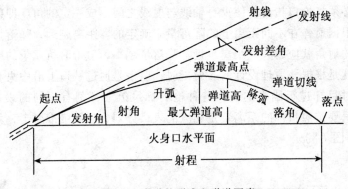

图 7-5　弹道的形成和弹道要素

(三) 直射及其实用意义

1. 直射

瞄准线上的弹道高在整个标尺距离内不超过目标高的发射，叫直射。这段距离叫直射距离 (图 7-6)。

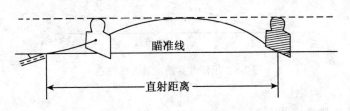

图 7-6　直射和直射距离

229

直射距离的大小是根据目标高低与弹道的低伸程度决定的。目标越高，弹道越低伸，直射距离就越大；目标越低，弹道越弯曲，直射距离就越小。半自动步枪、冲锋枪、对人头目标的直射距离为 200 米，对人胸目标为 300 米，对半身目标为400 米。

2. 直射的实用意义

战斗中，对在直射距离内的目标可以不变更标尺分划，瞄准目标下沿射击，以增大射速，提高射击效果。运用直射的原理组织侧射、斜射和夜间标定射击，能获得良好效果。

三、选定表尺分划和瞄准点

（一）瞄准具的作用

弹头在飞行中由于受地心引力和空气阻力的作用，逐渐下降和越飞越慢。为了命中目标，必须将枪口抬高。使火身轴线与射线之间形成一定的角度即射角。射角的大小，是根据射弹在不同距离上的降落量来确定的。距离越远，降落量越大，射击时所赋予的射角就应越大；距离越近，降落量越小，射击时所赋予的射角就应越小。瞄准具就是根据该原理设计的。射击时，射手是通过缺口上沿中央和准星尖的平正关系来对目标进行瞄准的。在各种枪的标尺钣上都刻有不同的表尺（距离）分划，射手只要按照目标的距离装定相应的表尺分划，正确瞄准射击，就能命中目标（图 7-7、图 7-8）。

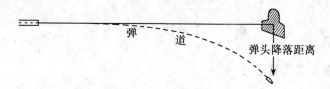

图 7-7　用枪管瞄向目标射击的弹道图

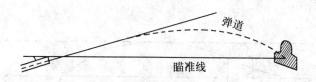

图 7-8　用瞄准具瞄准射击的弹道

（二）瞄准要素（图 7-9）

瞄准基线——缺口上沿中央到准星尖的直线。

瞄准线——视线通过缺口上沿中央和准星尖到瞄准点的直线。

瞄准点——瞄准线所指向的一点。

瞄准角——射线与瞄准线的夹角。

弹道高——弹道上任意一点到瞄准线的垂直距离。

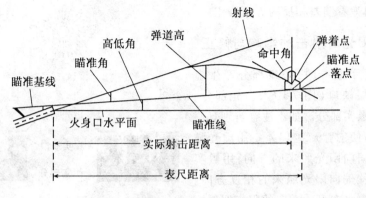

图 7-9　瞄准要素

（三）选定表尺分划和瞄准点的方法

射击时，射手应根据目标的距离、大小和武器的弹道高，正确地选定表尺分划和瞄准点。其方法：

1. 目标距离几百米，装定表尺几，瞄目标中央。各距离上弹道高，见弹道高表。

2. 目标距离不是百米整数时，通常选定大于实距离的表尺分划，适当降低瞄准点射击。

也可选定小于实距离的表尺分划，适当提高瞄准点射击。

3. 目标在 300 米距离内，通常装定表尺"3"或常用表尺，小目标瞄下沿，大目标瞄中央。

半自动步枪弹道高表（厘米）

表尺 ＼ 距离（米）	50	100	150	200	250	300	350	400	450
1	1	0	−7						
2	6	11	9	0	−16				
3	13	25	29	28	0	−29			
4	21	42	55	62	61	51	31	0	−48

231

（四）观察弹着修正偏差

射击时，射手应观察由于测量距离误差和外界条件的影响产生射弹偏差，分析、判断产生偏差的真正原因，依据射弹激起的尘土、曳光迹和目标的变化状况进行修正。修正时，通常是偏差多少就修正多少，向弹着偏差相反的方向修正。

四、阳光对射击的影响与修正

在阳光下瞄准时，缺口部分产生虚光，形成三层缺口（图7-10），虚光部分、真实缺口、黑实部分。如不注意辨别真假缺口就容易使射弹产生偏差。用虚光瞄准，射弹就偏向阳光照来的方向；用黑实部分瞄准，就偏向阳光照来的相反方向。因此，射手应多在不同方向的阳光照射下练习瞄准。积累经验，排除误差。

图 7-10　阳光照射产生的虚光

第三节　射击动作和方法

一、验枪及射击准备

1. 验枪

验枪是训练中一项保证安全的重要措施。使用武器前后及必要时，均应验枪。认真检查弹膛、弹匣和教练弹中有无实弹。验枪时，严禁枪口对人。

半自动步枪验枪口令："验枪"、"验枪完毕"。

动作要领：听到"验枪"口令后，以右脚掌为轴，身体半面向右转，左脚顺势向前迈出一步，两脚约与肩同宽，同时右手将枪向前送出，左手接握下护木，左大臂紧靠左肋，枪托贴于胯骨，枪刺尖略与眼同高，右手打开保险和弹仓盖，移握机柄。当指挥员检查时，拉枪机向后。验枪后，自行送回枪机，关上弹仓盖，扣扳机，关保险，移握枪颈。

听到"验枪完毕"的口令，右手移握上护木，身体半面向左转，在右脚靠拢左脚的同时，恢复持枪姿势。

2. 射击准备

半自动步枪卧姿装退子弹定复表尺口令："卧姿——装子弹"、"退子弹——起立"。

动作要领：听到"卧姿——装子弹"的口令，右手迅速将枪提起稍向前倾，同时左脚向右脚尖前迈出一大步，左手在左脚尖前支地，顺势卧倒，以身体左侧左肘支撑全身，右手将枪向目标方向送出，左手接握表尺下方，枪托着地，右手拉枪机到定位。将子弹夹插入弹夹槽，以拇指将子弹压入弹仓，取出弹夹，送子弹上膛，关保险。右手拇指和食指捏压游标卡榫，移动游标，使游标前切面对正所需的表尺分划。然后，右手移握枪颈，全身伏地，两脚分开约与肩同宽，身体与射向约成30度角，目视前方，准备射击。

听到"退子弹——起立"口令后，稍向左侧身，右手打开弹仓盖，接住落下的子弹，装入弹袋，拇指拉枪机向后，余指接住从膛内退出的子弹，送回枪机，将子弹装入弹袋并扣好，关上弹仓盖，打开保险，扣扳机，关保险，复表尺，移握上护木，将枪收回，同时左小臂向里合，屈左腿与右腿下，以左手和两脚撑起身体，右脚向前一大步，左脚再向前一步，在右脚靠拢左脚的同时，恢复立正姿势。

二、据枪、瞄准、击发

据枪、瞄准、击发是相互联系和相互影响的动作，稳固持久地据枪，正确一致的瞄准，均匀正直的击发，三者正确的结合，是准确射击的基本要求。在射击训练中应克服和纠正的毛病有：抵肩位置不正确；两手用力不适当；击发时机掌握不好；停止呼吸过早；枪面倾斜：耸肩、眨眼和猛扣扳机等。

（一）据枪

半自动步枪卧姿有依托据枪的动作要领：下护木放在依托物上，左手托握表尺下方，手背紧靠依托物，也可将手垫在依托物上，左肘向里合。右手握枪颈，食指第一关节靠在扳机上，大臂略成垂直。两手协同将枪托确实抵于肩窝，头稍前倾，自然贴腮。

（二）瞄准

1. 正确瞄准

右眼通视缺口和准星，使准星尖位于缺口中央并于上沿平齐，指向瞄准点，就是正确瞄准（图7-11）。

瞄准时，应集中主要精力于准星与缺口的平正关系上。正确的瞄准景况，应是准星与缺口的平正关系看得清楚，而目标看得较模糊。如果集中精力于准星与目标上就会忽略准星与缺口的平正关系，使射弹产生偏差（图7-12）。

图 7-11　准星与缺口的正确关系

图 7-12　正确的瞄准景况

233

瞄准时，应首先使瞄准线自然指向目标。若未指向目标，不可迁就而强扭枪身，必须调整姿势。需要修正方向时，卧姿可左右移动身体或两肘。需要修正高低时，可前后移动整个身体或两肘里合、外张，也可适当移动左手的托枪位置。

2. 准星与缺口关系不正确对命中的影响

瞄准时，若准星与缺口的关系不正确，对命中影响极大。准星偏高，弹着偏高。准星偏低，弹着偏低。准星偏左，弹着偏左。准星偏右，弹着偏右。如半自动步枪准星在缺口内左右偏差 1 毫米，在 100 米的距离上弹着点就相应偏差 21 厘米；距离增加几倍，偏差量就增加几倍。

（三）击发

击发时，用右手食指第一节均匀正直地向后扣压扳机（食指内侧与枪应有不大的空隙）余指力量不变。当瞄准线接近瞄准点时，开始预压扳机，并减缓呼吸。当瞄准线指向瞄准点或在瞄准点附近轻微晃动时，应停止呼吸，继续增加对扳机的压力，直至击发，击发瞬间应保持正确一致的瞄准。若瞄准线偏离瞄准点较远或不能继续停止呼吸时，待修正或换气后，再继续扣压扳机。

第四节　实 弹 射 击

实弹射击是射击训练的重要组成部分，是检验射手掌握射击动作要领的有效方法。但是，实弹射击如组织不好容易发生事故，乃至人员伤亡。因此，周密的组织，严格的安全措施和纪律规定十分重要。

一、实弹射击的组织

实弹射击前，必须进行思想动员和安全教育，并对参加实弹射击的所有人员规定各种信号，宣布射击场工作人员的组成及其职责。

射击场应设总指挥员、地段指挥员、靶壕指挥员和警戒、信号、示靶、发弹、记录、修理、医务等人员。各类人员的职责是：

总指挥员：负责组织设置场地、派遣勤务，组织指挥射击，监督全体人员遵守射击场的各项规定和安全规则，处理有关问题。

地段指挥员：负责本地段的指挥。

靶壕指挥员：负责组织设靶、示靶、报靶、补靶及处理有关问题。

警戒人员：负责射击场警戒和观察，严禁任何人员和牲畜进入警戒区。发现险情，应立即发出信号并向射击指挥员报告。

信号员：根据射击场指挥员的命令发出各种信号，负责警戒区内的观察，发现险情立即报告。

示靶员：负责设靶、示靶、报靶和补靶工作。

发弹员：根据指挥员的命令，按规定弹种、弹数发给射手子弹，收回剩余子弹。射击终止后，负责清查弹药和收回弹壳。

记录员：负责记录射手的成绩和统计单位成绩。

医务人员：负责医疗事宜。

上述各类人员均属总指挥员领导。

二、实弹射击场的安全规则

实弹射击必须在正规的、安全设施齐全的靶场进行。组织实弹射击单位应有周密的计划和严格的安全措施。

射击场要明确区分出发地线、射击地线和集结待命区域。参加射击的人员要一切行动听指挥，无关人员不得进入射击场。

射击指挥员要向全体人员明确戒严、开始射击、停止射击、报靶、射击终止等信号规定。

射击前后必须严格检查武器（验枪），射击场严禁枪口对人，专人管理枪支、弹药，严禁私藏和携带子弹。

射击信号发出后，示靶员、报靶员禁止出靶壕或探头观望。

射击时，武器发生故障，射手应关保险并立即报告，由指定专人排除。

报靶时，射击场不许摆弄武器，更不允许向靶区瞄准。

射手进入射击位置后，必须听口令做动作，射击指挥员对靶场违纪行为，视情况采取果断措施予以制止。

组织实弹射击的各级各类工作人员，必须忠于职守，尽职尽责，确保实弹射击的安全顺利实施。

三、学生军用枪射击比赛

军用枪射击比赛是一项特殊的国防体育运动。为了增强国防观念，巩固学生军训成果，促进全国学生国防体育运动开展，提高军用枪射击运动水平，我国每两年举办一次全国性的大学生军用枪射击比赛。

（一）军用枪射击比赛规程

军用枪射击比赛规程中一般应确定：主办单位，承办单位，协办单位和参加单位；明确竞赛日期和地点；规定比赛项目，参赛资格，参赛办法，竞赛办法，参赛经费，录取名次及奖励等规程。做好仲裁、裁判人员的选派和报名、报到及其他各项赛事工作。

我国目前在大学生军用枪比赛中设有两个比赛项目：①五六式半自动步枪 100 米卧姿有依托男女精度射击。②五六式半自动步枪 100 米卧姿有依托男女速度射击。参赛运动员必须是代表学校的具有正式学籍的在校本、专科生和研究生，且必须在中国大学生体育协会国防体育分会进行注册并获得注册卡的运动员。

（二）军用枪射击比赛规则

军用枪射击比赛规则中应公布"安全规则"和"参赛人员行为规则"；规定参赛运动员使用的枪支、子弹、服装、器材。明确比赛项目和射击条件；宣布竞赛纪律和抽签、检录的程序；说明比赛的实施方法及成绩名次的评定细则。

大学生军用枪比赛通常使用五六式半自动步枪，7.62毫米普通弹。要求射击姿势为卧姿有依托。射击目标为100米胸环靶。使用弹数为每个项目试射3发，记分射10发。射击时间规定：试射限1分钟内完成；精度射击记分射，自"开始射击"口令下达起5分钟内完成；速射记分射，自"开始射击"口令下达起1分钟内完成。比赛时，规定射击比赛用枪扳机引力不得小于1.5千克；试射靶纸的左上角贴有5厘米宽10厘米长的黑带，记分射靶纸左上角标有射手靶位号和编组号；射手射击时不报靶，使用自备弹着观察镜观察弹着。对早射、迟射、错射、多射的运动员要给予相应的处罚。

思 考 题

1. 五六式半自动步枪的战斗性能有哪些？
2. 射击中如何选定表尺分划和瞄准点？
3. 准确射击的基本要求有哪些？
4. 实弹射击安全规则有哪些？

第八章 战 术

战术是指导和进行战斗的方法。其主要内容包括：战术基本原则、兵力部署、协同动作、战术指挥、战斗行动、战斗保障等。战术按战斗的基本类型分为进攻战术和防御战术，按战斗规模分为兵团战术、部队战术、分队战术、单兵战术。按军、兵种划分为军种战术、兵种战术和合同战术。

第一节　战斗类型和战斗样式

战斗是在战术理论指导下，敌对双方兵团及兵团以下部、分队在较短时间与较小空间内进行的有组织的作战行动。战斗按其性质分为进攻战斗和防御战斗两大类型。按战场不同情况分为多种战斗样式。

一、战斗类型

（一）进攻战斗

主动攻击敌人的战斗就是进攻战斗。其主要目的是歼灭敌人，攻占主要地区或主要目标。与防御战斗相比，进攻战斗具有以下基本特征。一是攻击一方通常是在力量对比方面占据优势地位，具有优势性。二是攻击一方通常是主动行为，具有主动性。三是攻击一方掌握主动权，在时间、地点、方法、手段等方面占据主动，具有灵活机动性和隐蔽突然性。

由于现代科学技术的发展，导致大量的新技术武器装备出现并广泛应用于军事领域，使得战争、战斗行动发生了巨大变化，战斗呈现进程快节奏，物质高消耗，情况多变化，打击高精度，攻击远距离等特点，使进攻战斗具有更大的突然性、快速性和坚决性，因而在现代条件下进行战斗，一定要采用各种方法和手段掌握主动，在短时间内达到战斗目的。

（二）防御战斗

抗击敌人进攻的战斗就是防御战斗。防御战斗的目的主要是消耗敌人，扼守目标或阵地，争取时间等，为转入进攻或保障其他方向进攻创造条件。防御战斗通常是被动的战斗，具有目的相对有限，空间相对固定，力量相对弱小，行动相对被动，地形相对有利等基本特征。

237

由于现代武器装备的效能和威力显著增强，情报信息相对透明，远程打击和打击精度提高，防御战斗的难度大大超过以往，因此在当今信息化条件下组织防御战斗，一定要做到严密组织、高度灵活，防止消极防御，要力争主动，做到积极防御，采用一切手段和方法完成防御战斗任务。

二、战斗样式

战斗样式是战斗的基本式样和形态，是对战斗类型的进一步分类。战斗样式的分类方法较多，按战斗性质可分为进攻战斗样式，防御战斗样式；按战斗空间可分为地面战斗样式、海上海岸战斗样式、空中战斗样式。

（一）进攻战斗与防御战斗样式

1. 进攻战斗样式

进攻战斗可分为多种战斗样式。依敌人行动态势，分为对运动之敌进攻、对驻止之敌进攻和对防御之敌进攻。对运动之敌进攻可分为伏击战斗、遭遇战斗、追击战斗；对防御之敌进攻战斗可分为对野战阵地防御之敌的进攻战斗，对仓促防御之敌进攻战斗；对驻止之敌进攻战斗可分为固定驻止之敌进攻战斗，临时驻止之敌进攻战斗。依战斗区域、时间、空间、地形和条件的不同，进攻战斗可分为对野外之敌进攻战斗，对城市之敌进攻战斗，白昼、拂晓、黄昏、夜间进攻战斗基本特征等。

各种进攻战斗样式，因面对的敌人、地点、时间均不尽相同，呈现出不同的战斗特征、特点，因而要采用灵活多变的方法才能达到战斗目的。

2. 防御战斗样式

防御战斗基本特点是依据有利条件抗击优势进攻之敌。按战斗任务、目的和手段，分为机动防御战斗、运动防御战斗、阵地防御战斗。依时间空间地形，可分为有备防御战斗，仓促防御战斗，白昼与夜间防御战斗，城市集镇乡村防御战斗，野外防御战斗等等。由于现代战争信息透明度提高，远程打击与精确打击增强，防御难度空前增大，不论何种样式的防御战斗，均应因敌、因时、因地采用不同手段和各种方法，坚决完成防御任务。同时，积极创造条件，争取主动。

（二）地面、海上、空中战斗样式

1. 地面战斗

地面战斗是作战双方在陆地上进行的战斗。主要由陆军、海军陆战队、空降兵和各种支援力量协同进行。按战斗性质可分为地面进攻战斗和防御战斗。基本样式主要有对防御之敌进攻战斗，对机动之敌进攻战斗，对立足未稳之敌进攻战斗，对运动之敌进攻战斗，对城市集镇、乡村之敌进攻战斗，海岸、岛屿进攻战斗，野战阵地防御战斗，运动防御战斗，机动防御战斗等。

2. 海上（海岸）战斗

海上战斗是作战双方海军或以海军力量为主体，在海上或海岸进行的战斗，分进攻战斗和防御战斗两种基本战斗样式。海上进攻战斗主要有对水面之敌进攻战斗，对海岸之敌进攻战斗。基本样式有舰对舰、空对舰、岸对舰、潜对舰、舰对潜、空对潜、舰对岸等战斗样式。海上防御战斗主要有海上防御战斗，水下防御战斗，海岸防御战斗等基本战斗样式。

3. 空中战斗

空中战斗是作战双方空军或以空军力量为主体，以导弹打击为主要手段的战斗行动。在信息化条件下，空中战斗是战争中最主要的作战样式，其主要手段是信息化条件下的导弹战。空中战斗的胜败将是整个战争成败的关键所在。因而空中战斗在战争中具有十分重要的地位。基本战争样式分为空中进攻战斗、空中防御战斗和空中支援战斗三种基本类型。

第二节　战术基本原则

一、消灭敌人，保存自己

消灭敌人、保存自己，是一切战斗的本质和基本目的，也是一切战斗行动的着眼点和出发点。其实质是最大限度地歼灭敌人有生力量，尽可能地减少己方损失，以最小的代价换取最大的胜利。

首先，消灭敌人是第一位，无论是进攻还是防御，都必须以消灭敌人有生力量为主。战斗中必须坚持积极、坚决的进攻，并力求速战速决，力争大量消灭敌人的有生力量。在防御战斗中，必须强调积极、顽强的防御，并适时抓住有利战机，采取积极的攻势行动，不断消灭敌人有生力量，为转入进攻和配合其他方向的进攻创造条件；针对现代战斗攻防战斗行动转换日趋频繁的特点，必须着眼消灭敌人的有生力量这个基点，充分发挥诸军兵种的优长和各种武器装备的效能，灵活地运用攻防两种手段，以达到大量消灭敌人的目的。其次，保存自己是第二位，只有有效保存自己，才能够大量消灭敌人，消灭敌人与保存自己，二者相辅相成，不可偏废。

二、知彼知己，正确指挥

知彼知己是科学指导战斗行动的基础和前提。其实质是熟知敌我双方及战场环境等各方面的情况，通过周密细致的综合分析和判断，从中找出行动的规律，权衡利弊，指导己方的战斗行动，使主观指导符合客观实际。

正确指挥，乃是因势制敌、克敌制胜的前提，也是实施主观指导的基础。当今高技术条件并未改变只有掌握客观情况才能因情克敌这一战斗的基本规律。战斗实践证明，要掌握敌人的情况和实施正确灵活的战斗指挥，就必须做到对敌情了如指掌，及时掌握敌人的动向。

第八章　战　术

三、集中兵力，重点突击

集中兵力，重点突击，是一切作战行动的准则，也是掌握战斗的主动权、克敌制胜的根本方法。其实质是适时集中优势的兵力、火力和电子进攻等战斗力量，在决定性的时间和空间对敌实施重点的打击，各个歼灭敌人。

现代战斗的胜负取决于敌对双方整体力量的强弱，并在一定条件下决定着战斗的态势、进程和结局。集中兵力，形成对敌局部优势，有利于夺取主动地位，有利于有效地歼灭敌人有生力量。

四、隐蔽突然，出敌不意

隐蔽突然，出敌不意，是克敌制胜的重要方法和手段，是一条重要的战斗原则。其实质是强调战斗行动的隐蔽性、突然性和灵活性，在敌意想不到的时间和空间，采用敌意想不到的力量、手段和战法，出其不意地打击敌人，以达成出奇制胜的目的。

现代战斗，为达成出其不意、出奇制胜的目的，一是要切实隐蔽战斗企图，通过综合运用技术措施和战术手段，达到隐蔽战斗企图和战斗手段的目的。二是强调战斗行动的突然性。采取各种措施和手段，努力发现敌之弱点和失误；充分利用复杂地形、气象条件，隐蔽地进行战斗准备和迅速地实施机动，适时地集中优势战斗力量，以勇猛的战斗行动，打敌于措手不及。三是注意战术的巧妙性和多变性。综合运用立体打击、超越攻击、纵深袭击、机降偷袭、敌后破袭等方式和手段，并与传统的包围迂回、穿插、分割、渗透等方式和手段相结合，重点打击敌人既是薄弱又是要害的部位。灵活运用高技术手段，调动、迷惑和欺骗敌人，迫敌处于被动地位。适时使用新兵器和新战法，力求在敌意想不到的时间和空间，运用敌意想不到的力量、方式和手段，不断消灭敌人有生力量。四是随时保持高度警惕和充分战斗准备，严防敌人的突然袭击。

五、灵活机动，因势制敌

灵活机动，因势制敌，是作战指挥者发挥主观能动性最集中的体现，是夺取和保持主动、克敌制胜的重要条件。只有根据战场情况，审时度势，随机应变，灵活机动地使用力量和变换战术，才能夺取战斗的胜利。

现代战斗，战场情况瞬息万变，攻防战斗样式转换日趋频繁，机动的地位日益突出。战斗指挥者必须善于判明战场情势，紧紧把握时机，灵活采用包围、迂回、穿插、分割、渗透等手段，灵活机动地打击敌人。与此同时，要充分运用兵力袭击、火力突击、电子干扰等方式和手段，以及佯动、欺骗等措施，在保障己方顺利实施机动的前提下，积极主动地破坏、制止或迟滞、扰乱敌人的机动，以创造和捕捉有利的歼敌良机。

六、密切协同，形成合力

密切协同，形成合力，是现代战斗必须遵循的一条重要原则。其实质是保持诸军兵种、各部队协调一致地行动，充分发挥整体威力克敌制胜。

现代战争的特点和经验证明，战争的胜负不仅取决于敌对双方力量的对比，而且取决于双方力量的使用和整体功能的综合发挥，各种参战的力量配合好坏，对于夺取战斗的胜利具有至关重要的意义。为做到密切协同形成合力，必须注重以下几个方面：一是树立整体合力观念，遵循统一战术思想协同原则，统一行动；二是充分发挥诸军兵种特长，科学编组并恰当赋予任务，以形成最优的整体合力；三是发挥各种力量的战斗积极性和主动性，周密组织协同动作。

七、保障有效，突出重点

全面有效的保障，是现代战斗的重要原则之一，也是随时保持和及时恢复部队战斗力并保证部队具有持续战斗能力的重要条件。其实质是周密、全面而有重点地组织战斗保障、后勤保障和装备保障，保证部队安全、顺利地组织和实施战斗并夺取战斗的胜利。

由于现代高技术武器装备的广泛运用，使现代战争呈现出陆、海、空、天、电一体化的形态。战斗的突发性、破坏性、快速性、连续性、消耗性空前增大，因而保障任务日趋复杂繁重，保障的时效性、综合性、技术性要求明显增强，保障的地位和作用也日趋重要。做好有效全面的保障，必须注重以下几个方面：一是统筹兼顾，统一计划，并集中主要保障力量，对主要方向和执行主要任务的部队实施重点保障；二是充分发挥各种专业保障力量的骨干作用，并使专业保障与部队自身保障相结合；三是加强各种保障力量之间的协调；四是注重发挥地方政府和人民群众的支援传统，充分发挥地方政府在人力、物力和技术等方面的保障优势，积极主动地取得地方政府和人民群众对战斗的支援和配合，做到军警民一体，共同对敌。

第三节　单兵战术动作

单兵战术是战士在战斗中应熟练掌握和灵活运用的战术基础动作。主要有利用地形地物和敌火下运动基本动作等内容。

一、利用地形地物

利用地形地物是战士的基本战斗动作，是单兵战术的基础。

第八章　战术

（一）利用土坎、田埂

横向的利用背敌斜面或残缺部位，机枪手通常将枪脚架支在背敌斜面上，枪口距地面不得小于 20 厘米；纵向的通常利用弯曲部或顶端一侧，依其高度取适当姿势，如图 8-1。土坎高于人身时，应挖踏脚孔或阶梯。利用土坎射击时，通常利用其顶部，并根据其高度取不同姿势。

图 8-1　利用土坎、田埂

图 8-2　利用土（弹）坑、沟渠

（二）利用土（弹）坑、沟渠

通常利用土坑、弹坑或沟渠的前沿，纵向沟渠利用其弯曲部。应根据敌情，坑的大小、深度，以跳、滚、匍匐等方法进入，并取适当姿势。对空射击时，应以坑沿作依托或背靠坑壁进行射击，如图 8-2。火箭筒手应利用坑的右前沿作依托，以免射击时喷火自伤。

（三）利用土堆（坟包）

通常利用独立土堆（坟包）的右侧，若视界、射界受限，或右侧有敌火力威胁时，也可利用其左侧或顶端，如图 8-3。双土堆（坟包）通常利用其鞍部。对空射击时，通常利用其后侧或顶端。

（四）利用树木

通常利用其右后侧，根据树干的粗细可取各种姿势，树干细，通常采取卧姿。如取立姿时，应尽量将身体左侧、左大臂（或左小臂）、左膝紧靠树木，右脚稍向后蹬，如图 8-4。对空射击时，可将左小臂抬高或身体左后侧紧贴树木进行射击。

图 8-3　利用土堆（坟包）

图 8-4　利用树木

取卧姿时，应将左小臂紧靠树木或以树的根部为依托，两脚自然并拢，身体尽量隐蔽在树后侧。机枪手经常采取卧姿，根据树干的粗细和地形情况，机枪脚架可超过树干。

（五）利用墙壁、墙角、门窗

应按墙壁、墙角或门窗的高度取适当姿势。矮墙可利用其顶端或残缺部；墙壁高于人体时，可将脚垫高或挖射击孔，如图 8-5。墙角通常利用右侧，左小臂紧靠墙角，取适当姿势。接近后应注意观察，另一侧无敌人再利用。如另一侧有敌人，应将其消灭。门通常利用左侧，窗可利用左（右）下角，如图 8-6。

图 8-5　利用墙壁、墙角

图 8-6　利用门窗

二、敌火下运动基础动作

（一）直身前进

直身前进是在距离敌较远，地形隐蔽，敌观察射击不到时采用的方法。要领是：目视前方，右手提枪，大步或快步前进，如图 8-7。

（二）屈身前进

屈身前进是在隐蔽物略低于人体时采用的运动方法。要领是：目视前方，右手握枪，上体前倾，头部不要高出遮蔽物，两腿弯曲，大步或快步前进，如图 8-8。

图 8-7　直身前进

图 8-8　屈身前进

（三）跃进

跃进是在敌火力下迅速通过开阔地时所采用的方法。跃进时要做到跃起快、前进快、卧倒快。跃进时应先观察前方地形，选择好前进路线和暂停位置，而后，迅速、突然地跃起前进。要领是：卧姿跃起时，可先向左（右）移（滚）动，以迷惑敌人，冲锋（步）枪手应迅速收枪，同时屈左腿于右腿下，右手提枪，以左手、左膝、左脚的支撑力将身体支起，同时出右脚前进。跃进的距离和速度应根据敌火力和地形而定，敌火力越猛烈，地形越开阔，跃进距离应越短，速度应越快。每次跃进的距离通常为 15～30 米。当前进到暂停位置或遭敌猛烈射击时，应迅速隐蔽或卧倒。卧倒时，左脚向前迈出一大步，身体下塌，左膝稍内合，按左膝、左手、左肘的顺序着地卧倒。

（四）滚进

滚进是在卧倒时，为避开敌人观察、射击而左右移动时采用的方法。要领是：将枪关上保险，左手握表尺上方，右手握枪颈附近或两手握上护木，枪面向右，顺置于胸、腹前抱紧，两臂尽量向里合，两脚腕交叉或紧紧并拢，全身向移动方向滚进，如图8-9。

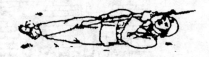

图 8-9　滚进

（五）匍匐前进

匍匐前进是在通过敌人步、机枪火力封锁较密集地段或利用较低的遮蔽物前进时采用的运动方法。根据遮蔽物的高低分为低姿、高姿、侧身匍匐、高姿侧身匍匐四种。

1. 低姿匍匐

低姿匍匐是在遮蔽物高约40厘米时采用的运动方法。要领是：腹部贴于地面，屈回右腿，伸出左手，用右脚内侧的蹬力和左手的扒力使身体前移，在移动的同时，屈回左脚，伸出右手，用左脚内侧的蹬力和右手的扒力使身体继续前移，依次交替前进。携冲锋（步）枪时，右手掌心向上，枪面向右，虎口卡住机柄，并握住背带，枪身紧靠右臂内侧，也可右手虎口向上，握枪的上背带环处，食指卡住枪管，将枪置于右小臂上，如图8-10。

图 8-10　低姿匍匐

2. 高姿匍匐

高姿匍匐是遮蔽物高约60厘米时采用的运动方法。要领是：用两小臂和两膝支撑身体前进。携枪方法同低姿匍匐前进。如图8-11。

图 8-11　高姿匍匐

3. 侧身匍匐

侧身匍匐是在遮蔽物高约 60 厘米时采用的方法。要领是：身体左侧及左小臂着地，左大臂向前倾斜支撑上体，左腿弯曲，右腿回收，右脚靠近臀部着地，右手握枪，用左臂的支撑力和右脚的蹬力使身体前移，如图 8-12。

三、敌火力下运动的时机与要求

（一）运动的时机

战士在敌火力下运动时，应按班长的口令，充分利用我火力掩护和烟幕弥漫的效果，乘敌火力减弱、中断、转移等有利时机，采取不同的姿势和方法，迅速隐蔽和运动。还应利用浓雾等自然条件。有时还可采用欺骗等手段，创造条件突然前进。

图 8-12　侧身匍匐

（二）通过各种地形的动作

通过开阔地。距敌较远时，通常应持枪（筒）快速通过；距敌较近，敌火力封锁较严时，应乘敌火力中断、减弱、转移和我火力压制等有利时机跃进通过。

通过道路。通常应选择拐弯处、涵洞、行树等隐蔽点迅速通过。若火力威胁不大，可不停顿地快跑通过；敌火力封锁较严时，应先隐蔽接近，周密观察道路情况和敌火力射击规律，而后突然跃起，快速通过。

通过高地。应尽量利用高地两侧作运动，不要从顶端通过。如必须通过顶端又无地物隐蔽时，动作要迅速。

通过街道。应从街道两侧隐蔽地段前进，接近拐弯处之前，应先观看地面情况，再迅速进到拐弯处，观察下一段情况后再继续前进。如需横穿街道时，应先观察左右街道和对面街区的情况，然后迅速通过。

（三）对各种情况的处置

1. 遭敌机轰炸、扫射时的动作。当敌机轰炸时。战士应按上级命令迅速前进；或立即利用地形隐蔽，待炸弹爆炸后再继续前进；也可利用敌机投弹间隙迅速前进。当敌武装直升机悬停、俯冲扫射时，战士应边隐蔽边进行对空射击。

2. 遭敌核、化学、生物武器袭击时的动作。当战士接到敌核武器袭击警报时，应根据命令，迅速隐蔽或继续前进，随时做好防护准备；当发现核爆炸闪光时，应立即进行防原子动作。当敌对我施放战剂气溶胶时，战士应戴防毒面具或简易防护罩，做好呼吸道、面部的防护。当发现敌施放生物战剂时，应立即报告上级并争取必要的防护方法。

3. 遭敌炮火袭击时的动作。战士接近敌人时要随时准备防敌炮火袭击。当遭到敌零星炮火袭击时，应注意听看，快速前进，若敌炮火可能在附近爆炸时，应迅速卧倒，待炮弹爆炸后再继续前进；当遭敌炮火猛烈袭击时，应乘炮弹爆炸的间隙，利用弹坑和有利地形逐次跃进；当通过敌人封锁区时，战士应明察敌炮火的封锁规律，利用敌射击间隙快跑通过，如封锁区不大，也可绕过。当发现炮弹爆炸异常时，要警惕敌使用化学炮弹。

4. 遭敌步、机枪封锁时的动作。当遭敌步、机枪封锁时，战士应利用地形隐蔽，抓住敌火力中断、减弱、转移等有利时机迅速通过；也可采用迷惑和不规律的行动，转移敌射击视线，突然前进。

5. 发现目标时的动作。运动中发现目标时，战士应及时报告或准确地测定距离，并以正确的姿势进行射击，将其消灭。

（四）冲击

冲击是近距离内向敌人猛扑，以火力、爆破、突击相结合的手段消灭敌人的战斗行动。当听到"准备冲击"口令时，应做好以下准备：装满子弹；整理好装具；做好跃起或跃出工事的准备，并向班组长报告。当听到"冲击前进"口令时，应迅速跃起，或跃出工事，向目标冲击。在冲击过程中，战士应不间断地观察敌情及班组长的指挥，发现目标应根据命令或自行消灭之。接近敌目标时，要大声喊"杀"，不停顿地向目标前进，并利用投弹、射击等火力，猛烈地向敌射击，达到全歼敌人的目的。

思 考 题

1. 战斗基本类型和战斗样式有哪几种？
2. 战术基本原则有哪些？
3. 单兵战术有哪些基础动作？

第九章　军事地形学

军事地形学，是从军事需要出发，研究如何识别和利用地形的一门科学，是军队各级指挥员和参谋人员必备的基本知识。

第一节　地形对军队战斗行动的影响

军队的活动，都是在一定地形条件下进行的，都要受到地形条件的影响和制约。

一、平原地形对作战行动的影响

所谓平原地形，是以平坦广阔的地貌要素为主导形成的地形。一般指海拔在200米以下，高差在50米以下，坡度平缓、起伏很小的地貌为主的地形。其特点是：河渠较密，水源丰富，水利设施较完善；居民地密集，经济发达；道路成网，交通便利，农田耕地成片，森林覆盖较少，但经济作物发达。南方平原地形雨量充足，湖泊池塘较多，江河沟渠纵横，以水稻种植为主，这种平原地形称为水网稻田地形。由于河湖港汊横于稻田之间，主干道路路况较好，次要道路等级较低，故严重地影响大部队行动，特别是装甲部队的越野机动。守方一旦控制了交通枢纽、机场、港口、桥梁和重要居民地时，便切断了攻方可能的行动路线。故我国南方平原对作战行动的影响，是利于防守而不利于进攻。

北方平原旱地遍布；居民地比较集中且多形成密集街区；除干道路外，次要公路也较好，许多机耕路除雨季外，一般可通行汽车，越野机动条件较好。除常年有水的大河以外，一般的河流雨季有水，水渠分布较规则；田间道旁渠畔行树成荫，夏秋季节高杆作物具有一定的隐蔽性。因此，北方平原利于机动，便于装甲部队在行进间发起进攻。交通枢纽，道路交叉口、桥梁和居民地对控制对方的作战行动具有重要意义。装甲车辆和其他战斗车辆机动时，暴露行驶的距离长，有利于反坦克武器及其他武器的瞄准射击，地表土质利于构筑工事，便于改造地形限制对方机动。所以，我国北方平原的地形易攻而难守。

第九章　军事地形学

二、山地地形对作战行动的影响

山地是层峦叠嶂、脉络明显，高差大于 200 米，坡度较大的地表形态。这种地形上，地表岩层裸露或离地表很浅，起伏连绵，多绝壁悬崖，河谷深切，水流湍急；居民地沿河谷分布，密集的大居民地稀少，道路网不发达，主要干线公路较平原、丘陵地形上的少且等级低，而且坡度、方向变化大；其植被要素受气候和海拔的共同影响很大，我国山地地形的植被覆盖率极不平衡。当在山地地貌上覆盖有森林时，则形成山林地形。在热带则形成热带丛林。

山地障碍作用强，可以阻滞敌人，延缓敌人的进攻速度；利用绝壁陡坡、山隘狭谷据壕坚守；层峦叠嶂、蜿蜒起伏，隐蔽条件好；居高临下，便于观察，山回路转，便于设伏，诱敌深入，围而聚歼；山地脉络相连，周密计划后，可为进、退之据点；能阻止进攻之敌的隐蔽迂回、穿插分割，在山地可以居高扼险，卡口制路，从而对敌实施阻、挡、击、歼，故有利于防御。山地坡陡谷深，影响部队机动，狭谷关隘，桥梁渡口，瓶颈地带，是攻者必须警惕的陷阱地带；翻山越涧，道路崎岖，不利于机械化部队行动和展开；联络和机动受限，不利于围歼；有的山地，山脉远伸，横阻纵隔，有利于迂回；进攻力量难以集中，有利分散徒步，不利于协同作战，因而指挥不便，难以速决，故不利于进攻。

三、丘陵地地形对作战行动的影响

丘陵是丘岗起伏，高差小（一般在 200 米以内）、坡度和缓，没有明显脉络联系的地貌形态。丘陵地地形是以丘陵地貌为主叠加其他各地形要素的地形。

丘陵地地形上，高差、坡度较小，丘岗间谷地较宽，故障碍作用相对减小；居民多靠丘岗坡脚分布，沿道路、河流交叉处的居民地较大且较密集，道路较多且较平直；由于该地形宜农宜林，一般隐蔽作用好，便于伪装；丘岗间无明显脉络联系，观察射击条件较好；水系随地理位置和气候而异，位于我国南方时，河水丰沛，而位于北方时，河水则随季节而变化。

丘陵坡缓谷宽，道路较发达，便于机械化部队作战，障碍作用较山地小，利于穿插、迂回、分割；土层较厚，取材方便，易于筑城，而且具有较好的防御强度；丘岗间观察射击条件好，便于相互支援，阵地的坚韧性强；便于隐蔽和伪装；便于直射火器作超越射击，便于通信联络的指挥。所以，丘陵地形宜于守，也宜于攻，是适合于大兵团作战的地形。

四、居民地地形对作战行动的影响

人类的集聚定居的地区叫居民地。居民地按其性质与人口数量的多少分为城市、集镇、村庄。城市通常是某一地区政治、经济和文化中心，也是当地的交通枢纽；人口众多、建筑高大密集而坚固，建筑设施较多，交通方便。集镇相对城市而言，范围较小，人口较少，建筑不如城市高大坚固密集，地下建筑设施较少，交通较城市便利。村庄是较小的居民地，人口不多，房屋矮小，多平房院落。

居民地形，建筑物密集，易于设置障碍；房屋参差错落，观察受限，不便发挥火力，不便于指挥；城市房屋密集，极易隐蔽；高层现代建筑，结构坚固，有一定的防护能力，但战时房屋易于倒塌、起火燃烧；水管、煤气管道容易破裂，引起火患、爆炸和中毒；城市便于组织立体防御，攻防均易形成巷战，战斗进程缓慢，使得进攻者兵力增加等。

未来战争是以高技术武器为基础的信息化战争，非接触性战争，远程打击将是战争的重要手段，城市将是最主要战场，认真研究城市居民地对军队战斗行动的影响显得十分重要。

以上几类地形对军队行动的影响，为分析其他地形对军队行动的影响奠定了基础。在其他地形进行战斗行动时，只需考虑其他地形不同的因素。比如山林地，只需在分析山地的因素基础上，再考虑森林较多这一因素即可。地形对军队的行动影响是广泛的。在现代高技术战争条件下，地形对战斗的行动影响仍然十分重要，了解地形对军队行动的影响，趋利避弊，并根据需要能动的改造和创造地形，才能在未来战争中赢得胜利。

第二节　地形图基本知识

地图，是地球表面的缩写。按一定的投影方法和比例关系，规定符号、颜色和文字注记，把现地地形综合测绘在平面图纸上的图，称为地图。依地图所表示的内容不同，地图分为普通地图和专用地图。普通地图是综合反映地球表面现象特征的地图。专用地图是反映一种形式几种主题的地图。

一、地图比例尺

（一）比例尺的概念

图上某线段的长与相应实地水平距离之比叫地图比例尺。如图 9-1，图上水塔至亭子两点间的长度为 1 厘米，实地水塔至亭子两点间的水平距离为 5 万厘米，也就是说这幅地图是将实地缩小五万分之一绘制的，那么这幅地图的比例尺就是 $\frac{1}{50000}$ 或 1:50000。比例尺是一种没有单位的比值，相比的两个单位必须相同，单位不同不能比。地图比例尺的分子通常用 1 表示，以便了解地图缩小的倍数，如 1:50000 即缩小五万分之一，1:100000 即缩小十万分之一。

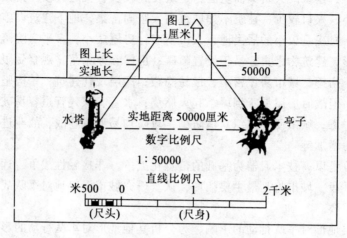

图 9-1　地图比例

（二）比例尺的大小和特点

1. 比例尺的大小

根据用途不同，地图比例尺有大小之分。比例尺的大小，是按比值大小来衡量的。即：比的前项除以比的后项所得的商。例如 1:2＝0.5，0.5 就是比值。因地图比例尺分子都是 1，所以，比值的大小又依比例尺分母确定。分母小则比值大，比例尺就大；分母大则比值小，比例尺就小。如1:50000大于1:100000，1:100000大于1:200000。

2. 比例尺的特点

图幅面积大小相同的地图，比例尺越大，其图幅所包括的实地范围就越小，但图上显示的内容就越详细；比例尺越小，图幅包括的实地范围就越大，但图上显示的内容就越简略。因为地图的精度是随着比例尺的缩小而降低的，所以，地图比例尺越大，则误差越小，图上量测的精度越高；比例尺越小，误差越大，图上量测的精度也就越低。由于用图目的和要求不同，因而地图的比例尺也不同。不同的比例尺，图上长度相当于实地的水平距离也就不一样。

（三）比例尺的表示形式

地图比例尺通常绘注在地图南图廓的下方中央，其表示形式有：（1）数字式，它是用比例式或分数式表示的。如1:50000 或 $\frac{1}{50000}$。（2）文字式，它是用文字叙述的形式予以说明的。如："百万分之一"、"二万五千分之一"或"图上1厘米相当于实地 500 米"等。（3）图解式，它是将图上长与相应实地水平距离的比例关系用线段、图形表示的。图解比例尺有直线比例尺、投影比例尺等。地形图上采用的多是直线比例尺。直线比例尺是用直线（单线或双线）以不同刻划加相应注记表示的图形。如图9-2为1：50000直线比例尺。从"0"向右为尺身，图形上1厘米表示实地0.5千米，2厘米表示实地1千米；从"0"向左为尺头，图形上1小格表示50米，10小格表示500米。

（四）图上距离的量算

我们了解了地图比例尺，就可以根据图上的长度求得实地相应的水平距离；也可以根据实地的水平距离求得相应的图上长度。部队组织行军和战斗行动时，通常要从图上了解某地段的实地距离，其方法主要有：

图9-2　直线比例尺

1. 用直尺量算

用直尺量算距离时，先用直尺从图上量取所求两点间的长度（厘米数），然后乘以该图比例尺分母，即得相应的实地水平距离（米或千米）。其公式为：

$$实地水平距离 = 图上长度 × 比例尺分母$$

例：在1：50000地形图上量得某两点间的长为2厘米，求实地水平距离是多少米？代入公式得：

$$实地水平距离 = 2 厘米 × 50000 = 100000 厘米$$

为了计算方便，可先将比例尺分母消去两个"0"，使厘米变为米。如上例的实地水平距离则为：$2 × 500 = 1000$（米）

若已知实地水平距离，同样可以换算出图上相应长。其公式为：

$$图上长 = 实地水平距离 ÷ 比例尺分母$$

2. 在直线比例尺上比量

用直线比例尺比量距离时，两脚规、纸条、草棍、线绳等均可做比量工具。先量出图上两点间的长度，再到直线比例尺上比量，即可读出两点的实地水平距离，如图9-3。

3. 用里程表量读

在图上量取较长的弯曲距离时，使用指北针上的里程表较为方便。里程表由表盘、指针及滚轮三部分组成，表盘上刻有：1：2.50000、1：50000、1：100000等比例尺的里程分划圈，各分划圈上的数字为相应实地距离的公里数（每一小分划为1公里），如图9-4。

4. 图上距离的倾斜改正

（1）按坡度改正。地形图上两点间的距离，都是水平距离。由于地形的起伏，实际距离通常大于水平距离。也就是说，实际距离与水平距离之间有一个差值。将

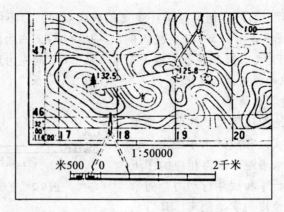

图 9-3　用纸条、两脚规量读距

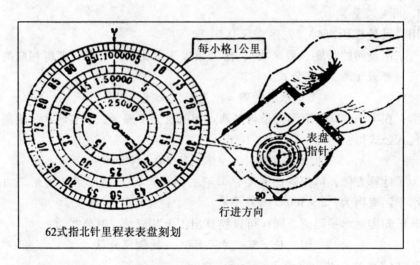

图 9-4　用指北针量读距离

其差值尽量缩小，使之更接近实地距离，称为坡度改正。坡度改正数，随着坡度的增大而增大，按其理论数值，应改正的数值，如表 9-1：

表 9-1　　　　　　　　　　　坡度改正数表

坡　度	改正数（%）	坡　度	改正数（%）
5°	0.38	25°	10.34
10°	1.54	30°	15.47
15°	3.53	35°	22.08
20°	6.42	40°	30.54

（2）按地形种类改正。由于平均坡度不易求出，所以，有些部队在实际运用时，通常按实际地形的经验数据来进行距离改正（见表9-2）。由于这种改正方法比较简便、易记，因此部队使用较广泛，其计算方法与上述方法相同。

表9-2 按地形种类改正数表

地形种类	改正数
平坦地	10% ~15%
丘陵地	15% ~20%
山地	20% ~25%

二、方位角

方位是方向。从某点的指北方向线起，依顺时针方向到目标方向线之间的水平夹角叫该点的方位角。在军事上通常用密位或度来表示。在军用地形图上有三条指北方向线，一条是地理坐标纵线，称真子午线，一条是平面直角坐标纵线，另一条是磁北方向线。称磁子午线。从某点的指北方向线与三条不同的方向线之间的水平夹角，分别构成真方位角、坐标方位角、磁方位角。称偏角或三北方角，如图9-5。三北方向角共构成十种不同的偏角，在每幅地图上，均绘制有该图的偏角图，以供使用时计算角度的偏差。

三、坐标

（一）地理坐标

确定地面某点位置的经、纬度数值，叫该点的地理坐标。指示和确定某点地理位置，要先纬度后经度，通常用度、分、秒表示。

1. 地理坐标网的构成

地理坐标网是由经线和纬线构成。它的构成和起算是全世界统一规定的。纬度以赤道为零起算，向南、向北各 90°；经度以本初子午线为零起算，向东、向西各 180°。地球表面上任意一点，都有一条经线和一条纬线通过。因此，都可以用相应的一组经、纬度数值指示和确定。

2. 地理坐标网的标注

1：2.50000 ~1：100000 地图，只绘有平面直角坐标网。在南、北内图廓线端点注记有纬度值；在东西内图廓线端点注记有经度值。在内、外图廓间还绘有纬、

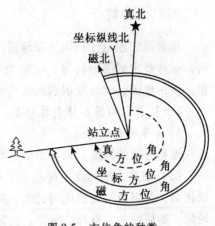

图9-5 方位角的种类

经分度带，分度带的每个分划表示一分。将东、西内图廓间相同数值纬度分划连接起来；将南、北图廓间相同数值经度分划连接起来，即可构成地图坐标网。

3. 地理坐标的量取

地理坐标的量取，通常使用两脚规量取。

（二）平面直角坐标

确定平面上某点位置的长度值，叫该点的平面直角坐标。平面直角坐标在军事上应用很广。

1. 平面直角坐标网的构成

在地形图上的平面直角坐标网，是按高斯投影绘制的。每投影带的中央经线为纵轴（X 轴），赤道为横轴（Y 轴），其交点为坐标原点（O）。这样，每一个投影带便构成了一个独立的坐标系。高斯投影平面坐标纵坐标（X）以赤道为零起算，向北为正，向南为负。因我国位于北半球，所以纵坐标都是正值。

2. 坐标的注记

为了指示和确定点在图上位置，平面直角坐标网要进行坐标注记。图上东、西图廓间坐标横线上的注记为纵坐标值；南、北图廓间坐标纵线两旁标记为横坐标值。

3. 平面直角坐标的应用

平面直角坐标，主要指示和确定目标在图上位置，也可根据方格估算距离和面积。指示和确定点的位置时，要严格按先纵坐标后横坐标的顺序进行。

四、地物符号

地表面的固定性物体，在地形图上，是用图式中规定的图形、颜色和注记表示的。这些规定的图形符号，叫地物符号。它是构成地图的重要因素，是地图的语言。使用地图，就必须识别地物符号，了解其规律和相互关系。

（一）符号的图形特点及分类

1. 符号的图形特点

地物符号的图形，依其图形形状，主要有以下三个特点，如图 9-6。

（1）图形与地物的平面相似。这类符号的图形与地物的下正投射后的平面形状相似，并保持一定的比例关系。所以，正形图形。一般用以表示实地面积较大的地物，如居民地、森林、河流、公路、桥梁等。

（2）图形与地物的侧面形状相近。这类符号的图形与地物的侧面形状相近，所以叫侧形图形。一般用以表示实地面积较小的独立地物，如针叶树、烟囱、水塔等。

（3）图形与地物的有关意义相应。这类符号的图形是根据实地地物的形状，按照象形、会意的方法构图的，所以叫象征图形。具有形象和富有联想的特点，如气象台（站）、变电所和矿井等。

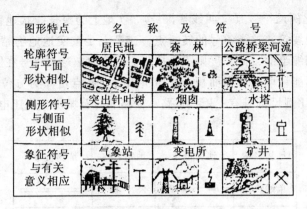

图形特点	名 称 及 符 号		
轮廓符号与平面形状相似	居民地	森 林	公路桥梁河流
侧形符号与侧面形状相似	突出针叶树	烟囱	水塔
象征符号与有关意义相应	气象站	变电所	矿井

图 9-6　地物符号的特点

2. 符号的分类

地物符号按其与实地地物的比例关系，可以分为 4 类：

（1）依比例尺符号（又叫轮廓符号）实地面积较大的地物，如大的居民地、森林、江河与湖泊等，其外部轮廓是依比例尺缩绘的，内部文字注记是按配置需要填绘的。在图上可了解其分布、形状和性质，量相应实地的长、宽和面积。这类符号的轮廓线与实地地物的轮廓相一致，轮廓转折点位置的精度高，可供部队指示目标。但轮廓内的文字注记，并不代表实地物体的真实位置，而只说明物体性质的作用，如图 9-7。

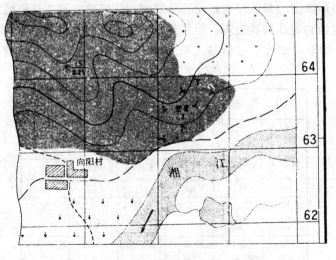

图 9-7　依比例尺符号

（2）半依比例尺符号（又叫线状符号），实地上的窄长线状地物，如道路、城墙、土堤、通信线等。这类符号的转折点，交叉点是按实地地物精确位置测定的，其长度是按比例缩绘的，而宽度则不是按比例缩绘的。这类符号在图上只能量取相应的长度，而不能量取宽度和面积。其转折点、交叉点可作为方位物和明显目标，如图9-8。半依比例尺符号有：单线铁路、公路、砖石城墙、高压电线、管道等。

地物名称	地物符号	地物名称	地物符号
单线铁路	▬▭▬	公　路	════
砖石城墙	⊓⊔⊓	大车路	════
土　堤	┼┼┼┼┼	高压电线	——3.5——
围　墙	▪▪▪▪▪	通信线	————
铁丝网	+−+−+−+−	管　道	◦——◦——◦

图9-8　半依比例尺符号

（3）不依比例尺符号（又叫点状符号）。实地上一些对部队战斗行动有影响或方位意义的独立地物，如突出的树、亭、塔、油库等，因其实地面积很小，不能依比例缩绘在地形图上，只能用规定的符号表示。其准确位置在符号的定位点上，在图上可了解实地物的性质和位置，但不能量取大小。不依比例尺符号有：三角点、土堆、彩门、鼓楼、水车、古塔等。如图9-9。

地　物　名　称　及　符　号					
三角点 △	土堆 ☼	彩门 ⊓	鼓楼 ⬆	水车 ✿	古塔 ♣
埋石点 ⊡	无线电杆 ⚲	革命烈士纪念碑 ⬥	气象站 ⊥	路标 ⌐	碑 ⊓
水准点 ⊗	变电所 ⚡	突出针叶树 ✦	水塔 ⬚	亭 ⊼	窑 ⌂
油库 ◖	烟囱 ▲	独立石 ◣	塔形建筑物 ♠	石油井 油	独立房屋 ▬

图9-9　不依比例尺符号

（4）说明和配置符号。说明和配置符号主要是用来说明、补充上述三类符号不能表示的内容。说明符号是用来说明某种情况的，如表示街区性质的晕线，表示江河流向的箭头等；配置符号是用来表示某些地区的植被及土质分布特征的，如草地、果园、树林、路旁行树、石块地等，如图9-10。说明和配置符号只表示实地某些地物的分布情况，不表示其真实的位置和数量。图9-10中，说明符号有：莲花镇街区的晕线（竖固街区）、莲花河流向的箭头；配置符号有：路旁行树、稻田等。

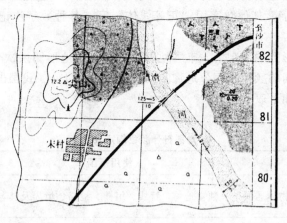

图9-10　说明和配置符号

（二）注记

地物符号，只能表示地物的形状、位置、大小和种类，但不能表示其质量、数量和名称，因此，还需用文字和数字予以注记，作为符号的补充和说明。注记共有三种：

1. 名称注记

（1）居民地名称。大中城镇居民地用"等线体"字；名称用"中等线体"字；农村居民地名称用"仿宋体"字注出；注记一般用水平字列，必要时才用垂直、雁行字列。

（2）山和山脉名称。独立高地、山隘等一般用"长中等线体"字，并以水平字列注在山顶上方；山岭、山脉走向等用"耸肩等线体"字（字的竖划应垂直南图廓），标注在山岭、山脉走向的中心线上。

（3）水系名称。包括海洋、海峡、海港、海湾、江河、沟渠、湖泊、水库、池塘等，都用蓝色的"左斜宋体"字，按地物面积均匀排列注出。

（4）地理名称。岛屿、草原、沙漠、滩礁、海角等，均用"宋体"字；群岛名称用"扁等线体"字，按地形面积的大小和长度适当注出。

2. 说明注记

说明注记是用来说明地物的性质和特征的。如：水的咸、淡，公路路面质量，徒涉场底质，塔形建筑物的性质等，均用"细等线体"字简注在符号内或一旁。

3. 数字注记

数字注记是用来说明地物的数量特征的。数字注记在图上分为分数式和单个数字两种形式。分数式注记中，分子一般表示地物的长度、宽度和高度；分母表示地物的深度、粗度和载重量。单个数字注记，一般表示地物的高度、深度、比高、流速、里程、界碑编号或山隘通行和时令河有水的月份等。里程碑公里数、界桩编号等用"斜宋体"字，其他数字用"正等线体"字，各种数字注记的颜色均与图形符号的颜色一致。

为了提高地形图的表现力，丰富地形图内容，使地形图层次分明、清晰易读，地物符号采用不同的颜色来区分地物的性质和种类。目前，我国出版的地形图为四种颜色，其规定如下表：

表 9-3　　　　　　　　　　　地图符号颜色规定表

颜色	使用范围
黑色	人工物体居民地、独立地物、管线、垣栅、道路、境界及其名称、数量注记等。
绿色	植被要素：森林、果园等的普染。
棕色	地貌要素：地貌符号、变形地、土质特征及其等高线上的高程注记和公路普染等。
蓝色	水系要素：海洋、江河、湖泊、水库、池塘、井、泉符号、注记及其普染，雪山地貌等。

（三）定位点的规定

在地形图上，不依比例尺和半依比例尺地物符号，一般都是放大后在图上表示的，因此，这些符号在图上就有个定位点的问题，在图式中都有明确规定。

1. 不依比例尺符号的定位点规定。不依比例尺符号主要是指独立地物符号，其定位点的规定如图 9-11。

2. 半依比例尺符号的定位线规定。半依比例尺符号主要是指线状地物符号，其定位线的规定，成轴对称的在符号的中心线，不成轴对称的符号在底线或边缘上。

（四）识别与记忆符号的一般规律

地物符号虽然很多，但识别和记忆这些符号是有规律可循的，其主要规律是：

定 位 点	符 号 举 例		
图形中有一点的，在该点上	三角点 △	亭子 ⍍	窑 ⌂
几何图形，在图形的中心	油库 ⬭	风车水车 ✧	发电厂 ✖
底部宽大的，在底部中心	水塔 ⛫	烟囱 ▲	革命烈士纪念碑 ⌂
底部有直角的在直角的顶点	路标 ⌐	针叶独立树 ⚘	阔叶突出树 ⚘
组合图形，在主图形中的中心	塔形建筑物 ▲	小面积的灌木林 ∴	有树坟地 ⊥
其他图形，在图形的中心点	桥 ⋈	矿井 ✕	水闸 ⋈

图 9-11　定位点的规定

符号图形的设计，通常是以抽象概括的方法，把复杂地物用有规律的图形典型化，作为设计符号的基础。因此，每个地物符号都具有象形的特点，其符号的图形主要来源于三个方面：

一是选择地物最有代表性的部位。如气象站符号，以风向标表示；矿井符号，以采矿的风镐表示；水（风）车符号，以水轮或风叶表示等。

二是用容易产生联想的图形。如变电所符号，以房屋的上方示意有电表示；庙、亭和钟鼓楼符号，以我国古代传统的大屋顶建筑形式表示；竹林符号，以象征竹叶的图形表示；石块地，以象征有棱角的三角石块表示等。

三是用象征会意的图形。如：境界符号，因实地无明显形状，故用虚线表示；河流流向和海洋潮流符号，用有指向的箭形符号表示；发电站符号，以发出电输往四面八方的房屋的四角绘有箭形的符号表示等。

（五）识别与使用地物符号应注意的问题

1. 地物位置的准确程度

符号在图上是有准确位置的。随着地图比例尺的缩小，其准确程度就会有所降低。但是，重要的点位，如控制点、高程点、线状符号的交叉点和转折点，以及依比例尺表示的地物的轮廓线等，即使在比例尺缩小的情况下，其位置依然准确。

2. 地物的综合取舍

地形图上的符号一般都经过了制图取舍综合，即数量上的取舍和形状上的综合。因此其形状、数量、分布等并非与实地完全一致。如成片的房屋，在图上是用街区符号表示的；密集居住区的独立房屋有取舍，一般是外围的准确。稻田符号，最上和最下一个梯田坎位置准确；在水网地区，沟渠一般是保留主要的，舍去次要的等。

第九章　军事地形学

3. 地物的位移

有些线状地物符号，如铁路、公路、街道等，都是宽度夸大了的符号，比例尺愈小夸大就愈利害，这种符号由于宽度的夸大，必然引起两旁其他符号（房屋、独立地物等）的位移。因此，在邻近的符号中，主要的、高一级的地物符号，其位置是准确的；而次要的、低一级的地物符号，其位置可能不准确，但相关位置是正确的。

4. 地物的实地变化

实地地物，由于自然和人工的作用，在不断发生着变化，地图测制工作刚一完成，实地就可能出现新的变化。因此，使用地图时，除注重地图的内容外，必要时还应作实地调查，或利用最新资料（航空照片、兵要地志等）校正地图内容。

五、地貌判读

地貌，主要是指地球陆地表面高低起伏的变化形态，如山地、丘陵地、谷地和草原等。它和水系一起，是构成地图要素的自然基础。在地图上表示地貌的方法很多，主要有等高线法、晕渲法、分层设色法、写景法及组合法（如等高线加晕渲）等。等高线法，是现代地形图表示地貌的主要方法，虽然缺乏立体效果，但能科学地反映地面起伏形态及其特征；能准确地量测地面点的高程和坡度；判定山脉走向、地貌类型以及微型地貌特征（小山顶、凹地、沟谷等），是目前军事上主要使用的地图表示法。

（一）等高线表示地貌

1. 等高线表示地貌的原理

等高线，是由地面上高程相等的各点连接而成的曲线。我们在水库边上，看到水库的岸坡上，有一道道层次分明的水涯线痕迹，随着地形的凸凹、蜿蜒曲折，自然闭合，好像雕刻专家刻画一样。其实，那是水平面上从最高水位到最低水位的变化过程中，撞击岸坡留下的标记。实地水库的水面边线就是一条等高线。从水库的水涯痕迹线我们就可联想出等高线的构成原理，如图 9-12。假想把一座山从底到顶按相等的高度，一层一层的水平切开，这样，在山的表面就出现了许多大小不同的截口线，再把这些截口线垂直投影到同一平面上，便形成一圈套一圈的曲线图形。因为同一条曲线上和中点的高程都相等，所以叫等高线。地形图就是根据这个原理来显示地貌的。

2. 等高线表示地貌的特点

（1）在同一条等高线上各点的高度相等，每一条等高线都是闭合曲线。

（2）在同一幅地形图上或同一等高距的条件下，等高线多，山就高；等高线少，山就低。凹地相反。

（3）在同一幅地形图上或同一等高距条件下，等高线间隔密，实地坡度陡；

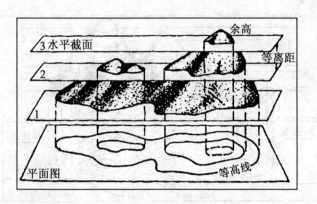

图 9-12 等高线表示地貌的原理

等高线间隔稀，实地坡度缓。

（4）图上等高线的弯曲形状与相应实地地貌形状相似。

3. 等高距的规定

相邻两条等高线间的实地垂直距离叫等高距。等高距的大小决定着地貌表示的详略，等高距小，等高线就多，地貌表示就详细；等高距大，等高线就少，地貌表示的就简略。由于实地起伏程度不同，坡度大小不一，因此，等高距应根据地区的地貌特征，地图比例尺和地图的用途等情况来规定。我国基本比例尺地形图等高距的规定如表9-4：

表 9-4   等高距的规定

比例尺	一般地区（基本等高线）（米）	特殊地区（选用等高线）（米）	
1:10000	2.5	1 或 5	注：一般地区，指大部分地区采用的等高距；
1:2.50000	5	10	
1:50000	10	20	特殊地区，指那些不适用基本等
1:100000	20	40	高距的地区，并非狭指山区。
1:200000	40	80	
1:500000	50	100	

4. 等高线的种类和作用

等高线按其作用不同分为四种，如图9-13。

（1）首曲线。又叫基本等高线，是按规定的等高距，由平均海平面起算而测

261

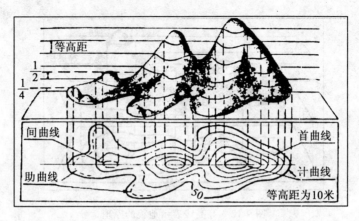

图 9-13　等高线的种类

绘的细实线，线粗 0.1 毫米。用以显示地貌的基本形态。如在 1∶50000 图上的首曲线应依次为 10 米、20 米、30 米……

（2）计曲线。又叫加粗等高线，规定从高程起算面起，每隔四条首曲线（即五倍等高距的首曲线）加粗描绘一条粗实线，线粗 0.2 毫米，用以数计图上等高线与判读高程。如在 1∶50000 图上的计曲线应依次为 50 米、100 米、150 米……

（3）间曲线。又叫半距等高线，是按 1/2 等高距描绘的细长虚线，用以显示首曲线不能显示的某段微型地貌，如小山顶、阶坡或鞍部等。

（4）助曲线。又叫辅助等高线，是按 1/4 等高距描绘的细短虚线。用以显示间曲线仍不能显示的某段微型地貌。

间曲线和助曲线只用于局部地区。所以它不像首曲线那样一定要各自闭合。除描绘山顶和凹地的曲线各自闭合外，表示鞍部时，一般只对称描绘，并终止于适当位置；表示斜面时，一般终止于山背两侧。在图 9-13 中，有首曲线、计曲线、间曲线、助曲线四种等高线。对于独立山顶、凹地以及不易辨别斜坡方向的等高线，还要绘出示坡线。示坡线是与等高线相垂直的短线，是指示斜坡的方向线，绘在曲线的拐弯处，其不与等高线连接的一端指向下坡方向。如图 9-14。

5. 高程起算和注记

地形图上的高程，都是从同一基准面起算的。

我国规定：把"1956 年黄海平均海水

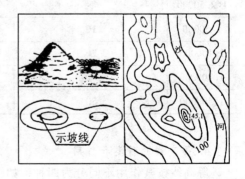

图 9-14　示坡线

262

面"作为全国统一的高程起算面，高于该面为正，低于该面为负（负值前面加负号），故称为"1956年黄海高程系"。从黄海平均海水面起算的高程，叫真高，也叫海拔或绝对高程。从假定水平面起算的高程，叫假定高程或相对高程。由物体所在地面起算的高程，叫比高，它是相对高程的一种。起算面相同的两点间高程之差，叫高差，如图9-15。

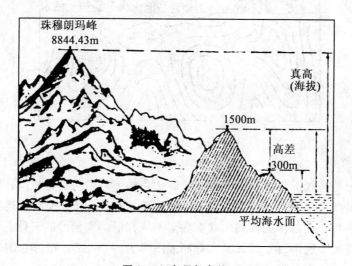

图9-15 高程与高差

（二）地貌识别

地貌的外表形态尽管千差万别、多种多样，但它们都是由某些基本形态组成的。这些基本形态是：山顶、凹地、山背、山谷、鞍部和山脊等，如果认识了这些基本形态，识别等高线图就比较容易了。

1. 山顶、凹地

山顶是山的最高部位。山顶依其形状可分为尖顶、平顶和圆顶等。图上表示山顶的等高线是一个小环圈，有的环圈外绘有与等高线垂直的短线，叫示坡线。比周围地面低下，且经常无水的低地，叫凹地。大面积的低地称贫地，小面积的低地称凹（洼）地。图上表示凹地的等高线是一个或数个小环圈，并在环圈内绘有示坡线，如图9-16。

2. 山背、山谷

山背，是从山顶到山脚的凸起部分，很像动物的脊部。下雨时，雨水落在山背上面就向两边分流，所以最高凸起的棱线又叫分水线。图上表示山背的等高线以山顶为准，等高线向外凸出，各等高线凸出部分顶起的连线，就是分水线，如图9-17。山谷，是相邻山背、山脊部之间的低凹部分。由于山谷是聚水的地方，所以

263

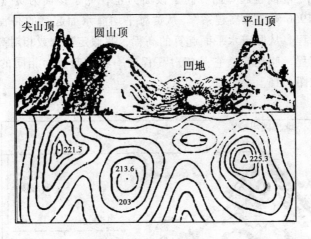

图 9-16　山顶、凹地

最低凹入部分的底线又叫合水线。图上表示山谷的等高线与山背相反，以山顶或鞍部为准，等高线向里凹入（向高处凸出），各等高线凹入部分顶点的连线，就是合水线，如图 9-17。山谷横剖面的形状有尖形的、圆形的和槽形的三种。尖形谷的横剖面是上部宽敞，底部近于圆弧状，等高线图形为"U"形；槽形谷的横剖面如同水槽上宽下窄的几何梯形，等高线图形为"V"形。

3. 鞍部、山脊

鞍部，是相连两个山顶间的凹下部分，其形如马鞍状，故称鞍部。图上是用一对表示山背和一对表示山谷的等高线显示的，如图 9-18。山脊，是由数个山顶、山背、鞍部相连所形成的凸棱部分。山脊的最高棱线叫山脊线，如图 9-19。

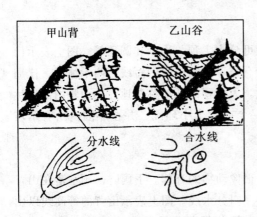

图 9-17　山背、山谷

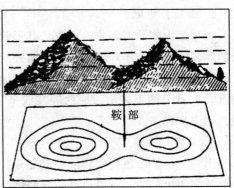

图 9-18　鞍部

图 9-19　山脊

（三）高程与高差的判定

在地形图上判定高程和高差，是根据等高距和高程注记进行的。要判定得迅速、准确，就必须掌握判定的方法。

1. 高程的判定

在使用地形图时，经常要判定点位的高程，如炮兵射击，为了确定高低角，就要知道火炮阵地、观察所和目标的高程。图上判定高程的方法是：

（1）先从南图廓外查明本图的等高距，在判定点附近找出控制点或等高线的高程注记。

（2）根据判定点与已知高程注记的关系位置，向上或向下数等高线，并加（减）等高距。

（3）根据判定点所在的位置，判定其高程：当点在等高线上时，判明该等高线的高程就是该点的高程；当点在某两条等高线之间时，应先判明其上下相邻两等高线的高程，再按该点所在等高线间的部位进行计算；当点在高地顶点或鞍部时，先判定该点下一条等高线的高程，再判定该点高程。

2. 高差判定

判定两点的高差时，应先分别判定两点的高程，然后相减即为两点的高差。

（四）地面起伏与坡度的判定

1. 地面起伏的判定

在图上判定战斗行动区域或行进方向上的起伏状况时，首先应根据等高线的密疏情况、高程注记、河流的位置和流向，判明各山脊的分布状况和地形总的下降方向，再具体分析山顶、鞍部、山脊、山谷的分布，详细判明起伏状况，如图 9-20。其判定根据如下：

265

图 9-20 起伏与坡度判定

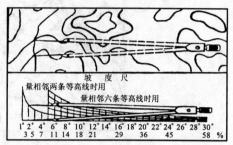

图 9-21 坡度判定

（1）根据等高线的密疏判定。一般等高线密的地方，坡度陡、地势高；等高线稀的地方，坡度缓、地势低。

（2）根据高程注记判定。高程点高程递增为上坡方向，递减为下坡方向，等高线的高程注记，字头朝向上坡方向。

（3）根据示坡线判定。示坡线与等高线相连接后端是上坡方向，另一端指的是下坡方向。

（4）根据河流绘有的流向符号，从而判断河的上下游，明确倾斜方向；当一组等高线在河流一侧时，靠近河流的等高线低，远离河流的等高线高；当一组等高线横向穿插河流时，上游的等高线是上坡方向，下游的等高线是下坡方向。

（5）根据山的各部形态判定。山顶高、鞍部低；山背高、山谷低；山脊高，山脚低；山地高，平原洼地低等，通过图上各部形态的等高线图形就能判定其高低或上下坡方向。

具体判定时，应根据上述方法，逐片逐段地进行。

2. 坡度的判定

坡度是斜面对水平面的倾斜程度，坡度的大小通常以度数表示，也有用百分数表示的。在图上判定坡度时，常用坡度尺量读。

在地形图的南图廓的下方都绘有坡度尺，如图 9-21。坡度的底线上，注有 1°至 30°的坡度数值和 3.5% ~58%的百分数，从下至上有 6 条线（1 条直线，5 条曲线），可以分别量取 2~6 条等高线间的坡度。量取两条等高线间的坡度时，先用两脚规（纸条、草棍等）量取图上两条等高线间的宽度，然后到坡度尺的第一条曲线与底线间的纵方向上去比量，找到与其等长的垂直线，即可读出相应的坡度，如图 9-21，量得大车路的最大坡度为 2°。如几条等高线的间隔大致相等时，可一次量取 2~6 条等高线的间隔，量取几条等高线，就在坡度尺相应的曲线上比量几条，然后读出相应的坡度。

（五）地貌判定应注意的问题

利用等高线判读地貌起伏时，必须是一组等高线才能进行，单凭一条等高线很难判定地貌的形态；判读地貌形态，量算高程、坡度等，必须在大于 1：100000 的地形图上才能进行，因为等高线是经过综合取舍编绘出来的，小于 1：100000 的地形图，只能起反映地貌大致形态和高程统计的作用，所以在这类图上量算坡度，就很难做到与实地一致准确；由于等高线之间有一定距离，所以它就无法表示出两条等高线之间的地形变化，这就使得一些微小地形遗漏在两等高线之间。因此地图与实地就不可能一模一样，甚至有一些山顶和鞍部的点位以及高程，无法准确判读；有些地区，如山地，由于坡度太陡，等高线十分密集，图上两条计曲线之间很难画出 4 条线，因此，画图时采用了"合并"或"略绘"首曲线的办法，即两计曲线只绘 3 条、2 条，甚至 1 条首曲线。遇到这种情况，切不可产生错觉或误解；在地形图上，有时可能出现局部地区等高线图形与实地不符的情况，此时，应根据附近等高线图形和其他图形特征进行综合分析，以得出正确的判读结果。

第三节　现地使用地形图

一、方位判定

方位判定，就是在现地辨明东、西、南、北方向；明确周围地形和敌我关系位置，以保持行动自如去夺取战斗的胜利，避免迷失方向而贻误战机。

（一）利用指北针判定

指北针（指南针），是从我国古代发明的"司南"逐渐改进而成的。指北针携带方便，操作简单，能迅速、准确的判定方位，是现地判定方位的基本工具。我军现用的指北针，有五一式、六二式、六五式等，虽然型号不一，但其构造原理基本相同。现以六二式指北针为例作简要介绍，如图 9-22。

1. 指北针的构造及其用途

六二式指北针是由磁针、刻度盘、方位玻璃框、角度摆、距离估定器、里程表、直尺和反光镜等部件组成，可用来判定方位，测定方位角，量测距离，坡度和测绘略图。刻度盘。是固定不动的，上面刻有内外两圈分划，内圈为 60-00 密位制，每个小分划为 0-20 密位；外圈为 360°，每个小分划为 2°，主要用于量度方位。方位玻璃框。位于刻度盘之上，可自由转

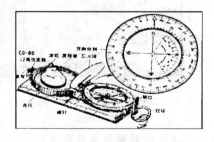

图 9-22　指北针

动，其上面刻有东、南、西、北字样，用来配合刻度盘指示方位。角度摆和角度表，用来测定坡度，角度表上的分划单位为度，每个小分划为5°，可测量俯仰角各60°，"＋"表示仰角。"－"表示俯角。里程表，由指针、表盘、滚轮等部分组成，可量取1∶2.50000、1∶50000、1∶100000比例尺地形图上的量程。距离估定器。两尖端间的宽度为12.3毫米，照门至准星的长度是123毫米，恰为两尖端间宽度的10倍，可用以测定距离。

2. 利用指北针判定方位的方法

判定方位时，将指北针平放，待磁针静止后，磁针涂有夜光剂的一端或黑色尖端，所指的方向，就是现在的磁北方向。使用指北针以前，应检查磁针是否灵敏，其方法是用一钢铁物体扰动磁针的平静。若磁针迅速摆动后，仍停在原分划处，则说明磁针灵敏，可以使用。若各次磁针静止后所指分划相差较大，则该指北针不能用，应进行检修和充磁。

（二）利用北极星判定

北极星是正北方天空的一颗恒星，夜间找到北极星，就找到了北方。北极星位于小熊星座的尾端，因小熊星座比较暗淡，所以人们通常根据大熊星座（即北斗七星，俗称勺子星）、仙后星座（即女帝星座，又叫W星座）的关系位置来寻找，如图9-23。

（三）利用太阳和时表判定

判定的要领是：时数折半对太阳，"12"指的是北方。如在北京地区下午2时（即14时）40分判定方位时，应以7时20分对太阳，此时12时所指的方向就是北方，如图9-24。北京标准时间，是以东经120°经线的时间为准，在远离东经120°的地区判定方位时，应将北京时间换算为当地时间，即以东经120°为准，每向东15°，将北京时间加上1小时，每向西15°，减去1小时。此方法在北纬23°30′以南地区，夏季太阳垂直照射，不宜使用。

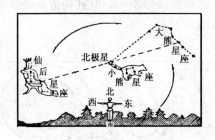

图9-23　利用北极星判定

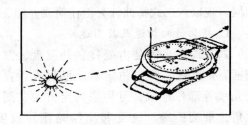

图9-24　利用太阳和时表判定

（四）利用地物特征判定

有些地物由于受阳光、气候等自然条件的影响，形成了某些特征，可用来概略地判定方位。独立大树，通常南面的枝叶较茂密，树皮较光滑，北面的枝叶较稀疏，树皮较粗糙。独立树树桩的年轮，通常北面的间隔小，南面的间隔大。突出地面的地物。如土堆、土堤、树林和建筑物等，通常南面干燥，北面潮湿；南面积雪融化快，北面积雪融化慢。土坑、沟渠和林中空地等则相反，见图9-25。

二、标定地图

标定地图，就是使地图的方位与现地一致。地图的方位是上北下南，左西右东。标定地图的方法通常有：

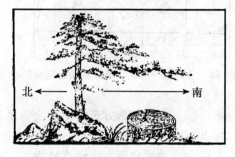

图 9-25　利用地物特征判定方位

1. 概略标定

在现地判明方位后，将地图的上方对向现地的北方，地图已概略标定。这种方法简便迅速，是现地使用地图最常用的方法。

2. 用指北针标定

（1）依磁子午线（磁北方向线）标定。

在地形图的南北内图廓线上，各绘有一个小圆圈，并分别注有磁南(P)、磁北(P′)，这两点相连的虚线就是该图幅的磁子午线(1964年前出版的旧地图没有连线)。标定时，先使指北针准星的一端朝向地图的上方，并使指北针的直尺边切于磁子午线；然后转动地图，使磁针北端对准指标（刻度盘的"0"分划），地图即已标定，如图9-26。

（2）依坐标纵线标定。

将指北针准星的一端朝向地图上方，使直尺切于任一坐标纵线，然后转动地图使磁针北端对准指标（刻度盘"0"分划处），这时地图已基本标定。

3. 利用直长地物标定

所谓直长地物，就是既直又长的地物。如公路、铁路、水渠、土堤、通信线等，都是直长地物。利用直长地物标定的方法是：

（1）先从地图上找到这段直长地物符号。

（2）对照两侧地形，使地图和现地的关系概略相符。

（3）再转动地图，使图上的直长地物符号与现地直长地物方向一致，地图即已标定，如图9-27。

4. 依明显地形点标定

明显地形点是指有突出特征的物体。如山顶、鞍部、烟囱、水塔、桥梁、岔路口、土堆、独立树等，依明显地形点标定的方法是：

（1）确定站立点在图上的准确位置。

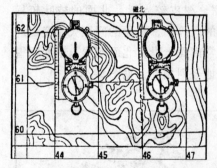

图 9-26 依磁北方向线、坐标纵线标定地图

图 9-27 利用直长地物标定地图

（2）在现地远方选一个图上有的明显地形点（独立树、塔、山顶等）作为目标点。

（3）放平地图，将指北针直尺（三棱尺）边切于图上站立点和该目标点上，然后转动地图，通过照门、准星对准现地目标点，地图即已标定，如图 9-28。

5. 依北极星标定

军队在夜间行动，视度不良，不便于依据地形点标定地图方位时，还可以利用北极星标定地图方位。其方法是：面向北极星，将地图上方概略朝北，然后转动地图，通过东（西）内图廓线（真子午线）瞄准北极星，地图即已标定。

图 9-28 依明显地形点标定地图

三、确定站立点

确定站立点，就是在现地用图中，把自己站立点的实地位置，准确地在地形图上找到，它是现地用图的一个关键问题，确定站立点的方法通常有：

（一）目估法

利用明显地形点目估确定站立点在图上的位置，是确定站立点最常用的方法。

当站立点在山顶、鞍部、桥梁、盆路口等明显地形点上时，只要在图上找到这个地形符号，也就找到了站立点在图上的位置。当站立点在明显地形点附近时，判定的方法是：先标定地图方位。再对照周围明显的地形细部，并在图上找到站立点附近的明显地形点。根据站立点附近明显地形点的关系位置（方向、距离），判定站立点在图上的位置。如图 9-29，用图者站在三角点左下方的山背上，根据左侧的冲沟和前方山顶等关系位置，确定站立点在图上的位置。

（二）后方交会法

当站立点附近找不到明显地形点，而在远方能找到两个以上现地和地图上都有的明显地形点时，可采用后方交会法确定站立点在图上的位置。其方法是：首先，准确标定地图方位。其次，选择离站立点较远的图上和现地都有的两个明显地形点。（如图9-30中的山顶和房屋）。然后，将三棱尺或直尺切于图上一个远方地形符号（山顶）的定位点上（可插细针），转动三棱尺或直尺向现地相应的地形点瞄准，并沿直尺边向后绘方向线。最后，不动地图，再用同样方法向另一远方地形点（房屋）绘方向线，两条方向线的交点，就是站立点在图上的位置，如图9-30。

图9-29　目估法

图9-30　后方交会法

四、利用地图行进

利用地图行进，就是利用地形图选定行军路线，通过地图与现地对照，以保持沿选定的路线，到达预定地点的行进方法。

（一）行进前的准备

1. 选择行进路线

行进路线选择时，应着重考虑和研究路线与行动有关的地形因素，如地貌的起伏、沿途居民地、森林地、山垭口以及桥梁等情况。在路线选定后，还应在沿线选定明显突出、不易变化的目标作为方位物，如行进路线上的转弯点、岔路口、桥梁、居民地的进出口、城市中的广场和突出建筑物，以及沿线两侧的高地等。

2. 标绘行进路线

标绘行进路线和方位物，就是将选定的行进路线（出发点、整调点和终点）和方位物，用彩色笔醒目地标绘在图上，并进行编号，以便沿途对照检查。有时也可专门绘制行军路线略图。

3. 量里程、算时间

在图上量取路线各段和全程的里程，并根据行进的速度计算行进时间，然后将有关数据注记在地图上或工作手册上。如行进路上地貌起伏较大时，还应将图上量得的水平距离，按不同的坡度改正为实地距离，为了便于掌握行进速度和时间，需要时可将改正后的各段距离，根据预定行进速度换算为行进时间。

4. 熟记行进路线

熟记行进路线的方法，一般按行进的顺序，把每段的里程、行进时间、经过的居民地、两侧方位物和地貌特征，特别是道路的转弯处、岔路口和居民地进出口附近的方位物及地形特征等都要熟记在脑子里。力求做到："胸中有图，未到先知"。

（二）行进要领与注意的问题

1. 出发前明确行进方向

出发前，在出发点要仔细标定地图，对照地形，确定出发点的图上位置，明确行进方向，计时出发。

2. 行进中，力求做到三勤

勤看图：即经常查看地图，防止走错路线。勤对照：即行进中要随时将地图与现地对照。夜间对照时，因能见度差，一般高大明显的地形容易误近，矮小暗淡的地形容易误远，浅谷容易误深，缓坡容易误陡，所以应采取走近观察，由低处向高处观察，由暗处向明处观察等方法，多找点，勤对照，防止误判。勤观察：夜间可根据灯光、狗叫声、流水声等判断溪流和居民地的位置，及时确定站立点的位置和判定行进的方向。

3. 要严格按照预定路线行进

夜间行进不要贪走捷径，以防迷路；经过的地方要留心记特征，以便万一走错了路，可原路返回到发生错误的地方，查明原因后，再继续前进。注意掌握行进速度和时间，必要时，可根据行进的速度、时间判断到达的地点。

五、定向越野

定向越野是运动员借助标绘有若干个比赛规定检查点和方向线的地图及指北针，独立选择行进路线，依次寻找各个地面检查点，用最短时间完成全赛程的运动。定向越野按运动方式可分为两大类，即徒步定向越野和代步定向越野。徒步：按竞赛时间有白天、夜间和多日定向；按组织形式有个人、团体、接力、积分定向；按比赛场地有公园定向、校园定向、城市定向、山地定向、森林定向、水上定向。代步：有滑雪定向、山地自行车定向、残疾人轮椅定向、划船定向、摩托车定向、骑马定向等。

（一）定向越野运动意义

定向越野是一项极富群众性的新型体育运动。它有参加人员广泛的特点，由于定向越野比赛可根据不同性别、年龄编组，赛程可远可近，场地可难可易，比赛由体力与智力结合决定胜负，因此它是一项社会体育项目。不同年龄、性别、种族、文化背景的人均可参加。同时，定向越野具有浓厚的趣味性、娱乐性。参赛时，运动员要根据组织者在图上标明的运动方向，进行地图与实地对照、选择运动路线、寻找各检查点，比单纯赛跑更能提高兴趣，比赛在野外进行又使其富有旅游色彩，参加者可从中得到无限乐趣，是一项回归自然、享受自然的体育项目。此外，定向越野运动具有激烈的竞争性。定向越野比赛不仅是体力的竞争，而且也是智力和技巧的竞争。奔跑的速度靠体力，奔跑方向、路线选择的正确与否，要靠识图和用图能力，靠智能。它是一项体能与智能结合的运动。

（二）定向越野的组织

1. 定向越野运动的工具

定向越野运动器材是指在定向运动比赛中必须使用的专业器材设备。运动员除携带定向图外，还必须佩带定向指北针和检查卡，在比赛现场还设有检查点标志、点签（打卡计时设备）和起终点设备等。定向运动地图（简称定向图）是开展定向运动最基本的资料，也是运动员在参加定向比赛中进行定向和寻找检查点的基本依据。检查点标志（简称点标），是设在检查点上的标志旗，点签也叫打卡器，是给运动员卡片打印记的工具，每个检查点都必须有点签与点标相互配合，不同的检查点所打印记是不一样的，常见的有钳式、印章式和电子打卡系统，是运动员寻找和辨别检查点的依据。检查卡片是运动员用来打印检查点标记的纸制卡片，是运动员表明以通过检查点的依据，也是判定成绩的依据。除上述器材外，还必须准备其他器材，如运动员号码布、起点与终点设备及途中用品等。起点、终点设备和途中用品一般有：出发点、终点横幅，时间显示器，发音器，图箱，通道绳，计时器，扩音器，成绩公布栏，急救药品，桌椅等。

2. 定向越野运动的技能

定向越野的技术概括为四个方面：一是在野外能迅速地辨别方向；二是能熟练地使用地图和指北针；三是善于进行长距离的越野跑；四是能够果断、细心、迅速选择最佳的行进路线。

3. 定向越野运动的训练

根据定向越野运动的特点（比赛距离较长，比赛线路上地形复杂多变），必须培养运动员连续跑、变速跑的综合能力。连续跑能力的培养：定向运动员必须有较好的长跑基础和良好的速度感、距离感。变速跑能力的培养：定向越野比赛中运动员应根据实际情况采用变速跑的运动方式，训练是采用 100 米快速，100 米慢速；最后 50 米快速，50 米慢速。把调整期逐步缩短，使有氧训练和无氧训练有机结合起来，使心肺适应这种快速转换的过程。然后再进行距离和速度无规律的训练。在定向越野比赛中路况瞬息万变，需要运动员有较强的身体素质，较好的柔韧性，灵活的应变能力，可通过如：俯卧撑、立定跳、沙坑纵跳、简单的体操训练、攀爬训练、翻越障碍物等进行训练。还可根据实地情况进行山地、草地、沼泽地的奔跑训练。

273

4. 定向越野运动要求

技能要求：定向越野比赛通常都是在丛林、沼泽、山地等富有挑战性的地段进行。运动员每一步都不一样，和运动场上有截然的不同，要求定向运动员具有通过各种地形的丰富经验和技术动作。体能要求：定向运动是一种需要运动员有持久耐力和良好体能的运动。在定向越野比赛中，运动员体内大约 90% 的氧都需要最大限度地参与运动。智能要求：定向运动实质上是一项独立性极强的运动，比赛中运动员从起点到终点要求必须独立地做出所有决定，必须独立处理在比赛过程中发生的任何事情。运动员还要频繁地读图，不断地确定自己在图上的位置，判断出将要选择的最佳路线，依靠指北针在崎岖不平的路上简化地貌，要求全身心的从大腿到大脑最协调的配合达到终点。

思 考 题

1. 地形对军队的战斗行动有哪些影响？
2. 什么是地图比例尺？
3. 地物符号有几种类型？有哪些特点？哪些规定？
4. 判定方位、标定地图、确定站立点有哪些方法？
5. 按图行进应注意哪些问题？
6. 什么是定向越野运动？它有什么意义？

第十章 综 合 训 练

海湾战争以来的几场高技术局部战争已清晰地向人们展示出现代战争的突发性、剧烈程度以及残酷性越来越大，因而对参战人员的综合素质较之以前提出了新的更高的要求。综合训练是集"走、打、吃、住、藏"于一体的全面训练，综合训练不仅能从体能和技能上，而且能从精神意志与心里素质诸方面全方位的培养和锻炼学员的综合素质。由于篇幅关系，本章内容只涉及学员徒步拉练中的行军、宿营和野外生存训练。

第一节 行 军①

行军，是部（分）队沿指定路线有组织的移动。其目的是为了转移兵力，争取主动，形成有利态势。

一、行军要求

（一）合理确定行军部署

分队的行军部署，通常应根据任务、地形、道路数量等情况确定。基本要求是便于指挥、便于运动、便于迅速展开。为此，分队在确定行军部署时，必须合理编成行军队形和确定行军纵队（分队通常编成一个纵队）；在行军地幅内正确选择行军路线；根据道路妥善恰当掌握行军路径。

（二）加强指挥协同

分队实施行军时，必须加强指挥控制，密切协同，确保行动有序、快速和统一。为此，应采取多种手段保持不间断的通信联络，实施不间断的指挥，严格规定和控制各分队的行动；及时发现和处置各种情况；发扬我军不怕疲劳、连续战斗的优良传统和作风。

（三）全面组织保障

对于徒步行军，必须认真、及时而又全面的组织道路、后勤，调整勤务等各项行军保障，确保分队迅速、安全、准时到达指定地域。

---

① 参见总参军训部编：《行军 输送 宿营 战斗勤务》（军内），1998。

二、行军组织

分队受领任务后，应在规定的时间内，有计划地做好行军准备。

（一）传达任务，确定行军方案

分队指挥员接到行军命令后，应迅速向部属传达任务。适时召开支委会或骨干会，传达上级的行军命令，分析研究任务、地形、道路、气象等情况，确定行军方案，周密安排行军准备工作。方案主要内容：行军路线、行军序列；各分队和配属分队的任务；行军途中可能遇到的情景及处置方案和各种保障工作，保障行军的顺利实施。

1. 组织侦察

分队行军中的侦察，通常由尖兵分队担任。任务是：及时查明行军道路的质量、通告情况，沿途城镇、较大居民地、交叉路口、隘路、渡口等复杂地形的可通行程度等情况，根据上级指示，由指挥员带领侦察组对预定行军路线沿途的情况实施侦察或调查和询问居民。分队指挥员应对侦察中发现的情况，及时研究和采取措施，以力争主动。

2. 组织通信联络

分队行军中的通信联络，应根据上级的通信保障指示和实际情况组织。通常以无线电通信、简易通信和运动通信相结合，以无线电通信为主。行军时，分队通常在尖兵分队、指挥部、所属各分队、收容组之间建立无线电通信联网。

3. 做好物资器材准备

物资器材准备主要包括装具、给养、饮水和药品等。徒步行军时，应根据行程、道路和天气情况而定，以既能保证生活，又不过多增加学员的负荷量为原则，通常携行粮食 3 日份（其中熟食 1 日份）和必要的饮水，并准备好必备药品。可将部分防中暑、防冻药品下发至排。

4. 组织设营组、收容组

设营组通常由司务长（给养员）、炊事员等组成。设营组应提前出发。其任务是：在预定大休息及宿营（集结）地筹备食物、燃料和饮水；调查社情、疫情；选择和区分各分队大休息地点；宿营时住房或露营时划分所属各分队的位置，派出人员在进入宿营地的路口接引分队；并向指挥员报告设营情况。徒步行军时应成立收容组。收容组通常由一名军官、卫生员率领数名体质较好的学员组成，在本队后跟进，负责收容伤病员和掉队人员，并组织其跟进；根据情况消除路标。

三、行军实施

正确实施指挥是分队达成行军目的的关键。因此，行军时，指挥员应加强观察，掌握行军路线、方向、队形的速度。及时了解沿途地形和道路状况，克服各种困难，灵活果断地处置各种情况，组织分队迅速地前进。

（一）按时出发，通过调整地区（点）

分队在上级编成内行军时，应按上级规定的出发时间准时出发或通过出发调整点。

调整地区（点）通常设在行军中易发生混乱、迷路、堵车或需在该点调整行军队形、速度的地点。通过调整地区（点）前，指挥员应根据上级规定本分队通过调整地区（点）的时间，调整行军速度，以按时到达调整地区（点）。通过时，应服从调整哨的指挥，保证行军队形不停顿地通过。分队因道路、天气、交通、车辆事故等原因提前或推迟到达调整地区（点）时，应及时向上级和调整勤务指挥员报告，根据上级和调整勤务调整的时间、顺序、速度通过调整地区（点）。

（二）严格遵守行军纪律

行军中，应严格遵守行军纪律，维护行军秩序。未经上级允许不得超越前方的分队。桥梁、渡口、隘路、交叉路口、居民地或与友邻分队相遇时，应按上级规定的顺序和调整哨的指挥通过，不准停留，不能争先拥挤。徒步行军由二路纵队改变一路纵队时，应指挥先头先进的分队加速前进，以防后面拥挤；由一路纵队变为二路纵队或通过难行地段时，先头放慢速度，以防后面人员跑步追赶，增加疲劳。行军中要严守纪律，搞好宣传鼓动，开展团结互助。

（三）掌握行军路线，行军队形和行军速度

为避免走错路或迷失方向，指挥员应利用多种方法和手段掌握行军路线。如向导（方向组）带路、询问当地居民、利用地图或行军路线图、路标（地面、墙壁、树木等做标记）和信号等。还可利用指北针按方位角行进。在复杂地形或夜间行军时，可派一名军官加强尖兵分队的指挥，应经常对照、判定站立点并检查行进方向，按照定方向、定通过点、定到达时间的方法保持行进方向。如发现走错路时，应首先确定站立点，而后选近路插向原定路线。如无把握应返回走错路的岔路口，选准方向，而后继续前进。

行军队形通常成一路纵队。徒步行军时，分队可成一路或二路纵队，沿道路的右侧或两侧行进。行进中，连与连之间的距离约100米，夜间或雾天行军距离可适当缩小。

行军速度和一日行程，应根据上级命令、行军队形的编成、道路的数量及质量、行军的时间及气象等条件确定。通常情况下，行军中，指挥员应根据情况适当掌握行军速度和队形间距，开始行军应稍慢，而后按要求的速度行进。通过渡口、桥梁、隘路和道路交叉点时，指挥员应控制速度和队形间距，防止因拥挤、堵塞而耽误时间。通过后，先头应适当减速，以便保持间距。

（四）适时组织休息

正确规定行军中大、小休息的时间和地点，是缓解行军疲劳、人员休息就餐，以保持分队待续行军能力，顺利地实施行军的重要条件。在上级编成内行军的大、小休息和远程连续行军的休息时间，通常由上级统一掌握。休息分定时休息和定点休息。

徒步行军的首次小休息，通常在行军 30 分钟后进行，时间 15～20 分钟。而后每行军 50 分钟休息一次，每次约 10 分钟。小休息时，应指挥分队靠道路右侧，面向路外侧，保持原来队形，督促学员整理鞋袜和装具，做好继续行军的准备。

大休息点选择在日行程一半以上的地点，应尽量离开公路，具有良好的水源。大休息时间约 2 小时。指挥员应抓紧时间调查地形、道路状况，视情况调整尖兵分队和向导。大休息结束时，组织人员继续前进。

第二节　宿　营[①]

宿营，是部（分）队在行军、输送或战斗后的食宿。目的是使部（分）队得到休息和整顿，以便于继续行军或做好战斗准备。分队通常采取露营、舍营或两者结合的方法宿营。露营是指在房舍外利用帐篷的住宿；舍宿是利用居民房舍的住宿。分队通常在上级编成内宿营，有时单独组织宿营。

一、特点与要求

（一）条件简陋，环境复杂

行军中的宿营，分队通常是根据上级意图随机选择宿营地域，有时在野外搭帐篷露营，有时利用居民房舍，与正常情况下的住宿相比，条件相对简陋。分队对宿营地域的自然、社会环境比较陌生，需要一定的适应过程。复杂的环境给分队宿营管理带来一定困难。

（二）加强警戒，严格管理

分队到达宿营地域后，应迅速组织露营或舍营。在宿营过程中，指挥员大量的工作是对所属人员和生活的管理。分队宿营时应安排值班警卫，严格管理，禁止人员随意走动，搞好伙食和卫生管理，使人员的体力和精力通过宿营得以迅速恢复。

二、组织指挥与管理

分队宿营时，指挥员应根据分工，迅速组织指挥所属分队完成各项准备工作，使分队尽快得到休息。

（一）选择宿营地域

分队宿营地域通常由上级确定。单独宿营时，自行选定。自行选择时，应视地

---

① 参见总参军训部编：《行军　输送　宿营　战斗勤务》（军内），1998。

形情况灵活采取预先或临时选定两种方法。预先选择，通常由指挥员先在图上确定宿营位置，然后派出设营队预先进入宿营地域，查明宿营地域的地形、社情和居民条件，并区分各分队的宿营位置，选择进出道路，准备给养、组织警卫，迎接分队进入宿营地。

宿营地域应当有一定的地幅和良好的地形，有良好的进出道路，有充足的水源和较好的卫生条件。避开洪水道、油库、高压电源和易崩塌的危险地点，以免造成不必要的伤亡；避开严重的沾染区，以便卫生防疫。宿营地域的面积，营通常为6~8平方千米，连约1平方千米，排约0.4平方千米，班为0.05平方千米。连间距通常为300米，排间距为30~50米，班间距为20米。

夏季宿营地点应选择比较干燥、地势较高、通风良好、蚊虫较少的地方；冬季宿营时，应选择在避风向阳的地区。

（二）确定宿营部署

分队的宿营部署，通常根据地形、宿营时间、宿营方式等因素在行军命令中确定，也可能临时确定。集结地域有良好的地形时可采取集团部署，适当缩小宿营地域内各分队之间的间隔距离，以便于指挥和管理。露营时，通常以连为单位，沿道路一侧或两侧，利用地形疏散配置。舍营时，应当以连、排为单位，尽量在居民地边缘配置，并离开重要交叉路口、桥梁、有明显方位的街区，人员配置在房屋内。露营和舍营相结合时，应当将救护所配置在房舍内。

住宿地域的部署主要包括分队宿营地区的区分和紧急集合、紧急疏散场的区分。部署应根据地形和宿营方式而定。露营时，应利用地形，以排、班为单位成疏散配置。舍营时，应根据房舍条件，尽量按建制住房。不管采取何种方式，指挥员都应根据具体情况灵活地实施部署。指挥所通常位于宿营地域中央附近便于指挥的位置。紧急集合场应选择在宿营地内或附近便于集中的地点。紧急疏散场应选择在便于疏散隐蔽的地点。宿营警戒部署主要包括观察和勤务的派遣，班哨、步哨、流动哨、潜伏哨和警卫哨的部署等。

宿营部署确定后，指挥员应迅速明确各分队的住房或露营地，确定次日的任务及为执行任务应做的准备，宿营的通信联络信（记）号及口令、指挥员的位置；制定灯火管制措施。

（三）进入宿营地后的工作

分队到达宿营地域时，应当在设营人员引导下，按顺序进入指定的宿营地域。指挥员应立即指定值班分队，明确集合场地、各分队疏散位置和遇有紧急情况时的行动方法，提出宿营要求及注意的事项；督促分队按时休息，并为次日继续行军做好准备；及时向上级呈送宿营报告。

1. 呈报宿营报告

分队进入宿营地后，应迅速搜集行军和宿营情况，及时向上级报告。报告的方

第十章 综合训练

式有文字、口述等。连通常向上级呈送宿营报告（附宿营部署图），也可口述报告。排通常向连口述报告。宿营报告的主要内容是：当日出发时间、经过地点、行程、到达时间和地点、人数及伤病员情况；宿营部署（绘制略图）；给养情况；人员思想情况；存在问题和请示事项。

2. 组织休息，搞好管理

部署完毕后，各分队应迅速进入宿营地，并做好以下各项工作：一是选定架设帐篷的具体位置。选定位置后，应组织人员进行修整。通常，夏季应铲除杂草，略加平整土地，开挖排水沟，燃烧艾草驱除蚊虫。冬季应利用就便设置挡风墙，采集燃料，采集干燥的茅草、树叶或细枝条铺设地铺等。二是架设帐篷、挖掘厕所。分队通常利用制式帐篷露营，若无制式帐篷，可利用就便器材如雨衣、雨布、树枝等架设简易帐篷。三是寻找水源，明确饮水，用水的方法，并注意警戒水源。四是做饭、吃饭。分队通常以野炊的方式制作热熟食。野炊通常由炊事班进行。组织野炊时，指挥员应派出警戒，明确野炊的位置、方式、时间、要求及注意事项。五是安排好伤病员，穿刺脚泡，烤晒衣服。六是军官深入排、班，检查督促分队尽快休息，加强查铺查哨。

3. 做好群众工作

分队单独宿营时，指挥员应适时与当地政府和人民群众取得联系，了解社情。向分队简要介绍宿营地区的社情和风俗习惯，认真执行党的政策和三大纪律八项注意，开展拥政爱民活动，根据实际情况，组织助民劳动解决群众困难。离开宿营地时，应做好群众工作，送还借用的东西，挑水扫地，填平厕所，征求意见，检查纪律。

第三节　野外生存[①]

野外生存，即人在食宿无着的山野丛林中求生。野外生存包括判定方位，迷途的处置；野生食物的识别与食用饮水与寻找水源；简易方法取火，野炊；野外常见伤病的防治及求救等。

一、判定方向

野外生存首先要学会辨别方向，在没有地图和指南针等制式器材的条件下，可以利用一些自然特征判定方向，也可以用就便材料自制指南针判定方向。

利用日影。在一块平地上，竖直放置1米长的树干。注明树影所在位置，顶端用石块或树棍标出。15分钟后，再标记出树干顶端在地面上新的投影位置。两点

---

① 参见郑法宝主编：《战术基础与防护》，北京：解放军出版社 2004。

间的连线为你指出东西方向，首先标出的是西，南北方向与连线垂直。这种方法适用于任何有阳光的地方。

利用植物。植物一般都趋向阳光生长，它们的花儿和大多数生长茂盛的叶片朝南（在北半球时）。树干上苔藓朝着阳光的一面会更绿（对应面可能会变成黄色或棕色）。独立的大树，通常南面的枝叶较茂密，北面的枝叶稀疏，树皮粗糙。如果树木已经被砍倒，树桩上年轮的模式也能指示方向——指向南方一边的年轮间距更宽一些。

自制指南针。一是用一截铁丝（或缝衣针）反复用一块丝绸或毛皮摩擦，将其悬挂起来或者把它平放在一小块纸或树皮或草叶上，让它们自由漂浮在水面上可以指示北极。二是小心地在手掌上磨擦刮胡刀片，使它带上磁性，然后悬吊起来可以指示北极。如把检测出的方向与观测日影得出的方向作对照，可准确判定方向。注意，如果附近有大量的含铁金属或矿藏，结果可能会偏差得离谱。

二、越野行进

山地、丛林跋涉。在山地行进，为避免迷失方向，节省体力，提高行进速度，应力求有道路不穿林翻山，有大路不走小路。如没有道路，可选择在纵向的山梁、山脊、山腰、河流、小溪边缘，以及树高林稀、空隙大、草丛低疏的地形上行进。一般不要走纵深大的深沟峡谷和草丛繁茂、藤竹交织的地方，力求走梁不走沟，走纵不走横。山地行进，经常会遇到各种岩石坡和陡壁。攀登岩石最基本的方法是"三点固定"法，要求登山者手和脚能很好地做配合动作。两手一脚或两脚一手固定后，再移动其他一点，使身体重心逐渐上升。通过险坡时采用之字形路线，一般采取"之"字形攀登路线。在行进中滑倒时，应立即面向山坡，张开两臂，伸直两腿，脚尖跷起，使身体尽量上移，以减低滑行的速度。在茂密的丛林中，丛林草木经常会有许多荆棘，必须小心躲闪。要将脚部包裹保护好，避免被荆棘刺伤和被毒蛇咬伤。

三、野外取火

火在野外生存中具有重要的作用，用它可以来烧烤食物、烘烤衣服、取暖御寒、驱除猛兽和有害昆虫，必要时还可以作为信号使用。在没有火柴或打火机的情况下，可用以下几种方法取火：

透镜取火。用放大镜，如果没有现成的放大镜，可用望远镜或瞄准镜、照相机上的凸透镜代替或盛满水的玻璃杯。冬季可用透明的冰块磨制。透过阳光聚焦照射棉絮、纸张、树叶、受潮的火柴等易燃物，强烈的阳光通过凸镜聚集后可以产生足够的热量点燃火种。当火种开始冒烟时，用口吹气助燃。

击石取火。击石取火是人类最早的取火方法。可以找一块质地坚硬的石头做

281

"火石"，用小刀的背或小片钢铁，在石头上敲打，使火花落到引燃物上燃烧。

摩擦起火。我国古代就有燧人氏钻木取火的传说。直到现在，居住在太平洋岛上热带丛林的原始部落仍然沿用这一方法取火。用坚韧的树枝或竹片绑上绳子、皮带或鞋带做成一个弓，在弓弦上缠一根干燥木棍，用它在一小块干燥的硬木上迅速转动。这样会钻出一些黑粉末，钻过一段时间后这些黑粉末就会冒烟并会产生小火花，点燃引火物。也可以找一段干燥的树干，将一头劈开，随便用什么东西将缝裂开，塞上引火物，用一根约两尺的藤条穿在引火物后面，双腿夹紧树干，迅速地左右抽动藤条，使之摩擦发热将引火物点燃。

四、饮水与寻找水源

在野外饮水，必须注意的是：无论多么口渴都不要饮用不洁净的水，万不得已时，也要把水煮开再喝。在缺水情况下，喝水应"少量多次"。实验证明：一次饮水1 000毫升，会由小便排出380毫升；若分10次喝，小便累计排出80～90毫升水，水在体内能得到充分利用。当随身携带的饮用水快用完时，应积极寻找水源。

（一）寻找水源的方法

寻找地下水。俗话说，人往高处走，水往低处流。寻找水源首选之地是山谷底部地区。如果谷底见不着明显的溪流或积水池，要注意绿色植物的分布带，植物茂盛、动物经常出没的地方，容易找到浅表层水源。试着向下挖，植被之下很可能就有水源。在干涸河床或沟渠下面很可能会发现泉眼，尤其是沙石地带。在高山地区寻找应沿着岩石裂缝去找。

寻找植物中的储水。山野中有许多植物可以解渴，如北方的黑桦、白桦的树汁，山葡萄的嫩汁，酸浆子的根茎；南方的芭蕉茎、扁担藤等。初春时，只要在桦树干上钻一深孔，插入一根吸管（可用白桦树皮制做），就可流出汁液，立即饮用。热带丛林中的扁担藤，砍断藤干后，会流出可供饮用的清水。有些植物，如椰子树、枫树、仙人掌等，在早晨可从这类富含水分的树上汲取汁液。竹子的竹节也经常储水，摇动它们就可听到有水的声音。

采集地表水或雨水。雨水通常可以直接饮用。下雨时，可用雨布，塑料布大量收集雨水，也可用空罐头盒、杯子、钢盔等容器收接雨水。冬季可以化冰、雪为水，沉淀后即可饮用。在日夜温差相当大的地区，会有很多露水。当它凝结在金属体上时，可以揩抹下来或者直接舔吸。

（二）鉴定水质的方法

当没有可靠的饮用水又无检验设备时，可以根据水的色、味，水迹概略鉴别水质的好坏。

通过水的颜色鉴定。纯净水在水层浅时，无色、透明，水层深时呈浅蓝色，可以用玻璃杯或白瓷碗来观察。通常水越清水质越好，水越浑说明杂质多。

通过水的味道鉴定。一般清洁的水是无味的，而被污染的水则时常带有异味。为了准确地辨别水的气味，可以用一只干净的瓶，装半瓶水摇荡数下，打开瓶塞后立即用鼻子闻。

通过水点斑痕鉴定。用一张白纸，将水滴在上面晾干后观察水迹。清洁的水无斑迹，如有斑迹则说明水中有杂质，水质差。

（三）改善水质的方法

饮用水，必须经过洁治、消毒改善水质，使水里的悬浮物、胶质物越少越好。

消毒。水的消毒主要是杀灭有害人体的致病微生物，主要方法有两种：一是物理法消毒，主要是将水煮沸消毒，这是一种既容易又简单，而且比较可靠的消毒方法；二是化学法消毒，利用化学药品氯、碘、高锰酸钾、漂白粉、明矾、"69-1"型饮水消毒片等。

洁治。水的洁治就是消除水中的杂质和污物。常用的方法有沉淀、过滤、混凝等三种。在野外因条件限制，也可以用一些含有黏液质的野生植物（如贯仲的根和茎，榆树的皮、叶、根，木棉的枝和皮，仙人掌或霸王鞭的全株，水芙蓉的皮和叶）来净化混浊的饮用水。

五、野生食物的识别与食用

野外获取食物的途径主要有两种：一种是捕捉野生动物，另一种是采集野生植物。

（一）猎捕野生动物

野外求生时，可以捕捉一切能够食用的小动物，如蛙、蛇、鱼、蜥蜴、虾、龟、鳖等。另外，昆虫也是野外生存能够获取的动物性食物。目前，世界上人们在食用的昆虫有蜗牛、蚯蚓、蚂蚁、蝉、蟑螂、蟋蟀、蝴蝶、飞蛾、蝗虫、蚱蜢、蜘蛛、螳螂、蜜蜂等。但是应注意，一定要煮熟或烤透，以免昆虫体内的寄生虫进入人体，导致中毒或患病。

（二）采集野生植物

可食野生植物，包括可食的野果、野菜、藻菜、藻类、地衣、蘑菇等。对可食野生植物的识别是野外生存知识的主要内容。我国具有丰富的野生植物资源，其中可食用的就有2 000多种。通常可食用的野果有：山桃、桃金银、山葡萄、野栗子、椰子、木瓜、黑瞎子果、山樱桃、山柿子、沙棘、火把果、胡颓子、马饭树、余甘子、茅莓等。常见的野菜有：桔梗、苦菜、荠菜、蒲公英、鱼腥草、鸡冠菜、曲麻菜、山莴苣、野苋菜、扫帚菜、莲、芦苇、山白菜等。通常食用的蘑菇有：香菇、草菇、口蘑、猴头菌、鸡菌、竹荪等。

鉴别野生植物是否有毒的方法是多种多样的。较为简单的鉴别方法是将采集到的植物割开一个小口子，放进一小撮盐，然后仔细观察原来的颜色是否改变，通常变色的植物不能食用。

六、野炊

在没有制式炊具可供使用的情况下，可利用就便器材和材料热熟食物，其方法：一是脸盆、罐头盒。在野外可以用石头做架，或用铁丝吊挂脸盆、铁盒等物，用火加热，烹煮食物，烧开水等。二是铁丝、木棍。可将食物穿插缠裹在铁丝或木棍上，放在火边烧烤熟化。三是黄泥。用和好的黄泥在地上摊成泥饼，上面铺一层树叶，将野鸡、野兔、鱼等食物除去内脏不脱毛不去鳞，放在泥饼上，用泥饼将食物包裹成团，放在火中烧两个小时即可食用。食用时兽毛或鱼鳞沾在泥块上随之脱离。四是竹节。选粗壮的竹子砍倒，每 2 ~ 3 节竹筒砍成段，将竹节的一端打通，将米和水灌入竹节里，米约占 2/3，然后将竹节放在火中烧烤，约 40 分钟可做成熟饭。

七、野外常见伤病的防治

在野外孤立无援的情况下，掌握一些简易的自救和求救方法，能够有效地帮助自己和同伴解除些许伤痛，尽快得到救援，为生存创造条件。

毒蛇咬伤的防治。在山野丛林中活动时，一旦被毒蛇咬伤应立即采取紧急救护措施。首先，马上用布草或布绳等缚住伤口处靠近心脏一端，以减少毒血上流。随后，用刀子在毒蛇咬伤处划一个十字口，挤出毒液，也可用口吸出毒液（口内有溃疡、破口、出血等不能用口吸，以免中毒），随吸随吐，有条件还可以进行冲洗，然后尽快就医，不可延误。

蜇伤。被蝎子、蜈蚣、黄蜂等毒虫蜇伤后，伤口红肿、痛痒，并伴有恶心、呕吐、头晕等症状。要先挤出毒液，然后用肥皂水、氨水、醋等涂擦伤口，也可以捣碎马齿苋，汁冲服，渣外敷，也可用蜗牛洗净捣碎后涂在伤口处。另外，大蒜汁对蜈蚣咬伤有一定疗效。

中毒。中毒的症状是恶心、呕吐、腹泻、胃痛、心脏衰弱等。遇到这种情况时，首先要洗胃，快速喝大量的水。用手指触咽部引起呕吐，然后吃蓖麻油等泻药清肠，再吃活性炭等解毒药及其他镇静药，多喝水，以加速排泄。为保证心脏正常跳动，应喝些浓茶、糖水、暖暖脚并立即送医院救治。

中暑。中暑症状是突然头晕、恶心、昏迷、无汗或湿冷、瞳孔放大、发高烧。发病前，常感口渴头晕，浑身无力，眼前阵阵发黑，此时，应立即在阴凉通风处平躺，解开衣裤带，使全身放松，再服十滴水、仁丹等药。发烧时，可用凉水洗头，或冷敷散热，如昏迷不醒，可掐人中穴、合谷穴使其苏醒。

昏厥。野外昏厥多是由于摔伤、疲劳过度、饥饿过度等原因造成的。主要表现是脸色突然苍白，脉搏微弱而缓慢，失去知觉。遇到这种情况时，不必惊慌，注意观察昏厥者的心肺情况，一般过一会儿便会苏醒。醒来后，应喝些热水并注意休息。

止血。如发生外伤出血，应立即采取果断措施进行止血。野外缺医少药，主要是利用指压止血法和包扎止血法进行止血。准确判断出血种类是进行止血的第一步。动脉血颜色鲜红，呈喷射状，有搏动，出血速度快、量多。静脉出血颜色暗红，呈滴出状或徐徐外流，出血量也多，但速度不及动脉出血快。毛细血管出血颜色鲜红，从伤口向外渗出，出血点不易判明。利用指压止血法时，应注意较大的动脉出血，临时用手指或手掌压迫伤口近心端的动脉，将动脉压向深部的骨头上阻断血液的流通，可达临时止血目的。指压止血后要及时进行包扎。包扎时，在紧急情况下，可选干净的衣物做成绷带状或三角巾状进行包扎，一般在伤口上垫以厚敷料，外面再用绷带或三角巾等加压包扎，松紧度以既能止血又不影响血液循环为宜。此法对四肢的小动脉、静脉、毛细血管出血尤为适用。止血带每隔 1 小时（冬季 0.5 小时）松开一次，每次放开 2～3 分钟，以暂时改善血液循环。松开时要逐渐放松，如有出血，应再上止血带；若不再出血，可改用三角巾包扎伤口。

八、求救

利用声音求救。有时陷入低洼的地方、密林中、塌陷物内，或遇大雾、暗夜等情况时，间断性地呼救是十分必要的。不少类似遇险者，意志坚强，不断地呼救，最后终于获救。也可就地取材，利用哨声、击打声呼救。

利用烟火、光求救。燃放三堆火焰是国际通行的求救信号，将火堆摆成三角形，每堆之间的间隔相等最为理想。如果因燃料缺乏或者自己伤势严重，不能点燃三堆火焰，那么因陋就简点燃一堆也行。白天用烟作为求救信号，还可用镜子、眼镜、玻璃片等借阳光反射，向空中救援飞机发出求救信号，通常光信号可达 20 多千米的距离。

利用求救信号求救。最广为人知的是"SOS"国际通用的求救信号。"SOS"是"Save Our Soul"（救救我们）的缩写，在荒原、草地、丛林的空地上都可以各种方式写上"SOS"大字求救，往往能够取得良好的效果。最方便的是利用当今高科技的产品（如手机、电脑、卫星电话等）直接发送求救信号。

地面标记物。利用地面标记物标记你的位置或者过去的位置。最好一路上不断留下指示标，这样做不仅可以让救援人员追寻而至，并且在自己希望返回原路时，也不致迷路。方向指示标包括：（1）将岩石或碎石片摆成箭形；（2）将棍棒放置在树杈间，顶部指着行动的方向；（3）在一束草的中上部系上一结，使其指向行动方向；（4）在地上放置一根分叉的树枝，用分叉点指向行动方向；（5）用一个深刻于树干的箭头形凹槽表示行动方向；（6）两根交叉的木棒或石头意味着此路不通。

思 考 题

1. 简述行军的特点与要求。

2. 如何组织行军？

3. 简述夜间行军的特点与要求。

4. 简述对宿营的组织指挥与管理要点。

5. 什么是山地宿营的特点与要求？

6. 在没有地图和指南针等制式器材的条件下，如何判定方位？

7. 在没有火柴或打火机的情况下，在野外如何取火？

8. 当你在野外身陷险境时，如何寻求救援？

9. 野外生存中如何寻找水源？

参 考 文 献

1. 《毛泽东选集》第 1、2、3、4、5 卷，北京：人民出版社，1991。

2. 纽先钟著：《西方战略思想史》，桂林：广西师范大学出版社，2003。

3. 郝翔主编：《国防教育概论》，北京：高等教育出版社，2002。

4. 牛力，郭同岭主编：《军事思想与军事战略》，武汉：通信指挥学院出版社，1998。

5. 王厚卿主编：《中国军事思想论纲》，北京：国防大学出版社，2000。

6. 李效东主编：《比较军事思想》，北京：军事科学出版社，1999。

7. 吴明贤主编：《兵书战策》，成都：巴蜀出版社，2001。

8. 奚纪荣，施芝华主编：《军事思想》，上海：上海社会科学出版社，2004。

9. 《邓小平文选》第 2、3 卷，北京：人民出版社，1993。

10. 金钿著：《国家安全论》，北京：中国友谊出版公司，2002。

11. 何兰著：《冷战后中国对外关系》，北京：中国传媒大学出版社，2005。

12. 康绍邦，宫力主编：《国际问题二十讲》，北京：中共中央党校出版社，2006。

13. 刘宏煊著：《中国睦邻史》，北京：世界知识出版社，2001。

14. 葛东升著：《国家安全战略论》，北京：军事科学出版社，2006。

15. 陈岳等著：《中国周边安全分析》，北京：中国人民大学出版社，2006。

16. 朱听昌编：《中国周边安全环境与安全战略》，北京：时事出版社，2003。

17. 萨本望编：《我国新安全观的变化及新的普遍安全观》，北京：军事科学出版社，2000。

18. 楼耀亮编：《地缘政治与中国国防战略》，天津：天津人民出版社，2002。

19. 总参军训部编：《军队高技术知识教材》上、下册，北京：解放军出版社，1995。

20. 余高达主编：《普通高等学校军队理论教程》，北京：国防大学出版社，2003。

21. 林建超主编：《世界新军队变革概论》，北京：解放军出版社，2004。

22. 赵景露，钟海主编：《当代军事高科技教程》，北京：军事谊文出版社，2000。

23. 《马克思恩格斯全集》，北京：人民出版社，1965。

24. 江泽民著：《论科学技术》，北京：中央文献出版社，2001。

25. 汪祖辉主编：《中国军事百科全书》，北京：军事科学出版社，1991。

26. 总参军训部编：《步兵武器射击学理教材》，北京：中国人民解放军战士出版社，1983。

27. 郑法宝主编：《战术基础与防护》，北京：解放军出版社，2004。

28. 宋时轮主编：《中国军事百科全书》，北京：军事科学出版社，1993。

29. 张万年著：《当代世界军事与中国国防》，北京：军事科学出版社，1999。

30. 吴学勇主编：《战争动员学教程》，北京：军事科学出版社，2001。

31. 张召忠著：《打赢信息化战争》，北京：世界知识出版社，2004。

32. 邓锋著：《转型中的军事理论》，北京：国防大学出版社，2006。

33. 蔡仁照著：《信息化战争论》，北京：国防大学出版社，2007。

34. 姜玉军著：《江泽民信息化军队建设思想专题研究》，北京：解放军出版社，2005。